डॉ. राम मनोहर लोहिया

समीक्षा और विचार

डॉ. राजीव कुमार अवस्थी

टू साइन

प्रकाशक : ट्रू साइन पब्लिशिंग हाउस
पता : 21, द्वितीय तल, कुन्दन नगर, बागमुगलिया,
भोपाल, मध्य प्रदेश - 462026 भारत
ईमेल : truesignbooks@gmail.com
वेबसाइट : www.truesign.in

डॉ. राम मनोहर लोहिया
समीक्षा और विचार

लेखक: डॉ. राजीव कुमार अवस्थी

ISBN: 978-93-5462-718-7

संस्करण: 2024

प्राक्कथन

शैक्षणिक जीवन के प्रभात काल से ही राजनीति शास्त्र विषय के प्रति मेरा सहज आकर्षण रहा है एम.ए. उत्तीर्ण करने के उपरांत भी मेरी विषय ज्ञान पिपासा का शमन नहीं हो सका और मैंने इसी विषय में शोध कार्य करने का दृढ़ संकल्प किया मेरे पूर्वजों एवं गुरुवरों की अनुकम्पा एवं आशीर्वचन के परिणाम स्वरूप मेरी चिर संचित अभिलाषा प्रस्तुत शोध प्रबन्ध के रूप में पूर्ण हुई है।

डॉ. राम मनोहर लोहिया अपने युग के प्रखर मनीषी थे। और उनकी दिव्य दृष्टि अत्यन्त प्रखर थी। उन्होंने गाँधी जी को उन्नत शैली का समर्थन देते हुए आधुनिक अतिवाद तथा फैशनवाद का खुलासा किया और बताया कि हमारे पाँव धरती पर रहें आसमान में नहीं। गाँधी जी के नजरिए से पं. नेहरू और डॉ. लोहिया को देखा जाय तो यह नतीजा निकलेगा कि वे पं. नेहरू की अपेक्षा कही ज्यादा नजदीक थे, परन्तु पं. नेहरू का भारत गाँधी का स्वप्न नहीं था वह पं. नेहरू का अपना स्वप्न था। देखा जाय तो सिद्धान्ततः कांग्रेस का गाँधी से प्रत्यक्ष कोई सरोकार नहीं बैठ पाता है क्योंकि कांग्रेस गाँधी जी के विचार से बहुत दूर जा चुकी है।

डॉ. लोहिया नए सोच का सार्थक नाम है, इनमें अपनी धरा का सोच पल्लवित व फलित हुआ। इस देश की सांस्कृतिक विरासत का अध्ययन कर वे इस परिणाम पर पहुँचे थे कि इस देश के पास जो कुछ है यदि उसे समीचीन ढंग से प्रस्तुत किया जा सके तो उसे बहुत जबरदस्त ताकत मिल सकती है। इस देश की संस्कृति की ऐसी विशेषता है, जो अन्दर ही अन्दर से व्यक्ति को समाज से जोड़ती जाती है।

डॉ. लोहिया उन चिन्तकों में से एक सशक्त तथा मौलिक चिन्तक हुए हैं जिन्होंने समग्र मानवता को एक नवीन परन्तु क्रान्तिकारी दृष्टि प्रदान की है वे चिन्तन को जीवनबद्ध कर उस नव मानव की स्थापना करना चाहते थे, जो आज भीड़ में खो गया है।

डॉ. लोहिया अत्यन्त प्रतिभा सम्पन्न, कल्पना सम्पन्न, गहरे अध्ययनशील, स्वप्न दृष्टा, जबरदस्त तार्किक, योग्यतम भाषाविद थे। वे हिन्दी प्रेमी थे। बिना हिन्दी को देश की कामकाज की भाषा बनाये उनकी दृष्टि से भारत की आजादी पंगु और अधूरी ही नहीं बल्कि बहरी और गूंगी भी है।

वे अपने सिद्धान्तों के प्रति आस्थावान रहे। वे अपने कर्त्तव्य के प्रति सदा जागरूक रहे। पं. नेहरू के सामने खड़े होना उनके व्यक्तित्व का अनाशक्त उदाहरण है। पं. नेहरू उनके मित्र थे परन्तु देश और सिद्धान्तों के सामने वे किसी के नहीं थे, उनमें करोड़-करोड़ अर्धनग्न तथा अर्धपेट जीने वाली जीवट जनता की अथाह पीड़ा का समन्दर उछाल भरता रहता था। वे मानव के इस दुर्भाग्य के लिए सदैव उस मानवजाति को दोषी मानते थे जो सुखों के स्वप्न में जी रहा है। उनकी धारणा थी कि गरीबी हमारी व्यवस्था के दुश्चरित्र का प्रतिफल है, उनकी दृष्टि में अमीरी से जी रही जाति पथभ्रष्ट है और चरित्रहन्ता है।

भारतीय लोकसभा का इतिहास बताता है कि जब तक वे जीवित रहे और वहां पहुँचते रहे, तब तक क्रान्ति की आँधियाँ उठाते रहे और उनके जीवन को जागरूक और पैना बनाता रहा, तब लगता था भारत में लोकतन्त्र है और लोक चेतना का स्वतन्त्र अस्तित्व है।

वे न केवल हमारी अपितु विश्व संस्कृति की अमूल्य निधि है, उनका प्रात: स्मरणीय जीवन युग-युग तक उत्प्रेरक और अद्वितीय रहेगा। वे सच्चे अर्थों में मानव होकर जिए थे। उनका जीवन जीने की शैली का अनुपात उदाहरण है। उन्होंने अपने को सत्यानुसंधान की अनूठी प्रयोगशाला बनाया था। वे चित्त के गायक और संघर्ष के पुजारी थे। यथार्थत: वे जीने की एक ऐसी मुद्रा थे, जिससे तिमिर रूपी दैत्य उनके पास आने से डरता था। उससे मुक्ति पाना और दिलाना उनके पराक्रम की अद्भुत तथा विलक्षण शक्ति थी।

आज आवश्यकता गत संदर्भो का मनन, वर्तमान संदर्भो में किए जाने की है। डॉ. लोहिया आज की जरूरत हैं। आज उनकी कितनी जरूरत है, यह देखना समझना आवश्यक है। इससे मत स्थापना और कार्यशैली निर्धारण में मदद मिलेगी और संभावनाओं का नवीन क्षितिज खुलेगा।

मुझे डॉ. लोहिया का समूचा व्यक्तित्व एक सशक्त विचार लगा और आज भी लग रहा है। वे अपने विचार की खुद ही प्रयोगशाला थे। चूंकि वे अलग-थलग से पड़ते गये, अत: उनके विचारों को अनदेखा किया जाने लगा। जिनकी आज निहायत जरूरत है। व्यक्ति से विचार और विचार से कर्म बनने की उसकी यह दीर्घ यात्रा निश्चित ही युग-युगों तक मानव का त्राणयुक्त कर जीवन मंत्र देती रहेगी।

मैं अपने गुरुवर **डॉ. मानवेन्द्र सिंह आपकी धर्मपत्नी-बबिता सक्सेना** के प्रति श्रद्धा व्यक्त करना अपना परम धर्म और कर्त्तव्य समझता हूँ। जिनका आशीर्वाद और वरदहस्त मेरा सबसे बड़ा सम्बल है।

मैं अपने गुरुवर **डॉ. कुलदीप नारायण श्रीवास्तव** व **डॉ. निर्मल कुमार श्रीवास्तव** पूर्व प्राचार्य डी.एस.एन. कालेज, उन्नाव, **डॉ. ए. के. दीक्षित** विभागाध्यक्ष संस्कृत डी.एस.एन. कालेज, उन्नाव एवं **डॉ. सुरेन्द्र द्विवेदी जी** विभागाध्यक्ष राजनीति शास्त्र विश्वविद्यालय लखनऊ व **श्रीमती सुमन लता जायसवाल** प्राचार्या डी.एस.एन. कालेज, उन्नाव की प्रेरणा एवं उत्साहवर्धन के फलस्वरूप अन्ततः मैं अपने लक्ष्य में सफल हो सका। भागदौड़ एवं सामग्री संचय में इन सबका महत्वपूर्ण सहयोग रहा है।

स्नेहमयी **माँ श्रीमती सुखरानी अवस्थी** व बड़े भाई **रामजी, श्यामजी** एवं भाभी **श्रीमती कुसुम, ऊषा,** बहन **प्रीति**, बहनोई **राजेश कुमार**, श्वसुर **कैलाश** नारायण त्रिवेदी-सास शकुन्तला का आशीर्वाद प्रोत्साहन भी मुझे आगे बढ़ने की प्रेरणा देता रहा है। मेरी पत्नी **प्रज्ञा अवस्थी** व मेरे अनुज **संजीव कुमार** व अनुज वधू **मीनू** व मेरे साले **अनुराग, अखिलेश** ने इस कार्य में सतत सहयोग दिया है। जिससे उन्हें भी धन्यवाद देना चाहता हूँ।

मैं अपने **दादी राजरानी** बाबा **स्वर्गीय महावीर प्रसाद अवस्थी** व अपने पिताजी **स्वर्गीय चन्द्रिका प्रसाद अवस्थी** बहन सुशीला के प्रति भी श्रद्धांजलि अर्पित करता हूँ, जिनके आशीर्वचन मेरे लिए अमूल्य धरोहर हैं और जो मुझे प्रेरणा देते रहते हैं।

मैं अपने किशोरी देवी पत्नी कृष्णबिहारी शुक्ल पाही बीघापुर उन्नाव, कौशलदेवी पत्नी बाबूशंकर द्विवेदी, बुआ - फूफा भगाना (भग्गी) w\o स्व. बलदेव मिश्रा सीशूपुर, रामसजीवन शुक्ल (सातन) दिनेश द्विवेदी, सि. ला. अमरेन्द्र (काका), वोधशंकर दीक्षित, जागेन्द्र स्वरुप स्नातक एम एल सी कानपुर, राजबहादुर सिंह वन्दे व शिक्षक एम एल सी उन्नाव, सीताराम मिश्रा (प्राचार्य), रामस्वरूप शुक्ल प्राचार्य, कमलाशंकर अवस्थी एडवोकेट, प्रधुमन कुमार मिश्रा (पी. के), सियाराम पाण्डेय, शिवकुमार पाण्डेय, शैलेष मिश्रा पुत्र राजेश मिश्रा, रामहर्ष सिंह शिक्षक dav लौ कानपुर, राजीव शुक्ल शिक्षक dav लौ कानपुर, माधुरी भूषण तिवारी एडवोकेट लखनऊ, हरिसहाय मिश्र (मदन) वेथर, सतीश शुक्ल एडवोकेट, नरेन्द्र अवस्थी एडवोकेट, मोहनलाल मिश्र (धीरज एडवोकेट), हरिश्चंद्र शुक्ल एडवोकेट, विष्णुदत्त अवस्थी एडवोकेट, गोविन्द जी दीक्षित एडवोकेट,सतीश द्विवेदी एडवोकेट, गिरीश मिश्र एडवोकेट, दीपनारायण द्विवेदी एडवोकेट, मृदुलपंडित राजकीय पुस्तकालय, सुरभि श्रीवास्तव राजकीय पुस्तकालय,

रामशंकर शुक्ल (पत्रकार), रश्मि अस्थाना पत्नी दीप अस्थाना, अनिल वाजपेयी एडवोकेट, शैलजाशरण शुक्ल एडवोकेट, देवेन्द्र वाजपेयी सभी मित्रों, शुभचिन्तकों, सहयोगियों, गुरुवरों एवं सम्बन्धियों के प्रति हृदय से आभार व्यक्त करता हूं जिन्होंने मुझे किसी न किसी प्रकार से अपना अमूल्य सहयोग प्रदान किया है। मैं उन सब पुस्तकालयों महात्मा गाँधी पुस्तकालय उन्नाव, विश्वम्भर दयाल त्रिपाठी राजकीय पुस्तकालय उन्नाव, पुस्तकालय डी.एस.एन. डिग्री कालेज, उन्नाव, पुस्तकालय विश्वविद्यालय, लखनऊ, पुस्तकालय छत्रपति शाहू जी महाराज विश्वविद्यालय, कानपुर एवं डॉ. लोहिया ट्रस्ट-4 विक्रमादित्य मार्ग, लखनऊ के पुस्तकालयाध्यक्ष व कर्मचारी एवं उन सभी लोगों के प्रति भी आभार व्यक्त करना चाहता हूँ जिन्होंने समय-समय पर मुझे शोध कार्य में सहयोग प्रदान किया है।

इन सभी की कृपा से मैं अदम्य उत्साह एवं पूरी निष्ठा से शोध कार्य को पूरा करने में समर्थ हो सका। कहां तक अपने शोध कार्य में सफलता प्राप्त हुई इसका मूल्यांकन राजनीति शास्त्र के विशेषज्ञों के ऊपर छोड़ता हूँ, किन्तु इतना अश्वस्त करना चाहता हूँ कि मैं अपने कार्य के प्रति सदैव जागरूक और समर्पित रहा हूँ। मुझे विश्वास है कि शोध प्रबन्ध भावी शोधकर्ताओं के लिए यत्किंचित सहयोगी होगा।

शोधकर्ता

डॉ. राजीव कुमार अवस्थी

अनुक्रमणिका

प्रस्तावना

समाजवाद एक ऐसा सपना है जिसने बीसवीं सदी में दुनिया को सर्वाधिक आन्दोलित किया। अगली शताब्दी में भी दुनिया के अलग-अलग कोनों में अलग-अलग ढंग से लोग इस लक्ष्य को हासिल करने के लिए जूझते रहेंगे इसमें कोई शक नहीं है। जैसे ईश्वर की प्राप्ति के लिए अलग-अलग मार्ग खोजे और बनाये जाते रहे हैं वैसे ही विषमताओं का उन्मूलन करके समता परक समाज व्यवस्था के निर्माण के लिए भी अलग-अलग ढंग से प्रयोग किए गये हैं लेकिन इन सबकी मूल प्रेरणा और लक्ष्य एक ही रहा। भारत के जन कवि संत तुलसीदास जी ने भी रामचरितमानस में रामराज्य का जो खाका खींचा था उसमें भी विषमता की समाप्ति केन्द्र बिन्दु है।

कुछ और भी प्रश्न प्रासंगिक हैं। भारत की विशाल जनशक्ति को देखते हुए हमें इस प्रश्न पर भी गौर करना है कि हमारे देश के लिए उपयुक्त तकनीकी क्या है? क्या हम आधुनिकीकरण के नाम पर विकसित देशों की तकनीकी आयात करके पूँजी और उत्पादन के साधनों को मुट्ठी भर लोगों या कम्पनियों के हाथों में केन्द्रित हो जाने दें या फिर अपने लिए उपयुक्त मझोली तकनीकी का विकास करके हर हाथ को काम देकर गरीबी का अभिशाप समाप्त करें।

समाजवादी सोच के तहत हमने अपने देश में भी सार्वजनिक निगमों एवं प्रतिष्ठानों का एक भारी भरकम ढांचा खड़ा किया जिनका विकास में महत्वपूर्ण योगदान रहा। पर इसमें कई ऐसे क्षेत्र भी शामिल होते गये जो विकास का आधारभूत ढाँचा उपलब्ध कराने से सम्बन्धित नहीं थे। यह सार्वजनिक क्षेत्र अकुशलता और भ्रष्टाचार के चलते हमारी गरीब जनता की गाढ़ी कमाई से बने कोष पर भार सा हो गया है। इस प्रश्न पर भी गौर करना है कि सार्वजनिक निगमों एवं प्रतिष्ठानों को इस दोष से कैसे मुक्त किया जाय। साथ ही साथ जो विकास के लिए आधारभूत क्षेत्र है, उसको सार्वजनिक क्षेत्र में सुदृढ़ एवं सुव्यवस्थित किया जाय।

भारत में लोकतान्त्रिक समाजवादी रचना का पूरा श्रेय त्रिमूर्ति को है। त्रिमूर्ति भारत की संस्कृति का अत्यन्त प्रिय शब्द है, इसलिए कि जन्म, स्थिति और विनाश यही जीवन की तीन स्थितियाँ हैं। जीवन का आधार तीन गुण हैं। तीनों गुणों के तीन देवता हैं, इतना ही नहीं प्रत्येक शरीर कफ, पित्त, वात की रचना है। इन सबों के अलग-अलग गुण, धर्म हैं। आने वाले दिनों में भी दल या पताकाएं चाहे जैसी भी हों, विचार और कार्यक्रमों की दृष्टि से इनका महत्व बना रहेगा। सम्पूर्ण राजनीति किसी न किसी प्रकार से इनके वृत्त में सोचती है, शर्त यह है कि सोचती हो तब। राजनीति का ध्यान मुख्यत: तात्कालिकता पर होता है किन्तु विचार की दृष्टि दूरगामी होती है, यह विचारक भी दिन के प्रकाश को देखते थे। फिर अंधेरे को पार करते, अंधेरे के पार देखते थे, सूर्योदय की प्रतीक्षा न कर स्वयं सूर्य बन उगे थे।

किसी राजनेता के बारे में लिखना बहुत कठिन है। क्योंकि उसके सम्बन्ध में एक ही समय और घटना के अनेक सर्वदा परस्पर विरोधी तथ्य होते हैं। क्योंकि उसके सम्बन्ध में एक ही समय निर्णायक मत की स्थापना की जा सकती है लेकिन वह भी विवाद के घेरे से दूर नहीं होती और वह भी तब जब अपने समय के हाल के गुजरे समय के उस समनायक पर जो स्वयं भी कम विवादास्पद नहीं रहा, निरन्तर अपने और अपने बाहर से लड़ता रहा। जिसमें बहुमुखी तथा बहुचर्चित राजनायक को लेकर लिखना तो और भी कठिन है।

आज की राजनैतिक उथल-पुथल में लोहिया जी की प्रासंगिकता सर्वाधिक है, क्योंकि उनका स्वदेशी मन जिस कर्तव्यबोध से बना था, उसमें सत्ता मोह की अपेक्षा जनशक्ति और जन की इच्छाशक्ति को संगठित करने के प्रति विशेष आग्रह है। आज की राजनीति यदि केवल सत्ताविमुख रहेगी और जन इच्छा तथा जनशक्ति पर आधारित नहीं रहेगी, तो हमारे मौलिक अधिकारों की रक्षा नहीं हो सकेगी। डॉ. लोहिया की प्रासंगिकता इसलिए भी है कि उनकी समाजवादी विचारधारा समस्याओं का केवल विश्लेषण नहीं करती, उनका निदान भी प्रस्तुत करती है। उनकी विचारधारा 'कर्म' के साम पर चढ़कर तेज होने वाली विचारधारा है। उसमें आग्रह है, दुराग्रह नहीं है। आज के बिखराव वाले वातावरण में डॉ. लोहिया के विचार ही देश और समाज में एकसूत्रता ला सकते हैं, क्योंकि उनके विचारों में चिन्तन की गहराई के साथ ही कर्म की ऊर्जा पैदा करने की क्षमता है।

समाज कैसे बदले, देश का आर्थिक ढांचा कैसे सुधरे, निरन्तर बढ़ते हुए अन्यायों का प्रतिकार कैसे हो, विषमताएं दूर करने के कौन-कौन से रचनात्मक कार्यक्रम अपनायें- ये आज के ज्वलंत प्रश्न हैं। इन सारे प्रश्नों का उत्तर हमें डॉ. लोहिया के विचारों में मिलता है।

लोहिया ने कहा- "हमें क्या हो गया है? बेबसी को आंख खोलकर स्वीकारने से ही आदत बदलती है। नहीं तो हमें उन सभी कीटाणुओं को ढूंढ़ना चाहिए जिन्होंने हमारे राष्ट्रीय मन को सड़ाया है।"

डॉ. राम मनोहर लोहिया का चिन्तन काफी विचारोत्तेजक और विवादास्पद रहा है। इस पर भी उनके विचार आज के भारत के सन्दर्भ में प्रासंगिक है। इतिहास, राजनीति, समाज व्यवस्था, जातिवाद, आर्थिक समस्याएं आदि विषयों पर उनका चिन्तन वर्तमान जीवन को दिशा दे सकता है।

"आज स्वतन्त्रता की प्यास कुछ मायने में पूरी हुई है। लेकिन समता और समृद्धि की दूसरी प्यास अतृप्त है। हमें लोगों को, जनता को जागृत और सचेत करके उनके प्रयत्नों को एकसूत्रता में लाना चाहिए।"

लोहिया में निर्भीक बनकर अपना आत्म परीक्षण करने का बहुत बड़ा गुण था। वे अच्छी तरह जानते थे कि हर एक व्यक्ति का दृष्टिकोण अलग-अलग होता है, सच को हर व्यक्ति हमेशा किसी एक दृष्टिकोण से देखता है। इसे वे कहते थे कि यह देह का दोष है और इस दोष से पूरी तरह कभी छुटकारा हो ही नहीं सकता लेकिन उनकी चाह रहती थी, कोशिश रहती थी कि पूरे सच को समझने के लिए एक सम्यक दृष्टि, एक पूरी दृष्टि बन पाये।

लोहिया राष्ट्रीयता के सजग प्रहरी थे। वे हिन्दू राष्ट्र, सिख राष्ट्र, मुस्लिम राष्ट्र, ईसाई राष्ट्र नहीं चाहते थे, उन्हें वांछित थी देश की एकता। गुटनिरपेक्ष नीति को भी वे राज्य की कसौटी पर परखना चाहते थे। वे कहते थे अपने देश की, अपने राज्य की रक्षा करना सबसे बड़ा कर्तव्य है और फिर उससे सारे के सारे सिद्धान्त निकला करते हैं। ऐसा कोई सिद्धान्त नहीं है, जो कि सत्य को खत्म करके चल सकता हो। राजनीति में इसको याद रखना सबसे बड़ा है, राज्य को रखो। हर हिन्दुस्तानी को मैं कह देना चाहता हूँ कि पिछले हजार वर्ष के अपने दुर्भाग्य की तरफ निगाहें डालो। हजार सवा हजार बरस में क्या हुआ है? राज्य को खोकर हमको क्या-क्या मुसीबतें, क्या-क्या अपमान, क्या-क्या जहन्नुम के और गैरत के गड्ढों में गिरना पड़ा है। हमारा राज्य ही नहीं रहा है। सबसे बड़ी चीज है, हमारा राज्य बना रहे। राज्य बनाये रखने के लिए हमें बाकी सब सिद्धान्तों को नीचा कर लेना पड़ेगा और जब राज्य बना रह जायगा, तो उसमें से सिद्धान्त अपने आप निकल सकेंगे।

प्रखर राष्ट्रीयता के प्रवक्ता लोहिया सिकुड़ने वाले राष्ट्रवाद के समर्थक नहीं थे, उनके आदर्श उतुंग थे। बांग्लादेश पाकिस्तान से अलग होकर रहेगा यह लोहिया ने बहुत पहले कहा था। मगर वे चाहते थे कि ये सारे अलग राज्य कम से कम महासंघ के रूप में एक हो।

लोहिया को नकली विश्वयारी से घृणा थी। राष्ट्रीय सार्वभौमिकता का आंशिक त्याग उन्हें कुबूल था बशर्ते सभी देश ऐसा करने के लिए राजी हो जाएं और त्यागे हुए अधिकार एक विश्व सरकार को सौंप दिए जाएं, इस तरह वे सही मायने में अन्तरराष्ट्रीय वादी थे।

डॉ. लोहिया सम्पूर्ण विश्व को एक पंचायत में बाँधना चाहते थे। वे विश्व सरकार के हिमायती थे। उनका सपना था कि हम बिना परमिट के एक देश से दूसरे देश में जा सके। उनकी यह बहुत बड़ी पीड़ा थी कि आज का विश्व गोरे और काले दो विभागों में विभक्त है। गोरी दुनिया के लिए समृद्धि है, शक्ति है, वैभव और विलास है, तो काली दुनिया के लिए गरीबी है, युद्ध है, विषमता है और भूख है। वे इस स्थिति को समाप्त करना चाहते थे।

डॉ. लोहिया की सप्त क्रान्ति के अनेक आयाम हैं जो व्यक्ति और व्यक्ति, व्यक्ति और समाज, व्यक्ति और सम्पत्ति तथा व्यक्ति और राज्य के रिश्तों को परिभाषित करते है और एक शोषण मुक्त विश्व की स्थापना का लक्ष्य रखते है। यह हमारी नयी पीढ़ी के अराजनीतिकरण को रोकने और इन मौलिक प्रश्नों पर सोचने-विचारने के लिए प्रेरित करेगी।

अध्याय – एक

ऐतिहासिक विश्लेषण
भारत में समाजवादी चिन्तन का विकास

1.1 भारत में समाजवादी विचारों का उदय :

रूस में 25 अक्टूबर 1917 (नये कैलेंडर से 7 नवम्बर 1917) को हुई समाजवादी क्रान्ति आधुनिक विश्व की सर्वाधिक महत्वपूर्ण, युगान्तरकारी, ऐतिहासिक घटना थी, इसे अक्टूबर क्रान्ति के नाम से भी जाना जाता है। इस क्रान्ति के फलस्वरूप रूस के आम मजदूर, किसान और कर्मचारी कारखानों, खेत-खलिहानों, कार्यालयों, शैक्षणिक संस्थाओं तथा अपनी अमूल्य सांस्कृतिक धरोहर के मालिक बने थे।

रूस की बोल्शेविक (कम्युनिस्ट) पार्टी के कुशल नेतृत्व में हुई इस क्रान्ति ने साम्राज्यवाद व पूंजीवाद के एक विशाल एवं शक्तिशाली गढ़ को ध्वस्त कर रूस की पावन धरती पर विश्व सर्वहारा का अजेय लाल झण्डा फहराया था। इस क्रान्ति के जयघोष ने मार्क्स, एंगेल्स, लेनिन तथा विश्व के लाखों क्रान्तिकारियों, समाजवादियों व जनवादियों के चिरकाल से संजोये सपने को साकार किया था। पहली बार विश्व के इस भाग में सदा के लिए मनुष्य द्वारा मनुष्य के शोषण को समाप्त कर एक सर्वथा नयी समाज व्यवस्था का प्रादुर्भाव हुआ था।

नवम्बर 1917 में रूस में समाजवादी क्रान्ति की सफलता ने भारतीयों का ध्यान अपनी तरफ खींचा और इसके बाद भारत में समाजवादी विचारों के प्रवेश की गति तेज हो गयी। भारत पर नवम्बर क्रान्ति के प्रभाव के बारे में ब्रिटिश शासकों के गुप्तचर विभाग के प्रधान

सर 'सैसिलके' ने लिखा था - "इसमें कोई संदेह नहीं कि रूस में बोल्शेविक शासन का अस्तित्व अन्य देशों में सब प्रकार के क्रान्तिकारी कामों को प्रोत्साहन दे रहा है और यह बात भारत पर विशेषत: लागू होती है, जिसके प्राय: दरवाजे पर ही बोल्शेविक शासन मौजूद है।

समाजवादी क्रान्ति का भारतीय जनता, समाचारपत्रों और राष्ट्रीयय नेताओं ने स्वागत किया। उन्होंने रूस की इस ऐतिहासिक विजय को वहाँ के मजदूरों और किसानों की विजय माना। समाजवादी क्रान्ति के फलस्वरूप अनेक देशों में राष्ट्रीय मुक्ति आन्दोलन नये विश्वास और स्फूर्ति के साथ आगे बढ़ा। इसने उपनिवेशवाद पर जोरदार प्रहार किया। सोवियत संघ की कम्युनिस्ट पार्टी के इतिहास में इस सम्बन्ध में ठीक ही लिखा गया है – "महान अक्टूबर समाजवादी क्रान्ति से राष्ट्रीय मुक्ति आन्दोलन को प्रेरणा प्राप्त हुई, जिससे उपनिवेशवादी शासन की नींव खोखली हो गयी। इसके फलस्वरूप मानवजाति को साम्राज्यवादी उत्पीड़न से मुक्त कराने का महान संघर्ष आरम्भ हुआ, विश्व में एक नये युग की, पूँजीवाद के पराभव और समाजवाद के निर्माण के युग की, मानवजाति के पूँजीवाद के कम्युनिज्म की ओर संक्रमण के युग की पौ फटी।"[1]

समाजवादी क्रान्ति से भारतीय राष्ट्रीय आन्दोलन में नयी चेतना और विषयवस्तु का समावेश हुआ। युवकों ने मजदूरों और किसानों को संगठित करने का प्रयास किया, उन्होंने मजदूरों की यूनियन और किसान सभाएं बनायी और मजदूरों, किसानों, युवकों व छात्रों में समाजवाद की विचारधारा का तेजी से प्रचार-प्रसार हुआ। समाजवादी क्रान्ति के पश्चात् ही भारतीय राष्ट्रीय आन्दोलन में 'वर्ग संघर्ष' की रणनीति का समावेश हुआ। यद्यपि ब्रिटिश सरकार ने समाजवादी क्रान्ति की खबर को भारतीय जनता तक न पहुँचने देने की असफल कोशिश की, परन्तु काली घटाएं सुर्ख सूरज की सुखद किरणों को रोक नहीं सकी। समाजवादी क्रान्ति का संदेश भारत तक पहुंचा। लाहौर के दैनिक ट्रिब्यून ने 17 नवम्बर को ही 'लेनिन का शान्ति प्रस्ताव' शीर्षक से सोवियतों की दूसरी अखिल रूसी कांग्रेस द्वारा स्वीकृत शान्ति सम्बन्धी आज्ञाप्ति के बारे में समाचार प्रकाशित कर दिया था। इस शान्ति आज्ञाप्ति में सभी राष्ट्रों के आत्मनिर्णय के अधिकार की घोषणा की गयी थी, जब लेनिन यह घोषणा कर रहे थे तब वे भारत, मलाया, इण्डोनेशिया, हिन्दचीन, चीन, मिस्र, अल्जीरिया, अंगोला, दक्षिण अफ्रीका आदि पराधीन राष्ट्रों की करोड़ों जनता को सम्बोधित कर रहे थे। उनके राष्ट्रीय स्वाधीनता की कामनाओं और जुझारू संघर्षों का हार्दिक स्वागत और समर्थन कर रहे थे। यह कोई दिखावे का प्रस्ताव नहीं था, यह तो विजयी क्रान्ति के विजयी नेता की, ऐसी प्रभावी उद्घोषणा थी जिसका स्वर लाखों – करोड़ों व्यक्तियों को आश्वस्त, उत्प्रेरित और आह्लादित कर रहा था। यह ऐसी ऐतिहासिक

घोषणा थी जिसमें विश्व के स्वाधीनता प्रेमियों की दृष्टि सदा के लिए नये राज्य सोवियत रूस की ओर मोड़ दी और फिर वह दृष्टि वहीं पर टिकी रही। भारतीय समाचार पत्रों और पत्रिकाओं में रूस की घटनाओं और समाजवादी क्रान्ति के नेता ब्लादीमिर इल्यीच लेनिन के बारे में खबरें नवम्बर-दिसम्बर 1917 में ही प्रकाशित होने लगी थी। नि:सन्देह उसी समय से भारतीय जनता तथा राजनीतिक कार्यकर्ताओं का ध्यान इनकी ओर आकृष्ट होने लगा। प्रसिद्ध तमिल कवि श्री सुब्रह्मण्यम भारती ने एक तमिल पत्र में लिखा था कि रूस में 'निजी सम्पत्ति' को 'जनता की साझी सम्पत्ति' घोषित कर दिया गया है। 'भारती' रूसी मेहनतकश जनता के नेता लेनिन के नाम का जिनके नेतृत्व में महान् स्पान्तर हुए थे, उल्लेख करने वाले सबसे पहले भारतीयों में एक थे। रूस में जो हो रहा है 'उसे समाजवाद कहते हैं' भारती के अनुसार रूस में सारी कृषि योग्य भूमि और अन्य सम्पदा सारी जनता की सम्पत्ति है, यह सिद्धान्त रूस से एशिया में भी फैल गया है। भारती इस निष्कर्ष पर पहुंचे कि "इस सिद्धान्त के सारे संसार में विजयी होने और जीवन का प्रतिमान बन जाने के बाद ही मानव जाति वास्तविक रूप में सभ्य हो सकेगी।"[2]

महान् अक्टूबर क्रान्ति ने समस्त पूर्वी जगत पर बड़ा प्रभाव डाला, सोवियत सरकार ने सभी देशों के आत्मनिर्णय के अधिकार का समर्थन किया था। उसने 3 दिसम्बर 1917 को रूस की जातियों के अधिकारों की घोषणा और जन कमिसार परिषद की रूस और पूर्व में मुसलमानों के नाम अपील प्रकाशित की थी। इस अपील में विशेषत: भारत का भी उल्लेख किया गया था, जिसका सदियों से सभ्य यूरोप दमन कर रहा था और जिसने विद्रोह का झण्डा खड़ा कर दिया था। इस अपील में फारसवासियों, तुर्को, हिन्दुओं, अरबों और उन सब लोगों से अपने शोषकों को उखाड़ फेंकने और अपनी आजादी की मांग करने को कहा गया था जो लालची यूरोपिय साम्राज्यवादियों द्वारा सदियों से दबाये जा रहे थे।

ब्रिटिश सरकार इस घोषणा और संदेश से बहुत भयभीत हुई, उसने इन दस्तावेजों को भारतीय जनता तक न पहुंचने देने के लिए अनेक प्रयत्न किये किन्तु ब्रिटिश शासकों की कोशिशों और उनके द्वारा लागू किये गये प्रतिबंधों के बावजूद ये सन्देश भारत पहुंचे और भारतीय पत्रों में प्रकाशित हुए। इन्होंने कांग्रेस के नेताओं तथा आम कार्यकर्ताओं पर गहरा असर डाला।

रूसी क्रान्ति के तीन महीने के भीतर ही, पूना से प्रकाशित लोकमान्य बाल गंगाधर तिलक के केसरी नामक मराठी समाचार पत्र ने 29 जनवरी 1918 को 'रूसी नेता लेनिन' शीर्षक अग्रलेख प्रकाशित किया था। 'केसरी' ने लेनिन पर अपने सम्पादकीय लेख में लिखा-"हम लेनिन की जीवनी के मुख्य लेख प्रकाशित कर रहे है, क्योंकि यह शरारत

भरा प्रचार किया जाता है कि जनप्रिय रूसी नेता लेनिन एक जर्मन यहूदी के बेटे है और जर्मन सरकार ने उन्हें रिश्वत दी है, लेनिन पर रूसी जनता के अंदर असंतोष पैदा करने का आरोप लगाया जा रहा है, जिसे मित्र शक्तियों का वफादार कहा जाता है।"[3]

'केसरी' ने 20 जुलाई 1920 को लिखा कि "सोवियत सरकार की विदेश नीति विदेशी भूमि को छीन कर अपने में मिला लेने अथवा अन्य देशों पर बलपूर्वक अपनी अर्थनीति के सिद्धान्तों को लाद देने की नहीं है, क्योंकि उसका विश्वास है कि प्रत्येक देश में राजनीतिक और सामाजिक संस्थाओं का उदय उस देश की ऐतिहासिक परम्पराओं और आर्थिक हालातों से होता है।[4]

इसी 'केसरी' ने तिलक की परम्परा को निभाते हुए 21 अगस्त 1920 को 'लेनिन की नैतिक विजय' शीर्षक लेख में लिखा : 6 और 7 नवम्बर 1917 ऐतिहासिक दृष्टि से स्मरणीय तिथियां होगी, क्योंकि इन दो दिनों के अन्दर रूसी क्रान्ति एक बूंद खून बहाये बगैर हुई। अवश्य ही हजारों लोगों के वर्षो के प्रयास इसे पूरा करने में सहायक हुए लेकिन किसी भी बड़ी घटना के लिए किसी ऐसे आदमी की जरूरत होती है, जो उसका मूर्त रूप हों। लेनिन का नाम कम्युनिज्म के इतिहास में हमेशा बना रहेगा।[5]

'केसरी' के इन लेखों से स्पष्ट होता है कि तिलक जैसे प्रमुख व प्रखर राष्ट्रीय नेता एवं प्रतिभा सम्पन्न पत्रकार के हृदय में लेनिन के प्रति कितना आदर था। उनका ख्याल था कि शान्ति और भूमि की नीति तथा उच्च वर्गों से समझौता न करने की नीति उपयुक्त व जनता के हित में है।

कलकत्ता से प्रकाशित अंग्रेजी मासिक मॉडर्न रिव्यू के फरवरी 1919 के अंक में उसके सम्पादक रामानंद चटर्जी ने लिखा – "पूँजीवादी समाचार पत्रों द्वारा रूसी सोवियतों के इन समस्त प्रयासों के बावजूद भी ब्रिटिश सरकार रूसी क्रान्ति से उत्पन्न नयी आशा और चेतना को भारत में फैलने तथा भारतीय नवयुवकों, किसानों, मजदूरों और राष्ट्रीय नेताओं को इससे प्रभावित होने से नहीं रोक सकी। रूसी क्रान्ति की इस लहर ने भारतीय राष्ट्रीय आन्दोलन को एक समाजवादी दृष्टि प्रदान की। देश में होने वाले आन्दोलन का रूख समाजवाद की ओर मुड़ा, राष्ट्रीय स्वतंत्रता संघर्ष को आर्थिक तथा वर्ग स्वतंत्रता के साथ सम्बन्धित होने का अवसर मिला, मजदूरों तथा किसानों के आन्दोलन में तीव्रता आयी।

भारतीय समाजवाद के इतिहास में डॉ. राम मनोहर लोहिया 1910 से 1967 अपने प्रखर विचारों ओर लड़ाकू व्यक्तित्व के लिए याद किए जाते हैं। देश की राजनीति में उनकी गणना सबसे जुझारू व्यक्तियों में की जाती है पर अपने निर्भय व्यक्तित्व के द्वारा उन्होंने

समाजवादी आन्दोलन को गति दी। जहाँ तक समाजवादी चिन्तन का प्रश्न है, इस दिशा में आचार्य नरेन्द्र देव व डॉ. राम मनोहर लोहिया का प्रभाव सबसे अधिक है।[6]

1.2 कांग्रेस के भीतर वामपंथ का उदय :

समाजवाद के लिए संगठित आन्दोलन आरम्भ करने के लिए केवल समाजवादी विचारों को प्रवेश पर्याप्त न था। उसके लिए स्वयं भारत में आधुनिक उद्योगों की स्थापना, पूंजीवादी उत्पादन, सम्बन्धों के विकास, औद्योगिक मजदूर वर्ग और नये मध्य वर्ग का जन्म तथा उनमें चेतना की वृद्धि आवश्यक थी।

रूस में 1917 में अक्टूबर क्रान्ति के बाद ही भारत के मजदूरें को युद्धकालीन सरकारी कठोरता की परवान न कर हड़ताल के मैदान में उतरते देखा गया। हड़तालों की पहली लहर अगस्त 1917 तक बम्बई के कपड़ा मिल मजदूरों में दीख पड़ी। अक्टूबर 1917 तक 30 से ज्यादा हड़तालें हुई। ये हड़ताले भारत के मजदूर वर्ग की बढ़ती चेतना और संगठित शक्ति की सूचक थी। वे पहले से कहीं ज्यादा व्यापक, संगठित और लंबी थी। मजदूरों ने अपनी संगठन की शक्ति को पहचान लिया था, इसका परिणाम हुआ कि उनकी बड़ी-बड़ी यूनियनों की स्थापना हुई।

1920 तक देश में महत्वपूर्ण उद्योगों में मजदूरों के संगठन बन गये थे। भारत का मजदूर आन्दोलन नया मोड़ ले रहा था। वर्ग संघर्ष तेज हो रहा था, इन यूनियनों का निर्माण वर्ग संघर्ष के आधार पर हुआ था। 1918 में वाडिया के नेतृत्व में बनी 'मद्रास लेबर यूनियन' को मजदूरों का पहला विधिवत संगठन बनाने का प्रयास मान जाता है। स्वयं गाँधी जी ने 'मजदूर महाजन' अर्थात् 'अहमदाबाद लेबर एसोसिएशन' की स्थापना 1918 में वर्ग सहयोग के आधार पर की थी। वे ऐसे ही संगठन सारे देश में बनाना चाहते थे, पर असफल रहे। व्यवहारत: ऐसे संगठन मालिकों के संगठन साबित हुए।

1920 तक भारत के मजदूर आन्दोलन का जिस तरह विकास हुआ था, मजदूरों में बढ़ते संघर्ष और संगठन की इस फिजा को देखते हुए अब इस केन्द्रीय संगठन का निर्माण आवश्यक था ऐसे संगठन का जो सारे मजदूर आन्दोलन को एक सूत्र में बांधकर संचालित करे। आल इंडिया ट्रेड यूनियन कांग्रेस (ए०आई०टी०यू०सी०) के रूप में एक अखिल भारतीय केन्द्रीय संगठन का निर्माण 31 अक्टूबर 1920 को किया गया, किन्तु इसकी स्थापना का उद्देश्य मजदूर आन्दोलन को सूत्रबद्ध करना नहीं बल्कि 'इंटरनेशनल लेबर आर्गनाइजेशन' 'अन्तर्राष्ट्रीय श्रम संघ' (आई०एल०ओ०) में प्रतिनिधित्व प्राप्त करना था।

भारत सरकार ने आई०एल०ओ० के वाशिंगटन सम्मेलन (1919) में मद्रास लेबर यूनियन के अध्यक्ष श्री बी०पी० बाडिया को भारत के मजदूरों का प्रतिनिधि बना कर भेजा था। वे सम्भवत: इसी यात्रा से वापसी के समय इंग्लैण्ड और फ्रांस भी गये थे। ब्रिटिश गुप्तचर विभाग ने उनकी गतिविधियों के बारे में लिखा था - "वाडिया अब 1919 और 1920 के आरम्भ में इंग्लैण्ड में है। फ्रांस के लिए रवाना होने के कुछ समय पहले बी०पी० वाडिया शापुर जी सकलतावाला से मिले थे। उनके बीच यह समझौता हुआ कि भारत वापस आने पर वाडिया मजदूरों की शक्तिशाली ट्रेड यूनियनों अथवा मजदूर संघों को संगठित करने पर जोर देंगे तथा लाला लाजपतराय, बाल गंगाधर तिलक, मुकुंदलाल (सरकार), चमनलाल और सत्यमूर्ति एवं अन्य लोगों के सहयोग से 'इण्डियन ट्रेड यूनियन कांग्रेस' बनाने के लिए प्रतिनिधि खोज निकालेगे।" 1920 के आई०एल०ओ० के सम्मेलन में भारत के मजदूरों का प्रतिनिधित्व करने के लिए भारत सरकार ने एन०एम० जोशी को भेजने का फैसला किया था। जोशी ने 1911 में बम्बई में सोशल सर्विस लीग की स्थापना की थी। आम जनता की सेवा करना उनका उद्देश्य था। कुछ लोगों को जोशी का भेजा जाना पसंद न आया। उन्होंने संगठित मजदूरों का प्रतिनिधि भेजने की मांग की। शासकों का तर्क था कि भारत के मजदूरों का कोई केन्द्रीय संगठन नहीं है अत: जोशी को भेजने का उनका फैसला बिल्कुल उचित है। सरकार के इसी तर्क के उत्तर में दीवान चमनलाल और वी०एम० पवार ने पहल कर 31 अक्टूबर 1920 को एक सम्मेलन बम्बई में लाला लाजपतराय की अध्यक्षता में बुलाया यह सम्मेलन 2 नवम्बर 1920 तक चला। इसी सम्मेलन में ए०आई०टी०यू०सी० आर्थत 'आल इण्डिया ट्रेड यूनियन कांग्रेस' (एटक) की स्थापना की गयी। बाल गंगाधर तिलक, एनी बेसेंट, सी०एफ० एंड्रूज, एस०ए० ब्रेलवी और जोसेफ बपतिस्ता उपाध्यक्ष चुने गये। आई०एल०ओ० के सम्मेलन में लाला लाजपतराय को भेजने का फैसला किया गया। कहा जाता है कि बाद में गाँधी जी के दबाव के कारण लाला लाजपतराय ने अस्वस्थता की वजह से उस सम्मेलन में जाने से इंकार कर दिया। आखिरकार प्रतिनिधि के रूप में एन०एम० जोशी ही गये थे किन्तु दीवान चमनलाल वगैरह को सलाहकार के रूप में जोशी के साथ भेजा गया।[7]

'इण्डियन नेशनल कांग्रेस' के अंदर इन वामपंथियों का नेतृत्व जवाहरलाल नेहरू और सुभाषचन्द्र बोस कर रहे थे। कांग्रेस के अंदर वामपंथ के उदय का प्रभाव 'इण्डियन नेशनल कांग्रेस' के मद्रास अधिवेशन (दिसम्बर 1927) पर स्पष्ट देखा गया।

इधर जवाहर लाल नेहरू के 1926-27 के यूरोप के दौरे ने उन्हें नए विचार दिये थे। 1927 में उन्होंने पराधीन देशों की बुसेल्स कांग्रेस में इण्डियन नेशनल कांग्रेस का प्रतिनिधित्व किया था। इसी बुसेल्स कांग्रेस ने साम्राज्यवाद के विरूद्ध और राष्ट्रीय स्वाधीनता

के लिए इन्टरनेशनल लीग (लीग अगेंस्ट इंम्पीरियलिज्म) की स्थापना की। इस कांग्रेस में उनकी मुलाकात सुंगोचिंग लिंग, अल्बर्ट आइंस्टीन, रोमारोल जैसी महान् विभूतियों से हुई जो इंटरनेशनल लीग के नेता थे। उनकी मुलाकात वीरेन्द्रनाथ चट्टोपाध्याय और कम्युनस्टि नेताओं से भी हुई। वे स्वयं साम्यवादी विचारों से प्रभावित थे। इस प्रभाव के बारे में उन्होंने लिखा-"बुसेल्स कांग्रेस और उसके बाद (इन्टरनेशनल) लीग की कमेटी की बैठकों ने जो आए-गए विभिन्न स्थानों में होती थी, औपनिवेशिक और पराधीन देशों की कुछ समस्याओं को समझने में मदद की। उन्होंने मुझे पशिचम की मजदूर दुनिया के भीतर के विरोध को भी देखने का मौका दिया। सेकेंड इन्टरनेशनल की मजदूर दुनिया और 'थर्ड इन्टरनेशनल' की मजदूर दुनिया से मेरी हमदर्दी परवर्ती के साथ थी।[8]

समाजवाद में रूचि रखने वाले कांग्रेसी कार्यकर्ताओं की एक बैठक कांग्रेस महासमिति के अधिवेशन से पूर्व काशी में दो दिन तक श्री प्रकाश के घर पर हुई। इसमें आचार्य जी के साथ जय प्रकाश नारायण, गंगाशरण सिंह, मीनू मसानी, सम्पूर्णानन्द, एन०एम० जोशी, श्री प्रकाश उपस्थित थे। यह निश्चय किया गया कि अखिल भारतीय कांग्रेस कमेटी के आगामी पटना अधिवेशन के अवसर पर एक समाजवादी सम्मेलन बुलाया जाये और कांग्रेस के तत्वाधान में सोशलिस्ट पार्टी की स्थापना की जाये। सभापति के लिए आचार्य जी का नाम तय किया गया।

मई 1934 में अखिल भारतीय कांग्रेस कमेटी के अधिवेशन के अवसर पर आचार्य जी की अध्यक्षता में समाजवादी सम्मेलन हुआ। सम्मेलन में एक अखिल भारतीय समाजवादी पार्टी बनाने का निर्णय लिया गया। आचार्य जी की अध्यक्षता में पार्टी का संविधान और कार्यक्रम का प्रारूप तैयार करने के लिए प्रारूप समिति बनायी गयी।[9]

नयी पार्टी का नाम कांग्रेस सोशलिस्ट पार्टी रखा गया। आचार्य जी ने कहा कि "हम इस दल का नाम समाजवादी दलों के लिए विश्व में प्रचलित नाम 'सामाजिक जनतंत्रवादी पार्टी' नहीं रख सकते क्योंकि सामाजिक जनतंत्रवादियों (सोशल डेमोक्रेट) ने प्रथम महायुद्ध में एक दूसरे के विरूद्ध अपने विभिन्न राष्ट्र बन्धु धनिक वर्गो का साथ देकर सामाजिक जनतंत्रवादियों के नाम को बदनाम कर दिया है। दूसरी तरफ साम्यवादी नाम भी नहीं रखा जा सकता क्योंकि भारत के साम्यवादियों ने राष्ट्रीय आन्दोलन से पृथक होकर अपने को अप्रतिष्ठित कर लिया है। कांग्रेस शब्द जनतंत्र के लिए संघर्ष का प्रतीक है, अतः दल का नाम कांग्रेस समाजवादी पार्टी होगा।

आचार्य नरेन्द्र देव ने अपने अध्यक्षीय भाषण में इस बात पर खेद प्रकट किया कि पण्डित जवाहर लाल नेहरू जेल में होने के कारण समाजवादी पार्टी की स्थापना के अवसर पर

उपस्थित नहीं हो सके। उन्होंने कांग्रेस के नेतृत्व की अक्षमता और राष्ट्रीयता आन्दोलन को क्रान्तिकारी स्वरूप में बदलने की आवश्यकता पर जोर दिया। उन्होंने कहा कि कांग्रेस वैधानिकता और सुधारवाद के सहारे आगे बढ़ना चाहती है जबकि हमें अधिक क्रान्तिकारी कदम उठाने होंगे, राष्ट्रीय आन्दोलन के आधार को विस्तृत बनाकर उसमें किसान, मजदूर और निम्न मध्यम वर्ग तथा युवा वर्ग को शामिल करना चाहिए।

21 अक्टूबर 1934 में कांग्रेस समाजवादी पार्टी की स्थापना सम्मेलन बम्बई में हुआ। बम्बई सम्मेलन ने 'कांग्रेस सोशलिस्ट पार्टी' का विधान और कार्यक्रम पास किया। उसकी कार्यकारिणी बुनी गयी। जय प्रकाश नारायण उसके महासचिव निर्वाचित हुए। सम्मेलन में कांग्रेस सोशलिस्ट नाम से अपना केन्द्रीय मुखपत्र निकालने का फैसला किया गया। कांग्रेस समाजवादी दल का केन्द्रीय कार्यालय काशी में रखा गया जिसके संचालन में आचार्य जी की प्रमुख भूमिका थी। सम्मेलन में घोषित किया गया कि भारत के लिए पूर्व स्वाधीनता की प्राप्ति और समाजवादी समाज की स्थापना उसके लक्ष्य होंगे। उसने भारत के लिए संविधान तैयार करने के लिए संविधान सभा बुलाने का नारा बुलंद किया। उसके विधान में स्पष्ट कहा गया था कि कांग्रेस के सदस्य ही उसके सदस्य हो सकेंगे। 1934 में बम्बई अधिवेशन की अध्यक्षता करते हुए श्री सम्पूर्णानन्द ने 15 सूत्री कार्यक्रम प्रस्तुत किया, इसमें लगभग सभी बातें समाजवादी समाज की स्थापना के अनुरूप थी। इसमें राज्य द्वारा देश की सम्पूर्ण आर्थिक व्यवस्था पर अधिकार, इस्पात, रेलवे, खदान जैसे महत्वपूर्ण उद्योगों का समाजीकरण, विदेशी व्यापार में राज्य का एकाधिकार, उत्पादन, वितरण के लिए सहकारी संस्थाए, राजाओं महाराजाओं तथा जमीदारों की समाप्ति, किसानों को भूमि का वितरण, किसानों, मजदूरों के ऋणों की समाप्ति, वयस्क मताधिकार आदि प्रमुख है। इस बम्बई अधिवेशन में जो लोग कार्यसमिति में चुने गये उनमें प्रमुख थे - जय नारायण, आचार्य नरेन्द्र देव, ई०एम०एस० नम्बूदरीपाद, डॉ० राम मनोहर लोहिया, यूसुफ मेहर आदि ।[10]

1.3 कांग्रेस समाजवादी पार्टी की स्थापना :

कांग्रेस समाजवादी पार्टी की स्थापना 1934 में हुई। इसे कांग्रेस में बने रहने और विकसित होने में कोई कठिनाई नहीं हुई। क्योंकि गाँधी जी ने करीब-करीब समाजवाद की पृष्ठभूमि तैयार कर दी थी। अफ्रीका में दो मजदूरों व गरीबों की लड़ाई लड़कर भारत आये थे। अत: भारत में उनकी छवि, गरीब गुलाम के नेता की थी। यहाँ आते ही उन्होंने चम्पारन का किसान आन्दोलन आरम्भ किया। यह संयोग ही कहना चाहिए कि रूसी साम्यवादी क्रान्ति 1917 की है, गाँधी जी का चम्पारन सत्याग्रह भी 1917 की है। गाँधी जी 1896

में ही एक बार भारत लौट आये थे, किन्तु उसी वर्ष उन्हें पुन: अफ्रीका लौटना पड़ा। 1911 में गोखले ने दक्षिण अफ्रीका का दौरा किया था। दक्षिण अफ्रीका सत्याग्रह 1906 से 1914 तक आठ वर्षों तक चला तब गाँधी जी भारत लौट आये। अहमदाबाद का मजूदर सत्याग्रह 1918 में हुआ। इन आन्दोलनों में केवल गाँधी नहीं दूसरे बड़े कांग्रेसी नेता भी थे। उदारवादी नेता एम०एस० जोशी ने तिलक के समर्थन से 1920 में आल इण्डिया ट्रेड यूनियन कांग्रेस की स्थापना की। डॉ. राजेन्द्र प्रसाद ने तो चम्पारन की आरम्भिक स्थिति की रपट तैयार की थी। ऐसे ही विट्ठल भाई पटेल, भूला माई देशाई आदि में गुजरात के किसानों से महत्वपूर्ण कार्य किए। जुलाई 1921 में कांग्रेस समिति का अधिवेशन बम्बई में हुआ, इसमें मिल मालिकों से कहा गया कि वे कपड़ो का दाम ऐसा रखे कि गरीब कपड़ा खरीद सके। यहाँ (दाम के अनुपात) की अपील थी। इसी प्रकार कई जगह कर बन्दी के प्रस्ताव स्वीकृत हुए। 1928 में सरदार वल्लभ भाई पटेल के नेतृत्व में बारटोली का किसान आन्दोलन हुआ। आचार्य नरेन्द्र देव के अनुसार सर्वप्रथम 1930 में कांग्रेस में जनता से आग्रह आर्थिक प्रश्नों का विचार किया। लगान 50 प्रतिशत माफ करने की मांग की।[11]

भारत में कम्युनिस्ट पार्टी 1925 में कानपुर में स्थापित हुई थी। मथुरा श्री सत्यभक्त इसके संस्थापक थे। ये भारत की कम्युनिस्ट पार्टी को केमिन्टर्य से अलग रखना चाहते थे। (जे०पी०सी० मिश्र का लेख आज 29 दिसम्बर 81) 1926 में सरदार भगत सिंह ने लाहौर नव जवान सभा की स्थापना की। 1928 में भारत नौ जवान सभा गठित हुई। इसी वर्ष हिन्दुस्तान सोशलिस्ट रिपब्लिकन एसोसिएशन की स्थापना हुई। 1929 में बिहार सभा गठित हुई। 1933 में उत्कल साम्यवादी कर्मी संघ की स्थापना हुई, इसे अंग्रेजी में "उत्कल कांग्रेस सोशलिस्ट वर्कर्स लीग' कहा जाता था। इसकी स्थापना में नवकृष्ण चौधरी की मुख्य भूमिका थी। कांग्रेस के पूना अधिवेशन के समय बंगाल लेबर पार्टी, पंजाब सोशलिस्ट पार्टी, बम्बई प्रेसीडेन्सी सोशलिस्ट गुप की स्थापना का विचार सामने आया। ऐसा ही एक गुप बनारस में था इस छोटी सी सूची से स्पष्ट होता है, उस युग में समाजवाद के प्रति आकर्षण था, लोग कम्युनिस्ट पार्टी से अलग रहना चाहते थे। भगत सिंह जैसे लोगों में रिपब्लिक का आग्रह भी था, इसी प्रकार किसान कामगार और जवान थे। तीन वर्ग संगठित हो रहे थे कभी-कभी साम्यवादी नाम रखकर भी लोग कम्युनिस्ट नहीं थे, इसमें कांग्रेस का आग्रह भी तीव्र था इसीलिए सोशलिस्ट के प्रथम पत्र का नाम कांग्रेस सोशलिस्ट पड़ा था। कांग्रेस मतलब राष्ट्रीयता और सोशलिस्ट समाजवाद का अर्थ देते थे। सोशलिस्ट पार्टी की सदस्यता में स्पष्ट कहा गया कांग्रेस का कोई भी सदस्य जो पार्टी के कार्यक्रम को स्वीकार करता है,, सदस्यता के योग्य समझा जायगा बशर्ते वह शपथ लेता है कि समाजवाद के सिद्धान्तों और राष्ट्रीय स्वतन्त्रता के खिलाफ वह न कोई काम करेगा और न

कोई प्रचार। मतलब कि सोशलिस्ट पार्टी सीधे सदस्य भर्ती न कर कांग्रेस से ही सदस्यता भर्ती करेगी। उसकी सदस्यता के पूर्व कांग्रेस की सदस्यता आवश्यक है। सम्भव है कांग्रेस पर इतना अधिक बल देने का कारण राष्ट्रीय आन्दोलन के प्रतिकम्युनिस्टों का रूस था।[12]

कांग्रेस एक उदारवादी संगठन थी वरना एक पार्टी के भीतर दूसरी पार्टी जिसका झण्डा, कार्यक्रम, दफ्तर आदि सब अलग हो, सम्भव नहीं था। यह भी नहीं कि इस सन्दर्भ में कोई सोचता नहीं था। 2 अगस्त 1934 को गाँधी जी ने आचार्य नरेन्द्र देव को एक बड़ा पत्र लिखा उसमें उन्होंने कहा "मेरे ख्याल में जब आप इस दल को कांग्रेस संगठन का अंग बनाने की अनुमति न माँगे, इसे कहना गलत है पर इसे कांग्रेस जनों का अखिल भारतीय दल कहना पूर्णतया उचित होगा"[13]

गाँधी जी के पत्र से स्पष्ट है कि उनकी आपत्ति मुख्यत: तकनीकी है वरना समाजवादियों की निष्ठा पर किसी को सन्देह नहीं था। परस्पर विश्वास में कमी नहीं थी। शायद कांग्रसी नेता इसे अपनी बुद्धि प्रसार की दृष्टि को देखते थे। गाँधी एवं नेहरू के प्रति विश्वास ने भी इसमें मदद दी। लोहिया को नेहरू जी कलकत्ता से इलाहाबाद ले आये। यहाँ पर उन्हें राष्ट्र विभाग का मंत्री बना दिया गया। फिर भी समाजवादियों का दवाब एक भिन्न दिशा की ओर पड़ रहा था। उनमें से अधिकांश गाँधी जी अहिंसा के प्रति भी दृढ़ नहीं थे। इसलिए की स्वतन्त्रता आन्दोलन को तेज करने की जल्दी में थे। गाँधी जी की नीतियों के प्रति भी थोड़ी विरक्ति थी। रामगढ कांग्रेस में सुभाष बाबू का साथ देने का स्पष्ट संकेत यही है। सुभाष बाबू को गाँधी जी का रचनात्मक कार्यक्रम समझ में नहीं आता था। वे स्वतन्त्रता युद्ध स्थगित कर खादी का कार्य करना स्वराज्य की दृष्टि से व्यर्थ समझते थे। यही दृष्टि प्राय: समाजवादियों की थी। कांग्रेस सोशलिस्ट में लोहिया ने गाँधी जी के ग्राम सुधार आन्दोलन की कटु आलोचना की थी। किन्तु समाजवादियों ने सुभाष बाबू की जीत और उनका संगठन पर कब्जा न होने से सबक लिया। वे जानते थे गाँधी जी से लड़ना न उचित है, न सम्भव। सुभाष बाबू जीत कर भी हार गये थे। केवल राम मनोहर लोहिया ने सुभाष बाबू का साथ नहीं दिया।[14]

सवाल है 1934 से 1942 के बीच समाजवादियों ने क्या किया? इस सन्दर्भ में डॉ. लोहिया का कथन ठीक है, वे इस काल को प्रचार और सभा काल कहते है। देश में स्वराज के प्रति जागरण सभाएं, पत्र पत्रिकाओं का संचालन, भेंट मुलाकात आदि। जागरण स्वराज के प्रति तो अस्पष्ट था ही बीच-बीच होने वाले सरकारी कांग्रेस एवं समाजवादियों में अकसर ही तनाव हो जाता था। इसलिए भी समाजवादी कांग्रेस से अधिक **उग्र बल्कि** उनकी दृष्टि भी साफ थी, उस समय संयुक्त प्रान्त और आज के उत्तर प्रदेश के प्रधानमंत्री

श्री गोविन्द वल्लभ पंत थे। पन्त जी के मंत्रित्व काल में कानपुर के मजदूरों पर गोली चली, लोहिया ने एक परिपत्र निकालकर इस गोली काण्ड की भर्त्सना की। यह परिपत्र देश विदेश सर्वत्र गया। स्वाभाविक था कि पन्त जी इससे नाराज हुए। यह परिपत्र एक कांग्रेसी का था। वह कांग्रेसी जो कांग्रेस के विदेश विभाग का संचालक था। पण्डित पन्त जी ने इसकी लिखित शिकायत जवाहर लाल नेहरू से की, नेहरू जी ने लोहिया से पूछा भी। उन्होंने लोहिया जी को ऐसे कार्यो से विरत रहने को कहा, जिससे कांग्रेस बदनाम होती हो किन्तु लोहिया द्वारा इसको तीव्र प्रतिवाद के कारण जवाहर लाल नेहरू चुप लगा गये। इस प्रतिवाद को कांग्रेसी हलकों में नापसन्द किया गया।[15]

स्वयं गाँधी जी समाजवादियों को प्यार देते थे। मसानी के अपने पत्र में उन्होंने लिखा- "कांग्रेस में समाजवादी दल के गठन का स्वागत करता हूँ" मैं अपने को समाजवादी कहता हूँ। इस शब्द को प्यार करता हूँ। गाँधी जी समाजवादियों से एक अभिभावक जैसा व्यवहार करते थे। भला कौन होगा जो हिंसा को अच्छा कहे? अहिंसा सम्पूर्ण अच्छी है। किन्तु हिंसा का समर्थन मजबूरी है। इस प्रकार शायद अज्ञात रूप से भी समाजवादियों को अपनी कमजोरी का ज्ञान होता था। सभी समाजवादी उच्च शिक्षा प्राप्त थे। उन्हें देश विदेश का ज्ञान भी था। किन्तु रूस में मार्क्सवाद की सफलता में सबको बुरी तरह से आक्रान्त कर रखा था। स्वयं समाजवादी उससे मुक्त नहीं थे। चाहकर भी मुक्ति सम्भव नहीं थी। क्योंकि उस समय समाजवाद का मूल मतलब मार्क्सवाद था। किन्तु इतना स्पष्ट है कि समाजवादी कहीं न कहीं रूढ़िवादी मार्क्सवाद से अपने को अलग समझते थे। कम्युनिस्ट पार्टी की बात बार-बार आयी हैं, एक दूसरे नेता एम०ए०राय थे। रूस में रह चुके थे। रूसी नेताओं से मतभेद के बावजूद ये कट्टर मार्क्सवादी थे। बहुत कुछ अक्खड़ तथा अव्यवहारिक भी। दूसरी ओर नेतृत्व का द्वन्द्व भी कम नहीं था। राय एक विद्वान एवं अन्तर्राष्ट्रीय ख्याति के व्यक्ति थे। शायद अपने को लेनिन और स्टालिन के स्तर पर समझते हो, ऐसे में वे सबसे ऊपर रहना चाहते है। जिसकी क्षमता का उनमें अभाव था। क्योंकि खाली-खाली अव्यवहारिक विद्या व्यर्थ ही नहीं हानिकारक भी होती है। कम्युनिस्ट के समान ही राय के लोग भी आरम्भ में सोशलिस्ट पार्टी में शामिल हो गये। किन्तु भीतर रहकर उसे तोड़ने का प्रयत्न करने लगे। राय स्वयं आश्वासन देकर भी सोशलिस्ट पार्टी में शामिल नहीं हुए। फिर धीरे-धीरे सभी रायवादी अलग हो गये।[16]

1.4 कांग्रेस समाजवादी पार्टी का विकास व कार्य :

1934 में जब कांग्रेस सोशलिस्ट पार्टी की स्थापना हुई, तो मजदूर आन्दोलन अनेक प्रतिद्वन्दी गुटों में विभाजित था **आचार्य जी** को इससे बड़ा क्षोभ था। उन्हें इस बात की

प्रसन्नता थी कि मजदूरों में राजनीतिक चेतना विकसित हो रही है। कांग्रेस सोशलिस्ट पार्टी ने राजनीतिक दृष्टिकोण को ध्यान में रखकर एटक (ऑल इण्डिया, ट्रेड यूनियन कांग्रेस) से सम्बन्ध जोड़ा। कांग्रेस सोशलिस्ट पार्टी और एटक में एक लिखित समझौता हुआ, जिसके अनुसार पार्टी अपनी यूनियनों को एटक के साथ सम्बद्ध करेगी और उसे मजदूरों का केन्द्रीय संगठन मानेगी और एटक पार्टी को मजदूर वर्ग की राजनीतिक संस्था स्वीकार करते हुए उसका समर्थन करेगी। आचार्य जी के अनेक विद्यार्थी उनकी प्रेरणा से मजदूर आन्दोलन में काम करने के लिए गए।[17]

1946 में कांग्रेस समाजवादी दल का जो अधिवेशन हुआ वह आजादी को कई दृष्टियों से अपूर्ण मानता है। समाजवादी आजादी के मामले में अंग्रेजों से किसी प्रकार का कोई समझौता नहीं चाहते थे और इस विषय में उनके विचार सुभाषचन्द्र बोस से मिलते जुलते हैं कि साम्राज्यवादियों को भारत छोड़ कर चले जाना चाहिए। जय प्रकाश नारायण ने जेल से छूटने पर पटना में जो अपना पहला वक्तव्य दिया उसमें स्पष्ट कहा कि अन्तिम संघर्ष की तैयारी करनी चाहिए। इस सम्बन्ध में नरेन्द्र देव का वह वक्तव्य महत्वपूर्ण है, जिसका शीर्षक है – "सफल क्रान्ति की तैयारी कीजिए। कांग्रेस समाजवादी दल को यह श्रेय देना होगा कि उन्होंने ऐसी समझौता वार्ता का विरोध किया जिसमें देश के विभाजन को स्वीकार किया जाये।" इसीलिए जब कांग्रेस अन्तरिम सरकार में शामिल हुई तो समाजवादियों ने संविधान सभा का बहिष्कार किया। नरेन्द्र देव ने स्पष्ट कहा कि "स्वतंत्र पाकिस्तान की मांग रखकर लीगी नेताओं ने मुस्लिम जनता का ध्यान भोजन और स्वाधीनता की वास्तविक समस्याओं की ओर से हटाने की चेष्टा की।[18]

समाजवादियों ने, जिस ढंग से स्वतंत्रता मिल रही थी, उसका विरोध किया। इससे समाजवादियों के उस वामपंथी रूझान का पता चलता है जो समाजवादी दल का आधार था। 1948 में समाजवादी दल कांग्रेस से अलग होकर अपने स्वतंत्र अस्तित्व का निर्माण करता है और उसके बाद उसकी कई शाखाएं हमारे सामने उभरती हैं।

17 मई 1934 में कांग्रेस समाजवादी दल की स्थापना भारत में समाजवादी चिंतन एवं विकास की दृष्टि से महत्वपूर्ण घटना है। कांग्रेस समाजवादी दल की स्थापना में आचार्य नरेन्द्र देव, जय प्रकाश नारायण, अच्युत पटवर्धन, यूसुफ मेहर अली की प्रमुख भूमिका रही। बाद में डॉ० राम मनोहर लोहिया भी इसमें शामिल हो गये।

भारत में समाजवादी चिन्तन का विकास जिस सन्दर्भ में हुआ था, वह यूरोपीय समाजवाद से दो बातों में भिन्न था। भारत में समाजवाद का विकास सामाजिक तथा आर्थिक पुनर्निर्माण की एक योजना के रूप में नहीं हुआ बल्कि वह क्रूर विदेशी साम्राज्यवाद के बन्धनों से

राजनीतिक मुक्ति की एक विचारधारा के रूप में विकसित हुआ। दूसरे भारतीय समाजवादी चिन्तन के लिए यह भी आवश्यक था कि वह खेतिहर मजदूरों के उद्धार का भी कोई सिद्धान्त और योजना प्रस्तुत करे। पश्चिमी यूरोप में सामन्तवाद बीसवीं शताब्दी के मध्य तक फलता-फूलता रहा। अत: सामन्ती अभिजात वर्गीय विशेषाधिकारों पर प्रहार करने का जो काम पश्चिम में पूंजीवादी लोकतंत्र और पूंजीवादी उदारवाद के प्रवर्तकों ने किया था, वह भारत में समाजवादी विचारकों को करना पड़ा।[19]

इस प्रकार नेहरू जी ने समाजवाद में होने वाले परिवर्तनों और घटनाओं का मूल्यांकन एक सच्चे मार्क्सवादी की तरह करने की कोशिश की है।

समाजवाद की विभिन्न प्रणालियों के बारे में अपने विचार प्रकट करते हुए स्वयं पण्डित नेहरू ने यह बताया है कि समाजवाद में उनकी क्या मुराद है? वे इस प्रकार का समाजवाद पसन्द करते हैं' - "मैं कह चुका हूँ कि समाजवाद की कई किस्में हैं, मगर एक बात में सब सहमत हैं कि इसका उद्देश्य यह है कि उत्पादन के साधनों यानी खानों, जमीन, कारखानों वगैरह पर और रेलों जैसे वितरण के साधनों पर तथा बैंकों जैसी संस्थाओं पर भी राज्य का कब्जा हो। विचार यह है कि व्यक्तियों को अपने निजी फायदे के लिए इन साधनों या संस्थाओं के जरिए दूसरों की मेहनत को निचोड़ने न दिया जाये। आज तक यह ज्यादातर निजी मिल्कियत में है और इन्हें खूब निचोड़ा जाता है। नतीजा यह हो रहा है कि कुछ लोग तो मालामाल होकर आनन्द करते हैं और सारा समाज मुसीबतें उठाता है। जनता गरीब बनी रहती है। उत्पादन के इन साधनों के मालिकों और चलाने वालों की भी बहुत सारी शक्ति गला घोंट होड़बाजी से आपस में लड़ने में ही खर्च हो जाती है। अगर इस निजी आपसी युद्ध के बजाय साझेदारी के साथ उत्पादन की और खूब सोच विचा कर वितरण की व्यवस्था की जाये तो फिजूल का नुकसान और आपसी होड़ बच जाये और जुदा जुदा वर्गों के लोगों के बीच आज दौलत की जो घोर असमानता है, वह मिट जाये। इसलिए उत्पादन, वितरण और दूसरे बड़े-बड़े कामों का समाजीकरण हो जाना चाहिए यानी उन पर राज्य का या यूं कहो सारी जनता का कब्जा होना चाहिए, समाज की यही कल्पना है"।[20]

इस प्रकार नेहरु जी ने अपनी समाजवाद की धारण को अस्पष्ट नहीं रह जाने दिया और वे दृढ़तापूर्वक यह घोषणा करते हैं कि समाजवाद की एकमात्र यही सही धारणा है।

समाजवाद के आदर्श की बात पर एक मत हो जाने के बाद दूसरी बात यह तय करने की रह जाती है कि उसे हासिल कैसे किया जाये? यहीं से समाजवादियों में आपसी मतभेद शुरू होता है। उनमें कई फिरके हैं और वे अलग-अलग रास्ते बताते हैं। मोटे तौर पर उनको दो वर्गों में बांट सकते हैं -

1. ब्रिटिश मजदूर दल और फेबियनों की तरह धीरे-धीरे परिवर्तन और क्रमिक विकास चाहने वाले फिरकों का यह विश्वास है कि एक एक कदम आगे बढ़ना चाहिए। पार्लियामेन्ट के जरिये काम करना चाहिए।
2. क्रान्तिकारी दलों का पार्लियामेन्ट के जरिये नतीजे हासिल करने में विश्वास नहीं है। इस दूसरे दल में ज्यादातर लोग मार्क्सवादी है।

पहले यानी क्रमिक विकासवादी दलों की संख्या अब बहुत कम रह गयी है। इसलिए अब मार्क्सवाद को ही आम समाजवाद समझ लेना चाहिए। मगर मार्क्सवादियों में भी यूरोप में दो बड़े मुख्य भेद हैं – एक तरफ रूसी साम्यवादी है और दूसरी तरफ जर्मनी, आस्ट्रिया या दूसरे देशों के पुराने सामाजिक लोकतंत्रवादी (सोशल डेमोक्रेट) हैं। इस दोनों के बीच कट्टर दुश्मनी है, आज यूरोप में और दुनिया भर में पूंजीवाद का यह मार्क्सवाद ही सबसे बड़ा दुश्मन है।

इस प्रकार नेहरु जी ने समाजवाद की विभिन्न धाराओं की व्याख्या करते हुए बताया कि वे समाजवाद किसे समझते हैं और मार्क्सवादी विचारधारा में उनकी कितनी आस्था है ?

जो लोग मार्क्सवाद पर यह लांछन लगाते कभी नहीं थकते कि वह समाज में अशान्ति पैदा करता है या वर्ग संघर्ष को जन्म देता है, उन्हें मुंह तोड़ जवाब देते हुए नेहरु जी कहते हैं – "मार्क्स ने वर्ग संघर्ष पर विचार नहीं किया उसने यह साबित किया है कि असल में वर्ग संघर्ष तो पहले से मौजूद है और किसी न किसी रूप में सदा चलता आ रहा है। अपनी लिखी हुई पुस्तक 'पूंजी' में उसका उद्देश्य था, आजकल के समाज की गति के आर्थिक नियम को नंगा करके दिखा देना। ऊपर की चादर हटा देने से ये जबर्दस्त लड़ाइयां जो समाज में हमेशा वर्ग संघर्ष के रूप में दिखाई नहीं देती है, सामने आ रही है, ये लड़ाइयां वर्ग संघर्ष जैसी इसलिए नहीं दिखाई देती क्योंकि प्रभुसत्ताधारी वर्ग हमेशा अपने वर्ग रूप को छिपाने की कोशिश करता है। लेकिन जब चालू व्यवस्था ही खतरे में पड़ जाती है, तब यह वर्ग सारे दिखावे छोड़ देता है और उसका असली रूप जाहिर हो जाता है फिर वर्गों के बीच खुला युद्ध होने लगता है। जब यह होता है तब लोकतंत्र के रूप में मामूली कायदे और कानून सब ताक पर रख दिये जाते हैं। कुछ लोग कहते हैं कि यह वर्ग संघर्ष गलतफहमी से या बेचैनी फैलाने वालों की शरारत से होते हैं, मगर इसके खिलाफ ये तो समाज के भीतर ही छिपे रहते है और जब लोग स्वार्थों की टक्कर को अच्छी तरह समझने लगते हैं, तब वह वर्ग संघर्ष वास्तव में और भी बढ़ जाता है।[21]

नेहरु जी ने मार्क्स के वर्ग संघर्ष के सिद्धान्त की पैरवी करके यह साबित करने की कोशिश की है कि मार्क्सवाद एक ऐसा वैज्ञानिक दृष्टिकोण है जो समाज में घटने वाली हलचल का सही मूल्यांकन करता है।

वास्तव में 1932 में जिस वक्त गाँधी जी ने अवज्ञा आन्दोलन बन्द किया, उस वक्त जय प्रकाश नारायण, अशोक मेहता, अच्युत पटवर्धन, यूसुफ मेहर अली, एन०जी० गोरे और एन०एम० जोशी आदि युवा नेता एक साथ नासिक जेल में थे। प्रायः ये सभी लोग जवाहर लाल नेहरू के समाजवादी विचारों से प्रभावित थे। 1929 में वे सभी नेहरू जी द्वारा स्थापित 'लीग अगेन्स्ट इम्पीरियलिज्म' (साम्राज्यवादी विरोधी लीग) के सदस्य थे और 'यूथ लीग' (युवा संघ) के भी सदस्य थें, वहीं (नासिक जेल) उन्होंने कांग्रेस के अन्दर एक नयी पार्टी बनाने पर विचार किया। उधर वाराणसी में काशी विद्यापीठ में आचार्य नरेन्द्र देव, श्री प्रकाश, श्री सम्पूर्णानन्द ने समाजवादी सिद्धान्तों का समर्थन करना शुरू कर दिया था और मार्क्सवादी वैज्ञानिक समाजवाद तथा लेनिन के क्रान्तिकारी सिद्धान्तों का भी समर्थन करना शुरू कर दिया था। आचार्य नरेन्द्र देव, श्री प्रकाश और सम्पूर्णानन्द के समाजवादी लेखों का संकलन 'समाजवाद का बिगुल' नाम से प्रकाशित हुआ।

लोहिया 1933 में भारत लौटे और एक वर्ष बाद 1935 में पटना में कांग्रेस समाजवादियों का पहला अधिवेशन हुआ। 1935 में जब 'कांग्रेस सोशलिस्ट' कलकत्ता का प्रकाशन आरम्भ हुआ तो लोहिया उसके सम्पादक बनाये गये। उनके उस समय के समाजवादी विचारों को इस पत्रिका के माध्यम से जाना जा सकता है। जिससे उनकी चिन्तनशीलता का पता चलता है। 1936 की लखनऊ कांग्रेस की अध्यक्षता जवाहर लाल नेहरू ने की और अपने समाजवादी विचारों को ध्यान में रखते हुए कुछ काम किया, जिनमें दो है तीन समाजवादियों को कांग्रेस कार्य समिति में लेना और लोहिया को कांग्रेस को पर राष्ट्र का कार्य सौंपना। इस विभाग में रहकर लोहिया ने एशिया की समस्याओं का गहरा अध्ययन किया। और कल्पना की कि अपने आजादी के लिए लड़ने वाले लोगों में तालमेल स्थापित किया जाय। उन्होंने दुःख व्यक्त किया है कि एशियाई समाजवाद क्रान्तिकारी नहीं रहा है। उन्होंने समाजवादी आन्दोलन के उद्देश्यों पर प्रकाश डालते हुए कहा है कि समाजवादी कम्युनिस्ट अथवा उदारवादियों के साथ दोस्ती के सम्बन्ध रखने चाहिए। "केवल इसी तरह दुनियाभर में और हिन्दुस्तान में एक सहज और सृजनात्मक समाजवाद की रचना होगी"। कांग्रेस सोशलिस्ट पार्टी में रहते हुए लोहिया ने स्वयं को कुछ विषयों पर नरेन्द्र देव और जय प्रकाश नारायण के विचारों से असहमत पाया। जब भारतीय कम्युनिस्ट पार्टी पर प्रतिबन्ध लगा दिया गया तो बहुत से कम्युनिस्ट सोशलिस्ट पार्टी के सदस्य हो गये। एम०आर० मसानी ने अपनी पुस्तक "द कम्युनिस्ट पार्टी आफ इण्डिया' में इसका विस्तार से उल्लेख किया है कि किस प्रकार कम्युनिस्ट ने सी०एस०पी० के भीतर रहकर उसे कमजोर करने की चेष्टा की ? लोहिया भी इन व्यक्तियों में थे जिन्होंने मसानी जैसे ही विचार व्यक्त किए थे कांग्रेस समाजवादी दल का स्वतन्त्र व्यक्तित्व बनाने में लोहिया की भूमिका

महत्वपूर्ण है। द्वितीय महायुद्ध में उन्होंने अपना प्रमुख चार सूत्रों वाला कार्यक्रम प्रस्तुत किया और युद्ध में ब्रिटिश सत्ता की किसी भी प्रकार सहायता न करने के अपराध में 1939 में गिरफ्तार कर लिए गये।[22] उनका चार सूत्रीय कार्यक्रम था

1. युद्ध के लिए धरती का विरोध।
2. देशी रियासतों में जन आन्दोलन।
3. ब्रिटिश माल जहाज में काम करने वाले मजदूरों का संगठन।
4. युद्ध कर और युद्ध ऋण न देना।

इससे लोहिया की साम्राज्यवाद विरोधी भावना का पता चलता है। 1940 में लोहिया को फिर जेल की सजा हुई। लोहिया कांग्रेस सोशलिस्ट पार्टी के उन नेताओं में हैं, जिन्होंने दल को अधिक से अधिक लड़ाकू बनाने का प्रयत्न किया है। जब लोहिया 1940-41 में जेल में थे। और महात्मा गाँधी ने कहा "जब तक लोहिया जेल में हैं, तब तक मैं खामोश नहीं बैठ सकता।" लोहिया ने स्वतन्त्रता संग्राम के साथ-साथ इस विषय में भी अपने विचार व्यक्त किए कि संसार के अन्य भागों में जो आन्दोलन चल रहे हैं, उनका भी हमें समर्थन करना चाहिए इस सम्बन्ध में उनकी विचार धारा नरेन्द्र देव के निकट दिखायी पड़ती है। जब अगस्त 1942 में कांग्रेस के सभी नेता गिरफ्तार कर लिए गये तब लोहिया ने जय प्रकाश नारायण की तरह भूमिगत रहकर आजादी की लड़ाई को गति दी। 1944 में पकड़े गये और 1946 में छोड़े गये जेल से छूटते ही वे गोवा के मुक्ति आन्दोलन के सिलसिले में दो बार गिरफ्तार किए गये इसी प्रकार लोहिया ने नेपाल और तिब्बत की स्वतन्त्रता का समर्थन किया। आजादी के पहले 1947 में अन्तिम दिनों कांग्रेस सोशलिस्ट पार्टी का जो सम्मेलन कानपुर में हुआ, उसकी अध्यक्षता लोहिया ने की।[23]

कांग्रेस के सभी नेता मुक्त हो चुके थे। किन्तु जय प्रकाश नारायण एवं डॉ. राम मनोहर लोहिया को 1944 तक नहीं छोड़ा गया। इस पर कांग्रेस सोशलिस्ट पार्टी ने "लोहिया दिवस" का आयोजन किया। समाचार पत्रों की मार्फत दोनों की रिहाई की माँग की गयी। गाँधी जी ने प्रार्थना सभा में अपील की। स्थान-स्थान पर सभाएं एवं भूख हड़ताल की गयी। किन्तु खेद है गाँधी के अतिरिक्त कांग्रेसी नेता मूक एवं बधिर बन गये थे। उनके मुख से एक शब्द भी सहानुभूति का नहीं निकला-लोहिया एवं जय प्रकाश अप्रैल 1946 में जेल से बाहर आये इनका देश के कोने-कोने से उत्साह भरा स्वागत किया गया।[24]

सन्दर्भ ग्रन्थ सूची

क्र० सं०	पुस्तक व लेखक के नाम	पृष्ठ सं०
1.	सैसिल के वेल्शेविज्म इन इण्डिया कमर रईस	पृ. सं. -20
2.	लियोनिषिद मित्रोरिवन का लेख 'लेनिन अक्टूबर भारत' (भारत सोवियत दोस्तों की नजरों में)	त्रृ. सं. -152-153
3.	सोशलिज्म एण्ड कम्युनिज्म इन इण्डिया एलाइड पब्लिसशर्स बम्बई 1971 - शंकर घोष	पृ. सं. - 9
4.	सोशलिज्म एण्ड कम्युनिज्म इन इण्डिया एलाइड पब्लिसशर्स बम्बई 1971 - शंकर घोष	पृ. सं. - 9
5.	रिपोर्ट ऑन न्यूज पेपर्स पब्लिश इन बाम्बे प्रेसीडेन्सी नं. 34 1920 या भारत का राष्ट्रीय अभिलेखागार अधिकारी	पृ. सं. -28-29 पृ. सं.-277
6.	सोशलिस्ट थॉट व मॉर्डन इण्डिया - अखिलेन्द्र प्रसाद राय	पृ. सं. -124
7.	डॉक्यूमेन्ट्स ऑफ हिस्ट्री ऑफ दि कम्युनिस्ट पार्टी ऑफ इण्डिया खण्ड 1 सी अधिकारी 1917-1922	पृ. सं. -541
8.	जवाहर लाल नेहरू-टुवर्ड्स फ्रीडम	पृ. सं. -125-27

9. समाजवाद और राष्ट्रीय क्रान्ति, यूसुफ मेहर अली सम्पादित 1947 पृ. सं. -145

10. दि लेफ्ट विंग इन इण्डिया - एल.पी. सिन्हा पृ. सं. -315

11. भारत का समाजवादी आन्दोलन - डॉ. युगेश्वर पृ. सं. -7

12. भारत का समाजवादी आन्दोलन - डॉ. युगेश्वर पृ. सं. -10

13. हीरक जयन्ती, अंक-विद्यापीठ- डॉ.युगेश्वर पृ. सं. -13

14. भारत का समाजवादी आन्दोलन-डॉ. युगेश्वर पृ. सं. -13

15. भारत का समाजवादी आन्दोलन-डॉ. युगेश्वर - पृ. सं. -14

16. भारत का समाजवादी आन्दोलन-डॉ. युगेश्वर पृ. सं. -68

17. राष्ट्रीयता और समाजवाद - आचार्य नरेन्द्र देव पृ. सं. -124

18. राष्ट्रीयता और समाजवाद - आचार्य नरेन्द्र देव पृ. सं. -138

19. आधुनिक भारतीय राजनीतिक चिन्तन-विश्वनाथ प्रसाद वर्मा 1971 पृ. सं. -439

20. विश्व इतिहास की झलक-जवाहर लाल नेहरू पृ. सं. -762

21. विश्व इतिहास की झलक-जवाहर लाल नेहरू पृ. सं. -767

22. समाजवाद और जे. पी. -डॉ. अमर ज्योति सिंह पृ. सं. -114

23. समाजवाद और जे. पी. -डॉ. अमर ज्योति सिंह पृ. सं. -115

24. भारतीय समाजवाद के शिल्पी-मुख्तार अनीस

अध्याय - दो

भारत के प्रमुख समाजवादी चिन्तक

2.1 समाजवाद, आचार्य नरेन्द्र देव व जवाहर लाल नेहरू:

आचार्य नरेन्द्र देव के सम्बन्ध में किसी ने लिखा है कि वह "हिमालय की तरह दृढ़, सिन्धु की तरह गम्भीर, सहानुभूति एवं ममता की मूर्ति तथा अजातशत्रु थे" उनकी विद्वता, उनका ज्ञान, उनकी देशभक्ति, उनका त्यागमय जीवन राजनीतिक कार्यकर्ताओं को सदा प्रेरित करता रहेगा। अनेक बार जेल गये। भयंकर दमे की बीमारी के बाद भी समाजवादी कष्ट उठाये। उन्होंने सार्वजनिक जीवन में सादगी एवं ईमानदारी की मिसाल कायम की। इन सब गुणों में स्वर्गीय आचार्य नरेन्द्र जी को महामानव का दर्जा दिया था। उनकी विद्वता की तो पंडित जवाहर लाल नेहरू ने कई स्थानों पर प्रशंसा की है, उन्होंने (डिस्कवरी ऑफ इण्डिया) 'भारत की खोज' में भी उनकी सहायता के लिये आचार्य जी को धन्यवाद दिया है। आचार्य नरेन्द्र देव समाजवादी आन्दोलन के प्रकाश स्तम्भ थे। आचार्य नरेन्द्र देव को उनके गरिमापूर्ण व्यक्तित्व के कारण सदा याद किया जायेगा।[1]

आचार्य नरेन्द्र देव का नाम अविनाशी लाल था। उनका जन्म 31 अक्टूबर 1889 को सीतापुर में हुआ था, पैतृक निवास फैजाबाद में था। पिता जी सदा सद्गुणों की ओर प्रेरित करते और सत कर्म का आग्रह करते थे। आचार्य जी के एक स्नेही पण्डित माधव प्रसाद मिश्र जो राष्ट्रीय विचार के थे **उन्होंने बलदेव जी के नाम बदल दिए**। उन्होंने ही अविनाशी लाल नाम बदल कर नरेन्द्र देव कर दिया था। आचार्य जी को काँग्रेस वर्किंग कमेटी का अप्रैल 1936 में सदस्य बनाया गया, इसी वर्ष उत्तर प्रदेश काँग्रेस का अध्यक्ष भी चुना गया। इस पद पर वह 1938 तक बने रहे।[2]

आचार्य नरेन्द्र देव अपने राजनीतिक जीवन के प्रारम्भ में ही किसानों की समस्याओं के प्रति जागरूक थे। उन्होंने यह कार्य फैजाबाद जिले में प्रारम्भ किया तथा प्रदेश के अन्य जिलों में किसानों को संगठित करने के लिए भ्रमण किया। 1930 में उत्तर प्रदेश कांग्रेस कमेटी ने किसानों की दुर्दशा एवं उनके शोषण का अध्ययन करने के लिए एक कमेटी का गठन किया। आचार्य नरेन्द्र देव एवं डॉ. सम्पूर्णा नन्द उसके सदस्य थे। जमींदारी उन्मूलन के लिए उन्होंने किसानों में चेतना उत्पन्न करनी प्रारम्भ की तथा समाजवादी समाज के स्थापना के लिए उन्होंने वर्ग संघर्ष प्रारम्भ किया।[3]

आचार्य जी किसानों के आर्थिक एवं सामाजिक जीवन में व्यापक परिवर्तन लाना चाहते थे। वह किसान परस्त नहीं थे, वह ग्रामीण लोकतन्त्र अर्थात किसानों की लोकतन्त्र व्यवस्था में भू-सम्पत्ति का प्रोपराइटर बनाना चाहते थे।

आचार्य जी यद्यपि मार्क्सवादी थे किन्तु किसानों को बुर्जुग समाज का एक अंग नहीं समझते थे। वह मजदूरों की भांति किसानों को भी समझते व एक लोकतन्त्र का हरा वल दस्ता मानते थे। भारत **ऐसे हीन देश** में किसान भी अपनी क्रान्तिकारी भूमिका अदा कर सका। माओत्से तुंग का भी यही विचार था। उन्होंने कृषकों के लिए कार्यक्रम की योजना बनायी थी।

1. किसानों को शिक्षित करने के उद्देश्य से समाजवाद की भावना जगाना और सहकारी संस्थाओं के माध्यम से उनमें जागरूकता पैदा करना।
2. सहकारी संस्थाओं के द्वारा उत्पादन और उनका खपत के अनुसार बिना मूल्य के वितरण।
3. काश्तकार एवं सरकार के मध्य बिचौलिए की समाप्ति।
4. भ्रष्ट पुलिस तन्त्र की समाप्ति।
5. सिविल एवं आपराधिक मामले में सस्ती न्याय व्यवस्था।

इस प्रकार आचार्य जी किसानों के लिए एक क्रान्तिकारी योजना बना रहे थे। स्वतन्त्रता के पश्चात उस पर आंशिक रूप से अमल भी किया गया किन्तु वास्तविकता यह कि किसान शोषण के जुए के नीचे दबा हुआ है और उन पर कोई विशेष प्रभाव नहीं दीखता।[4]

राष्ट्रीय आन्दोलन को समाजवाद की दिशा में मोड़ने का हमारा प्रयास होगा। यदि इस राष्ट्रीयता के साथ समाजवाद को प्रतिष्ठित करना चाहेंगे तो तुरन्त आलोचना के पात्र बन जाएंगे। यदि हम देश में समाजवाद की स्थापना करना चाहते हैं तो हम काँग्रेस के बाहर एक स्वतन्त्र संगठन की स्थापना क्यों नहीं करते? अपनी नीति के आधार पर कार्य क्यों

नहीं करते ? मध्यम मार्ग संगठन के प्रतिक्रियावादी प्रभाव से मुक्त क्यों नहीं होते ? इसका उत्तर है कि हम इस महान राष्ट्रीय आन्दोलन से जो ब्रिटिश साम्राज्य शाही के विरुद्ध चल रहा है और काँग्रेस जिसका प्रतीक बन गयी है, अपने को अलग नहीं करना चाहते। हम इस बात को स्वीकार करना चाहते हैं कि काँग्रेस में दोष है और कमियां भी हैं किन्तु इसके बाद भी इस देश की यह सबसे बड़ी सामंत है। हमें यह नहीं भूलना चाहिए कि वर्तमान समय में राष्ट्रीय संघर्ष एक बुर्जुआ लोकतान्त्रिक संग्राम है।

आचार्य जी महसूस करते थे कि औद्योगिक मजदूर के साथ काँग्रेस के उपेक्षापूर्ण व्यवहार थे उन्हें काँग्रेस के आन्दोलनों के प्रति निष्क्रिय एवं विरोधी बना दिया है। गुजरात प्रदेश काँग्रेस सोशलिस्ट पार्टी की अध्यक्षता करते हुए 3 जून 1935 को उन्होंने मजदूरों एवं किसानों को संगठित करने पर बल दिया।[5]

22 जून 1941 को हिटलर ने अचानक सोवियत रूस पर हमला बोल दिया। अब युद्ध के सम्बन्ध में कम्युनिस्ट पार्टी की नीति में परिवर्तन आ गया। अब यह उनके लिये साम्राज्यवादी युद्ध नहीं रह गया। इसे साम्राज्यवाद के विरुद्ध जन युद्ध घोषित करने लगे। अब वह पुनः राष्ट्रवादी वामपंथी रुझान के साथ सम्बन्ध बनाने का प्रयत्न करने लगे। आचार्य नरेन्द्र जी इस दोगली नीति के कुछ आलोचक थे। उन्होंने एक पम्फलेट युद्ध समाजवादी या जनवादी लिखा एवं प्रकाशित किया। उन्होंने कम्युनिस्ट पार्टी की बदलती हुई नीति में आये हुए अन्तर की विवेचना की तथा उसे भारत के स्वतंत्रता आन्दोलन के विरुद्ध विश्वासघात बताया। उन्होंने बताया कि बाहरी आदेश का पालन करने वाले कम्युनिस्ट अंग्रेजों द्वारा भारत को गुलाम बनाये जाने के बाद सोवियत रूस जब हिटलर के विरुद्ध अंग्रेजों से समर्थन होने के उद्देश्य से मिल गया तो किस प्रकार इस युद्ध को उन्होंने रूस युद्ध घोषित कर दिया यद्यपि भारत के लिए ब्रिटिश सत्ता एक साम्राज्यवादी सत्ता है, जो उसे गुलाम बनाये हुए है। युद्ध में अंग्रेजों का उसी स्थिति में साथ दिया जा सकता था जब अंग्रेज भारत को स्वतन्त्र कर दें। यही नीति काँग्रेस सोशलिस्ट पार्टी की थी।[6]

काँग्रेस सोशलिस्ट पार्टी का पांचवा सम्मेलन 1947 में कानपुर में हुआ था जिसकी अध्यक्षता डॉ. राम मनोहर लोहिया ने की थी। आचार्य जी कार्यक्रम के स्वागाध्यक्ष थे। इस सम्मेलन में आचार्य नरेन्द्र देव जी ने राष्ट्रीय एवं अन्तर्राष्ट्रीय स्थिति का मूल्यांकन किया था उन्होंने लोकतन्त्र एवं समाजवाद, राष्ट्रीय एवं अन्तर्राष्ट्रीय स्तर के सम्बन्धों की व्याख्या की थी। रूस में समाजवाद को भ्रष्ट करने तथा वामपंथी एकता पर भी उन्होंने चर्चा की थी आचार्य नरेन्द्र देव साम्यवाद एवं कम्युनिस्ट वाद के प्रति आलोक थे। उन्होंने मार्क्सवाद को स्पष्ट करते हुए कहा, जो लोग मार्क्सवाद की शिक्षा का दावा करते हैं तथा लोकतन्त्र

का विरोध करते हैं वह गलती पर हैं, मार्क्स अपने समय का महान मानवतावादी था। वह अभिव्यक्ति की स्वतन्त्रता के अधिकार को हृदय से स्वीकार करता था। व्यक्तिगत स्वतन्त्रता की उसके द्वारा की गयी वकालत जगजाहिर है। उसका साम्यवाद पूर्णरूपेण लोकतन्त्र का समर्थन करता था, यही कारण है कि वह मन से लोकतन्त्रवादी था। उसका विश्वास था कि लोकतान्त्रिक इंग्लैण्ड एवं अमेरिका में सोशलिज्म बिना हिंसा का सहारा लिए भी प्राप्त किया जा सकता है।[7]

आचार्य नरेन्द्र देव राजनीतिक ऊंचे आदर्शों के लिए प्रसिद्ध थे। आचार्य जी तथा उनके सोशलिस्ट पार्टी के सभी विधायक काँग्रेस के टिकट पर चुनाव जीतकर उत्तर प्रदेश विधान सभा में आये थे। इसलिए उनका अब विधायक बना रहना अनैतिक था। उन्होंने तथा उनके अन्य साथियों ने 30 मार्च 1948 को विधान सभा की सदस्यता से त्याग पत्र दे दिया। किसान मजदूर प्रजा पार्टी की ओर से आचार्य कृपाल जी एवं सोशलिस्ट पार्टी की ओर से डॉ. राम मनोहर लोहिया एवं अशोक मेहता अन्तिम वार्ता के लिए अधिकृत किए गये। 25 से 27 सितम्बर 1952 के मध्य दोनों दलों के प्रतिनिधि बम्बई में मिले और एकता को अन्तिम रूप दिया गया। नवीन प्रजा सोशलिस्ट पार्टी के राष्ट्रीय अध्यक्ष आचार्य कृपाल जी एवं महामंत्री अशोक मेहता बनाये गये।[8]

आचार्य नरेन्द्र देव अपने को मार्क्सवादी कहते थे। उनको समाजवाद का सिद्धान्त इतना प्रिय था कि जब काँग्रेस के लोगों ने अन्य दलों से सम्बन्ध रखने पर प्रतिबन्ध लगा दिया तो आचार्य जी ने काँग्रेस छोड़ दी। यह उनके लिए एक कठिन और दु:सह कार्य था। किन्तु समाजवाद के लिए उन्होंने अपने सभी अत्यन्त प्रिय मित्रों को भी छोड़ दिया। यह उनकी समाजवाद के प्रति निष्ठा की एक मिसाल है। आचार्य का वर्ग संघर्ष पर विश्वास था और इसे वह एक अनिवार्य घटना मानते थे। आचार्य जी वर्ग विहीन समाज की स्थापना करने में विश्वास रखते थे। वह स्वयं लिखते हैं कि समाजवाद का ध्येय वर्ग विहीन समाज की स्थापना है। समाजवाद प्रचलित समाज का इस प्रकार संगठन करना चाहता है कि वर्तमान परस्पर विरोधी स्वार्थो वाले शोषक और शोषित, पीड़क और पीड़ित वर्गो का अन्त हो जाय। वह सहयोग के आधार पर संगठित व्यक्तियों का ऐसा समूह बन जाय जिसमें एक सदस्य की उन्नति का अर्थ दूसरे सदस्य की उन्नति हो और वह मिल कर सामूहिक रूप से परस्पर उन्नति करते हुए जीवन व्यतीत करें।[9]

आचार्य जी श्रमिकों की भांति किसानों को भी वर्ग संघर्ष का तथा परिवर्तन का औजार मानते थे। किसानों के सम्बन्ध में उनके विचार माओत्से-तुंग के विचार के समीप थे। वह किसानों को क्रान्ति का प्रतिभागी नहीं मानते थे। यहाँ उनका मार्क्स से विरोध था। आचार्य

जी समाजवाद को एक नैतिक एवं सांस्कृतिक आन्दोलन मानते थे। वह राजनीति का कार्यकर्ताओं को भी राजनीतिक संस्कृति की शिक्षा देते थे। उनका मानना था कि बिना राजनीतिक संस्कृति के राजनीतिक कार्यकर्ताओं में न अनुशासन आ सकता है न ही सिद्धान्तनिष्ठ बन सकते हैं और न उनकी दृष्टि में व्यापकता आ सकती है। आचार्य जी की राजनीतिक संस्कृति का अर्थ उन्हीं के शब्दों से स्पष्ट होता है।[10]

"समाजवाद का सवाल केवल रोटी का सवाल नहीं है। समाजवाद मानव स्वतंत्रता की पूंजी है। समाजवाद की एक स्वतंत्र मुखी समाज में सम्पूर्ण स्वतंत्रता मनुष्यत्व को प्रतिष्ठित कर सकती है। समाजवाद ही श्रेणी-नैतिकता तथा मातृत्व न्याय के बदले जन प्रधान नैतिकता तथा सामाजिक न्याय की स्थापना कर सकता है। समाजवाद की स्वतन्त्रता, समता और मातृत्व भाव के आधार पर एक सुन्दर सबल मानत्र संस्कृति की सृष्टि कर सकता है।

मार्क्सवादी होते हुए भी आचार्य जी शोषक वर्ग की तानाशाही के विरोधी भी थे। वे साधन एवं साध्य की पवित्रता के ऊपर भी बल देते थे। मार्क्सवादी होते हुए भी उनके जीवन में भारतीय दर्शन एवं महात्मा गाँधी का गहरा प्रभाव था। वे राजनीति में उच्च नैतिकता के पक्षधर थे।

रामवृक्ष बेनीपुरी के अनुसार आचार्य जी में ज्ञान कर्म एवं साधना का अनूठा समन्वय हुआ था। वह ज्ञानी भी थे कर्मवीर व साधक भी थे यही कारण है कि आज इतना समय बीत जाने के पश्चात भी उनका नाम अमर है और उनके नाम की चर्चा होती है।[11]

1936 में जब पं. जवाहर लाल नेहरू भारतीय राष्ट्रीय काँग्रेस में दुबारा अध्यक्ष बने, उन्होंने अपनी कार्य समिति में नरेन्द्र देव, जयप्रकाश और अच्युत पटवर्धन को शामिल किया। अगले वर्ष आचार्य जी उत्तर प्रदेश प्रान्तीय काँग्रेस समिति के अध्यक्ष चुने गये।[12]

आचार्य जी भारत के सर्वश्रेष्ठ वक्ताओं में से हैं उनकी जैसी महान स्थिति और राजसी वाकवैदग्ध्य दोनों में से ऐसे सम्पन्न थोड़े से भी नामों को याद कर पाना आसान नहीं तब भी वे प्रकृति में संकोची है। वे 1934 तक काँग्रेस में एक बार भी नहीं बोले, जबकि वे **अरिबल भार शोप काँग्रेस** कमेटी के सदस्य 1977 से ही रहे हैं। 1934 में भी अपने समाजवादी मित्रों के अत्यधिक आग्रह के बाद ही मंच पर आये। कई भाषाओं पर उनका अधिकार है। एक बार प्रसिद्ध प्रोफेसर श्री बोनिस ने जिनके कि वे प्रिय शिष्य थे उनसे आग्रह किया कि वे मेरे कालेज में संस्कृत के प्रोफेसर हो जाएं। प्रोफेसर चाहते थे कि नरेन्द्र देव कानून के क्षेत्र में न कूदे। काशी विद्या पीठ में नरेन्द्र देव अन्य विषयों विशेषत: भारतीय इतिहास के साथ-साथ पाली और प्राकृत पढ़ाते थे। **फ्रेंच और जर्मन में रचित**

विद्वता पूर्ण बौद्ध दार्शनिक ग्रन्थों में उन्होंने अनुवाद किए है। उर्दू और हिन्दी पर उनका प्रभुत्व काबिले तारीफ था।[13]

जवाहर लाल के शब्दों में - आचार्य नरेन्द्र देव दुर्लभ गुण सम्पन्न और एक महत्वपूर्ण श्रेष्ठ पुरुष थे और उन्होंने कई क्षेत्रों में श्रेष्ठता प्राप्त की थी। असाधारण व्यक्तित्व के धनी एक मनीषी में दुर्लभ बुद्धि, दुर्लभ प्रतिभा, दुर्लभ सत्य निष्ठा और अन्य बहुमूल्य गुण थे। केवल उनके शरीर ने ही उनका साथ नहीं दिया। मैं नहीं समझता कि इस सदन में कोई अन्य ऐसा है जिसका उनके साथ इतने लम्बे अरसे तक संग साथ रहा जितना कि मेरा। चालीस वर्ष से भी अधिक का समय गुजरा जब हम दोनों साथ हुए, स्वतन्त्रता संग्राम की धूल और धूप में तथा जेल जीवन की नीरवता में जहाँ हमने विभिन्न स्थानों पर चार या पांच साल मुझे वास्तविक अवधि इस समय याद न हो आ रही है, साथ बिताए। हम अगणित अनुभवों और अनुभूतियों के सहयोगी रहे और जैसा कि अवश्यंभावी था हम एक दूसरे को अन्तरंग रूप से जानने और समझने लगे। इसीलिए मेरे लिए हम में से बहुत से अन्य लोगों के लिए उनका निधन एक दुःखद हानि, गहरा आघात है और साथ ही देश के लिए भी एक क्षति है। एक ओर व्यक्तिगत क्षति की पीड़ा का और दूसरी सार्वजनिक जीवन में जो क्षति हुई है, उसकी पीड़ा का अनुभव हो रहा है और मन में यह कसक उठती है कि एक श्रेष्ठ गुणवान पुरुष हमारे बीच से उठ गया है और उन जैसा मिलना अब कठिन होगा।[14]

असहयोग आन्दोलन के शुरू में एक बार जवाहर लाल नेहरू फैजाबाद आये और आचार्य जी से मिले। पंडित जी ने बताया कि वाराणसी में विद्यापीठ खुलने जा रहा है। उसमें लोग आपको लेना चाहते हैं। वहाँ आप अवश्य चले जायें। आचार्य जी ने अपने मित्र एवं सहपाठी स्व. स्वर्गीय **शिव प्रसाद जी गुप्त** को पत्र लिखा। उन्होंने तुरन्त आचार्य जी को बुला लिया। शिव प्रसाद जी गुप्त सच्चे राष्ट्र भक्त थे और अत्यन्त धनाढ्य काँग्रेसी थे। 1921 में साथ वाराणसी में काशी विद्यापीठ की स्थापना की गयी थे। उन्होंने अपने मृत भाई का नाम जीवित रखने के उद्देश्य से इस संस्था को 11 लाख रुपया का दान दिया था। इसी महती राशि से इस संस्था का शुभारम्भ हुआ था। उन्होंने पंडित जवाहर लाल नेहरू को नरेन्द्र देव का नाम सुझाया था। 1919 में जलियाँवाला बाग काण्ड के बाद आनन्द भवन में काँग्रेस की बैठक हुई थी। उसमें आचार्य जी शरीक थे। शिव प्रसाद जी गुप्त ने यही आचार्य जी एवं श्री प्रकाश जी का परिचय एक-दूसरे से करवाया था। पंडित जवाहर लाल यद्यपि आचार्य नरेन्द्र देव से परिचित थे किन्तु श्री प्रकाश जी के कारण ही दोनों की घनिष्ठता बढ़ी। पंडित नेहरू तथा अन्य मित्रों के प्रयास से ही आचार्य जी उत्तर प्रदेश के सभापति चुने गये। काँग्रेस की वर्किंग कमेटी में भी नेहरू के प्रभाव से ही वह शरीक हुए थे।[15]

सन 1927 में काँग्रेस के मद्रास अधिवेशन में नेहरू की प्रेरणा से देश की स्वतन्त्रता का प्रस्ताव पारित किया गया। किन्तु महात्मा गाँधी ने इसे जल्दबाजी में पास किया गया प्रस्ताव बताकर असन्तोष व्यक्त किया। इसलिए काँग्रेस शान्त हो गयी किन्तु सुभाष चन्द्र बोस एवं पंडित जवाहर लाल नेहरू के Endence of India League की 11 दिसम्बर 1928 में काशी विद्यापीठ में स्थापना की। पंडित जवाहरलाल नेहरू ने हम को इसका अध्यक्ष एवं आचार्य नरेन्द्र देव को मंत्री बनाया। इस मंच से देश की पूर्ण स्वतन्त्रता की माँग की गयी क्योंकि उस समय तक काँग्रेस की यह नीति नहीं थी। आचार्य जी ने यद्यपि मंत्री पद स्वीकार कर लिया, किन्तु आचार्य जी इसके भविष्य को लेकर आशान्वित नहीं थे। उन्होंने पंडित नेहरू को एक पत्र के द्वारा अपनी शंका को व्यक्त कर दिया था। किन्तु अपनी कमियों के आपसी लोग का कार्य कुशलता के साथ सम्पन्न होता रहा। काँग्रेस के 1928 में कलकत्ता अधिवेशन में प्रस्ताव पारित किया गया कि यदि एक वर्ष के अन्दर भारत को DOMINION STATUS नहीं दिया गया तो अगले सन में काँग्रेस पूर्ण स्वाधीनता की मांग करेगी। भारत की पूर्ण स्वतन्त्रता का प्रस्ताव लाहौर अधिवेशन 1929 में पारित किया गया। यह भी प्रस्ताव पारित किया गया कि पूर्ण स्वतन्त्रता की प्राप्ति के लिए काँग्रेस विशाल जन आन्दोलन चलाएगी।[16]

भारतीय समाजवादी विचारकों में आचार्य नरेन्द्र देव का स्थान बहुत ऊंचा है और उन्हें समाजवाद का जनक कहकर सम्बोधित किया जाता है। स्नेह से लोग उन्हें आचार्य जी भी कहते आये हैं। नरेन्द्र देव मार्क्सवाद, होमिन वाद तथा गाँधीवाद का गहरा अध्ययन करके देश की परिस्थितियों के अनुरूप एक भारतीय समास धारी चिन्तन प्राप्त करना चाहते हैं और इस दृष्टि से उनके विचार मौलिक हैं। नरेन्द्र देव प्रजातान्त्रिक समाजवाद के आधार स्तम्भ हैं। राष्ट्रीय स्वतन्त्रता आन्दोलन अपने चरम बिन्दु पर था और इसका प्रभाव नरेन्द्र देव के चिन्तन पर पड़ना स्वाभाविक था। अपनी पढ़ाई के लिए वह इलाहाबाद गये और वहीं से उन्होंने सक्रिय राजनीति में भाग लेना प्रारम्भ किया। काँग्रेस के प्रति नरेन्द्र देव की श्रद्धा थी और 1905 से सक्रिय राजनीति में भाग लेना प्रारम्भ किया। इसी समय बंगाल का विभाजन हुआ जिसके कारण लोकमान्य तिलक के संरक्षण में एक नया दल बनाया गया, इसमें विपिन चन्द्र पाल, अरबिन्द घोष आदि थे। 1905 में कलकत्ता में काँग्रेस का अधिवेशन हुआ जिसमें तिलक ने प्रिंस आफ वेल्स के स्वागत प्रस्ताव का विरोध किया। यहीं से काँग्रेस में वैचारिक मतभेद आरम्भ हो गये। इसका प्रभाव नरेन्द्र देव पर पड़ा और प्रयाग लौटकर उनके राजनैतिक विचार गरम दल से प्रभावित होने लगे। इस नयी नीति को कार्यान्वित करने के लिए एक नये दल का संगठन किया गया, इस नयी विचारधारा वाले लोगों की यह निश्चित घटना थी कि एक संगठित शान्ति के द्वारा ही स्वतन्त्रता प्राप्त की जा

सकती है और राज्नीतिक स्वतन्त्रता के बिना जनता का सामाजिक, शैक्षिक, आर्थिक एवं नैतिक अभ्युत्थान भी असम्भव है। इस नवीन विचार धारा के प्रवर्तक ने जनता को शिक्षा दी कि 'वह स्वावलम्बन का मार्ग ग्रहण करें स्वदेशी को अपनाये"।[17]

गरम दल के कार्यक्रम का मुख्य उद्देश्य ब्रिटिश माल का बहिष्कार था। यही दादा भाई नैरोजी ने स्वराज शब्द का प्रयोग किया। 'काँग्रेस का इतिहास' खण्ड एक में पट्टाभि सीतारमैया ने कहा , "कलकत्ते में ही परम और गरम दल के नातों का मतभेद प्रकट होने लगा था लेकिन दादा भाई नैरोजी के प्रभावशाली व्यक्तित्व के कारण वह हट सा गया था, वही 1907 में जाकर प्रबल हो गया।" आचार्य जी की विचारधारा पर लोकमान्य तिलक, विपिन चन्द्र पाल, अरबिन्द घोष आदि गरम दल के नेताओं का भी काफी प्रभाव पड़ा।[18]

डॉ. लोहिया जिस समाजवादी आन्दोलन के मूर्धन्य नेता थे उसके दूसरे दो मूर्धन्य पुरुष आचार्य नरेन्द्र देव एवं जयप्रकाश नारायण थे। तीनों की आयु में अन्तर था। जय प्रकाश जी लोहिया से 10 वर्ष बड़े थे। और आचार्य नरेन्द्र देव जी जयप्रकाश जी से 10 वर्ष बड़े थे। इस प्रकार आचार्य नरेन्द्र देव लोहिया जी से आयु में 20 वर्ष बड़े थे। इसके अतिरिक्त आचार्य नरेन्द्र देव सही अर्थों में विद्वान पुरुष थे। वे विधिवत एम.ए. और एल.एल.बी. पास थे। बचपन से ही उन्हें पढ़ने का गहरा शौक था किन्तु देश की आजादी की लड़ाई उन्हें बचपन से ही खींचती रही। एक तरफ उनमें गहरी अध्ययन की प्रवृत्ति थी दूसरी ओर उनका भारतीय स्वतंत्रता संग्राम से गहरा लगाव बन गया था। जब गाँधी जी ने शिक्षा संस्थाओं के बहिष्कार का आन्दोलन चलाया तो उन्होंने जगह-जगह विद्यापीठ की स्थापना की जो राष्ट्रीय आकांक्षाओं के अनुरूप काम करते थे। वाराणसी की काशी विद्यापीठ इसका एक सशक्त उदाहरण था। आचार्य जी प्रारम्भ में काँग्रेस में तिलक के अनुयायी पुरुष के रूप में उभरे और फिर गाँधी के असहयोग आंदोलन में उन्होंने अपनी वकालत छोड़ दी और बाबू शिव प्रसाद गुप्त के आह्वान पर वाराणसी चले गए जहाँ काशी विद्यापीठ से इनका गहरा रिश्ता बन गया। पहले उसके उपाध्यक्ष रहे और फिर अध्यक्ष। उसी दौर में इनके नाम के आगे आचार्य शब्द जुड़ गया जो आजीवन उनके नाम का एक अटूट हिस्सा बन गया। सन् 34 में जब पटना में प्रथम समाजवादी सम्मेलन हुआ तो आचार्य नरेन्द्र देव उसके पहले अध्यक्ष बने। काँग्रेस समाजवादी दल की स्थापना के उस दौर में ही आचार्य नरेन्द्र देव के संपर्क में लोहिया जी आये। कांग्रेस समाजवादी दल के केन्द्रीय व्यक्तियों के साथ जवाहर लाल नेहरू जी का भी एक गहरा रिश्ता बनता चला गया था किन्तु लोहिया और आचार्य नरेन्द्र देव का सम्बन्ध समय के साथ प्रगाढ़तर होता चला गया। यद्यपि लोहिया जी आचार्य नरेन्द्र देव का बहुत गहरा सम्मान करते थे। आचार्य नरेन्द्र देव भी लोहिया पर बहुत स्नेह रखते थे। किन्तु धीरे-धीरे लोहिया और आचार्य नरेन्द्र देव के रिश्ते सम्मान और स्नेह की

ऊँची नीची जमीन से मुक्त होकर एक सहज मैत्री भाव में बदलते चले गये थे। विद्वता और चिंतन उनमें कूट-कूट कर भरा हुआ था और लोहिया अपने अध्ययन और ज्ञान के बावजूद एक प्रकार से अपने चिंतन की ताजगी के लिये जाने पहचाने जाते थे किन्तु इस प्रकृतिगत भेद के बावजूद लोहिया और आचार्य नरेन्द्र देव एक दूसरे से न केवल अभिन्न होते चले गये थे बल्कि देश और राजनीति के बड़े प्रश्नों पर **उनकी राय भी बहुत मिलने जुलने लगी थी** आचार्य नरेन्द्र देव जब काशी विद्यापीठ में प्राचार्य थे तो कभी-कभार सोशलिस्ट पार्टी की समितियों की बैठक उनके यहाँ होती रहती थी अथवा लहुराबीर पर श्री वासुदेव नारायण सिंह के घर लक्ष्मी निवास में इस प्रकार की बैठक होती थों। वहाँ पर आचार्य नरेन्द्र देव और लोहिया के अभिन्न रिश्तों को देखा जा सकता था। आचार्य नरेन्द्र देव डॉ. लोहिया की प्रतिभा और उनकी चिंतन शक्ति के कायल थे। साथ ही राष्ट्रीयता के कई महत्वपूर्ण प्रश्नों पर दोनों की राय बहुत मिलती जुलती थी।[19]

भारत में समाजवादी क्रान्ति के नेता मुख्यत: किसान नेता थे। उन्होंने राष्ट्रवादी तत्वों को भी क्रान्ति का आधार बनाया। लोहिया और जय प्रकाश नारायण भी मुख्यत: किसानों और राष्ट्रवादी तत्वों के नेता थे। इनमें बड़ी संख्या विद्यार्थियों और बुद्धिजीवियों की थी। जयप्रकाश जी ने स्पष्ट ही क्रान्ति के लिए छात्रों को सम्बोधित किया। लोहिया की मुख्य शक्ति भी युवा वर्ग था। इस प्रकार कोई भी मार्क्स की पोथियों तक सीमित नहीं रहा।

सामान्यत: समझा जाता है कि समाजवाद सम्पत्ति के बंटवारे और रोटी का आन्दोलन है। क्योंकि इसका मूलाधार मालिक-मजदूर संघर्ष रहा है। उत्पादन के साधनों पर किसका कब्जा हो और वितरण का अधिकतम लाभ किसको मिलेगा, इसका सन्दर्भ मुख्य था। आचार्य जी ने कहा कि समाजवाद मात्र रोटी का आन्दोलन नहीं है, यह एक सांस्कृतिक आन्दोलन है। यह मनुष्य को अनेक प्रकार के आर्थिक अभावों और मारक शक्ति से मुक्त कर सांस्कृतिक जीवन का अवकाश प्रदान करता है। आचार्य जी कहते थे कि अभी तक का इतिहास दो वर्गों में बंटा है - एक वर्ग श्रम से इतना दबा है कि वह संस्कृति की बातें सोच ही नहीं सकता। संस्कृति का चिन्तन उस वर्ग के हाथों में है, जो अर्थ की चिंता से मुक्त है। (यद्यपि अनुभव बताता है कि कोई भी व्यक्ति या वर्ग अर्थ चिंता से मुक्त नहीं है किसी को योग की चिंता है, तो किसी को हस्तक्षेप की)। मार्क्सवाद मनुष्य को अर्थ की चिन्ता से मुक्त कर उसे सांस्कृतिक जीवन का अवसर देता है। यह इस प्रकार सम्भव है कि जब मजदूर को उसके श्रम का उचित मूल्य मिलने लगेगा, तब वह अनेक चिंताओं और परेशानियों से मुक्त हो जायेगा। वह अपनी शक्ति भर श्रम करेगा। मशीनीकरण के कारण थोड़े श्रम में ही उत्पादन इतना अधिक होने लगेगा कि जानलेवा श्रम करने की आवश्यकता ही नहीं रह जायेगी। इससे लोगों के लिए सांस्कृतिक कार्यों का द्वार खुल

जायेगा। उत्पादन और वितरण पर मजदूरों का कब्जा रहेगा, इसलिए उनके श्रम का शोषण भी नहीं होगा।

आचार्य जी ने मार्क्सवाद की प्रचलित धारणाओं से भिन्न "श्रेणी नैतिकता" के स्थान पर "जन प्रधान नैतिकता" को स्वीकृति दी है। मार्क्सवाद श्रेणी संघर्ष द्वारा सामन्ती, पूंजीवादी या विशिष्टों की नैतिकता के स्थान पर सर्वहारा की नैतिकता की स्थापना करता है। किन्तु आचार्य जी सर्वहारा की श्रेणी नैतिकता के स्थान पर जन नैतिकता की बात करते हैं। इस 'जन' में सभी वर्ग शामिल हैं। हां, यह अवश्य है कि वे वर्ग की दृष्टि से शामिल न होकर व्यक्तिगत रूप से शामिल होंगे। आचार्य जी की यह वर्गहीन जन नैतिकता मार्क्स की अपेक्षा गांधी के नजदीक है।

आचार्य जी ने मार्क्स की दृष्टि में व्यक्ति स्वतंत्रता को भी स्वीकार किया। उन्होंने स्पष्ट कहा मार्क्स व्यक्ति के विकास के लिए समाजवाद की स्थापना चाहते हैं। मार्क्सवाद में आचार्य जी की एक महत्वपूर्ण देन है, वह है समाजवाद में व्यक्ति को प्रतिष्ठित करना। अनियतिवाद की प्रतिष्ठा, आर्थिक के साथ गैर आर्थिक की स्थापना। प्रकृति और व्यक्ति, आर्थिक एवं गैर आर्थिक, समाज और व्यक्ति की द्वंदात्मकता की स्थापना। अगर चेतना पदार्थ का अंग है तो व्यक्ति की स्वतंत्रता का सवाल गौण हो जाता है किन्तु अगर चेतना और पदार्थ दोनों का युग्म है तो समाज और व्यक्ति दोनों की सत्ता महत्वपूर्ण हो जाती है। इस तरह के विचार मार्क्स से सम्बन्धित प्रचलित धारणाओं के विपरीत है। आचार्य जी की व्याख्याएं मार्क्स को विशिष्ट मनुष्य मानती है। भारत की आवश्यकताओं और संस्कारों के अनुरूप है। आचार्य जी के मन में चाहे जो हो, वे मार्क्स का कोई न कोई वचन खोजकर अपने मन को समझा लेते हैं। कुछ ऐसी ही स्थिति जयप्रकाश की थी किन्तु केवल चेतना में, पद्धति और प्रभाव में नहीं।

आचार्य जी और नेहरू:

सन् 1920 का असहयोग आन्दोलन देश के लिये ही नहीं वरन् अनेकों लोगों के लिये एक क्रान्तिकारी घटना थी। इसने जवाहरलाल जी के जीवन को पूर्णतया बदल दिया था। उनके पूरे कुटुम्ब ने उस आन्दोलन में भाग लिया। नरेन्द्र देव जी के शब्दों में असहयोग आन्दोलन में एक प्रकार से उनका आध्यात्मिक पुनर्जन्म हुआ। आन्दोलन के प्रभाव में आकर उनका सारा जीवन और व्यवहार बदल गया, क्योंकि अपने आचरण में होने वाले परिवर्तनों के प्रति वह सदा संवेदनशील रहे हैं। गाँधी जी के प्रभाव में आने पर आचार्य जी के अनुसार जवाहर लाल जी ने गीता का भी अध्ययन प्रारम्भ कर दिया था।

आचार्य जी के मतानुसार जवाहर लाल जी का शैशव काल बहुत ही संरक्षित था। उन्हें परिवार में बेहद प्यार मिला था। उन्हें बचपन में ही विदेश भेजा गया, जहाँ उनकी जीवन-पद्धति विदेशी हो गयी। विलायत में उन्होंने अपने को राजनीति से बिल्कुल अलग रखा। वहाँ उन दिनों यदि उन पर कोई राजनीतिक प्रभाव पड़ा तो वह सन् 1908 में लोकमान्य तिलक के 6 वर्षों के कारावास की एक प्रतिक्रिया के रूप में था अथवा इंग्लैण्ड में समाजवादी आदर्शों का प्रचार करने वाले फेबियन सोसायटी की विचारधारा का था। बाद में गाँधी जी के आन्दोलन के प्रभाव ने जवाहर लाल जी के व्यक्तित्व का पूरी तरह से परिष्कार कर दिया। उनके जेल जीवन का प्रारम्भ हुआ। जैसा कि जवाहर लाल जी ने अहमदनगर किले की जेल में आचार्य नरेन्द्र देव जी को बताया था, जेल-जीवन ने उन्हें आदमी बना दिया। आचार्य जी उनकी इस बात को सत्य मानते थे और उनका भी यहीं विश्वास था कि यदि जवाहर लाल जी के जीवन में कारावासों की कहानी न शुरू हुई होती तो वह अन्तर्राष्ट्रीय व्यक्ति न बन पाते। नरेन्द्र देव जी के अनुसार, नेहरू जी के व्यक्तित्व में राजनीतिक क्रांति की कहानी 1925 से 1927 की उस अवधि में प्रारम्भ हुई, जब वह यूरोप गये और अनेक बार की जेल-यात्राओं के कारण जब उन्हें पढ़ने-लिखने के अवसर मिले, जिनका उन्होंने बड़ा ही सदुपयोग किया।[20]

सन् 1922 के बाद असहयोग आन्दोलन वापस लिया जा चुका था। देशबन्धु चितरंजन दास तथा मोतीलाल जी ने गाँधी जी से पृथक होकर स्वराज पार्टी खड़ी कर दी थी। जवाहर लाल जी, आचार्य जी की दृष्टि में, इस विवाद में तटस्थ रहे थे और अपनी पत्नी को लेकर वह यूरोप चले गये। यूरोप से सन 1927 में वापस आने के बाद जवाहर लाल जी ने पहला काम किया वह यह था कि सन् 1927 में डॉ. मुख्तार अहमद अंसारी की अध्यक्षता में सम्पन्न हुई अहमदाबाद कांग्रेस में उन्होंने पूर्ण स्वतंत्रता का प्रस्ताव रखा। उस अधिवेशन में गाँधी जी उपस्थित नहीं थे। जवाहर लाल जी का पूर्ण आजादी का संकल्प स्वीकार किया गया, जिसकी काँग्रेस द्वारा स्वीकृति पर गाँधी जी को कोई विशेष प्रसन्नता नहीं हुई थी। फिर भी अपने संकल्प को आगे बढ़ाने के लिए जवाहर लाल जी ने सुभाष बाबू को साथ लेकर "इंडिपेन्डेंस आफ इंडिया लीग" की स्थापना की, जिसको सचल बनाने में आचार्य नरेन्द्र देव ने भी उनके साथ सहयोग किया। लाहौर अधिवेशन में काँग्रेस के द्वारा पूर्ण स्वतंत्रता का संकल्प स्वीकार किये जाने के पश्चात "इंडिपेन्डेंस आफ इण्डिया लीग" विलीन हो गयी, यद्यपि उसका उद्देश्य पूर्ण नहीं हो सका था। सन् 1927 और सन् 1929 के बीच गाँधी जी और जवाहर लाल जी के बीच मतभेदों की एक बड़ी खाई पैदा हो गयी थी, किन्तु जवाहर लाल जी जानते थे कि भारतवर्ष में गाँधी युग का प्रवर्तन हो चुका है। अत: गाँधी जी की इच्छाओं के प्रतिकूल वह कोई भी नीतिगत प्रतिपादन या कोई कार्य नहीं कर सकते

थे। साथ ही गाँधी जी भी जवाहर लाल जी की उपयोगिता को पहचानते थे। जैसा कि एक बार बातचीत में नेहरू जी ने आचार्य जी को बताया था, वह गाँधी जी के व्यक्तित्व को भारतीय राष्ट्रीय आन्दोलन की वस्तुस्थिति का अभिन्न अंग मानते थे। इस प्रकार आचार्य जी के अनुसार, गाँधी जी आगे बढ़ते गये और जवाहर लाल जी उनसे असहमत होकर भी उनका अनुकरण करते गये तथा उनसे सहमत होते गये।

नरेन्द्र देव जी के अनुसार जवाहर लाल जी की एक विशेषता जो उन्होंने अहमदनगर जेल में देखी वह यह थी कि नेहरू जी दूसरों के विपरीत तर्कों को भी बड़े ध्यान से सुनते थे और यह जानने का प्रयास करते थे कि वह इससे कहां तक सहमत हो सकते हैं। आमतौर पर लोग अपने तर्कों के आगे दूसरे के तर्कों को नहीं सुनते। आचार्य जी के अनुसार, दूसरों की बात भी सुनना नेहरू जी का गुण था, किन्तु इससे उनके अंदर यह दोष भी पैदा हो गया था कि जब कभी बहुत ही विवादास्पद मसला उठता था तो वह अपना मत निश्चित रूप से स्थिर करने में असमर्थ रहते थे। तथापि इसका यह मतलब नहीं कि नये विषयों पर उनका कोई मत नहीं था या वह अपने मत का दृढ़ता से अनुसरण नहीं करते थे।[21]

आचार्य जी के अनुसार, पश्चिमी सभ्यता और शिक्षा के प्रभाव के कारण नेहरू जी के मन में पश्चिमी विश्वविद्यालयों के उपाधिधारियों के प्रति विशेष अनुराग पैदा हो गया था। यदि नेहरू जी के बहनोई रणजीत सीताराम पंडित को उन्हें प्राचीन भारत की गरिमा से परिचित कराने में सफलता न प्राप्त हुई होती तो नेहरू जी उस प्रभाव से वंचित रह जाते, जो भारतीय संस्कृति से उनको प्रभावित करता हुआ बाद में देखा गया।

नरेन्द्र देव जी के अनुसार, जवाहर लाल जी समाजवादी थे और अन्तर्राष्ट्रवादी भी थे। आल इण्डिया ट्रेड यूनियन काँग्रेस के **वर्ग जन्म संगठन** के भी वह सन 1929 में अध्यक्ष रहे और यह उन पर समाजवादी प्रभाव ही था जिसने उन्हें सन 1931 में काँग्रेस के कराची अधिवेशन में मौलिक अधिकारों संबंधी संकल्प रखकर उसे पारित कराने के लिए उत्प्रेरित किया था। जैसा कि जवाहर लाल जी का स्वयं कहना था, गाँधी जी से समाजवादी समाज की स्थापना के लिए आशा करना व्यर्थ था, क्योंकि उनका मुख्य उद्देश्य केवल जनता-जनार्दन की आर्थिक स्थिति को सुधारना तथा लोकतंत्र के आदर्श का उन्नयन था। निस्सन्देह नेहरू जी वैज्ञानिक समाजवादी थे और उसके सिद्धान्तों को मानते थे, किन्तु मार्क्सवाद या लेनिनवाद उन्हें पूरी तरह से स्वीकार नहीं था। उनका यह मानना था परिस्थितियाँ सिद्धांतों से अधिक प्रबल होती हैं। इसलिए परिस्थितियों को देखकर वह अनिश्चित भविष्य के लिए वर्तमान की बलि देने के लिए भी तैयार नहीं थे। वह बड़े ही विश्वास के व्यक्ति थे और वृत्तियों से धर्मनिरपेक्ष थे। फिर भी मानवीय मूल्यों और नैतिक आचरणों के लिए उनके हृदय में बड़ा

सम्मान था। वह सामाजिक आन्दोलन के आदर्श के समर्थक तथा लोकतंत्र और स्वतंत्रता के लिए नियोजन में विश्वास रखते थे। वह यह मानते कि उत्पादन के साधनों का राष्ट्रीयकरण किये बिना जनता को लाभ नहीं पहुचाया जा सकता, किन्तु फिर भी वह ऐसा कुछ नहीं करना चाहते थे, जिससे व्यक्तिगत स्वतंत्रता पर कोई अंकुश लगे। आचार्य जी को जवाहर लाल जी के प्रधानमंत्री बनने के बाद उनमें अनेक परिवर्तन नजर आये। उन्हें ऐसा लगा कि जवाहर लाल जी ने प्रधानमंत्री बनने पर नौकरशाही के तंत्र से तथा ब्रिटिश राज्य की बुरी धरोहरों से अपने को बांध लिया। वह गात्यात्मक चिंतन और प्रगतिशील कार्यों की बात अवश्य करते थे, किन्तु उनके शासन में दुर्बलता तथा हिचकिचाहट स्पष्ट रूप से दिखाई देती थी। यद्यपि नेहरू जी की सरकार यथास्थितिवाद की समर्थिका नहीं थी, फिर भी आचार्य जी उसे समझौता परस्त सरकार मानते थे। पद ग्रहण करने पर उन्हें उन महान उद्देश्यों की सिद्धि पर सन्देह होने लगा, जिनके लिए वह एक समय लोगों का आह्वान किया करते थे। आचार्य जी को इस बात का खेद था कि किन्हीं मनोवैज्ञानिक कारणों से नेहरू जी के चिंतन तथा कार्यान्वयन की महान क्षमताओं का राष्ट्र पूरी तरह से लाभ नहीं उठा पा रहा था।[22]

आचार्य नरेन्द्र देव: महत्वपूर्ण जीवन तिथियाँ

30 अक्टूबर 1889	-	जन्म (सीतापुर)
1891	-	पिता के साथ फैजाबाद
1902	-	शिक्षारम्भ (फैजाबाद)
1911	-	बी.ए. (इलाहाबाद)
1913	-	एम. ए. क्वींस कालेज, काशी
1915	-	एल-एल.बी., इलाहाबाद
1915	-	फैजाबाद में वकालत
1916	-	फैजाबाद में होम रूल लीग की शाखा का गठन।
1921	-	काशी विद्यापीठ में अध्ययन प्रारम्भ।
1930	-	सविनय अवज्ञा में पहली बार जेल।
1932	-	फिर जेल
17 मई 1937	-	अ.भा. काँग्रेस समाजवादी पार्टी की स्थापना, सम्मेलन के अध्यक्ष।

1936	-	यू.पी. प्रान्तीय काँग्रेस के अध्यक्ष व काँग्रेस कार्य समिति के सदस्य मनोनीत।
1937	-	संयुक्त प्रान्त विधान सभा के सदस्य निर्वाचित।
1941	-	व्यक्तिगत सत्याग्रह में गिरफ्तार।
9 अगस्त 1942	-	काँग्रेस कार्य समिति के सदस्यों के साथ गिरफ्तार होकर अहमदनगर जेल में नजरबन्द।
1946	-	संयुक्त प्रान्त विधान सभा के सदस्य निर्विरोध निर्वाचित।
1947	-	लखनऊ विश्वविद्यालय के उप-कुलपति नियुक्त।
मार्च 1948	-	कांग्रेस समाजवादी पार्टी के नासिक निर्णय के अनुसार काँग्रेस और विधान सभा से त्याग-पत्र।
1952	-	बनारस विश्वविद्यालय के उपकुलपति नियुक्त और राज्य सभा में एम.पी. निर्वाचित, चीनी सांस्कृतिक मिशन में चीन यात्रा।
1954	-	योरोप में स्वास्थ्य लाभ के लिए यात्रा और नागपुर प्रसोपा सम्मेलन के अध्यक्ष।
1955	-	गया प्रसोपा सम्मेलन के अध्यक्ष।
19 फरवरी 1956	-	पेन्दुराई (मद्रास) में देहावसान।[23]

2.2 समाजवाद व जयप्रकाश नारायण:

लोक नायक जय प्रकाश नारायण - जय प्रकाश नारायण अर्थात विजय की ज्योति जिनको युवावस्था में उनके तिलस्मी व्यक्तित्व के कारण देश की जनता ने "युवा हृदय सम्राट" कहा। अधेड़ उम्र में समाजवाद एवं सर्वोदय के प्रचारक हो गये। वृद्धावस्था में जब उन्होंने निरंकुश शासन को हिलाया और उसके अहंकार और दम्भ को तोड़ा तो देश की जनता ने उन्हें **"लोक नायक"** कहा। उनके व्यक्तित्व की गरिमा, उनके स्वभाव की विनम्रता, उनके चेहरे की आभा ने उन्हें राजनीतिक ऋषि का दर्जा दे दिया था। जब वह सरकार पर प्रहार करते तो ऐसा प्रतीत होता कि सैकड़ों धनुष टंकार कर रहे हो, देश की

दुर्दशा पर जब वह अपने भावुक स्वभाव के कारण रो देते तो अपार जनता की आंखों से आँसू बह निकलते और शायद उस बाढ़ के लिए समुद्र में जगह न बचती। हृदय के तारों को छू लेने वाले उनके भाषणों से ऐसा प्रतीत होता कि मानों गौतम बुद्ध उपदेश दे रहे हों जनता तल्लीन होकर उनके भाषण को सुनती। उनके अनन्य मित्र डॉ. राम मनोहर लोहिया कहते थे "देश को हिलाने की ताकत केवल जय प्रकाश में है। उनके हृदय की सरलता और भोलेपन पर शक करते हुए लोहिया कहते बशर्ते वह खुद न हिले दक्षिण एवं वाम के बीच। उनके व्यक्तित्व के इसी गुण को राजनीति करने वालों ने दोष माना है। किन्तु विनोबा जी कहते हैं "मुझे उनके हृदय की सरलता बहुत प्रिय है। इसी सरलता के कारण उनके बारे में काफी गलतफहमी होती है। और इसी सरलता के कारण वे स्वयं भी कोई भूल चूक कर सकते हैं।"

"पं. जवाहर लाल के बाद प्रधानमंत्री के रूप में जय प्रकाश का नाम लिया जाता था। परन्तु जय प्रकाश ने कभी सत्ता ली नहीं। उन्हें सत्ता की अभिलाषा रही नहीं। दूसरी बात वह गृहस्थ होकर भी ब्रह्मचर्य का पालन करते रहे। किन्तु वह इतने विनम्र थे कि बहुत कम लोगों को उनकी इस विशेषता का पता है। गाँधी, अरबिन्द और राम कृष्ण की बात तो प्रकट है किन्तु जय प्रकाश के ब्रह्मचर्य को कोई जानता नहीं। उनकी तीसरी विशेषता है नम्रता, सरलता और स्नेह।[24]

जय प्रकाश नारायण जिन्हें प्यार से उनके सोशलिस्ट मित्र जे.पी. कहते थे और बाद में यह नाम लोकप्रिय हो गया था। जे.पी. का बचपन माता-पिता के लाड़ प्यार में बीता। प्रारम्भिक शिक्षा गांव के ही स्कूल में हुई। जे.पी. की पढ़ाई के अतिरिक्त उनके चरित्र निर्माण में शिक्षकों का बहुत बड़ा हाथ था। जय प्रकाश नारायण एक अध्ययनशील विद्यार्थी थे। अपनी कक्षा के चंद प्रतिभाशाली छात्रों में गिनती होती थी। उन्हें विज्ञान में विशेष रुचि थी, इसलिये उन्होंने विज्ञान विषय को चुना। उनकी साहित्य में भी रुचि थी। मैथलीशरण गुप्त उनके प्रिय कवि थे। उनकी रचनाओं पर जे.पी. मुग्ध थे।

जय प्रकाश जी का जीवन अत्यन्त नियमित रहा। वह प्रात: उठते, ठंडे पानी से कड़ाके की सर्दी में नहाते। यद्यपि वह माँसाहारी थे किन्तु बहनोई के कारण शुद्ध शाकाहारी बन गये थे। वह नियमित रूप से गीता और रामायण का पाठ करते। जब वह विदेश अध्ययन करने के उद्देश्य से गये तो उनके साथ गीता भी गयी। उन्हें गीता के बहुत से श्लोक कंठस्थ थे जे.पी. व्यवहार में अत्यन्त शिष्ट एवं मृदु भाषी थे। धोती कुर्ता पहनते, वह तब तक अंग्रेजी पोशाक नहीं पहनते थे।[25]

जे.पी. ने एम.ए. में समाजशास्त्र लिया था। समाजशास्त्र के द्वारा समाज परिवर्तन से जुड़े सूक्ष्म सवालों की वह समीक्षा करते थे। एम.ए. के लिए उनके निबन्ध का विषय था

'कल्चरल लेटिएशन' (सांस्कृतिक रूपान्तरण)। अपने निबन्ध में उन्होंने प्रतिपादित किया था कि सामाजिक परिवर्तन का अर्थ है- अन्ततोगत्वा सांस्कृतिक परिवर्तन। संस्कृति में मनुष्य की भौतिक साधन, सामगति नीति, मान्यताएं, रीति रिवाज, कला, संस्थाएं, नीति नियम, मूल्य आदि सारी बातों का समावेश हो जाता है। अत: सामाजिक क्रान्ति का अर्थ होता है मनुष्य की कलाओं, उद्योगों, ज्ञान, रीति रिवाजों एवं संस्थाओं में होने वाला रूपान्तरण। इसी आधार पर मार्क्स के विचार अब उनको अधिक सन्तोषजनक लगे।

आगे चलकर मेरी विचार यात्रा में जे.पी. लिखते है, "मार्क्सवाद ने समानता और बन्धुत्व की एक और ज्योति मेरे लिए जगा दी। केवल स्वतन्त्रता पर्याप्त नहीं थी। इसका अर्थ होना चाहिए, जो लोग सबसे अग्रणी स्तर पर हैं और सबसे पीछे हैं उनकी भी स्वतन्त्रता और इस स्वतन्त्रता में शोषण, भुखमरी और दरिद्रता से मुक्ति का भी समावेश होना चाहिए।'[26]

जय प्रकाश जी के भारत आने के पूर्व उन्हें निश्चित पता नहीं था कि गाँधी जी के सामाजिक, आर्थिक एवं राजनीतिक विचार क्या हैं। उनकी क्रांति का क्या रूप है तथा समाज परिवर्तन की दिशा में वह क्या सोचते हैं। जे.पी. लिखते हैं, "उस समय तक मुझे पता नहीं था कि सामाजिक क्रांति के बारे में गाँधी जी के अपने कुछ विशिष्ट विचार हैं। और इसे सिद्ध करने के लिए उनको अपनी भी कोई विशिष्ट पद्धति है, इसलिए स्वदेश वापसी पर जब उन्हें स्पष्ट हो गया कि गाँधी जी का रास्ता सही है, तो उन्होंने महात्मा गाँधी को अपना नेता स्वीकार कर लिया। और उनके दर्शन को हृदयगम कर लिया। वह स्वयं लिखते हैं, 'मैंने जो लेनिन के विचारों में सीखा था वह यह सीखा था कि जो गुलाम देश है, वहाँ के जो कम्युनिस्ट हैं उनको हरगिज वहाँ की आजादी की लड़ाई में अपने को अलग नहीं रखना चाहिये। यदि उस लड़ाई का नेतृत्व जिसको मार्क्सवादी भाषा में बुर्जुआ कहते हैं। उस क्लास के हाथों में ही क्यों न हो, पूंजीवादी के हाथों में ही क्यों न हो उसमें अपने आपको 'आइसोलेट' नहीं करना चाहिये। उस समय मेरी थीसिस चल रही थी। मैं उनके साथ नहीं गया। आजादी की लड़ाई में गद्दारी इन्होंने की।[27]

जय प्रकाश 1940 में युद्ध विरोधी भाषण देने के आरोप में गिरफ्तार कर लिये गये। उनकी गिरफ्तारी पर पं. नेहरू ने कहा, 'हमारे सबसे प्रिय और सबसे मूल्यवान साथियों में से एक श्री जय प्रकाश नारायण को गिरफ्तार करके सरकार ने युद्ध का ऐलान कर दिया है। जय प्रकाश अभी जेल में थे कि विश्व में युद्ध के बादल मंडराने लगे। अक्टूबर 1941 में प्रभावती जी जयप्रकाश जी से जेल में मिलने गई। तभी इन्होंने चप्पल की नाप के बहाने कुछ गुप्त कागज और चिट्ठी उन्हें दी। किन्तु चतुर पुलिस अफसर ने उन गुप्त पत्रों का रहस्य जान लिया। जे.पी. का अपराध पकड़ा गया। गाँधी जी ने अंग्रेज सरकार के विरुद्ध

एक कड़ा बयान दिया। दूसरी घटना भी देवली जेल की ही। यहाँ कैदियों को घोर यातना दी जाती थी। देवली के राजनीतिक बन्दियों ने उपवास शुरू किया। जे.पी. इसमें शरीक हुए। यह उपवास 31 दिन तक चला।[28]

जे.पी. स्पष्ट रूप से कहते-"मैं ब्रिटिश सरकार का सबसे जानी दुश्मन हूँ। मैं अपने देश की आजादी की लड़ाई लड़ रहा हूँ या तो मेरा यह शरीर छूटेगा या फिर मैं मर जाऊंगा। मैं मुख से हरगिज नहीं बोलूंगा।'

पुलिस अत्याचार करते करते थक चुकी थी जयप्रकाश एवं लोहिया को दी जाने वाली यातनाओं की चर्चा जेल के बाहर भी थी। अंग्रेज सरकार ने इस भय से कि कहीं इनकी मृत्यु न हो जाय, इन्हें अच्छी बैरक दी। खाने में भी बदलाव किया गया। जयप्रकाश जी के सामने लोहिया को खड़ा कर दिया गया। दोनों एक दूसरे को देखकर भावविभोर हो गये। इस प्रकार हर रोज एक घंटा दोनों को मिलने दिया जाता था। पूरे देश में लोहिया एवं जयप्रकाश को दी जाने वाली यातनाओं की चर्चा थी। इसके कारण वातावरण उग्र हो गया था। पारडी वाला, पूर्णिमा बनर्जी, पुरुषोत्तम विक्रमदास आदि मित्रों की ओर से हाईकोर्ट में याचिका प्रस्तुत की गयी। इसके कारण जे.पी. और लोहिया को आगरा केन्द्रीय कारागार में लाया गया। जनवरी 1945 में लाहौर जिले में दी गयी यातनाओं का अन्त हुआ।[29]

जय प्रकाश एवं लोहिया अप्रैल 1946 में जेल से शहर आये। 21 अप्रैल को पटना में बिहार वीर सपूत जय प्रकाश का भावात्मक स्वागत किया गया। स्वतंत्रता के बाद देश का दु:खद बंटवारा जे.पी. को असह्य था। उन्होंने भारी मन से बटवारे को स्वीकार किया। फिर महात्मा गाँधी की दु:खद हत्या से वह अनाथ हो गये। गाँधी जी की हत्या पर लोहिया, जय प्रकाश नारायण, कमला देवी चटोपाध्याय ने नेहरू सरकार का इस्तीफा माँगा। जिसे नेहरू एवं पटेल ने अस्वीकार कर दिया। गाँधी जी की मृत्यु के वाद सोशलिस्ट अपने को अनाथ महसूस करने लगे थे। गाँधी जी की अन्तिम यात्रा में जे.पी. शरीक थे। वह अस्थियों के साथ इलाहाबाद गये। उनके साथ उनकी पत्नी प्रभावती भी थी। भारी मन से जे.पी. ने गाँधी जी को विदा किया और इलाहाबाद से पटना के लिए रवाना हुए। यहाँ से अनाथ जे.पी. की यात्रा एक नये पथ की यात्रा, भारत के नव निर्माण की यात्रा, सम्पूर्ण क्रान्ति की यात्रा प्रारम्भ हुई।[30]

गाँधी जी की हत्या के पश्चात जे.पी. के मन में गाँधी जी के विचारों के प्रति आस्था बढ़ने लगी थी। वह स्वयं कहते थे "मुझे गाँधी के दर्शन की गहराई का ज्ञान बाद में हुआ। इस परिवर्तन का मुख्य श्रेय प्रभावती जी को जाता है। जो गाँधी जी की अत्यन्त प्रिय शिष्या एवं सेविका थी"। जे.पी. का रुझान सर्वोदय एवं भूदान की ओर बढ़ने लगा। इसमें 80

प्रतिशत समाजवाद दिखायी दिया। वह इन विचारों से सन्तुष्ट हुए। यह और बात है कि जब प्रभावती की मृत्यु हो गयी तो उन्होंने देश में सम्पूर्ण क्रान्ति का आन्दोलन प्रारम्भ किया। उन्होंने विनोबा जी का आन्दोलन नीरस लगने लगा। इन्होंने अपनी सभाओं में जिनमें इन पंक्तियों का तुच्छ लेखक उपस्थिति रहता था तथा स्वयं जो एक सक्रिय कार्यकर्ता के रूप में कार्य कर रहा था। जे.पी. से सुना था। "मेरे इतने वर्ष भूदान एवं सर्वोदय आन्दोलन में व्यर्थ चले गये।'[31]

जे.पी. ने सर्वोदय आन्दोलन में शामिल होकर भी देश की बहुत सेवा की उन्होंने ग्राम स्वराज्य की अपनी कल्पना को साकार करने का प्रयत्न किया। भूदान आन्दोलन के द्वारा भूमि के वितरण का प्रयास किया। उन्होंने लोक जीवन में आध्यात्मिकता पर बल दिया। ग्राम विद्यालय, नागा समस्या, कश्मीर समस्या, भारत पाकिस्तान सम्बन्धों में मिठास घोलना, बंगलादेश की मूर्ति का आन्दोलन और उसके लिये विश्व भ्रमण, डाकू समस्या और उसका समाधान आदि समस्याएं थी। जिसके समाधान का प्रयास जे.पी. ने सार्थक ढंग से किया। इन कार्यों को एक संस्था का एक व्यक्ति नहीं कर सकता था। जो उस एक अकेले व्यक्ति जिसे आधुनिक गाँधी कहना उपयुक्त होगा, अपने पुरुषार्थ के बल पर कर दिखाया। उन्होंने राज्य सत्ता के स्थान पर "नैतिक सत्ता' स्थापित की। निश्चित रूप से वे महान थे।

पंडित जवाहर लाल नेहरू ने संभवत: 1946 में जय प्रकाश नारायण को भारत का अगला प्रधानमंत्री घोषित किया था। किन्तु यह वाक्य उनके हृदय से नहीं निकला था। उस पर होने वाली प्रतिक्रिया जानने के लिये दिया गया एक लुभावना एवं चालाकी से भरा एक काव्य था। इसका उत्तर उतनी ही होशियारी से डॉ. राम मनोहर लोहिया ने दिया था, "मैं भी जयप्रकाश को प्रधानमंत्री बनाना चाहता हूँ, किन्तु पं. नेहरू की दया से नहीं, जनता के आशीर्वाद से। यदि वह पंडित नेहरू की कृपा से प्रधानमंत्री बनते हैं, तो वह उनसे भी खराब प्रधानमंत्री होंगे किन्तु यदि वह जनता के सहयोग से नेहरू को हटाकर प्रधानमंत्री बनते हैं, तो वह उनसे बेहतर प्रधानमंत्री होंगे और यह देश की जनता के लिये शुभ दिन होगा। उन्होंने जे.पी. की सरलता का लाभ उठाकर प्रजा सोशलिस्ट पार्टी के साथ काँग्रेस के सहयोग की बात चलाई। इस व्यर्थ की कसरत का उद्देश्य मात्र इतना था कि सोशलिस्ट शक्तियों से टकराहट और विवाद उत्पन्न हो जिससे पार्टी में बिखराव उत्पन्न हो और यही हुआ। लोहिया और जे.पी. में इतनी कटुता उत्पन्न हुई और कड़वाहट बढ़ी की पार्टी के विभाजन की नौबत आ गई। अपना कार्य सिद्ध होते देखकर नेहरू ने वार्ता वहीं समाप्त कर दी। लोहिया के हमलों से जिन्हें जे.पी. मित्र और भाई मानते थे, दु:खी जय प्रकाश, दलीय राजनीति को त्यागकर भूदान आन्दोलन में चले गये और इस प्रकार लोहिया के शब्दों में 'सरकारी

साधू' विनोबा का नेतृत्व स्वीकार कर लिया जो नेहरू परिवार के अंधभक्त थे तथा भूदान के नाम पर नेहरू परिवार का हित साधन करते थे। इस सरकारी साधू विनोबा भावे का सारा पाखंड उस समय खुला जब उन्होंने आपातकाल की तानाशाही को अनुशासन पर्व कहा। उन्हें मृत्यु से जुड़ रहे एक सर्वोदयी जे.पी. पर रहम नहीं आया। वह सरकारी दान और अनुदान के बल पर अपनी तथा अपने टोले की जीविका चलाते थे। यद्यपि जे.पी. के आन्दोलन में सर्वोदयी उनके साथ आ गये थे। उन्होंने यातनाएं भी भोगी थीं। आपतकाल के दौरान हमारे ऐसे कार्यकर्ताओं में से सर्वोदय के दफ्तरों में शरण ली थी। किन्तु यह बात निर्विवाद है कि विनोबा भावे की आस्था इन्दिरा गाँधी में थी और वह उनके समर्थक थे। फिर भी सर्वोदय के अधिकांश कार्यकर्ता सम्पूर्ण क्रांति के आन्दोलन के प्रति समर्पित थे। विनोबा जी की जो भी राय रही हो।[32]

छात्र संघर्ष समिति और जन संघर्ष समिति के माध्यम से ब्लॉक कमेटियों का गठन करना, स्कूलों में कमेटियों का गठन करना, मोहल्ला कमेटियाँ लगाना। यह सारा कार्य किया जाने लगा। समाज में व्याप्त अन्याय, शोषण, दहेज प्रथा की समाप्ति, छुआछूत का अन्त, भ्रष्टाचार, अन्याय और विषमता के खात्मे के लिए कार्य किया जाना प्रारम्भ किया जाने लगा। जे.पी. ने कहा सत्ता हमारी अन्तिम मंजिल नहीं है। हमारी मंजिल सम्पूर्ण क्रान्ति है। सम्पूर्ण क्रान्ति को परिभाषित करते हुए जे.पी. ने कहा लोहिया की भांति मेरी सप्त क्रान्ति का अर्थ है- 1. सामाजिक क्रान्ति, 2. आर्थिक क्रान्ति, 3. राजनीतिक क्रान्ति, 4. सांस्कृतिक क्रान्ति, 5. वैचारिक क्रान्ति, 6. बौद्धिक क्रान्ति, 7. शैक्षणिक क्रान्ति।[33]

आपातकाल लगने के तुरन्त बाद में जे.पी. की किडनी खराब हो गयी। इस बीमारी से वह उबर नहीं पाये। आठ अक्टूबर 1979 को प्रात: छ: बजे जय प्रकाश जी ने इस संसार को अलविदा कहा। सारा देश दु:खी था। सरकार ने 13 दिन शोक की घोषणा की। 19 अक्टूबर को पटना में राजकीय सम्मान के साथ इस संत और राजनेता का अन्तिम संस्कार किया गया।[34]

जय प्रकाश जी लोहिया से दस वर्ष आयु में बड़े थे। वे अमेरिका से अपनी पी-एच.डी. का शोध समाजशास्त्र विषय में पूरा कर चुके थे, किन्तु उपाधि प्राप्त करने से पहले उन्हें माँ की बीमारी का समाचार मालूम हुआ और पी-एच.डी. का मोह छोड़कर वे तत्काल भारत वापस आ गये। यह घटना 1928 की है। उसके 6 वर्षों के पश्चात 1934 में लोहिया जर्मनी से अर्थशास्त्र में पी-एच.डी. 22 वर्ष की आयु में प्राप्त कर ली थी। जबकि जय प्रकाश जी को पी-एच.डी. के द्वार तक पहुँचने में 28 वर्ष की आयु प्राप्त हो गयी थी। असल में जयप्रकाश जो अमेरिका में अनेक प्रकार के अवरोधों और कठिनाइयों को पार करते हुए

पढ़ाई कर रहे थे। बीच-बीच में उनकी पढ़ाई सालों और महीनों रुक तक जाती थी और उन्हें कभी होटलों में, कभी चाय के बागानों में और कभी अन्य किसी क्षेत्र में श्रम करके पढ़ाई पूरी करनी पड़ती थी। सन् 1934 में काँग्रेस सोशलिस्ट पार्टी की स्थापना के समय लोहिया और जयप्रकाश का साथ हुआ किन्तु यह साथ सच्चे मन का साथ नहीं था। लोहिया को कम्युनिस्टों और मार्क्सवाद से काफी परहेज था, जबकि जय प्रकाश अमेरिका में ही पूरी तौर पर मार्क्सवादी और सच्चे कम्युनिस्ट हो गये थे। भारत में भी जय प्रकाश कम्युनिस्ट के ही रूप में आये थे किन्तु धीरे-धीरे भारतीय कम्युनिस्ट पार्टी के चरित्र से परेशानी होने लगी थी, क्योंकि उसकी समझ यह थी कि किसी गुलाम देश में कम्युनिस्ट पार्टी आजादी की लड़ाई लड़ने वालों की अग्रिम पंक्ति हुआ करती है। जबकि भारतीय कम्युनिस्ट पार्टी आजादी की लड़ाई में कोई विशेष प्रतिज्ञा का अनुभव नहीं करती थी। इसलिए जय प्रकाश ने धीरे-धीरे अपने को कम्युनिस्ट पार्टी से अलग कर लिया और वे गाँधी और जवाहर लाल के नेतृत्व में चलने वाले स्वतन्त्रता संग्राम से सम्बद्ध हो गये। जवाहर लाल जी ने उन्हें अखिल भारतीय काँग्रेस पार्टी के श्रमिक मोर्चे का सचिव बना दिया था।

लोहिया और जय प्रकाश के रिश्तों का अध्ययन एक रोचक और दिलचस्प मनोवैज्ञानिक विषय है, जहाँ जय प्रकाश में एक व्यापक संगठन की क्षमता की एक व्यवस्था थी, एक प्रकार की सूत्रबद्धता थी। वहीं लोहिया बहुत हद तक आजाद और व्यवस्था मुक्त व्यक्ति थे। वे संगठन का महत्व तो स्वीकार करते थे किन्तु अपने आचरण के द्वारा संगठन बनाने या चलाने का कोई खास प्रमाण नहीं पाते थे। बाद में तो उन्होंने समाजवादी आन्दोलन का इतिहास लिखते समय स्पष्ट रूप से स्वीकार किया कि व्यक्तिगत स्वतन्त्रता को वे संगठन के मुकाबले में एक बड़ा मूल्य मानते रहे हैं। इनका कहना था कि जहाँ कहीं भी स्वतन्त्रता का ही वरण करेंगे। इसलिए व्यवहारिक राजनीति में लोहिया और जयप्रकाश के बीच कदम-कदम पर दरारें पड़ने लगी जबकि जयप्रकाश काफी भावुक नेता थे। उन्होंने समय-समय पर अपनी पुरानी दृष्टि को छोड़कर नयी दृष्टि अपनायी जबकि लोहिया राजनीति में भावुकता के सख्त विरोधी थे। और लगभग एक वैचारिक प्रवाह जीवन भर निभाते रहे। उनकी नयी नीति या दृष्टि पुरानी नीति दृष्टि का सहज विकास होती थी।[35]

जयप्रकाश नारायण की जीवन यात्रा

जन्म	-	सन् 1902, अक्टूबर, 11 संवत् 1959, विजयादशमी
1919	-	मेरिट सर्टिफिकेट के साथ मैट्रिक की परीक्षा पास की

1920	-	प्रभावती के साथ विवाह
1920	-	आम सभा में गाँधी जी के प्रथम दर्शन
जनवरी, 1922	-	कॉलेज छोड़कर गाँधी जी के असहयोग आन्दोलन में कूदे
अगस्त, 1922	-	कलकत्ते से जहाज में बैठकर पढ़ने के लिए अमेरिका गये
अक्टूबर, 1922	-	सेन्फ्रांसिस्को पहुंचे
1924-25	-	विस्कॉन्सिन यूनिवर्सिटी में पढ़ते समय मार्क्सवाद का परिचय
अगस्त, 1928	-	ओहाइयो यूनिवर्सिटी से बी.ए. की उपाधि प्राप्त की
अगस्त, 1929	-	ओहाइयो यूनिवर्सिटी से एम.ए. की उपाधि प्राप्त की
सितम्बर, 1929	-	हिन्दुस्तान आने के लिए अमेरिका से निकले
नवम्बर, 1929	-	स्वदेश वापस आये
दिसम्बर, 1929	-	वर्धा में गाँधी जी से पहली बार मिले और लाहौर काँग्रेस में उपस्थित रहे
1930	-	इलाहाबाद में काँग्रेस के कार्यालय में मजदूर विभाग की जिम्मेदारी संभाली, माता का निधन, पिता को पक्षाघात
1931	-	घनश्याम दास बिड़ला के निजी सहायक का काम संभाला
1932	-	काँग्रेस के कार्यकारी महामंत्री के रूप में अज्ञातवास में रहकर काम किया, मद्रास में गिरफ्तार हुए, पहली जेल यात्रा
1933	-	नासिक जेल में समाजवादी संगठन के विषय में चिन्तन

अक्टूबर, 1934	-	कॉंग्रेस समाजवादी पक्ष की स्थापना-महामंत्री
1936	-	कॉंग्रेस की कार्यकारिणी के सदस्य बने
1936-1939	-	देश की समस्त समाजवादी शक्तियों की एकता का निष्फल प्रयत्न
फरवरी, 1940	-	जमशेदपुर में युद्ध विरोधी भाषण के लिए गिरफ्तारी, 9 महीनों की सजा
जनवरी, 1941	-	बम्बई में फिर पकड़े गये, राजस्थान में देवली कैम्प जेल में नजरबन्द
अक्टूबर, 1941	-	कैदियों की मांगों के सिलसिले में 31 दिनों के उपवास-प्रभावती जी के साथ मुलाकात के समय उन्हें गुपचुप पत्र देने का निष्फल प्रयत्न [36]
1942	-	बिहार के हजारीबाग जेल में बदली
8 नवम्बर, 1942	-	17 फुट ऊँची दीवार लांघकर जेल से भागे
1942-43	-	अज्ञातवास-गुप्त रीति से लड़ाई का संचालन, नेपाल में आजाद दस्ते की रचना-नेपाल में गिरफ्तारी और रिहाई
18 सितम्बर, 1943	-	चलती रेल में गिरफ्तारी-लाहौर की जिला जेल में शारीरिक उत्पीड़न और मानसिक यातना
जनवरी, 1945	-	आगरा केन्द्रीय कारागार में बदली
11 अप्रैल, 1946	-	जेल से रिहा किए गये
19 अप्रैल, 1946	-	पटना में अगस्त क्रांति के वीर के रूप में सार्वजनिक सम्मान
फरवरी, 1947	-	कॉंग्रेस समाजवादी पक्ष के नाम में से कॉंग्रेस शब्द हटाया गया
जून, 1947	-	कॉंग्रेस की महासमिति की बैठक में देश के बंटवारे का विरोध

1947	-	रेलवे कर्मचारी, डाक तार कर्मचारी और फौजी सामान बनाने वाले कर्नचारियों के संघों के अध्यक्ष बने
मार्च, 1948	-	मार्क्स के क्रांतिकारी नीति-शास्त्र का त्याग करके गाँधी जी की साधन शुद्धि वाली बात को अपनाया-समाजवादियों ने काँग्रेस से हटने का निश्चय किया।
अप्रैल, 1949	-	बिहार में हुई मोटर दुर्घटना में दाहिने हाथ की हड्डी टूटी
अगस्त, 1950	-	वर्धा-पवनार यात्रा
30 मई, 1952	-	बांदा जिले की पदयात्रा में विनोबा से मिले
23 जून, 1952	-	पूना में आत्मशुद्धि के लिए 21 दिनों का उपवास-भलाई के प्रेरणा के बारे में चिन्तन, मार्क्स का द्वन्द्वात्मक भौतिकवाद छोड़ा
सितम्बर, 1952	-	गया जिले में भूदान-यात्रा का स्वानुभव, किसान-मजदूर प्रजा पक्ष और समाजवादी पक्ष के मिलन से प्रजा सनाजवादी पक्ष बना।
जनवरी, 1953	-	रंगून में हुई एशियाई देशों की पहली समाजवादी परिषद में सम्मिलित हुए
फरवरी-मार्च, 1953	-	नेहरू का प्रस्ताव, समझौते की चर्चा और पक्ष के साथियों के साथ मन:क्लेश[37]
अप्रैल, 1953	-	चाण्डील का सर्वोदय-सम्मेलन-मैं अपने आपको विनोबा का शिष्य कहलाने के लिए तैयार हूँ
19 अप्रैल, 1954	-	बोधगया सर्वोदय सम्मेलन-जीवनदान
5 मई, 1954	-	गया जिले में सोखोदेवरा आश्रम की स्थापना
1954	-	'अवार्ड' संस्था के संस्थापक अध्यक्ष

अगस्त, 1955	-	पटना विश्वविद्यालय में विद्यार्थियों पर हुए गोलीबारी के बारे में व्यथापूर्ण वक्तव्य-नेहरू के साथ के संबंध में थोड़ी दरार
अक्टूबर, 1957	-	प्रजा समाजवादी पक्ष की साधारण सदस्यता से त्यागपत्र
मई से सितम्बर, 1958	-	साढ़े चार महीनों की विदेश यात्रा-इंग्लैण्ड और यूरोप तिब्बत की समस्या पर दिल्ली में अन्तर्राष्ट्रीय परिषद का आयोजन
1959	-	तिब्बत की समस्या पर दिल्ली में अन्तर्राष्ट्रीय परिषद का आयोजन
1960-विश्व	-	शांति सेना के तीन अध्यक्षों में एक अध्यक्ष
1961	-	अखिल भारत पंचायत परिषद के अध्यक्ष बने
मई, 1961	-	चेब्रोलू सर्वोदय सम्मेलन के अध्यक्ष
1962-भारत	-	पाकिस्तान मित्रता-मण्डल के संस्थापक अध्यक्ष
नवम्बर, 1962	-	चीन के आक्रमण के अवसर पर नेहरू का स्थान लेने के लिए किये गये कुछ लोगों के प्रस्ताव को अस्वीकार किया।
1963	-	'कॉमन वेल्थ ऑफ वर्ल्ड सिटीजन्स' नामक संस्था के पांच सदस्यों वाले सर्वोच्च मण्डल में नियुक्ति
जून, 1963	-	गया जिले में ग्रामदान का सघन काम करने का निर्णय
6 सितम्बर, 1964	-	नागालैण्ड पीस मिशन के अविरत प्रयत्नों से नागभूमि में शस्त्र विराम
मई, 1965	-	सर्व सेवा संघ के वर्धा अधिवेशन में बिहार की तरफ से ग्रामदान-तूफान का बीड़ा उठाया

1965	-	फिलीपीन्स का लोक सेवा सम्बन्धी मैगसेसे पुरस्कार मिला
1967	-	राष्ट्रपति पद के लिए खड़े रहने का प्रस्ताव अस्वीकार किया
1967-68	-	बिहार रिलीफ कमेटी के अध्यक्ष-अकाल राहत का प्रचण्ड काम
1968	-	70 दिनों की विदेश यात्रा-अमेरिका, यूरोप, रूस
1969	-	गाँधी शताब्दी के निमित्त से आस्ट्रेलिया में प्रवचन, बादशाह खान सम्मान समिति के अध्यक्ष
मई 1970	-	गंगोत्री यात्रा[38]
जून, 1970	-	दो सर्वोदयी कार्यकर्ताओं के नाम के नक्सलवादियों के धमकी भरे पत्र के कारण विश्राम छोड़कर मुसहरी विकास खण्ड में बैठने का निर्णय
1970	-	ग्राम स्वराज्य कोष के अध्यक्ष
1971	-	बंगलादेश के प्रश्न पर विश्व का लोकमत जगाने के लिए सारी दुनिया के देशों की 47 दिनों की यात्रा, दिल्ली में अंतर्राष्ट्रीय परिषद
जुलाई 1971	-	हृदय रोग का हल्का हमला
अप्रैल, 1972	-	चम्बल घाटी के बागियों का आत्म समर्पण-चम्बल घाटी शांति मिशन के अध्यक्ष
1972	-	दादाजी और सत्य साईं बाबा के चमत्कारों में रुचि
नवम्बर, 1972	-	बगल में हुई बगल गांठ का आपरेशन, प्रभावती जी के गर्भाशय में कैन्सर का निदान और आपरेशन

15 अप्रैल, 1973	-	प्रभावती जी का निधन
जुलाई, 1973	-	अंग्रेजी साप्ताहिक एवरीमेन्स शुरू किया
दिसम्बर, 1973	-	यूथ फॉर डेमोक्रेसी के नाम से युवकों का आह्वान
फरवरी, 1974	-	नवनिर्माण आन्दोलन के निमित्त से गुजरात में लोक-जागृति के संकेत
मार्च, 1974	-	विद्यार्थी-आन्दोलन के संदर्भ में बिहार सरकार से जिम्मेदारी भरा व्यवहार करने की अपील
1 अप्रैल, 1974	-	इंदिरा जी द्वारा मार्मिक प्रहार-व्यक्तिगत आक्षेप
8 अप्रैल, 1974	-	पटना में मौन जुलूस का नेतृत्व
9 अप्रैल, 1974	-	विद्यार्थियों द्वारा लोकनायक का विरोध
अप्रैल, 1974	-	विद्यार्थी-आन्दोलन का नेतृत्व स्वीकार किया, 12 अप्रैल को गया में हुए गोली काण्ड के बाद विधानसभा को विसर्जित करने की माँग का समर्थन
29 अप्रैल, 1974	-	वेल्लोर में प्रोस्टेट का आपरेशन
5 जून, 1974	-	लाखों हस्ताक्षरों वाला आवेदन पत्र राज्यपाल को सौंपा-पटना की विराट सभा में सम्पूर्ण क्रांति की घोषणा
जुलाई, 1974	-	सर्व सेवा संघ के पवनार अधिवेशन में मन्थन-गंगा-ब्रह्मपुत्र की दो धाराओं की बात-कुछ साथियों के रुख से मर्माहत
1 अगस्त, 1974	-	पटना की आम सभा के लोक-जीवन में से भ्रष्टाचार को समाप्त करके नैतिक क्रांति करने का आह्वान
3,4,5 अक्टूबर, 1974	-	अभूतपूर्व सम्पूर्ण बिहार बन्द
1 नवम्बर, 1974	-	इंदिरा जी के साथ विफल भेंट

4 नवम्बर, 1974	-	पटना में भव्य कूच-लाठी की मार से बचाव[39]
18 नवम्बर, 1974	-	संघर्ष का फैसला चुनाव के मैदान में करने की इंदिरा जी की चुनौती स्वीकार की
मार्च, 1975	-	दिल्ली में विशाल जुलूस का नेतृत्व, लोकसभा अध्यक्ष को जनता की ओर से मांग पत्र दिया, सर्व सेवा संघ के पवनार-अधिवेशन में फिर मन्थन-सरकार के साथ संघर्ष को छोड़ देने की सलाह को स्वीकार करने में असमर्थ
26 जून, 1975	-	देश में आपातकाल की घोषणा के साथ नजरबन्द-चण्डीगढ़ में लगभग एकान्त कारावास
27 सितम्बर, 1975	-	पेट में असह्य पीड़ा का आरम्भ-लगभग नरक यातना में से गुजरने का अनुभव-महीनों तक लगभग एक सी पीड़ा
1 नवम्बर, 1975	-	मानसिक ग्लानि, तन्द्रा, विस्मृति
5 नवम्बर, 1975	-	दोनों गुर्दों के बिलकुल खराब हो जाने का निदान
12 नवम्बर, 1975	-	लगभग मरणासन्न स्थिति में एक महीने की पेरोल पर छूटे-चण्डीगढ़ से दिल्ली, दिल्ली से बम्बई
22 नवम्बर, 1975	-	जसलोक अस्पताल में प्रवेश-लगभग डेढ़ महीने के उपचार से सुधार हर तीसरे दिन डायलिसिस का अनिवार्य उपयोग
4 दिसम्बर, 1975	-	सरकार ने नजरबन्दी का हुक्म वापस लिया
जनवरी, 1977	-	देश में आम चुनाव की घोषणा-जनता पक्ष का जन्म-शारीरिक मर्यादा को उपेक्षा करके लोकतंत्र को बचाने के लिए चुनाव प्रचार

मार्च, 1977	-	चुनावों में जनता के फैसले के बाद की भावना- 'मेरा काम पूरा हुआ'-प्रधानमंत्री पद के लिए मोरारजी भाई की पसन्दगी
मई, 1977	-	डायलिसिस सम्बन्धी उपचार के लिए अमेरिका की यात्रा करके आये
1978-79	-	देश भ्रमण असम्भव-लोक-सम्पर्क के अभाव में पंगुता का अनुभव-देश की परिस्थिति के बारे में मानसिक व्यथा-'बाग उजड़ गया' की भावना-विरक्ति
22 मार्च, 1979	-	मृत्यु के गलत समाचार और लोकसभा में श्रद्धांजलि-गम्भीर बीमारी से बचे- मृत्यु की विशेष अनुभूति
8 अक्टूबर, 1979	-	सुबह छह बजे लगभग निधन
9 अक्टूबर, 1979	-	पटना के गंगाघाट पर अग्नि संस्कार[40]

2.3 समाजवाद व डॉ. मधुलिमये :

मधुलिमये - विचारक, दार्शनिक, स्वतन्त्रता संग्राम सेनानी, समाजवादी नेता। मधुलिमये का जन्म 1 मई 1922 को महाराष्ट्र की सांस्कृतिक नगरी पुणे में हुआ था। मधु जी के पिता रामचन्द्र महादेव लिमये न्यू इंग्लिश स्कूल पुणे में ही अंग्रेजी तथा संगीत के अध्यापक थे।[41]

मधुलिमये जी का विद्यार्थी जीवन में अधिकांश शिक्षा पुणे में उनके ननिहाल में हुई। उनके नाना जी मधु जी को संस्कृत भी पढ़ाते थे। नाना जी की धार्मिक प्रवृत्ति थी। किन्तु मधु जी उससे दूर रहते थे क्योंकि सनातन धर्म के प्रति उनके मन में आस्था नहीं थी। छोटी उम्र में ही मधुलिमये जी के अंग्रेजी, संगीत और संस्कृत की शिक्षा दी जाने लगी। यही कारण था कि अल्प आयु में ही उनके ज्ञान में विस्तार हो गया था। मधुलिमये जी का मराठी स्कूल में दिल उकटता था इसलिए उन्हें बम्बई के राबर्ट मनी स्कूल में दाखिल किया गया। इस दाखिले से उन्हें बहुत सन्तोष हुआ। वह स्वयं लिखते हैं, "मेरी खुशी का कोई ठिकाना नहीं रहा। मेरी स्कूली जिन्दगी में मुझे अभी तक एक ही स्कूल पसन्द आया है और वह है बम्बई का राबर्ट मनी स्कूल।'[42]

1939 में दो समाजवादी नेताओं ने पुणे का दौरा किया वह थे डॉ. राम मनोहर लोहिया तथा जय प्रकाश नारायण। युवा समाजवादियों को इन नेताओं को अत्यन्त समीप से देखने का मौका मिला। उस समय मधु जी पुणे कांग्रेस सोशलिस्ट पार्टी के महामंत्री थे। मधु जी ने जय प्रकाश जी के कार्यक्रम करवाये। द्वितीय विश्वयुद्ध के बादल मंडरा रहे थे। भारत अंग्रेजी साम्राज्य का एक अंग था। इसलिए अंग्रेजों का उनसे युद्ध भारत अंग्रेजी साम्राज्य का स्वयं दास है। इसलिए द्वितीय विश्वयुद्ध में उससे सहायता की आशा करना व्यर्थ है। काँग्रेस सोशलिस्ट पार्टी का भी यही मत था। मधु जी तथा अन्य समाजवादी इसी बात का प्रचार कर अंग्रेजों से सहयोग या सहकार न करने की जनता से अपील कर रहे थे। डॉ. लोहिया, जय प्रकाश नारायण, अच्युत पटवर्धन तथा अन्य समाजवादी नेता इसी प्रचार के उद्देश्य से तूफानी दौरा कर रहे थे। विभिन्न प्रदेशों में काँग्रेस शासित सरकारों ने युद्ध में असहयोग करते हुए त्याग पत्र दे दिए। पुणे के काँग्रेस सोशलिस्ट पार्टी के समर्पित कार्यकर्ताओं ने घर परिवार की बिना कोई परवाह किए राष्ट्रीय स्वतन्त्रता तथा समाजवाद के प्रति अपने को समर्पित करते हुए इस क्रान्ति के समर में अपनी तरुणाई को भी समर्पित करने की ठान ली थी। इस बात की सूचना एस.एम. जोशी को कर दी गयी थी। महात्मा गाँधी द्वितीय विश्वयुद्ध में अंग्रेजी शासन को किसी प्रकार की सहायता देने के विरोधी थे। काँग्रेस का नारा था - "न एक पाई न एक भाई"।[43]

समाजवादी नेताओं में इस दौरान एक दोष उभर रहा था। उनमें पूर्व की तरह प्रेम नहीं रहा गया था। उनके स्थान पर ईर्ष्या एवं कटुता के अंकुर फूट रहे थे। आपसी प्रतिस्पर्धा के कारण दूरी बढ़ रही थी। यह एहसास मधु जी को हो रहा था। मधु जी समझ रहे थे कि काँग्रेस के वरिष्ठ नेताओं की तुलना में काँग्रेस सोशलिस्ट पार्टी के नेताओं की लोकप्रियता क्षणभंगुर है। इसमें कोई टिकाऊ पन नहीं था। आगे चलकर यह बात सत्य सिद्ध हुई। 1952 के चुनाव में हुई असफलता ने इस पर गहरा आघात किया और यह नेतृत्व निराशा एवं हताशा के गर्त में डूब गया।

1945 और 1950 के मध्य देश की परिस्थितियाँ बहुत विषम थी। साम्प्रदायिक दंगों ने वातावरण दूषित कर दिया। 14 अगस्त 1947 को देश का विभाजन हो गया और नक्शे पर पाकिस्तान उभर आया। बँटवारे का दर्द बहुत गहरा था। काँग्रेस का मंत्रिमण्डल तो बन गया किन्तु मंत्रियों में शासन चलाने की कमी थी। देसी रियासतें संघ राज्य से अलग अथवा स्वतन्त्र अस्तित्व चाहती थी। कश्मीर पर पाकिस्तान का हमला हो चुका था। महात्मा गाँधी की दु:खद हत्या को चुकी थी। काँग्रेस सोशलिस्ट पार्टी इस संकट की घड़ी में विचित्र स्थिति में थी। वह काँग्रेस पार्टी के साथ इन लोगों का व्यवहार प्यार एवं घृणा से भरा था। मधु जी तथा अन्य युवा समाजवादी महाराष्ट्र में अपना संगठन तैयार करने में जुटे थे। इनको

साम्प्रदायिक संगठन, राष्ट्रीय स्वयं सेवक संघ एवं कम्युनिस्टों से लोहा लेना पड़ रहा था। इन दोनों से कभी-कभी उग्र विवाद हो जाता। किन्तु काँग्रेस सोशलिस्ट पार्टी सदस्यों को सन्तोषजनक सफलता मिली तथा चुनाव में उनकी प्रतिष्ठा में वृद्धि हुई।[44]

एक दिन चम्पा गुप्ते तथा अन्य कई लड़कियां मधु जी से यह कहने के लिए आयी कि वे अध्ययन मण्डल की कक्षाएं पुन: प्रारम्भ करें। मधु जी से पहली बार अपने सामने चंपा गुप्ते को देखा था। यहीं से दोनों एक दूसरे के समीप आ गये थे। गुप्ते के पिता अमलपेर के प्रसिद्ध वकील थे। घर में किसी प्रकार का आर्थिक संकट नहीं था। उसका प्रेम एक युवक से हो गया जिसका जीवन कठिनाइयों से भरा हुआ तथा रहने का कोई ठिकाना नहीं था। 1951 में मधु लिमये एक बार पुन: अमलपेर के प्रशिक्षण शिविर में अशोक मेहता के साथ गये इस मुलाकात के बाद मधु लिमये एवं चम्पा गुप्ते एक दूसरे को दिल से पसन्द करने लगे। चम्पा गुप्ते एक अत्यन्त सुशील, सुन्दर एवं आकर्षक लड़की थी। वह उच्च शिक्षा ग्रहण कर रही थीं तथा राष्ट्र सेवा दल के रचनात्मक कार्यों में सक्रिय थी। दोनों के प्रेम सम्बन्धों में प्यार के साथ राजनीति के प्रति आकर्षण एवं सार्वजनिक जीवन में सक्रियता का व्यापक भाव था। इस प्रकार मानसिक रूप से भी दोनों एक दूसरे से जुड़ गये थे। इन्हीं चम्पा गुप्ते को बाद में चम्पा लिमये के नाम से लोग जानने लगे। यदि मधु जी को उनके जीवन से अलग कर दिया जाये तो स्वयं उनका समाजवादी आन्दोलन में योगदान किसी से भी कम नहीं है। 1951 में दोनों का अत्यन्त सादगी के साथ विवाह हो गया। विवाह के बाद मधु लिमये जिन्हें चम्पा लिमये के पिता "संन्यासी" कहते थे। अपना घर आबाद किया। चम्पा लिमये एक सम्पन्न परिवार से आयी थी और मधु लिमये जीवन में विपन्नता के अतिरिक्त कुछ भी नहीं देखा था। इस प्रकार चम्पा जी ने अपना सम्पूर्ण जीवन मधु लिमये के लिए समर्पित कर दिया था। अब समाजवादी आन्दोलन में दोनों एक साथ कार्य कर रहे थे।[45]

मधु जी 1948 में नासिक में राष्ट्रीय कार्यकारिणी के सदस्य के रूप में कम आयु के सदस्य थे। 1949 में पटना सम्मेलन में मधु जी पार्टी के संयुक्त मंत्री चुने गये। वह केन्द्रीय कार्यालय को वह अपना पूरा समय देते और इस दौरान उन्होंने अनेक पम्फलेट निकालें। 1951 में मद्रास के संयुक्त मंत्री निर्वाचित हुए। इसी दौरान उन्होंने "कम्युनिस्ट पार्टी फैक्ट्स एण्ड फिक्शंस" नामक पुस्तक लिखी। जिसका कई भारतीय भाषाओं में अनुवाद हुआ। 1952 में फिर सोशलिस्ट पार्टी के सम्मेलन में संयुक्त मंत्री चुने गये। 1953 के प्रारम्भ में एशिया सोशलिस्ट ब्यूरो के संयुक्त मंत्री के रूप में जय प्रकाश जी की पहल पर कार्य प्रारम्भ किया। मधु लिमये को रंगून जाना पड़ा। इस दौरे में उनके साथ चम्पा लिमये भी थी। रंगून जाते समय वह दिल्ली, वाराणसी, पटना भी गये। जहाँ उन्होंने समाजवादी पार्टी के

आन्तरिक संकट पर जय प्रकाश एवं आचार्य नरेन्द्र देव से विस्तृत चर्चा की। 1952 के प्रथम आम चुनाव में सोशलिस्ट पार्टी के नेताओं को चुनाव परिणाम से घोर निराशा हुई। जय प्रकाश एवं अशोक मेहता के पैर डगमगा गये। 1953 के पार्टी के बैतूल सम्मेलन में अशोक मेहता ने पिछड़ी अर्थव्यवस्था की अनिवार्यताएं तथा सहमति के क्षेत्र नामक एक थीसिस सम्मेलन के सामने प्रस्तुत किया जिसका अर्थ काँग्रेस से सहकार्य करना था। मधु जी ने इसका विरोध किया। 1954 में त्रावन कोर में चीन में जब अपनी सरकार में निहत्थे लोगों पर गोली चलाई तो सरकार से त्याग पत्र की मांग की गयी। फलत: डॉ. लोहिया के साथ मधु जी भी पार्टी से निष्कासित कर दिए गये इस प्रकार पार्टी दो भागों में विभक्त हो गयी। (1) प्रजा सोशलिस्ट पार्टी (2) सोशलिस्ट पार्टी।[46]

1960 में केन्द्रीय कर्मचारियों की हड़ताल का सोशलिस्ट पार्टी ने नेतृत्व किया। जार्ज फर्नांडीज भूमिगत रहकर आन्दोलन की तैयारी कर रहे थे। जार्ज एवं मधु जी ने 'बम्बई बन्द' का ऐलान किया। चलती ट्रेनों को रोका गया। जार्ज को बुरी तरह मारा गया। मधु जी ने एक मार्ग दर्शक के रूप में कार्य किया। जार्ज फर्नांडीज के अनुसार मजदूरों के मामले में मधु जी का योगदान संगठनात्मक भी था वैचारिक भी था। जब हम जेल में रहे उस समय वह हमारे संगठन के अभिभावक के रूप में कार्य करते थे। 1963 में जार्ज फर्नांडीज को डी.आई.आर. के तहत गिरफ्तार कर लिया गया। सम्पूर्ण बम्बई लगभग 15 दिन का बन्द रहा। इस बन्द का मधु लिमये ने कुशलता पूर्वक नेतृत्व किया। इस प्रकार बम्बई तथा महाराष्ट्र में सोशलिस्ट पार्टी एक विशाल जन आन्दोलन की पार्टी बन गयी। जिसका लाभ आगे चुनाव में मिला। जार्ज ने ठीक ही कहा है "मधु जी आधार स्तम्भ थे"।

मधुलिमये को 1968 में सोशलिस्ट पार्टी का राष्ट्रीय अध्यक्ष बनाया गया था। 1963 में फर्रुखाबाद के उपचुनाव में डॉ. लोहिया लोकसभा में पहुँच गये थे। वो इस निश्चित मत के हो गये थे कि काँग्रेस को पराजित करने के लिए "शैतान के साथ भी समझौता किया जा सकता है।

गैर काँग्रेस स्वार्थ की राजनीति निश्चित होने के पश्चात दोनों सोशलिस्ट पार्टियों को तत्काल एक करने का प्रयास प्रारम्भ हुआ किन्तु उसमें आंशिक सफलता ही मिल सकी संयुक्त सोशलिस्ट पार्टी का गठन हुआ। श्री एम.एस. जोशी पुन: पार्टी के राष्ट्रीय अध्यक्ष चुने गये। डॉ. राम मनोहर लोहिया भी अब पार्टी के विधिवत सदस्य बन चुके थे। 1964 में मुंगेर (बिहार) में हुए उप चुनाव में मधुलिमये लोक सभा में पहुँच गये। इससे पार्टी में आत्मविश्वास बढ़ा और डॉ. लोहिया को एक सांसद के रूप में कुशल सहयोगी प्राप्त हो गया। 1964-67 की अवधि में मधु लिमये ने अनेक घोटालों का पर्दाफाश किया। जिससे

काँग्रेस सरकार की छवि अत्यन्त धूमिल हो गयी। पूरे देश में काँग्रेस हटाओ देश बचाओ का डॉ. लोहिया का नारा सफल हो रहा था।[47]

मधुलिमये जी का सम्बन्ध राजनीतिज्ञों की उस पीढ़ी से था जिसने देश के स्वतन्त्रता संग्राम को न केवल अत्यन्त समीप से देखा था बल्कि उसमें प्रबल भागीदारी की थी और यातना भोगी थी। राष्ट्रीय स्वतन्त्रता संग्राम में कूदने का अर्थ कोई लाभ प्राप्त करना अथवा कोई पद प्रतिष्ठा प्राप्त करना नहीं था। केवल एक ही लक्ष्य था भारत माता को गुलामी से मुक्त करना एवं स्वतन्त्र नागरिक के रूप में एक स्वाभिमानी की भांति जीवित रहना। स्वर्गीय श्रीधर जोशी से मधु लिमये की भेंट एक विद्यार्थी के रूप में हुई थी किन्तु इस भेंट ने मधु लिमये के जीवन को बदल डाला वह एक सक्रिय राजनीतिक कार्यकर्ता बन गये। उन्होंने समाजवादी अध्ययन मण्डल की गोष्ठियों में जो अक्सर माना की गोरे के आवास पर होती थी, में शरीक होकर राष्ट्रीयता, लोकतन्त्र, धर्मनिरपेक्षता एवं सिविल नाफरमानी का जो पाठ पढ़ा था, उस पर जीवन भर अडिग रहे। महात्मा गाँधी के नेतृत्व में चलाये गये राष्ट्रीय स्वतन्त्रता संग्राम के यही मूल्य हैं। इस पर जब हमला होता था या इनको समाप्त करने का प्रयास किया जाता था तो मधु लिमये घायल शेर की भाँति इन मूल्यों की रक्षा करते। इसके कारण "पार्टी तोड़क" के रूप में बदनाम किया गया। किन्तु इस तरह के प्रचार की उन्होंने कभो परवाह नहीं की। वह उन मूल्यों की रक्षा का सतत प्रयास करते रहे, जिसके लिये उन्होंने अपनी जवानी खपायी थी और यातना भोगी थी।[48]

मधुलिमये जी युवाजनों एवं विद्यालयों के छात्रों एवं अध्यापकों में अत्यन्त लोकप्रिय थे। काँग्रेस सरकार के विरुद्ध भ्रष्टाचार के अनेक मामले उठाने के कारण वह समाचार पत्रों की सुर्खियों में रहते धे। जिस समय वह लोक सभा में खड़े होते थे और "माननीय अध्यक्ष महोदय" कहकर व्यवस्था पर प्रश्न उठाते थे, सम्पूर्ण सदन स्तब्ध रह जाता था। प्रधानमंत्री श्रीमती इन्दिरा गाँधी सहित सम्पूर्ण सत्ताधारी काँग्रेस पार्टी उनसे भय भी खाती थी इसलिए मधु जी छात्र यूनियन का उद्घाटन करने वाले थे. ये बात पूरे शहर में आग की तरह फैल गयी। उत्तर प्रदेश सरकार में समाजवादी भागीदार थे तथा लखनऊ शहर में पार्टी का अच्छा प्रभाव था।[49]

मधु जी का मानना था कि भारत जो कि एक विविधता भरा देश है, उसमें असहिष्णुता से देश नहीं चल सकता। भाजपा एवं उसकी जननी जनसंघ ने अल्पसंख्यकों के लिए जो रणनीति बनायी थी, उसका अर्थ वोट प्राप्त करना था किन्तु इससे देश के विघटन को भी भारी खतरा था। बाबरी-मस्जिद-राम जन्मभूमि का मुद्दा उसका एक उदाहरण था। मधुलिमये उदार राष्ट्रीयता के पक्षधर थे जिस पर वह जीवन पर्यन्त चलते रहे।

मधु जी ने मण्डल कमीशन का समर्थन किया था। जब वह जनता पार्टी के महामंत्री थे, तो उन्होंने प्रयास किया कि पिछड़े वर्ग के हरिजन एवं मुसलमानों को शासन में सर्वोच्च स्थान दिया जाए। अनेक राज्यों में पिछड़े वर्ग के मुख्यमंत्री बनाये गये थे। इस मुद्दे पर उनका मोरारजी से अक्सर टकराव हो जाता था। यही कारण था कि उनके आपसी रिश्ते कटु हो गये थे। मधु जी का मानना था कि विविधताओं के इस देश में उदार मानसिकता एवं सहिष्णुता से ही चला जा सकता है। इसलिए वह दबे कुचले अल्पसंख्यक, हरिजन एवं पिछड़े वर्ग के साथ उदारता का व्यवहार करते थे।[50]

समाजवादी नेताओं में मधु लिमये अत्यन्त अध्ययनशील नेता थे। उनकी कल्पना शक्ति अत्यन्त प्रखर थी। दिन प्रतिदिन होने वाली देश एवं विदेश में राजनीतिक घटनाओं में उनकी पैनी दृष्टि रहती थी। और वह उन घटनाओं का सही मूल्यांकन करते थे। विभिन्न क्षेत्रों में उनका ज्ञान इतना गहन एवं विस्तृत था जिसकी थाह पाना कठिन था। उन्होंने जब स्थिरता के साथ लेखन कार्य प्रारम्भ किया तो अशोक मेहता ने उनकी प्रशंसा करते हुए कहा था, "बीमारी के समय का आपने अच्छा सदुपयोग किया" मधु जी एवं अशोक मेहता दोनों में राजनीतिक, सामयिक आन्दोलन तथा विभिन्न देशों में समाजवाद की धारणाओं पर वार्ता होती थी।[51]

मधु लिमये का राजनीतिक आचरण नीति एवं शुचिता से भरा हुआ था। उन्होंने लोहिया की सादगी को भी अपनाया था और उनकी दृढ़ निष्ठा को भी। केवल एक पक्ष लेकर दोनों की दृष्टियों में भिन्नता थी। लोहिया एक सरल व्यक्तित्व थे। उनके प्रभा मंडल में जगह-जगह अनेक महिला मित्रों और शिष्याओं को देखा जा सकता था। उनमें सरल और स्नेह, दुलार और पुचकार था। एक ऐसा-ताना बाना था जो सहज की महिलाओं को अपनी ओर खींचता था जिसकी चर्चा विस्तार से आगे की जायेगी। किन्तु मधु लिमये इस दृष्टि से बहुत एकनिष्ठ और रुखे सूखे व्यक्ति थे। राजनीति उनके लिये सरल नहीं थी। राजनीति उनकी कर्मनिष्ठा का सबसे बड़ा निष्कर्ष थी। वे मनुष्य समाज में कुछ आदर्शों की प्रतिष्ठा के लिये राजनीति की ओर अग्रसर हुए थे। उनका अपना एक परिवार था, पत्नी थी, बच्चा था। उसके बाहर वे स्त्री-पुरुष मैत्री के पक्ष घर नहीं दिखते थे। किन्तु और सभी बातों में मुग्ध लिमये लोहिया के शत-प्रतिशत अनुगामी थे। आचरण की शुचिता तो इस हद तक थी कि स्वतंत्रता-संग्राम सेनानी होते हुए भी उन्होंने कभी उन सुविधाओं का उपयोग नहीं किया जिनके वे बाकायदा हकदार थे। इसके अतिरिक्त जब उन्हें सन् 1957 में सोशलिस्ट पार्टी की ओर से राज्य सभा की सदस्यता का प्रस्ताव आया था तब उन्होंने उसे इस आधार पर ठुकरा दिया कि वे उत्तर प्रदेश के निवासी नहीं है। सन् 76 में जब लोक सभा की सदस्यता के 5 वर्ष पूरे हो गये, तो श्रीमती इन्दिरा गाँधी ने लोक सभा का कार्यकाल एक साल के लिए बढ़ा दिया

था। मधु लिमये जेल में थे और वहीं से उन्होंने लोक सभा से त्यागपत्र भेज दिया था। इतना ही नहीं उन्होंने बम्बई में अपनी पत्नी श्रीमती चंपा लिमये को संदेश दिया कि तुरन्त दिल्ली आकर उस आवास को खाली कर दे, जिसमें वे लोक सभा के सदस्य के नाते रहते थे।

मधु लिमये जब संसद सदस्य नहीं रहे और हृदय तथा श्वांस सम्बंधी बीमारियों से ग्रस्त रहे, उस दौर में वे नयी दिल्ली में पंडारा रोड पर एक छोटे से आवास में निहायत सादगी से रहते थे। देश में पत्र-पत्रिकाओं में वे वर्तमान समस्याओं पर कुछ लिखते रहते थे और उसी पारिश्रमिक से अपना जीवन चलाते थे। किन्तु जीवन की अन्तिम सांस तक उनका राजनैतिक विवेक जरा सा भी मध्यम नहीं पड़ा और न वे किसी के दबाव या प्रभाव में आये। चाहे प्रधानमंत्री विश्वनाथ प्रताप सिंह हो अथवा चन्द्रशेखर, या जार्ज फर्नांडीज हो अथवा जनेश्वर मिश्र या मुलायम सिंह यादव सभी उनसे परामर्श लेने आते थे वे उन्हें सही राय देते रहते थे, चाहे उसे कोई माने या न माने।

मधु लिमये लोहिया के अनुगामियों में सबसे प्रखर चिन्तनशील, आचरण सम्पन्न और राजनैतिक विवेक से परिपूर्ण व्यक्ति थे। उनके निधन के साथ जैसे लोहिया विचार धारा का एक प्रमुख स्तम्भ ढह गया।[52]

1934 में वह चौथी कक्षा उत्तीर्ण कर पाँचवीं में गए। इस दौरान वह पुणे की प्रसिद्ध नागर वाचन मन्दिर (पुस्तकालय) के सदस्य बन गए। इस पुस्तकालय में उन्होंने साहित्य, कला तथा इतिहास का गंभीर अध्ययन किया। यह ज्ञान उस शिक्षा के अतिरिक्त था जिसका अध्ययन वह डिग्री प्राप्त करने के उद्देश्य से कर रहे थे। उनका कथन था कि यदि वह नागर वाचन मन्दिर के सदस्य न बनते तो उनके ज्ञान-चक्षु विकसित न होते। इसी वाचनालय के कारण वह अपनी आयु से अधिक योग्य तथा अंग्रेजी एवं संस्कृत में पारंगत हो गये। इसी दौरान उन्हें बाल गंधर्व के नाटक देखने का शौक हुआ। उन्होंने अनेक उपन्यास भी पढ़े। किन्तु लोकमान्य तिलक का "तिलक चरित्र" केसरी के लेख तथा आगरकर जी की लेखन शैली ने मधु जी को बहुत प्रभावित किया, उन्होंने मराठी भाषा का गंभीर अध्ययन किया। "पांचवीं और छठवीं कक्षा तक इन दो सालों तक मेरे द्वारा किया गया उन्मुक्त अध्ययन मेरे लिए वरदान सिद्ध हुआ।" मधु जी आगे लिखते हैं कि "मेरे मामले में नागर वाचन मन्दिर का आधुनिक मराठी साहित्य सिर्फ शेरनी का दूध ही नहीं बल्कि विद्रोह का नशा देने वाली मदिरा बन गया था। मेरे जीवन के विकास की राह का यह एक महत्वपूर्ण पड़ाव था।" इस प्रकार मैट्रिक की परीक्षा उत्तीर्ण होने से पहले ही मधु जी का संस्कृत, अंग्रेजी एवं मराठी भाषा पर पूरा अधिकार हो चुका था। किन्तु वह अभी तक किसी विद्यालय के विधिवत छात्र नहीं थे।[53]

वर्ष 1936 में उनके पिता जी को बम्बई विश्वविद्यालय से एक पत्र प्राप्त हुआ, जिसमें बाहरी छात्रों को भी मैट्रिक परीक्षा में सम्मिलित होने की अनुमति प्रदान की गयी थी। इस अनुमति से मधु जी के पिता को बहुत संतोष हुआ। मधु जी ने मैट्रिक परीक्षा की कोई विशेष तैयारी नहीं की थी। वह तो संगीत नाटक में डूबे थे। किसी को इस बात पर विश्वास नहीं था कि वह परीक्षा में उत्तीर्ण हो जायेंगे। किन्तु मधु जी ने गहन अध्ययन किया था और उन्हें अपनी सफलता पर पूरा भरोसा था। मधु जी ने अच्छे अंक प्राप्त कर मात्र पन्द्रह वर्ष की आयु में मैट्रिक परीक्षा उत्तीर्ण की। माता एवं पिता जी को संतोष हुआ। यह घटना 1937 की है।[54]

मैट्रिक की परीक्षा मधु जी के लिए एक चुनौती थी। इससे उनके आत्मबल में दृढ़ता आयी। उन्होंने पढ़ाई को आगे बढ़ाने के लिए अत्यन्त उत्सुकता दिखाई। मधु लिमये के अनुसार, "परीक्षा का परिणाम निकलने के बाद मैंने बड़े उत्साह के साथ सबको पत्र लिखे। प्रवेश कार्यालय के खुलते ही मैंने प्रवेश हेतु फार्ग्यूसन कालेज (पुणे) की ओर दौड़ लगायी। शायद मुझे डर था कि कालेज जाने की बात का कोई विरोध करेगा। कालेज प्रवेश के साथ ही एक नयी दुनिया मेरे सामने खुल गई। अब तक मेरे निराश जीवन में एक नयी बहार आ गयी थी।" मधु जी आगे लिखते हैं कि "घर की गरीबी, मेरे स्कूली जीवन की हुई खींचतान, रिश्तेदारों की ओर से की जाने वाली उपेक्षा, इन सभी बातों ने मेरे मन को उदास कर दिया था। भविष्य के बारे में मेरे द्वारा संजोये गये स्पने यही मेरी अपनी पूँजी थी। कालेज प्रवेश से मेरा मन इन सभी दबावों से मुक्त हो गया। घुटन एवं हीन भावना से मुझे मुक्ति मिल गयी। आँखों के सामने नयी मंजिल दिखने लगी। उसने एक ही पल में एक कीड़े को तितली में बदल दिया था। यह तितली बिल्कुल मुक्त और खुली थी। उस पर किसी चीज का दबाव नहीं था।"

महाराष्ट्र की सांस्कृतिक नगरी पुणे की आत्मा फार्ग्यूसन कालेज था। इस कालेज में अध्ययन करने वाले छात्रों की दृष्टि व्यापक हो जाती थी तथा मस्तिष्क उन्मुक्त हो जाता था। वह स्वतंत्रता, समानता तथा लोकतंत्र का अर्थ समझने लगते थे। उनका साहित्य बोध बढ़ जाता था तथा कला एवं कविता के पारखी हो जाते थे। इस कालेज की अनेक राष्ट्रीय विभूतियाँ विद्यार्थी रही हैं। मधु जी के अनुसार "उन दिनों महाराष्ट्र के समृद्ध सोच वाले लेकिन पूरी तरह से अंग्रेजमय न हुए परिवारों का वह पसंदीदा कालेज था। केवल महाराष्ट्र के खानदेश आदि हिस्सों से ही नहीं, विदर्भ-नागपुर के परिवार भी अपने लड़कों तथा लड़कियों को पढ़ने हेतु इसी कालेज में भेजते थे। आज जितने विश्वविद्यालय तब नहीं थे (1937-40 के मध्य)। कुल मिलाकर महाराष्ट्र की मध्यवर्गीय जिन्दगी में फार्ग्यूसन कालेज का अपना विशिष्ट स्थान था।" फार्ग्यूसन कालेज को इस बात का गर्व रहेगा कि इसके संस्थापकों में से

एक लोकमान्य बाल गंगाधर तिलक हैं तथा राष्ट्रीय स्वतंत्रता संग्राम के अनेक नेता सर्वश्री एस.एम.जोशी, एन.जी. गोरे एवं आचार्य कृपलानी इस विद्यालय के छात्र रहे थे।[55]

बंडू अर्थात केशव गोरे, स्वर्गीय एन.जी. गोरे के चचेरे भाई थे। वह गोरे जी के आवास के समीप ही रहते थे। इस प्रकार मधु लिमये एवं केशव गोरे में घनिष्ठ मित्रता हो गयी। केशव गोरे की मृत्यु अल्प आयु में ही हो गयी। केशव गोरे का विवाह महाराष्ट्र की प्रसिद्ध समाजवादी नेता मृणाल गोरे से हुआ था। समाजवादियों के अध्ययन कक्ष के संचालक पं. गाडगिल थे। वे मार्क्सवाद के विद्वान थे। समाजवाद पर भी उनका अध्ययन गहरा था। उनके सत्संग में मधु जी ने मार्क्स, एंजेल्स, लेनिन का गहन अध्ययन किया। किन्तु बाद में अध्ययन के विस्तार के साथ ही मार्क्सवाद की कमियाँ भी दिखाई देनी लगीं। 1937-38 के दौरान एस.एम. जोशी पुणे जिला काँग्रेस कमेटी के सचिव थे। वह काँग्रेस सोशलिस्ट पार्टी के प्रान्तीय सचिव भी थे। मधु लिमये सायंकाल काँग्रेस कमेटी के कार्यालय में जाते तथा जोशी जी की पार्टी कार्य में सहायता करते।[56]

मधु जी ने 1939 में इंटर की परीक्षा पास कर ली। उन्हें प्रथम श्रेणी में उत्तीर्ण होने का शौक नहीं था। किन्तु वह परीक्षा में असफल भी होना नहीं चाहते थे। द्वितीय श्रेणी में ही वह संतोष कर लेते थे। उनके मन में राजनीति के लिए तरंगे उठ रही थीं और इसी को उन्होंने अपने जीवन का ध्येय बना लिया था। उनमें यह इच्छा हाईस्कूल उत्तीर्ण करते ही उत्पन्न होनी प्रारम्भ हो गयी थी। किन्तु इंटर परीक्षा में सफल होने के पश्चात मधु जी ने बी.ए. प्रथम वर्ष की परीक्षा पास की। एस.एम. जोशी ने उन्हें बी.ए. पास करने को कहा। किन्तु उनका पढ़ाई में मन उचट गया था। उन्होंने बी.ए. द्वितीय वर्ष की परीक्षा नहीं दी तथा उनके मित्रों ने पूर्णकालिक राजनीतिक कार्यकर्ता बनने की बात ठान ली और इसी रास्ते पर चल पड़े। मधु जी लिखते हैं, "वह वर्ष 1938 की अंतिम शाम यानी 31 दिसम्बर की अंतिम शाम थी। पुराने साल का अंत हो रहा था, नए साल का उदय हो रहा था। नये सवालों के लिए यह शुभ दिन था।" बंडू और मेरे अलावा माधव लिमये, अन्ना साने, विनायक कुलकर्णी तथा गंगाधर ओगले उस बैठक में उपस्थित थे। हमारी यह बैठक डेढ़-दो घंटे चली। मतभेद का सवाल ही नहीं था। हमने एकदम से निर्णय लिया कि हम अपना जीवन राष्ट्रीय स्वतंत्रता तथा समाजवादी आन्दोलन हेतु समर्पित करें। हमारी चर्चा का सारांश तथा निर्णय निम्नानुसार था।

- सम्पूर्ण स्वतंत्रता की प्राप्ति यह हमारा सर्वोच्च ध्येय है।
- लेकिन समाजवाद की संस्थापना के बगैर हिन्दुस्तान की गरीबी नहीं मिटेगी तथा देश का चतुर्मुखी विकास भी नहीं होगा।

- समाजवादी विचार प्रणाली को श्रमिकों के बीच ठोस रूप से बोये बगैर मजदूर तथा किसान स्वतंत्रता आन्दोलन में बड़े पैमाने पर न हिस्सा लेंगे और न ही काँग्रेस आन्दोलन में नया जोश आएगा।
- घर-परिवार, शिक्षा, नौकरी, कैरियर, पैसा-संपत्ति (सत्ता-लोभ के बारे में तब सवाल ही नहीं उठता था) सम्पत्ति एवं परिवार का मोह त्याग कर स्वतंत्रता तथा समाजवाद के लिए अपनी जिन्दगी को दाँव पर लगाना चाहिए और तदनुसार कठोर निर्णय लेना चाहिए।
- काँग्रेस समाजवादी पक्ष ही इन दोनों ध्येय की प्राप्ति करवा सकता है, इसलिए इस पक्ष के झंडे तले हमें कार्य करना होगा।
- समाजवादी आंदोलन का पूरे महाराष्ट्र में प्रचार तथा प्रसार करने हेतु नेताओं के साथ विचार-विमर्श कर, अपना-अपना कार्य क्षेत्र छाँटकर, एक सुनिश्चित योजना के अनुसार समाजवादी युवजनों को सम्पूर्ण प्रांत में संगठन का जाल बिछाना पड़ेगा।[57]

मधु जी लिखते हैं:

"बड़े उत्साह तथा एकमत से और बड़ी गंभीरता के साथ हमने यह निर्णय लिया। यह नये साल का साधारण संकल्प नहीं था, बल्कि आगे आने वाले सभी नये वर्षों तक चलने वाला संकल्प था। इस संकल्प के साथ मैं बिल्कुल हल्का महसूस करने लगा था। लग रहा था, जमीन से बँधी किसी चीज से गुरुत्वाकर्षण से, सारे बंधनों से मैं मुक्त हो गया हूँ और अब बंधनमुक्त होकर खुले आकाश में विचरण करने के लिए मैं आजाद हो गया हूँ। एक तरह की मस्ती का मैंने अनुभव किया था। इसी मन:स्थिति में नये साल का आगमन हुआ। मेरे सभी दोस्तों की मानसिक स्थिति तकरीबन मेरे जैसी ही थी। अब यह संकल्प हमने कितनी ईमानदारी से निभाया! लेकिन ये यादें उस संकल्प को पूरा करने हेतु किए गए प्रयासों की ही कहानी है।"[58]

उस समय खानदेश में सभी ट्रेड यूनियन संगठन तथा किसान संगठन कम्युनिस्टों के कब्जे में जा चुके थे। धूलिया में कुछ समाजवादी कार्यकर्ता थे किन्तु अमलने में साने गुरु जी अकेले थे। वह कम्युनिस्टों के प्रभाव में पूर्णरूप से आ चुके थे। वरिष्ठ एवं प्रतिष्ठित समाजवादी नेताओं में अकेले एस.एम. जोशी के साथ पार्टी कार्यकर्ता रुक गए। उधर समाजवादी कार्यकर्ताओं ने युद्ध विरोधी अभियान तेज कर दिया था। मधु जी धूलिया में गिरफ्तार किए गए। मधु जी की आयु बहुत कम थी। पुलिस प्रोजिक्यूटर ने मजिस्ट्रेट से अनुरोध किया कि "अभियुक्त समाजवादी, युद्ध विरोधी तथा सम्राज्यशाही विरोधी है। इसकी

उम्र छोटी है लेकिन अपराध बड़ा है। अत: उसे माफी देने का सवाल ही नहीं उठता। उसे कड़ी से कड़ी सजा दी जाए। अभियुक्त की छोटी उम्र को मद्देनजर रखते हुए तथा यह उसका पहला अपराध है, इसलिए उसे नौ महीने की कैद ब-मशक्कत और सौ रु. जुर्माना न देने की स्थिति में तीन महीने कैद ब-मशक्कत की सजा दी जा रही है।" इस प्रकार मधु जी दशहरा के दिन गिरफ्तार हुए थे और एक वर्ष की कठोर कारावास की सजा सुनाई गयी।

धूलिया जेल में प्रारम्भ में मधु जी अकेले ही थे किन्तु धीरे-धीरे अनेक राजनीतिक बंदी वहाँ एकत्र होना प्रारम्भ हो गए। जनवरी 1942 में साने गुरुजी धूलिया जेल में आ गये। नासिक जेल में एस.एम. जोशी, केशव गोरे (बंडू), माधव लिमये तथा यूसुफ मेहर अली भी थे। इस प्रकार सम्पूर्ण देश में काँग्रेसी बन्द किये जा रहे थे। साने गुरु जी से मधु लिमये की यहीं निकटता हुई जो साने गुरु जी की मृत्यु तक रही। साने गुरु जी को कम्युनिस्टों से अलग करने तथा उन्हें पूर्णरूपेण समाजवादी परिधि में लाने का मधु जी का बहुत हाथ था। धूलिया जेल में ही कम्युनिस्टों को समाप्त करने की तथा समाजवादी विचारधारा को तेजी से प्रचारित करने की योजना बनाई गयी। कम्युनिस्टों की गतिविधियों से जब साने गुरु जी परिचित हुए तो उन्हें बहुत पश्चाताप हुआ। कभी-कभी इसका प्रायश्चित करने के लिए वह आत्महत्या करने की बात करते थे। इससे मधु जी स्वाभाविक रूप से डर जाते थे।

जेल से छूटने के बाद एक नयी समस्या सामने आयी थी। वह थी हिन्दुत्ववाद तथा अंध राष्ट्रवाद की। गुरु गोलवलकर तथा डॉ. हेडगेवार की साम्प्रदायिक विचारधारा का प्रचार करने वाला राष्ट्रीय स्वयंसेवक संघ का संगठन था। किन्तु सोशलिस्ट पार्टी तथा काँग्रेस को यह लोग तंग करते थे। सभाओं में बाधा पहुँचाते थे तथा कातिलाना हमला करते थे। काँग्रेस सोशलिस्ट पार्टी के कार्यकर्ताओं के प्रति रोक से यह बड़ी हद तक शांत हुए।[59]

उत्तर प्रदेश में समाजवादी पार्टी शक्तिहीन थी किन्तु मधु जी के कारण उसमें कुछ जान आ गयी थी। विपक्ष में भी सलाह मशविरे प्रारम्भ हो गये थे। बाँका लोकसभा के चुनाव में जयप्रकाश जी ने अपने ढंग से मधु जी का समर्थन किया था। श्री जार्ज फर्नांडीज एवं लैला कबीर के साथ मैं भी उनसे मिलने गया था राजनारायण जी के खड़े होने और कर्पूरी जी के द्वारा उनको समर्थन देने से जयप्रकाश जी दुखी थे। धीरे से कहा था, "देखिए मैं अपनी तरह से कुछ करूंगा।" उन्होंने जो भी किया हो किन्तु यह चर्चा आम हो गयी थी कि जे.पी., मधु लिमये को जिताना चाहते हैं। जे.पी. का नैतिक समर्थन ही बहुत था।

1971 के चुनाव में मिले प्रचंड बहुमत के दम पर श्रीमती इन्दिरा गाँधी ने सभी लोकतांत्रिक मर्यादाओं की धज्जी उड़ाना प्रारम्भ कर दिया था। संविधान को अपने मन माफिक तोड़ना प्रारम्भ कर दिया था। उनके इर्द-गिर्द चाटुकारों की एक जमात इकट्ठा हो

गयी थी। राष्ट्रीय स्वतंत्रता संग्राम के मूल्यों को नकारा जा रहा था। इस मंडली में कम्युनिस्ट बराबर के शरीक थे। पहला हमला अलीगढ़ मुस्लिम विश्वविद्यालय के अल्पसंख्यक चरित्र को बदलने का किया गया। अलीगढ़ विश्वविद्यालय एक स्वायत्त संस्था थी। इसलिए उसके अल्पसंख्यक चरित्र को समाप्त करना एक धृष्टता थी। कम्युनिस्ट इस षड्यंत्र में शामिल थे। इसके विरोध स्वरूप डॉ. फरीदी ने उत्तर प्रदेश बन्द की घोषणा की। स्थान-स्थान पर साम्प्रदायिक दंगे फूट पड़े। अलीगढ़ एवं फीरोजाबाद में भीषण नरसंहार हुआ। डॉ. फरीदी साहब से मेरी वार्ता हुई। मैंने उनसे निवेदन किया कि यह स्वायत्तता का प्रश्न है। इसे आप मुस्लिम समस्या मत बनाइये। यदि स्वायत्तता के प्रश्न को आगे करके आप चलेंगे तो विभिन्न राजनीतिक दलों का समर्थन प्राप्त होगा। डॉ. फरीदी साहब ने मेरी बात मान ली। मैंने मधु जी से वार्ता की। एक बैठक मेरे और अलीगढ़ मुस्लिम विश्वविद्यालय के भूतपूर्व अध्यक्ष मोहम्मद अदीब साहब के संयोजकत्व में डॉ. फरीदी साहब के आवास पर बुलायी गयी। विभिन्न राजनीतिक दलों के नेता उसमें उपस्थित थे। निश्चित किया गया कि एक विशाल सम्मेलन स्वायत्तता बहाली के समर्थन में बुलाया जाए। लखनऊ नगर पालिका के त्रिलोकनाथ हाल में सम्मेलन हुआ। हाल खचाखच भरा था। सम्मेलन का उद्घाटन मधु लिमये जी ने किया और विभिन्न राजनीतिक दलों ने "लखनऊ बन्द" की घोषणा की। मधु लिमये जी की सायंकाल विभिन्न मुस्लिम नेताओं से लम्बी मंत्रणा हुई और निश्चित किया गया कि लड़ाई "अल्पसंख्यक चरित्र" के लिए नहीं "स्वायत्तता" के प्रश्न पर की जाए। इस प्रकार इस लड़ाई को मधु जी ने साम्प्रदायिक होने से बचा लिया। यह लड़ाई लम्बी चली। मधु जी के प्रयास से जनता पार्टी के शासन में अलीगढ़ विश्वविद्यालय का अल्पसंख्यक चरित्र बहाल हो सका।[60]

1974-75 में जयप्रकाश जी के नेतृत्व में चले विनिर्माण आंदोलन, गुजरात तथा सम्पूर्ण क्रान्ति आन्दोलन (बिहार) में मधु जी ने बढ़-चढ़कर भाग लिया। 1975 में आपातकाल की घोषणा के बाद मध्य प्रदेश में महासमुंद में गिरफ्तार किए गए तथा बाद में रामपुर जेल में रखा गया। लोक सभा की अवधि समाप्त होने पर संसद की सदस्यता से त्याग पत्र दे दिया। 7 फरवरी 1977 को लोकसभा के लिए बांका संसदीय क्षेत्र से पुन: निर्वाचित हुए तथा नवगठित जनता पार्टी के महामंत्री बने। मधु जी 1980 के उप चुनाव के बांका संसदीय क्षेत्र से चुनाव हार गए। उनके संसदीय जीवन की यहीं समाप्ति हो गयी। वह चार बार लोक सभा के लिए निर्वाचित हुए।

मधु जी के मन में समाज के कमजोर तबकों और अल्पसंख्यक वर्ग के प्रति सदा स्नेह रहता था। किन्तु यह स्नेह उनके मध्य लोकप्रिय बने अथवा वोट बटोरने के उद्देश्य से नहीं था। यह स्नेह मात्र इस कारण था क्योंकि यह कमजोर वर्ग हैं। 1970 में जावेद एवं जयंती

के प्रेम सम्बन्धों ने काफी तूल पकड़ा तथा समाचार पत्रों में छाया रहा था। जावेद दिल्ली के किसी कालेज में अध्यापक थे। उनका प्रेम सम्बन्ध जयंती नामक एक छात्रा से हो गया। दिल्ली के आर्य समाजियों एवं राष्ट्रीय स्वयंसेवक संघ के कार्यकर्ताओं ने साम्प्रदायिक रंग दे दिया। मधु जी ने इस सारे प्रकरण को लोकसभा में उठाया और बिना धर्म परिवर्तन किए हुए दोनों के विवाह का समर्थन किया। दोनों की जान को खतरा था इसलिए उनको अपने घर में शरण दी और समाचार पत्रों में इसकी सूचना भेज दी कि दोनों उनके आवास में हैं। उनको अपने इसी विशाल दृष्टिकोण का 1971 के चुनाव में परिणाम भुगतान पड़ा। यद्यपि 1971 में "महा गठबन्धन" के उम्मीदवार थे और जनसंघ का उन्हें समर्थन प्राप्त था। किन्तु जनसंघियों ने मुंगेर में षड्यंत्र करके एक निर्दलीय उम्मीदवार महाराजा गिद्धौर को खड़ा कर दिया और अपना भरपूर समर्थन दिया। अलीगढ़ विश्वविद्यालय एवं जावेद-जयंती के मामलों को खूब हवा दी गयी और मधु जी पराजित हो गए। मधु जी संकीर्णता एवं साम्प्रदायिकता से समझौता करने को कभी तैयार नहीं थे। राष्ट्रीय स्वयंसेवक संघर्ष से उनका विरोध इसी कारण था। उनकी श्रद्धांजलि सभा में श्री लालकृष्ण आडवाणी ने अपने भाषण में कहा था, "समाजवादी नेताओं विशेष कर डॉ. लोहिया एवं जयप्रकाश नारायण जी से हमारी वार्ता होती थी और सहमति के मुद्दे निकल आते थे किन्तु मधु जी किसी भी मुद्दे पर सहकार के लिए हमसे तैयार नहीं थे।"

1977 में उनकी कृपा से मैं विधायक भी बना और मंत्री भी। जब मंत्री के रूप में मैं उनसे मिलने गया तो वह अपनी खुशी छुपा नहीं पाये। उन्होंने मुझे गले से लगा लिया और उनकी आँखों में आँसू छलकने लगे। खुशी से बोले "शोभन मुख्तार मंत्री बन गया है। इसे कुछ खिलाओ।" हम कार्यकर्ताओं के लिए उनके मन में कितना स्नेह था।[61]

1978 में सामन्तशाही के खिलाफ ईरान में विशाल आन्दोलन प्रारम्भ हो गया। हिन्दुस्तान में अधिकांश समाजवादी इसके पक्ष में थे। जब शाह ईरान भारत आया तो उसको कनॉट प्लेस में काला झंडा दिखाया गया। झंडा दिखाने वालों में अधिकांश समाजवादी शरीक थे जिनमें जार्ज फर्नांडीज का निजी सचिव रवि नायर भी शामिल था। समाचार पत्रों ने यह समाचार सुर्खियों में छापा। अटल बिहारी बाजपेयी अपनी छवि बनाने के उद्देश्य से सभी विदेशी राजनेताओं से मीठी-मीठी बातें करते थे। उन्होंने इस बात की शिकायत मधु जी से भी की। इसे संयोग ही समझिये कि लखनऊ में एक शाम को आल इण्डिया शिया कान्फ्रेंस के महामंत्री श्री ताहिर जरवली मुझसे मिलने आये। उनके साथ एक ईरानी आलिमेदीन भी थे। उन्होंने आयतुल्ला खुमैनी का एक पत्र मुझे दिया जिसमें भारत के लोकतंत्रवादियों से अपील की गयी थी कि अधिनायकवाद के जुएं को उतार फेंकने तथा लोकतंत्र की स्थापना के लिए ईरानी क्रान्ति का समर्थन करें। उधर ईरान में शिया सम्प्रदाय के पवित्र शहरों

मशहद एवं कुम में हत्याओं का सिलसिला जारी था, जिसके समाचार निरन्तर आ रहे थे। इसलिए मैंने और स्वर्गीय ताहिर जरवली ने एक विरोध-पत्र ईरान के राजदूत को प्रेषित किया। उस समय श्री जगत मेहता विदेश सचिव थे। हमारी गतिविधि का समाचार उनको मिल गया था। मधु जी ने खुमैनी साहब के पत्र का हवाला देते हुए प्रधानमंत्री श्री मोरारजी देसाई एवं विदेश मंत्री श्री अटल बिहारी बाजपेयी से अपील की कि भारत सरकार अपना एक प्रतिनिधि खुमैनी साहब के पास पेरिस भेजे और उन्हें नैतिक समर्थन दे। मधु जी ने इस कार्य के लिए श्री अशोक मेहता को भेजने का आग्रह किया। श्री मेहता पेरिस गए तथा भारत के समर्थन देने से ईरानी क्रान्ति को बहुत बल मिला। उधर विदेश सचिव श्री जगत मेहता अपना खेल, खेल रहे थे। उन्होंने शाह समर्थित प्रधानमंत्री शापुर बख्तियार की अस्थाई सरकार को मान्यता दे दी। संभवतः भारत पहला देश था जिसने यह लज्जाजनक कार्य करके फासिस्टवाद का समर्थन किया था। तेरह दिन बाद ही वह सरकार भी गिर गयी। मधु जी इस बात से बहुत क्रोधित हुए। उन्होंने मोरारजी को विरोध में पत्र लिखा तथा पत्र की प्रतियां समाचार पत्रों को दे दीं। मधु जी के पत्र से काफी हंगामा मचा तथा विदेशों में भी यह समाचार प्रथम पृष्ठ पर छपा। इससे ईरान के क्रान्तिकारियों को बहुत बल मिला। एक समारोह में मेरी अटल जी से भेंट हो गयी। मुझे देखते ही बोले "आप समाजवादी अब सरकार में हैं। कृपया अनुशासित रहिए। आप लोग चाहते हैं कि विदेश विभाग का सत्यानाश हो जाए।" जो कुछ भी हो मधु जी की इस कृत्य से ईरान के क्रान्तिकारियों के मध्य भारत का सम्मान बढ़ा। मधु जी को कई बार ईरान जाने का निमंत्रण मिला किन्तु स्वास्थ्य की खराबी बाधा बन जाती थी।[62]

समाजवादी पाठशाला में मधु लिमये को पहली शिक्षा राष्ट्र भक्ति या राष्ट्रप्रेम की मिली थी। मधु लिमये के बाल्यकाल से युवा अवस्था तक जाने के समय तक देश गुलाम था। देश की स्वतंत्रता के लिए काँग्रेस के नेतृत्व में संग्राम हो रहा था। नधु लिमये स्वतंत्रता संग्राम के हवन कुंड में कूद पड़े। बी.ए. प्रथम वर्ष की परीक्षा उत्तीर्ण करने के पश्चात समाजवादी युवजनों ने शपथ ली कि जीवन का शेष समय वह भारत की स्वतंत्रता के लिए होम कर देंगे। इन सभी युवजनों ने ऐसा ही किया। अल्प आयु के होने के बाद कारावास की सजा दी गयी। देश की स्वतंत्रता के बाद भी भारत माता का एक अंश अर्थात पुर्तगाली दासता से मुक्त नहीं हुआ था। मधु लिमये ने अपनी शादी की दूसरी वर्षगांठ पर शपथ लिया कि वह "गोवा मुक्ति आन्दोलन'8 में शरीक होंगे। उनका बेटा अनिरुद्ध मात्र एक वर्ष का था। उन्हें 12 वर्ष का कठोर दंड दिया गया। यह और बात है कि पोप के हस्तक्षेप के कारण वह 19 महीने बाद जेल से मुक्त हो सके। उनकी राष्ट्र भक्ति के यह प्रमाण हैं। स्वतंत्रता के पश्चात देश के विभाजन से वह दुखी थे। देश के हिस्से बंटवारे न होने पायें यह उनकी इच्छा

थी। इसलिए वे व्याधियाँ जिनसे देश के विघटन को खतरा था वह थीं - साम्प्रदायिकता, जातिवाद एवं असहिष्णुता। इनसे लोहा लेने को वह हर दम तैयार रहते।

मधु लिमये किसी भी स्तर पर साम्प्रदायिकता को स्वीकार करने को तैयार नहीं थे। साम्प्रदायिकता किसी भी तरह की हो वह देश के लिए खतरा मानते थे। चूंकि देश में बहुमत हिन्दुओं का है इसलिए वह राष्ट्रीय स्वयंसेवक संघ को देश की एकता में मुख्य बाधा मानते थे और उस पर शक्ति भर हमला करते थे। इस संस्था पर उनके हमले बहुत करारे होते थे। उन्होंने अपने बाल्यकाल में इसकी साम्प्रदायिकता का नग्न रूप देखा था। एक बार तो आर.एस.एस. के लोगों ने पुणे में समाजवादियों पर हमला कर दिया था जिसमें एस.एम. जोशी सहित अन्य नेता घायल हो गए थे। अंग्रेजों से मिलकर इन्होंने देश के साथ गद्दारी की ऐसा मधु जी मानते थे। भारतीय जनता पार्टी के नेताओं ने जब महात्मा गाँधी को राष्ट्रपिता मानने से इंकार किया तो मधु लिमये ने एक अग्र लेख में कहा, “जिन लोगों ने स्वतंत्रता के संघर्ष में कोई योगदान नहीं दिया और जिन्होंने दूसरे मुक्ति आंदोलन (इमरजेंसी) में जेलों से सैकड़ों माफीनामें लिखकर आंदोलन को कलंकित किया, वे यह बात नहीं समझ सकते कि सुभाषचन्द्र बोस ने गाँधी जी को राष्ट्रपिता क्यों कहा”।

मधु जी का मानना था कि भारत जो कि एक विविधता भरा देश है, उसमें असहिष्णुता से देश नहीं चल सकता। भाजपा एवं उसकी जननी जनसंघ ने अल्पसंख्यकों के लिए जो रणनीति बनायी थी उसका अर्थ वोट प्राप्त करना था। किन्तु इससे देश के विघटन का भी भारी खतरा था। बाबरी मस्जिद - राम जन्मभूमि का मुद्दा उसका एक उदाहरण था। मधु लिमये उदार राष्ट्रीयता के पक्षधर थे जिस पर वह जीवनपर्यन्त चलते रहे। मधु जी का 8 जनवरी 1995 को राम मनोहर लोहिया अस्पताल में देहावसान हुआ।[63]

मधु लिमये - जीवन यात्रा

जन्म हुआ 1 मई 1992 में महाराष्ट्र की सांस्कृतिक राजधानी पुणे में। पिता शिक्षक थे अंग्रेजी और संगीत के। अक्षर ज्ञान माता-पिता से हुआ। प्राथमिक शिक्षा ननिहाल में नाना जी के पास रहकर हुई। नाना जी हाईस्कूल के अवकाश प्राप्त संस्कृत शिक्षक थे।

आर्थिक स्थिति में विषमता का अनुभव नजदीकी रिश्तेदारों के यहाँ बचपन में ही हुआ। जब चौथा दर्जा पास किया तो 'नूतन मराठी विद्यालय' में दाखिला लेना था, लेकिन ममेरे भाई को वहाँ दाखिला नहीं मिला, इसलिए मधु जी को भी उस स्कूल में नहीं भेजा गया। उसी तरह पांचवें दर्जे में ममेरे भाई को तो रॉबर्ट स्कूल में दाखिला दिलाया गया और

मधु जी को मराठी स्कूल में। जब वे इससे दु:खी हुए तो उनका नाम भी रॉबर्ट स्कूल में लिखाया गया।

1933-34 में सरस्वती स्कूल में पढ़ने लगे। प्रधानाध्याप्क पिता जी के मित्र थे। उम्र कम होने के कारण उनका नाम रजिस्टर में नहीं था और जब स्कूल का इंस्पेक्टर निरीक्षण करने आने वाले होते तो उन्हें स्कूल न जाने को कह दिया जाता। स्कूल जाने के प्रति यह कहकर विद्रोह किया कि नाम रजिस्टर में नहीं है तो स्कूल क्यों जाऊँ। घर पर पिताजी अंग्रेजी पढ़ाने लगे और बाकी समय वाचनालय में बीतने लगा। अंतरराष्ट्रीय घटनाओं में उसी समय से रुचि रही। इसका प्रभाव यह हुआ कि पुस्तकालय में जाकर विभिन्न विषयों की पुस्तकें पढ़ने की आदत हो गई। वाचनालय का प्रभारी भी पूछता कि कैसे छात्र हो कि स्कूल नहीं जाते? मधु जी ने प्राइवेट छात्र की हैसियत से परीक्षा दी। किसी को उम्मीद नहीं थी कि यह लड़का पास करेगा, लेकिन पास किया और वह भी प्रथम श्रेणी में।

बचपन में ही शायद छठे दर्जे में कुछ महीनों तक मुम्बई में बदामबाड़ी मुहल्ले में मामा के घर रहते थे। नजदीक ही काँग्रेस हाउस या जिन्ना हॉल था। वहाँ सत्याग्रह चलते रहते थे, गिरफ्तारियाँ होती रहती थीं। पुलिस से मार पड़ती थी। इसमें महिलाएँ भी बड़ी संख्या में हिस्सा लेती थीं। यहाँ छाप पड़ी राष्ट्रीय आंदोलन की।

उन्हीं दिनों सांप्रदायिक दंगे का भी बाल मन पर प्रभाव पड़ा। भाभी बीमार थी ट्रामा अस्पताल में भर्ती थीं। मधु जी अस्पताल खाना पहुँचाने जाते थे। उन दिनों सांप्रदायिक दंगे होते रहते थे। एक शाम वे ट्रेन से खाना लेकर अस्पताल जा रहे थे। दंगे की खबर फैल गई। सभी लोग भाग लिए, मधु लिमये को अकेले जाना पड़ा।

सामाजिक विषमता का दृश्य भी बचपन में ही देखा। मौसी विधवा हो गई थीं। शादी नहीं की, शिक्षिका बनीं। उनकी एक सहेली मराठी थीं। जब वे घर आतीं तो स्वागत तो होता लेकिन मराठी होने के कारण दूर अलग बैठाया जाता।

कर्मकांडी पूजा-पाठ के प्रति आलोचनात्मक रुझान भी बचपन में ही बन गया। नानाजी पूजा-पाठ में आस्था वाले। भगवान को प्रसाद चढ़ाया जाता जिसका अधिकतर भाग मंदिर के पुजारी भगवान के भोग लगाने के नाम पर रख लेते। बालक मधु पूछते कि प्रसाद भगवान पुजारी को ही क्यों दे देते हैं, उन्हें क्यों नहीं देते?

मैट्रिक पास करने के बाद 1937 में फर्ग्युसन कॉलेज में दाखिला लिया। वहाँ इतिहास तथा राजनीति शास्त्र के प्राध्यापक एच.डी. केलावाला थे। उन्हीं की प्रेरणा से कॉलेज के

इतिहास परिषद के लिए 'ग्रीक संस्कृति और आधुनिक पाश्चात्य समाज' पर एक निबंध तैयार किया जिसे सराहा गया।

1937 में ही अच्युत पटवर्धन का फर्ग्युसन कॉलेज में क्षितिज पर युद्ध के मंडराते बादल विषय पर प्रभावशाली भाषण हुआ। उनके व्यक्तित्व तथा भाषण शैली ने प्रभावित किया। तत्कालीन वामपंथी रुझान के युवजनों की तीन धाराएँ थीं। कुछ कम्युनिस्ट थे, कुछ रायवादी और कुछ काँग्रेस समाजवादी। अच्युत जी के भाषण ने अरबिन्द चिटणिस, मधु चापेकर जैसे मित्रों के साथ काँग्रेस सोशलिस्ट पार्टी की ओर आकृष्ट किया लेकिन संकोची और शर्मीले स्वभाव के कारण नेताओं से परिचय करने की पहल नहीं की।

प्रो. केलावाला ने 1935 में संविधान अधिनियम पर प्रबंध लिखने के लिए प्रेरित किया और उसी सिलसिले में विभिन्न विचारों के नेताओं से भेंट करने की सलाह दी। एस.एम. जोशी से पहली बार उसी सिलसिले में मिले। एस.एम. के व्यक्तित्व ने आकर्षित किया। दो-तीन बार बाद में भी मिले लेकिन चर्चा संविधान अधिनियम पर कम "स्वतंत्रता आंदोलन और समाजवाद" पर अधिक हुई। इन चर्चाओं ने और खासकर उनके व्यक्तित्व के मूल स्वभाव को सहेजने और विकसित करने का कार्य किया।

सन् 1938 के मार्च महीने की एक शाम एस.एम. नारायण राव गोरे (एन.जी. गोरे) के बँगले में चलने वाले समाजवादियों के अध्ययन मंडल में ले गए। वहीं नाना साहब गोरे, उनकी पत्नी सुमति बाई, विनायक राव कुलकर्णी, माधव लिमये, गंगाधर ओगले, कृष्णा साने और अध्ययन मंडल के सचिव बंडू अर्थात् केशव गोरे से परिचय कराया। उसी साल पार्टी के सदस्य बने।

सन् 1938 के मई दिवस के अवसर पर हिन्दुत्ववादियों एवं सावरकर वादियों ने वामपंथी एवं समाजवादियों के जुलूस पर हमला किया। सेनापति बापट तथा एस.एम. जैसे लोग घायल हुए। एस.एम. हिन्दुत्ववादियों के कट्टर विरोधी थे। "धर्म-निरपेक्ष राष्ट्रवाद" की शिक्षा राष्ट्रीय नेताओं और एस.एम. जैसे समाजवादी नेताओं से मिली।

सन् 1937-38 के दौरान एस.एम.पुणे जिला काँग्रेस कमेटी के सचिव थे और साथ ही प्रान्तीय काँग्रेस सोशलिस्ट पार्टी के भी सचिव थे। मधु लिमये शनिवार पेठ स्थिति काँग्रेस कार्यालय में शाम को जाने लगे और एस.एम. के काम में हाथ बैठाने लगे। एस.एम. की "दृष्टि की व्यापकता और बहुजन समाज तथा दलितों के प्रति सहानुभूति के झरने के कारण इन वर्गों में उनके प्रति आत्मीयता थी। एस.एम. की ये सारी विशेषताएँ उनके (मधु जी के) हृदय पटल पर अंकित हो गई।"

1938 में अमलनेर में मजदूर सम्मेलन हुआ। केशव गोरे के साथ मधु लिमये को एस.एम. वहाँ ले गए। दिसम्बर 1938 में ही विद्यार्थी सप्ताह उत्साह के साथ मनाया गया। उसमें सक्रिय भागीदारी निभाई।

31 दिसम्बर 1938 को विनायक राव कुलकर्णी, केशव गोरे, अण्णा साने, गंगाधर ओगले, माधव लिमये के साथ मिलकर सबने पार्टी का पूर्णकालिक कार्यकर्ता बनने का फैसला किया।

अक्टूबर 1939 में अण्णा साने के साथ खानदेश को अपना कार्यक्षेत्र चुना। बी.ए. पास करने में एक साल बाकी था, इसलिए एस.एम तथा अच्युत जी ने समझाया कि परीक्षा देने के बाद पूर्णकालिक कार्यकर्ता बनना, लेकिन नहीं माने। जोशी जी (एस.एम.) दोनों को धूलिया छोड़ने गए। साने गुरु जी उस क्षेत्र के प्रभावशाली नेता थे। उनसे परिचय हुआ। खानदेश में कम्युनिस्टों का प्रभाव था। वह वामपंथी एकता का युग था, लेकिन कम्युनिस्ट भीतर ही भीतर अन्य समाजवादियों की जड़ खोदने में लगे थे। उन लोगों ने युवक मधु लिमये को प्रभावित करने के लिए अपने द्वारा वितरित एक दस्तावेज दिया जिसमें काँग्रेस सोशलिस्ट पार्टी, सुभाषचन्द्र बोस तथा एम.एन. राय की कड़ी आलोचना की गई थी। उस दस्तावेज की नकल अण्णा साने के साथ मिलकर रातों रात की और उसकी प्रति एस.एम तथा अच्युत जी को भेजी। कम्युनिस्टों के प्रति मन में वितृष्णा जगी।

सन् 1939 के सितम्बर में द्वितीय महायुद्ध छिड़ गया। युद्ध-विरोधी आंदोलन की अगुआई समाजवादियों ने की थी। इस सिलसिले में जयप्रकाश नारायण, यूसुफ मेहरअली, राम मनोहर लोहिया पुणे आए। उनसे मुलाकात हुई।

1940 के मध्य में कुलाबा जिले में किसान परिषद हुई। एस.एम. के साथ गांव-गांव का दौरा किया। युद्ध-विरोधी भाषण देने के अपराध में दशहरा के दिन गिरफ्तारी हुई और एक साल के सश्रम कारावास की सजा मिली। एस.एम. यूसुफ मेहरअली चिट्ठियां तथा किताबें भेजा करते थे। वहीं साने गुरु जी से आत्मीयता हुई।

1940 में पुणे में अखिल भारतीय काँग्रेस कमेटी का अधिवेशन होने वाला था। उससे पहले सी.एस.पी. की कार्यकारिणी की बैठक बुलाई गई। आचार्य जी आए थे। यूसुफ मेहरअली ने उनके साथ रहने का काम सौंपा क्योंकि आचार्य जी बीमार थे। अच्छी पहचान और विभिन्न विषयों पर चर्चा का अवसर मिला।[64]

सन् 1941 में भुसावल के छात्रों का सम्मेलन हुआ। कम्युनिस्टों की लाइन बदलने लगी थी। मधु जी ने सार्वजनिक तौर पर उस सम्मेलन में उनकी आलोचना की जिसे अधिकांश छात्रों ने पसंद किया।

सन् 1942 के प्रारंभ में आचार्य नरेन्द्र देव बीमार थे। अच्युत जी तथा राव साहब पटवर्धन के निमंत्रण पर आराम करने अहमदनगर आए। मधु लिमये कुछ साथियों के साथ वहाँ गए। दूसरी बार नजदीकी साहचर्य का मौका मिला।

सन् 1942 का प्रसिद्ध काँग्रेस अधिवेशन बंबई में हुआ। मधु लिमये उसके लिए रवाना हुए। साने गुरुजी अगस्त को छूटने वाले थे। उनको पत्र लिखा कि कुछ भी हो सकता है, गिरफ्तारी हो सकती है। आप सीधे बम्बई चले आएँ।

9 अगस्त को बड़े नेताओं की गिरफ्तारी हो गई तो मधु लिमये अन्य साथियों के साथ भूमिगत हो गए और अच्युत जी के मार्गदर्शन में एक कार्य योजना को लागू करने का संगठित प्रयास किया। कचहरियों पर हमले किये गए, रेल पटरियाँ भी उखाड़ी गई।

पेशावर एक्सप्रेस की दुर्घटना का भयानक दृश्य देखा। मन उदास हुआ, हृदय में ग्लानि हुई। फिर पंजाब मेल की दुर्घटना हुई। अच्युत जी को पत्र लिखा और उन्हीं के आदेश पर रेल पटरी उखाड़ने का कार्यक्रम छोड़ दिया गया।

भूमिगत दिनों में बंबई से 'क्रांतिकारी' नामक भूमिगत पत्र निकलना शुरू हुआ। संपादक अच्युत जी थे, परन्तु अधिकतर काम मधु जी को ही करना पड़ता था। उन्हीं दिनों जयप्रकाश जी से भी मुलाकात होती थी।

सितम्बर 1943 में एस.एम. तथा मधु लिमये पकड़े गए। मई 1945 में जेल से छूटे, इसके बाद बंबई और महाराष्ट्र में काम बढ़ता गया। संचालन के लिए अच्युत जी ने तीन व्यक्तियों की एक कमेटी बना दी। उसमें नेवालकर, पी.सी. भागवत तथा मधु लिमये थे। राष्ट्र सेवा दल के लिए भी काम किया।

सन् 1947 ई. में जयप्रकाश नारायण, अशोक मेहता, एस.एम.जोशी की पहल पर एन्ट वर्ष में होने वाले सोशलिस्ट इंटरनेशनल के सम्मेलन में भारत के सोशलिस्ट आंदोलन का प्रतिनिधित्व दर्शक प्रतिनिधि के रूप में किया और एक अच्छी रपट पेश की।

मार्च 1948 ई. में समाजवादी पार्टी के छठे राष्ट्रीय सम्मेलन (मासिक) में राष्ट्रीय कार्यकारिणी के सदस्य चुने गए और संसदीय उपसमिति के अध्यक्ष डॉ. राम मनोहर लोहिया और सचिव मधु लिमये मनोनीत हुए।

सन् 1949 ई. में पटना सम्मेलन के अवसर पर सोशलिस्ट पार्टी को खुली पार्टी बनाने के लिए जो नया संविधान पारित किया गया, उसे पेश किया और पार्टी के संयुक्त मंत्री निर्वाचित हुए। डॉ. राम मनोहर लोहिया की अध्यक्षता में विदेश समिति बनी, उसके सदस्य बनाए गए।

सन् 1951 ई. के मद्रास सम्मेलन में पुन: संयुक्त मंत्री निर्वाचित हुए। 1951 में 'कम्युनिस्ट पार्टी: फैक्ट एंड फिक्शन' पुस्तक की रचना की जिसका कई भारतीय भाषाओं में अनुवाद हुआ। 1952 ई. के पंचमढ़ी सम्मेलन में भी संयुक्त मंत्री निर्वाचित हुए और विदेश विभाग के सदस्य बने। सन् 1953 ई. प्रारम्भ में एशियाई सोशलिस्ट ब्यूरो के संयुक्त मंत्री के रूप में जेपी की पहल पर कार्य आरम्भ किया।

सन् 1953 ई. में प्रजा सोशलिस्ट पार्टी के बैतूल के विशेष सम्मेलन के अवसर पर अशोक मेहता के "पिछड़ी अर्थव्यवस्था की अनिवार्यताएँ तथा सहमति के क्षेत्र" के विचार के जवाब में रंगून से एक लम्बा पत्र भेजा।

1953 ई. में प्रजा सोशलिस्ट पार्टी के प्रथम सम्मेलन में संयुक्त मंत्री निर्वाचित हुए।

1954 ई. में पार्टी के अंदरूनी विवाद के प्रमुख व्यक्तियों में एक रहे।

दिसम्बर 1954 के नागपुर विशेष सम्मेलन के बाद भी पार्टी में बिखराव जारी रहा और 1955 में पार्टी से निलंबित और निष्कासित हुए।

इसी साल 15 अगस्त को गोवा मुक्ति आंदोलन में शिरकत की और 12 वर्ष के कठोर कारावास की सजा मिली।

1957 में गोवा जेल से मुक्त हुए। संयुक्त महाराष्ट्र समिति से अलग हटकर पार्टी के निर्देश पर चुनाव लड़े और बुरी तरह पराजित हुए। बंबई के मजदूरों को संगठित करने में योगदान किया।

1958 में सोशलिस्ट पार्टी के अध्यक्ष बने।

1964 में सोशलिस्ट पार्टी का गठन हुआ और बिहार के मुंगेर संसदीय क्षेत्र से उपचुनाव में निर्वाचित हुए। 1964-67 की अवधि में संसद में कई घोटालों का पर्दाफाश किया। जयंती शिपिंग कंपनी आदि के घोटाले की व्यापक चर्चा हुई।

1967 में संसद के लिए पुन: निर्वाचित हुए और लोकसभा में संसोपा ग्रुप के नेता बने। फिर संसदीय बोर्ड के अध्यक्ष बने। 1967-71 के बीच लोकसभा में प्रखर सांसद के रूप में ख्याति मिली।

1971 के संसदीय चुनाव में पराजित हुए। पुन: प्रसोपा और संसोपा का विलय हुआ और सोपा का गठन हुआ।

1973 में बिहार के बाँका क्षेत्र से उपचुनाव में निर्वाचित हुए।

1974-75 में जे.पी. के नेतृत्व में चले नवनिर्माण आंदोलन (गुजरात) तथा छात्र-आंदोलन (बिहार) को पूर्ण समर्थन दिया और सक्रिय भागीदारी की।

1973 से कारगर राजनैतिक विकल्प की खोज के लिए प्रयत्नशील रहे।

1975 में आपातकाल की घोषणा हुई और गिरफ्तार हुए। लोकसभा के लिए निर्वाचित हुए (बांका संसदीय क्षेत्र से)। जनता पार्टी के महामंत्री बने।

1978 जनता पार्टी में मिलने वाले सभी संगठनों के विभिन्न मोर्चों के विलय की पेशकश की और प्रयत्न किया। इसी साल अमेरिका की यात्रा की। पार्टी के संकट उत्पन्न होने के कारण यात्रा से जल्द वापस आये।

1979 में मोरारजी सरकार द्वारा पेश दलबदल विधेयक का सैद्धान्तिक विरोध किया। दोहरी सदस्यता के सवाल पर विवाद हुआ। पार्टी में टूट हुई। मोरारजी भाई का इस्तीफा हुआ। चौधरी चरणसिंह को प्रधानमंत्री बनवाने में महत्वपूर्ण भूमिका अदा की। जनता पार्टी (स) और बाद में लोकदल में महामंत्री बने।

1980 में बांका संसदीय क्षेत्र से लोकसभा के चुनाव में पराजित हुए।

1981 में हृदय शल्य चिकित्सा के लिए अमेरिका गए और बिना शल्य क्रिया के वापस आए। एक आँख की रोशनी चली गई। धीरे-धीरे सक्रिय राजनीति से अलग हटते गए।

1982-1994 के बीच विभिन्न पुस्तकों की रचना एवं पहले की रचनाओं के संग्रहों का प्रकाशन हुआ लगभग तीन दर्जन किताबें लिखीं।

8 जनवरी 1995 को राम मनोहर लोहिया अस्पताल में देहावसान हुआ।[65]

2.4 समाजवाद व एस.एम. जोशी:

एस.एम. जोशी: एस.एम. ने समाजवादी आन्दोलन को रचनात्मक नेतृत्व दिया। एक ओर उन्होंने राष्ट्र सेवा दल को संगठित कर युवजनों को समाजवादी संस्कृति से सुसंस्कृत किया दूसरी ओर श्रमिक वर्ग पर हो रहे अन्याय एवं अत्याचार के विरुद्ध संघर्ष किया। वह देश के कुशल ट्रेड यूनियन नेता के रूप में जाने जाते हैं। उनकी महत्वकांक्षा भी यही थी। भारत में मजदूर आन्दोलन स्वतंत्र संघर्ष के एक अंग के रूप में प्रारम्भ हुआ इसलिए इस मोर्चे पर कार्य करने वाले नेता विशेषकर गाँधी वादी अपने समक्ष उन्हीं मूल्यों को रखते थे, जिसकी शिक्षा गाँधी जी ने दी थी।[66]

स्वतन्त्रता के बाद देश का प्रथम आम चुनाव 1952 में हुआ। महाराष्ट्र में प्रजा सोशलिस्ट पार्टी ने डॉ. अम्बेडकर की "शेड्यूल कास्ट्स फेडरेशन" से चुनावी समझौता किया। मुम्बई में डॉ. अम्बेडकर एवं अशोक मेहता संयुक्त उम्मीदवार थे। पुणे में एम.एस. जोशी पार्टी के लोकसभा के प्रत्याशी थे। चुनाव नतीजा निराशाजनक साबित हुआ। डॉ.

अम्बेडकर, अशोक मेहता, कामरेड डागे तथा एम.एस. जोशी हार गये। काँग्रेस की विजय से सोशलिस्टों में घोर निराशा घर कर गयी। 1952 के अगस्त के महीने में पूर्व के काँग्रेसी विधायक बाबा साहब घोरपड़े के त्याग पत्र से स्थान रिक्त हो गया। पार्टी ने एम.एस. जोशी को प्रसोपा से उपचुनाव में उम्मीदवार बनाया। उनको शानदार सफलता मिली। इस सफलता में डॉ. लोहिया अत्यन्त प्रसन्न थे। उन्होंने वक्तव्य दिया, "एस.एम. जोशी कुदाल एवं फावड़ा लेकर रचनात्मक कार्य करते हैं। अनाज के प्रश्न पर सत्याग्रह करके जेल जाते हैं और मतपेटी की आराधना करके निर्वाचित होते है। वह पार्टी के आदर्श कार्यकर्ता हैं। समाजवाद का संबल था फावड़ा, जेल और वोट। एस.एम. जोशी तीनों में खरे उतरे।" डॉ. लोहिया का यही अभिप्राय था।[67]

एम.एस. जोशी ने कहा "बापू जमींदारी प्रथा आप कैसे समाप्त करेंगे। गाँधी जी ने कहा क्यों ? कोई दिक्कत नहीं है। मान लो मैं कल भारत गणतंत्र का राष्ट्रपति हो जाता हूँ। मैं एक आदेश जारी कर दूँगा। जो इस देश का कानून होगा, वह कानून जो जमीदारों के कब्जे में जमीन है, उसे उनसे ले लेगा। जोशी जी के प्रश्न को गाँधी जी के समक्ष और स्पष्ट किया गया मान लीजिये जमींदार भूमि पर कब्जा न दे तो जबरदस्ती हिंसा का सहारा लेंगे।"

श्री एस.एम. जोशी का विवाह 1939 को ताराबाई पेडसे से हुआ। उस समय एस.एम. जोशी का आयु 35 वर्ष हो गयी थी। उन्हें अपने प्रेम विवाह में कोई रस नहीं दिखाई पड़ता था। फिर भी उन्हें विवाह की आवश्यकता इसलिए हुई कि वह भी ताराबाई पेडसे से प्रेम करने लगे थे, ऐसा भी नहीं का जा सकता। ताराबाई उन पर फिदा थी। जेल में भी दोनों के मध्य प्रेम पत्रों का आदान-प्रदान होता था। ताराबाई पेडसे के परिवार के लोग खाते-पीते थे। उन्हें चिन्ता थी कि इस मायावार से शादी हो गई तो ताराबाई का क्या होगा। उस समय तारा बाई स्कूल में अध्यापिका थी। विवाह हुआ और अत्यन्त सफल रहा। ताराबाई एस.एम. के दु:ख दर्द में शामिल थी और उनका पूरा सहयोग करती थी। एस.एम. जोशी भी ऐसी त्यागी, सुहृदय, शिक्षित एवं त्यागमय पत्नी पाकर धन्य थे। तारा पेडसे के सम्बन्ध में मधुलिमये ने विस्तार से लिखा।[68]

एस.एम. जोशी के सम्बन्ध में डॉ. लोहिया ने लिखा है कि वे समाजवादी आन्दोलन में फावड़ा और जेल अर्थात रचना संघर्ष के प्रतीक हैं। यदि वह वोट के प्रतीक बन जाते तो हिन्दुस्तान को काँग्रेसी गुलामी की कालकोठरी से मुक्ति मिल जाती। एस.एम. जोशी का सम्पूर्ण जीवन रचना और संघर्ष का प्रतीक था। अपने सम्बन्ध में एस.एम. जोशी लिखते है, "जिन दो क्षेत्रों में कार्य करने पर मुझे बहुत सन्तोष मिला है, उसमें से पहला है राष्ट्रसेवा दल और कामगार आन्दोलन।[69]

एस.एम. जोशी राष्ट्र सेवा दल के संगठन के सम्बन्ध में विस्तार से लिखते है "राष्ट्र सेवा दल शैक्षणिक संस्था है" शिक्षण का एक महत्वपूर्ण अंग है। युवा पीढ़ी और जनता को नव भारत के निर्माण के लिए संस्कार देना। विषमता की नींव पर नव भारत का निर्माण और विकास नहीं हो सकता। महात्मा गाँधी का अस्पृश्यता विरोधी अभियान तथा पुरुषों की तरह स्त्रियों को भी पुरुषार्थ का अवसर देने का उनका आग्रह उसी के द्योतक थे। उनका यह भी आग्रह था कि अन्य हिन्दुओं की तरह दलितों को भी मन्दिरों में प्रवेश मिलना चाहिए।[70]

1918 से 1928 तक एक दशक की कालावधि में जब जोशी जी ने बी.ए. पास किया उन पर देश की सामाजिक, राजनीतिक एवं आर्थिक परिस्थितियों का प्रभाव पड़ता रहा। 1919-20 के मध्य लोकमान्य तिलक का इंग्लैण्ड जाना, रौलट बिल का पास होना, जलियांवाला बाग काण्ड की गूंज, महात्मा गाँधी द्वारा प्रारम्भ किया गया सत्याग्रह, उनकी भूख हड़ताल, यह सब ऐसी घटनायें थीं, जिनका उनके किशोर मन पर गहरा प्रभाव पड़ रहा था। वे "लोक संग्रह" नामक लोकमान्य तिलक का समाचार पत्र पढ़ते थे। 1919 में कुछ साम्प्रदायिक लोगों ने स्वामी श्रद्धानन्द की हत्या कर दी। इससे साम्प्रदायिकता को बहुत बल मिला। किन्तु इसी दौरान मुम्बई में "यूथ लीग" की स्थापना हुई। 1927 में यूथ लीग का सम्मेलन हुआ, जिसके सचिव यूसुफ मेहरअली और आत्माराम राव जी सूचना और प्रचार सचिव थे। जोशी जी यूथ लीग में और विशेषकर यूसुफ मेहरअली के व्यक्तित्व से प्रभावित हुए और इस संस्था के सदस्य बन गए। इसी दौरान उनकी पंडित नेहरू से भेंट हुई।

'यूसुफ मेहरअली ने युवक परिषद की अध्यक्षता के लिए पंडित नेहरू को बुलाया था। वे काका साहब गाडगिल के घर पर ठहरे थे। उनके भाषण का एस.एम. पर बहुत प्रभाव पड़ा।' वे लिखते हैं, "उनके विचार हमारे विचारों से मिलते-जुलते थे। पंडित नेहरू के आने पर उनसे परिचय के लिए हम युवक कतार बाँधकर खड़े हो गए। एक के बाद एक-एक कर परिचय कराते हुए जब गाडगिल मेरे पास आये तो बोले, "दिस इज एस.एम. जोशी। ही वान्ट्स टू बी जवाहरलाल नेहरू आफ पूना।" नेहरू जी हँसकर बोले, "व्हाई सच ए लो एम्बीशन (इतनी छोटी महत्वाकांक्षा क्यों?) और यह कहते हुए वह आगे बढ़ गए।"

1928 में देश में हो रही घटनाओं का प्रभाव पुणे के युवा-छात्रों पर पड़ रहा था। छात्र गाँधी जी का 'यंग इण्डिया', 'केसरी' आदि समाचार पत्र पड़ते थे। इसमें अर्थशास्त्र के साथ ही साथ राजनीति में भी रुचि ले रहे थे।

पुणे एक ब्राह्मण बाहुल्य नगर था। ब्राह्मण एवं गैर ब्राह्मण के मध्य मतभेद अपनी पराकाष्ठा पर था। गैर ब्राह्मणों को नगरपालिका के हौज में ब्राह्मण पानी नहीं लेने देते थे। महात्मा फुले ने अपना हौज गैर ब्राह्मणों के लिए खोल दिया था। बाद में महात्मा फुले के

विरुद्ध अत्यन्त अपमानजनक भाषा का प्रयोग किया। सेनापति बापट ने पुणे जिले के सम्पूर्ण क्षेत्र का सघन दौरा किया और जनचेतना उत्पन्न की।[71]

1928 में बी.ए. पास होने तक एस.एम. अपने बड़े भाई पर आश्रित थे। किन्तु अब सक्रिय राजनीति में प्रवेश करने की स्थिति में उन्हें अपनी आवश्यकताओं को स्वयं पूर्ण करना था। जोशी जी यूथ लीग के सचिव थे। उस समय तक पुणे के राजनीतिक लोगों से उनका परिचय हो गया था। वे 'केसरी' साप्ताहिक के तात्या साहब केलकर से मिले। उन्होंने समाचार पत्र के संवाददाता के रूप में 30 रु. महीने के पारितोषिक देना प्रारम्भ कर दिया। इस प्रकार उन्हें आर्थिक संकट से मुक्ति मिल गयी। एस.एम. ने अस्पृश्यता के विरुद्ध गाँधीजी के निर्देश पर आन्दोलन प्रारम्भ किया। नमक सत्याग्रह में पहली बार शंकर राव देव जी के साथ गिरफ्तार किए गए। इनके साथ नानाजी गोरे, बापू मेहेन्दले आदि कुल 16-17 युवक थे। नमक सत्याग्रह में जोशी जी को 6 माह की साधारण कैद की सजा दी गयी।

ठाणे जेल के अन्दर जाते समय एस.एम. हतोत्साहित हो गए। उसका कारण था इससे पूर्व काँग्रेसी सत्याग्रहियों को दी गयी अमानुषिक यातना। शंकर राव देव तथा अन्य नेताओं के पैरों को टिकटी में बांधकर, शरीर पर नमक लगाकर कोड़े मारे जाते थे। इस अमानुषिक यातना की गाँधी जी ने तीव्र शब्दों में निन्दा की थी।

जेलर ने जोशी जी तथा अन्य बन्दियों को "काला पानी" वार्ड में रवाना किया। शंकर राव देव और काका साहब गाडगिल ने जो दरवाजे पर खड़े थे बन्दियों का स्वागत किया। इससे इन नवागन्तुकों को सहारा मिला। जोशी जी को "बी" क्लास मिला जिससे यह लाभ हुआ कि उनका परिचय प्राय: सभी नेताओं से हो गया। "बी" क्लास में काका साब गाडगिल, बाला साहब खेर, बान्द्रेकर, स्वामी आनन्द, शंकर राव देव, बाबू राव मेहता, चिंतामणि जोशी, काणे, आचार्य भागवत, आबिद अली, जाफर भाई, वीर जी भाई घाटे, महाडके, तुलजाराम सेठ, नाना साहब रामेल आदि लोग थे। मराठे और घाटे कम्युनिस्ट हो गए तथा बापू साहब जोशी हिन्दू महासभा चले गए। इन सब बन्दियों में जो महाराष्ट्र के लोक जीवन के प्रसिद्ध नेता बने, एस.एम. से ऐसा सम्बन्ध बना जो बाद तक कायम रहा। एस.एम. को दरी बुनने का काम दिया गया। प्रतिदिन 60 फुट दरी बिननी पड़ती थी। यहीं उन्होंने हिन्दी और उर्दू भाषा सीखी थी। जेल से छूटने के बाद जोशी जी ने एल-एल.बी. करने का संकल्प लिया। 23 मार्च 1931 को भगत सिंह को फांसी दी गयी। उसके एक सप्ताह बाद कराची काँग्रेस हुई। उसकी उपलब्धि यह थी कि जमींदारी उन्मूलन का प्रस्ताव पारित किया गया।[72]

1930 में यूथ लीग का पुणे में शानदार सम्मेलन किया गया जिसमें भाग लेने के लिए सुभाषचन्द्र बोस को बुलाया गया था। यहीं एस.एम. से उनकी दोस्ती हुई। युवा वर्ग ने उनका कार्यकर्ताओं में घुल मिल जाने का स्वभाव पसन्द किया। उन्होंने पुणे में रुक कर ऐतिहासिक इमारतों को देखा। मुम्बई में काँग्रेस वर्किंग कमेटी की बैठक होने वाली थी। इसलिए सुरक्षा को दृष्टि में रखकर काँग्रेस कार्यकर्ताओं को गिरफ्तार किया जा रहा था। एस.एम. एवं नाना जी गोरे आदि को दो महीने के लिए जेल में बन्द कर दिया गया। 23 मार्च को शहीद भगत सिंह की शहादत का पहला वर्ष था। जोशी जी ने तथा अन्य काँग्रेस के कार्यकर्ताओं ने सत्याग्रह किया। जोशी जी को गिरफ्तार करके यर्वदा जेल भेज दिया गया। जेल भर जाने के कारण कैदियों को कैम्प जेल में स्थानान्तरित कर दिया गया था। काँग्रेसी जेल बन्दियों ने "ए" अथवा "बी" श्रेणी के स्थान पर "सी" श्रेणी ही ली थी। ऐसा इसलिए किया था जिससे कि कार्यकर्ताओं के मध्य सौहार्द बना रहे। उस समय गाँधी जी भी यर्वदा जेल में ही बन्द थे। उन्हें गाँधी जी से वार्ता करने का मौका मिल गया।

गाँधी जी ने स्पष्ट किया, "स्वराज पाने के लिए हिंसा करने की आवश्यकता नहीं, पर इसका यह अर्थ नहीं कि स्वराज्य पाने के बाद हम जो कानून बनायेंगे तो उसको बाधा पहुंचाने वाले लोगों के लिए हिंसा का सहारा नहीं लेंगे। इस पर गाँधी जी का उत्तर था, "अपनी आज्ञा मनवाने के लिए ताकत काम में लायी जायेगी। वरना राज्य है ही किसलिए।" जोशी और गाँधी जी के मध्य हुई यह वार्ता जोशी जी को भली-भांति याद थी। गाँधी जी का भूख हड़ताल के कारण यर्वदा जेल से समझौता हुआ। गाँधी जी रिहा किए गए। जोशी जी को यर्वदा जेल में बीजापुर जेल भेजा गया। उनकी दो वर्ष की जेल के आठ माह अभी बाकी थे। यहीं उनकी भेंट एस.के. पाटिल से हुई जिन्हें काँग्रेसी जेल में "दादा" नाम से पुकारते थे क्योंकि वह स्वछंद थे, वह जेल के कानून को नहीं मानते थे। बीजापुर जेल में जोशी जी का वजन भी बढ़ गया था तथा स्वतंत्रता भी अधिक थी। कुछ दिनों के बाद श्री एम.एन. राय भी वहाँ आ गये। दो साल की सजा में कुछ छूट पाकर अक्टूबर 1933 में एस.एम. जेल से छूटे। स्थिति बहुत खराब थी। अंग्रेजों का दमनचक्र जारी था। इसका एहसास एस.एम. को जेल से छूटने के बाद हुआ।[73]

जेल से छूटने के बाद एस.एम. एवं खडिलकर ने अपनी वकालत की पढ़ाई पूरी करने का प्रयास किया। पैसे की अत्यन्त तंगी थी। इसलिए ट्यूशन करने की दोनों ने सोची। किन्तु ट्यूशन कौन सा छात्र पढ़ता? हाँ ट्यूशन के नाम पर आठ-दस सी.आई.डी. के अफसर जरूर आने लगे। यह पता लगने पर ट्यूशन बन्द कर दी गयी। किन्तु काँग्रेस के कुछ साथियों ने "पूना न्यू स्कूल आफ कॉमर्स" के नाम से एक शिक्षा केन्द्र खोला। शुरू में एस.एम. जी शरीक हुए तथा दरिद्रता दूर हुई।

1934 में काँग्रेस सोशलिस्ट पार्टी की संयोजन समिति की रपट पर विचार करने के लिए वाराणसी में श्रीप्रकाश जी के आवास पर एक बैठक बुलायी गयी। श्री अच्युत पटवर्धन के साथ जोशी जी उसमें शरीक हुए थे। यह उनकी पहली उत्तर भारत की यात्रा थी। यहीं उनकी भेंट आचार्य नरेन्द्र देव, जयप्रकाश नारायण तथा गंगाशरण सिंह से हुई थी। अच्युत पटवर्धन और एस.एम. महाराष्ट्र काँग्रेस सोशलिस्ट पार्टी के सचिव नियुक्त किए गए। बाद में इसी पद पर तारकुंडे की भी नियुक्ति हुई।

उसी दौरान जेल से खबर मिली कि श्री एम.एन. राय बहुत बीमार है। उन्हें 6 वर्ष की सजा हुई थी। उनकी बीमारी का समाचार सुनकर मुम्बई में एक विरोध सभा का आयोजन किया गया। एस.एम. ने इस सभा में हिन्दी में जोरदार भाषण दिया। उन्हें पुणे में गिरफ्तार किया गया तथा दो वर्ष का सश्रम सजा दी गयी। यह दंड बहुत कष्टप्रद था। उन्हें साबरमती जेल में रखा गया। दो साल में कुछ महीने कम रह गए तब उन्हें जेल से मुक्त किया गया। यह तिथि 1 अगस्त 1936 की थी।

एस.एम. जोशी के यहाँ मेरा आना-जाना बढ़ने के कारण एक व्यक्ति से मेरा परिचय होना स्वाभाविक था और वह व्यक्ति था, सुश्री तारा पेडसे। एस.एम. अविवाहित हैं, यह मैं जानता था लेकिन उनकी कोई प्रियतमा है, यह मैं पहली मुलाकात के समय नहीं जानता था। शुरू के कुछ ही दिनों बाद एक दिन शाम को हम गपशप कर रहे थे, इतने में एक लंबी, छरहरी, साँवली-सलोनी, नौ गज साड़ी में लिपटी और चेहरे पर बुद्धि की आभा लिए एक युवती वहाँ आई। "यह तारा पेडसे हैं, भावे स्कूल में शिक्षिका हैं।" इस रूप में मेरी उनके साथ पहचान कराई गई। मेरे साथ अरविंद भी था। थोड़ी देर रुकने के बाद मैंने उसे चलने के लिए इशारा किया। शायद एस.एम. जी का ताराबाई के साथ कुछ काम होगा, यही सोचकर मैं वहाँ से बाहर आ गया। बाहर आते ही मैंने अरविंद से पूछा, "ये तारा पेडसे कौन है?" अरविंद के पास पुणे के राजनीतिक नेताओं और कार्यकर्ताओं से संबंधित एक छोटा सा जीवनकोश था। उसने मुझे बताया, "ताराबाई यानी एस.एम. जी की प्रियतमा! वे उनके यहाँ आती रहती है।" इससे ज्यादा वह जानता भी नहीं था। बाद में एस.एम. तारा पेडसे के बारे में मुझसे खुले दिल से बातें करते थे और ताराबाई भी एस.एम. बारे में मुझे अपना दिल खोलकर बताती थीं। मेरी जानकारी के अनुसार ताराबाई एस.एम. जी को बहुत पहले से जानती थीं। वर्ष 1932 के आसपास उनका एस.एम. के पास आना-जाना शुरू हुआ होगा। वर्ष 1934 में दो साल की सजा पर एस.एम. जेल गए। जेल के दौरान भी दोनों के बीच पत्राचार चलता रहा। ताराबाई प्रेम पत्र लिखा करती थीं एस.एम. खुले आम अपने प्यार का इजहार नहीं करते थे लेकिन उन्हें भी मन-ही-मन में अच्छा लगता होगा, यह मेरा अनुमान है। अपने साथ ताराबाई की जिंदगी जुड़ जाने से उसके हिस्से सिर्फ

दु:ख आएगा, ऐसा उनको लगता था। वे कहते "मैं अकिंचन हूँ। मेरी जिंदगी ऊबड़-खाबड़ रास्तों से होकर गुजर रही है और मुझसे विवाह करने के पश्चात् तुम्हारे हिस्से में भी सिर्फ दु:ख ही आएगा। मैंने अपनी राहें तय कर ली हैं। अत: तुम मेरा ख्याल छोड़ दो।" एस.एम. ताराबाई को यही बात हरदम समझाते थे। दिल से न सही लेकिन सतही तौर पर वे यही कहते थे। मजाक में वे मुझसे कहते, "शायद इसने एक ही बार सही, आवेश से परिपूर्ण मेरा भाषण गैस की बत्ती की रोशनी में सुना होगा। तभी से मुझ पर यह लट्टू हो गई और इसीलिए सत्य जानने से वह इनकार कर रही है।"

"सुश्री तारा पेडसे, दक्ष कन्या सती का आधुनिक अवतार थीं, अत: उन्होंने एस.ए. जी की बातों पर ध्यान नहीं दिया, न ही उनका उन पर कोई विशेष प्रभाव हुआ। एस.एम. की 'ना' को उन्होंने कभी अंतिम नहीं माना और न ही उनकी एक निष्ठा में इंच मात्र फर्क आया। नियमित रूप से वह एस.एम. के यहाँ आया करती थीं। कभी-कभी अपने दिल की बात वह मुझसे कहती थीं। परिणामस्वरूप वह कमरा सुव्यवस्था का नमूना बन जाता था। ताराबाई के साथ मेरी दोस्ती उनके प्रथम परिचय से ही हुई। अपने दिल की बात वह मुझसे कहती थीं। अँधेरा होने पर कभी-कभार मैं उन्हें घर तक पहुँचाने का काम भी करता था। उनके घर में संघीय माहौल था। बड़े भाई साहब पुलिस विभाग में थे और छोटे भाई साहब राष्ट्रीय स्वयंसेवक संघ के कठोर अनुगामी थे। घर में तारा का यह समाजवादी 'लव अफेयर' विशेष पसंद नहीं किया जाता था। एस.एस. के बारे में उनकी राय बुरी नहीं थी। वजह शायद यह थी, एस.एम. की माली हालत अच्छी नहीं थी। उन्हें लगता था, जिस व्यक्ति की जिंदगी में किसी भी बात के बारे में निश्चितता नहीं है, जिसकी माली हालत ठीक नहीं है, उससे प्रेम क्या करना?"[74]

मेरे राजनीतिक क्षेत्र में प्रवेश करने के बाद एक दिन मैं नाना साहेब गोरे जी के यहाँ 1940 के मई महीने में पुणे के समीप विखाड़ी में क्षेत्रीय किसान सभा के आयोजन में गया। उस सभा में भाग लेने के लिए केशव उर्फ बंडू गोरे एवं मधु लिमये ने जोशी जी को आमंत्रित किया था। जोशी जी ने सभा में किसानों की समस्याओं की चर्चा की। उन्होंने युद्ध विरोधी भाषण नहीं दिया किन्तु पुलिस 8 जून को उन्हें गिरफ्तार करने पुणे आ गयी। उस समय एस.एम. की स्थिति अत्यन्त चिंताजनक थी। ताराबाई नवप्रसूत थीं। बच्चा जिसका नाम अजय रखा गया था, अभी 14 दिन का था। गिरफ्तारी की खबर पाकर ताराबाई की आँखों में आँसू बहने लगे। एस.एम. गिरफ्तार करके थाणे जेल ले जाय गए। बंडू गोरे तथा माधव लिमये भी पकड़े गए। तीनों को "भारत सुरक्षा कानून" के तहत गिरफ्तार किया गया। एक वर्ष का कारावास हुआ और "बी" श्रेणी मिली। कुछ दिनों बाद उन्हें नासिक केन्द्रीय कारागार में रखा गया। नासिक जेल में एस.एम. को सुविधा थी। क्योंकि मच्छरों का प्रकोप नहीं था तथा जेल का हाता साफ सुथरा था।"[75]

युद्ध विरोधी आन्दोलन में एक साल की सजा भुगतने के बाद अप्रैल 1941 में एस.एम. जेल से छूटे। मित्रों ने निवेदन किया कि अब वह जल्दी जेल न जायें। क्योंकि पिछले एक दशक में उनका अधिकांश समय जेल में ही बीता था। एस.एम. स्वयं जल्दी जेल नहीं जाना चाहते थे। उसका एक कारण तो यह था कि महात्मा गाँधी अंतिम युद्ध की तैयारी कर रहे थे। जयप्रकाश जी इस दौरान पुणे आये थे उन्होंने भी एन.जी. गोरे से निर्णायक स्वतंत्रता संग्राम तैयार करने और उसमें सम्पूर्ण शक्ति झोंक देने को कहा था। दूसरा कारण यह था कि एस.एम. का बच्चा अजय मात्र 14 माह का था। एस.एम. चाहते थे कि उसे पिता का भरपूर स्नेह प्राप्त हो जाये और वह उन्हें पहचानने लगे। इस जेल यात्रा के दौरान ताराबाई एवं अजय को कितना कष्ट हुआ होगा इसकी कल्पना ही उन्हें दु:खी कर देती थी। एस.एम. के मित्र शंकर राव आगाशे ने चेक बुक पर हस्ताक्षर करके ताराबाई को दे दिये थे। और आवश्यकता के अनुरूप धन निकाल लेने का कहा था। जेल न जाने का तीसरा कारण था कि एस.एम. को राष्ट्र सेवा दल को प्रमुख चुना गया था। उसकी रचनात्मक गतिविधियों में वह लग गए। हिन्दुत्ववादियों को राष्ट्रीय धारा से अलग करना अत्यावश्यक था। इन सभी परिस्थितियों से गुजरते हुए एस.एम. अभी संभले ही थे कि 1942 के अंतिम निर्णायक स्वतंत्रता संग्राम का समय आ गया।

बिखाड़ी सम्मेलन में एस.एम. के भाषण के पहले (जिसमें उन्हें एक वर्ष का कारावास हुआ था) 1940 की मार्च में रामगढ़ में काँग्रेस का अधिवेशन हुआ था। उसमें बाबू राजेन्द्र प्रसाद के स्थान पर मौलाना आजाद काँग्रेस के राष्ट्रीय अध्यक्ष बने थे। काँग्रेस ने इस अधिवेशन में प्रस्ताव पारित किया था कि काँग्रेस को "पूर्ण स्वराज्य" के अतिरिक्त कुछ नहीं चाहिए। इसी प्रकार साम्प्रदायिक समस्या का समाधान संविधान सभा के बिना नहीं हो सकेगा। काँग्रेस हिन्दू और मुसलमानों को "एक कौम" मानती है और दोनों में सौहार्दपूर्ण रिश्तों की कामना करती है।

रामगढ़ काँग्रेस के तुरन्त बाद ही मुस्लिम लीग का सम्मेलन हुआ। उसने अपने राजनीतिक प्रस्ताव में पहली बार "पाकिस्तान" शब्द का इस्तेमाल करते हुए "एक स्वतंत्र एवं सार्वभौम मुस्लिम राष्ट्र" की माँग की। मुस्लिम लीग का कहना था कि यदि पूर्ण स्वराज्य प्राप्त होता है, तो हिन्दुओं के लिए होगा। मुसलमानों को स्वराज्य उसके पहले एक राज्य देने की अंग्रेजों को घोषणा करनी पड़ेगी। मुस्लिम लीग को भय था कि स्वराज्य के पश्चात स्वतंत्र राष्ट्र में हिन्दुओं का बहुमत होगा और तब वह मनमानी करेंगे। इन विषम परिस्थितियों में काँग्रेस पर शिकंजा कस रहे थे। उधर सुभाष बाबू देश से फरार होकर बाहर चले गए। यह घटना अत्यन्त रोमांचक थी। जयप्रकाश जी को गिरफ्तार कर देवली जेल में भेज दिया गया।[76]

1942 का नया वर्ष घटनाओं से भरा हुआ था। सुभाष बाबू फरार होकर जर्मनी पहुँच गए थे। उनकी आवाज रेडियो पर सुनकर हिन्दुस्तानी झूम उठते थे। फरवरी 1942 में जापान तेजी से बढ़ता हुआ नजर आया। 6 मार्च को रंगून गिर गया। अंडमान-निकोबार सेवा दल शैक्षणिक संस्था है। शिक्षण का एक महत्वपूर्ण अंग है युवा पीढ़ी और जनता को नवभारत के निर्माण के लिए संस्कार देना। विषमता की नींव पर नवभारत का निर्माण और विकास नहीं हो सकता। महात्मा गाँधी का अस्पृश्यता-विरोधी अभियान तथा पुरुषों की तरह स्त्रियों को भी पुरुषार्थ का अवसर देने का उनका आग्रह, उसी के द्योतक थे उनका यह भी आग्रह था कि अन्य हिन्दुओं की तरह दलितों को भी मंदिरों में प्रवेश मिलना चाहिए।'

"महात्मा गाँधी के साथ एक रूप और राष्ट्र सेवा दल को अपना प्राणवत् मानने वाले पूज्य साने गुरु जी को पंढरपुर के विठोबा मंदिर में दलितों के प्रवेश पर बंदिश असह्य हो उठी। उन्होंने उसके विरोध में अनशन करने की घोषणा की। परन्तु सेनापति बापट ने उन्हें समझाया कि एकाएक अनशन करना उचित न होगा, उससे पहले जनता को अपनी बात के औचित्य का विश्वास दिलाना आवश्यक है। इस पर गुरु जी ने अनशन का कार्यक्रम छह महीने के लिए स्थगित कर दिया और उस अवधि में महाराष्ट्र-भर में दौरा करके लोगों को अपनी बात विस्तार से समझायी। सेनापति बापट भी उनके साथ थे। राष्ट्र सेवा दल के आरंभ से ही वे उसके लिए नये युग के अनुरूप कल्पनाएँ तथा संस्कार प्रदान करने वाली कविताएँ देते रहे थे। वे केवल कवि नहीं, अभिनेता भी है। गुरु जी के इस दौरे में उन्होंने "महाराष्ट्र शाहीर" के नाम से "कला-पथक"(कला-टोली) का गठन करके उसके जरिये लोक शिक्षा का काम प्रभावशाली ढंग से किया। कला-पथक के विकास में प्रसिद्ध मराठी साहित्यकार पु.ल. देशपांडे ने भी बहुत योगदान किया। महाराष्ट्र के "तमाशा" लोकनाट्य की शैली में लिखा हुआ उनका "पुढारी पाहिजे" (नेता चाहिए) बहुत ही लोकप्रिय हुआ। आज महाराष्ट्र और देश-भर में कुशल कलाकारों के रूप में चर्चित स्मिता पाटील, निलु फुले, राम नगरकर, मधु कदम इन सभी की कला-प्रतिभा सबसे पहले राष्ट्र सेवा दल के कला-पथक में ही प्रकट हुई। स्वयं ये कलाकार भी यह बात सार्वजनिक रूप से कह चुके हैं।"

कला-पथक के माध्यम से महाराष्ट्र में एक और महत्वपूर्ण बात हुई। स्त्रियों पर जो बंधन थे, वे ढीले हुए। आज अपनी लड़कियों को नृत्य, गायन आदि कलाएँ सिखाने के लिए लोग उत्साह से आगे आ रहे हैं। इसका थोड़ा-बहुत श्रेय सेवा दल के कार्य-कलाप को देना ही पड़ेगा। राष्ट्रीय स्वयंसेवक संघ की शाखाएँ केवल लड़कों तक सीमित थीं। लड़कियों का उसमें प्रवेश नहीं था। सेवा दल में ऐसा नहीं था। एक ही मैदान में लड़कों और लड़कियों की शाखाएँ लगतीं। स्त्रियों के साथ समानता का व्यवहार करने की शिक्षा सेवा दल में आरंभ से ही दी जाती थी।

फरवरी के प्रथम सप्ताह में सतारा में सेवा दल की भव्य रैली हुई। ग्यारह-बारह हजार सैनिकों ने उसमें भाग लिया। विशेष महत्व की बात यह रही कि इनके लिए रोटियाँ आस-पास के गाँवों के लोगों ने स्वेच्छा से बनाकर भेजी थी! केवल दाल-सब्जी शिविर में तैयार होती थीं। इससे प्रकट होता है कि सेवा दल का काम किस तरह गांव-गांव में पहुँच रहा था। लोकशिक्षा का अर्थ केवल शहरी लोगों को शिक्षा देना नहीं होता।[77]

एस.एम. का मिल मजदूरों के लिए किये गये कार्य का बिन्दुवार विवरण इस प्रकार है-

1. 1930 में जी.आई.पी. रेलवे मजदूरों की हड़ताल पुणे में बहुत दिन चली। उनका मार्गदर्शन काका साहब गाडगिल कर रहे थे। एस.एम. का मजदूर आन्दोलन का यह पहला अनुभव था। उन्होंने हड़ताली मजदूरों के लिए चन्दा एकत्र किया था। इस हड़ताल के कारण ही उन्होंने मजदूर आन्दोलन में प्रवेश किया था।

2. 1934 में मुम्बई कार्यकारिणी कामगार यूनियन एवं अखिल भारतीय कपड़ा कामगार यूनियन का सम्मेलन मुम्बई में हुआ। उसमें एस.एम. ने भाग लिया।

3. 1936 में साबरमती जेल से छूटने के बाद एस.एम. श्रमिकों के आन्दोलन में भाग लेने लगे। उन्होंने अपने अनुभव से काफी सीख लिया था। प्रारम्भ में एस.एम. ने पुणे में छोटे-मोटे बर्तन कारखानों में काम करने वाले कामगारों को संगठित कर उन्हें न्याय दिलाने का प्रयास किया। ये कामगार व्यापारियों से ताँबा-पीतल की चादरें लाकर बरतन बनाते थे। किन्तु व्यापारी उन्हें वाजिब कीमत नहीं देते थे। उनकी आर्थिक स्थिति नहीं सुधरती थी। एस.एम. बर्तन कामगारों की यूनियन बनाकर हड़ताल शुरू कर दी। अंत में समझौता हुआ। हड़ताल समाप्त हो गयी और कामगारों की काफी मांगें मान ली गयीं। इस प्रकार एस.एम. की यह पहली विजय थी।

4. एस.एम. ने पुणे एवं मुम्बई में श्रमिकों के मध्य कार्य करना प्रारम्भ किया। द्वितीय महायुद्ध के समय प्रतिरक्षा विभाग के विभिन्न डिपो, वर्कशॉप, एम्यूनिशन फैक्ट्रियों में लाखों कामगार नियुक्त किये गए थे। युद्ध की समाप्ति के बाद छँटनी प्रारम्भ हो गई। इस पर नाना साहब गोरे एवं विनायक राव कुलकर्णी ने यूनियन बनाकर डिफेंस मजदूरों के लिए आन्दोलन प्रारम्भ किया। डिफेंस फेडरेशन के कमांड वर्कशॉप यूनियन के एस.एम. अध्यक्ष एवं मैथ्यू मंत्री चुने गए। मैथ्यू को डिफेंस फैक्ट्री में निकाले जाने पर एस.एम. ने भूख हड़ताल कर दी। मैथ्यू को वापस लिया गया। यह एस.एम. की भारी सफलता थी।

5. डिफेंस फेडरेशन देश की प्रतिष्ठित यूनियन थी जिसके सदस्यों की संख्या एक लाख से ऊपर थी। इसके तीन अंग थे। तीनों को एक कर "आल इण्डिया डिफेंस फेडरेशन" का गठन किया गया। एस.एम. उसके महामंत्री थे। 1964 में जब वह प्रसोपा के राष्ट्रीय अध्यक्ष बने तो उन्हें अपने पद से हटना पड़ा। उन्होंने मैथ्यू को महामंत्री बना दिया। मजदूरों को सलाह मशविरा देने के लिए वह स्वयं उपाध्यक्ष बन गए।
6. एस.एम. ने स्टेट बैंक कर्मचारियों को संगठित किया। स्टेट बैंक आफ इण्डिया के मुम्बई, कलकत्ता, दिल्ली, मद्रास चार सर्किल थे। चारों को एकत्र कर एक फेडरेशन बनायी गयी, जिसके अध्यक्ष एस.एम. हुए।

इसी प्रकार एस.एम. की गणना एक अखिल भारतीय स्तर से सफल मजदूर नेता के रूप में हुई। मजदूरों की मांगों के समर्थन में उन्होंने अनेक आन्दोलन चलाये और सफलता पाई।[78]

एस.एम. जोशी की जीवन यात्रा

12 नवंबर 1904	-	जन्म (जन्नर, महाराष्ट्र)
15 दिसंबर 1905	-	पिताजी की मृत्यु
जून 1908	-	न्यू इंग्लिश स्कू (पुणे) में दाखिला
जून 1925	-	फर्ग्युसन कॉलेज (पुणे) में दाखिला
23 दिसंबर 1926	-	स्वामी श्रद्धानंद की हत्या
13 अक्टूबर 1929	-	पर्वती सत्याग्रह
10 मई 1930	-	अलीबाग में पहली गिरफ्तारी
22 जुलाई 1931	-	हॉटसन पर गोली दागने की खबर अखबार को भेजी
6 जनवरी 1932	-	मंगल भवन में गिरफ्तारी और पुणे छावनी की सीमा

		में नजरबंदी
23 मार्च 1932	-	नजरबंदी का बंधन तोड़ने पर दो साल का सपरिश्रम कारावास
21-22 अक्टूबर 1934	-	काँग्रेस सोशलिस्ट पार्टी का प्रथम अधिवेशन (बंबई)
4 दिसंबर 1934	-	कॉ. एम.एन. राय की रिहाई की मांग करने वाली सभा बोलने पर 2 वर्ष का सपरिश्रम कारावास
1 अगस्त 1936	-	साबरमती जेल से रिहाई
11 अगस्त 1939	-	विवाह
10 जून 1940	-	युद्ध-विरोधी भाषण के कारण एकवर्ष की कैद
अप्रैल 1941	-	राष्ट्र सेवा दल का प्रमुख-पद
27 जून 1942	-	मातृ-वियोग
9 अगस्त 1942 से 18 सितंबर 1943 तक	-	भूमिगत जीवन
6 अप्रैल 1946	-	नजरबंदी से मुक्ति[79]

सन्दर्भ ग्रन्थ सूची

क्र० सं०	पुस्तक व लेखक के नाम	पृष्ठ सं०
1.	युग और विचार - आचार्य नरेन्द्र देव	पृ० सं०-268
2.	भारतीय समाजवाद के शिल्पी-मुख्तार अनीस	पृ० सं०-22
3.	भारतीय समाजवाद के शिल्पी-मुख्तार अनीस	पृ० सं०-24
4.	भारतीय समाजवाद के शिल्पी-मुख्तार अनीस	पृ० सं०-25-26
5.	भारतीय समाजवाद के शिल्पी-मुख्तार अनीस	पृ० सं०-26-27
6.	आचार्य नरेन्द्र देव जन्मशती ग्रन्थ	पृ० सं०-3
7.	भारतीय समाजवाद के शिल्पी-मुख्तार अनीस	पृ० सं०-29-30
8.	भारतीय समाजवाद के शिल्पी-मुख्तार अनीस	पृ० सं०-31-32
9.	राष्ट्रीय समाजवाद आचार्य नरेन्द्र देव	
10.	भारतीय समाजवाद के शिल्पी-मुख्तार अनीस	पृ० सं०-40
11.	भारतीय समाजवाद के शिल्पी-मुख्तार अनीस	पृ० सं०-41
12.	भारतीय समाजवाद के शिल्पी मुख्तार अनीस	पृ० सं०-46
13.	भारतीय समाजवाद के शिल्पी-मुख्तार अनीस	पृ० सं०-48
14.	20 फरवरी 1956 को राज्य सभा में व्यक्त शोकोदगार	
15.	भारतीय समाजवाद के शिल्पी-मुख्तार अनीस	पृ० सं०-20-21

16. भारतीय समाजवाद के शिल्पी-मुख्तार अनीस पृ० सं०-20-21

17. राष्ट्रीय समाजवाद आचार्य नरेन्द्र देव नृ० सं०-56

18. समाजवाद और जे०पी० – डॉ. अमर ज्योति पृ० सं०-82

19. आचरण की भाषा-राममनोहर लोहिया पृ० सं०-19

20. आचार्य नरेन्द्र देव – जगदीश चन्द्र दीक्षित पृ० सं०-66

21. आचार्य नरेन्द्र देव – जगदीश चन्द्र दीक्षित पृ० सं०-67-68

22. भारतीय समाजवाद के शिल्पी-मुख्तार अनीस पृ० सं०-67

23. भारतीय समाजवाद के शिल्पी-मुख्तार अनीस पृ० सं०-69

24. भारतीय समाजवाद के शिल्पी-मुख्तार अनीस पृ० सं०-69-70

25. भारतीय समाजवाद के शिल्पी-मुख्तार अनीस पृ० सं०-70-71

26. भारतीय समाजवाद के शिल्पी-मुख्तार अनीस पृ० सं०-74

27. सम्पूर्ण क्रान्ति का आहवान – जे०पी० का भाषण

28. भारतीय समाजवाद के शिल्पी – मुख्तार अनीस पृ० सं०-76-77

29. भारतीय समाजवाद के शिल्पी – मुख्तार अनीस पृ० सं०-80

30. भारतीय समाजवाद के शिल्पी – मुख्तार अनीस पृ० सं०-81

31. भारतीय समाजवाद के शिल्पी – मुख्तार अनीस पृ० सं०-82-83

32. भारतीय समाजवाद के शिल्पी – मुख्तार अनीस पृ० सं०-84

33. भारतीय समाजवाद के शिल्पी – मुख्तार अनीस पृ० सं०-90

34. भारतीय समाजवाद के शिल्पी – मुख्तार अनीस पृ० सं०-93

35. राममनोहर लोहिया – आचरण की भाषा राम राय कमल

36. भारतीय समाजवाद के शिल्पी – मुख्तार अनीस पृ० सं०-114

37. भारतीय समाजवाद के शिल्पी – मुख्तार अनीस पृ० सं०-115

38. भारतीय समाजवाद के शिल्पी – मुख्तार अनीस पृ० सं०-116

39. भारतीय समाजवाद के शिल्पी – मुख्तार अनीस पृ० सं०-117

40. भारतीय समाजवाद के शिल्पी – मुख्तार अनीस पृ० सं०-118

41. आत्म कथा मधुलिमये पृ० सं०-13

42. आत्म कथा मधुलिमये पृ० सं०-31

43. भारतीय समाजवाद के शिल्पी-मुख्तार अनीस पृ० सं०-242

44. भारतीय समाजवाद के शिल्पी मुख्तार अनीस पृ० सं०-245

45. भारतीय समाजवाद के शिल्पी-मुख्तार अनीस पृ० सं०-246

46. भारतीय समाजवाद के शिल्पी-मुख्तार अनीस पृ० सं०-248

47. भारतीय समाजवाद के शिल्पी-मुख्तार अनीस पृ० सं०-251-52

48. भारतीय समाजवाद के शिल्पी-मुख्तार अनीस पृ० सं०-256

49. भारतीय समाजवाद के शिल्पी-मुख्तार अनीस पृ० सं०-257

50. भारतीय समाजवाद के शिल्पी-मुख्तार अनीस पृ० सं०-263-64

51. भारतीय समाजवाद के शिल्पी-मुख्तार अनीस पृ० सं०-265

52. डॉ. राममनोहर लोहिया-आचरण की भाषा-राम राय कमल पृ० सं०-62

53. आत्म कथा मधुलिमये पृ० सं०-69

54. आत्म कथा मधुलिमये पृ० सं०-70

55. आत्म कथा मधुलिमये पृ० सं०-75

56. आत्म कथा मधुलिमये पृ० सं०-111

57. आत्म कथा मधुलिमये पृ० सं०-122

58. आत्म कथा मधुलिमये पृ० सं०-130

59. भारतीय समाजवाद के शिल्पी-मुख्तार अनीस पृ० सं०–243

60. भारतीय समाजवाद के शिल्पी-मुख्तार अनीस पृ० सं०-250

61. भारतीय समाजवाद के शिल्पी-मुख्तार अनीस पृ० सं०-251

62. भारतीय समाजवाद के शिल्पी-मुख्तार अनीस पृ० सं०-262

63. भारतीय समाजवाद के शिल्पी-मुख्तार अनीस पृ० सं०-263

64. भारतीय समाजवाद के शिल्पी-मुख्तार अनीस पृ॰ सं॰-266-268

65. भारतीय समाजवाद के शिल्पी-मुख्तार अनीस पृ॰ सं॰-271

66. भारतीय समाजवाद के शिल्पी-मुख्तार अनीस पृ॰ सं॰-294

67. भारतीय समाजवाद के शिल्पी-मुख्तार अनीस पृ॰ सं॰-296

68. भारतीय समाजवाद के शिल्पी-मुख्तार अनीस पृ॰ सं॰-279-280

69. भारतीय समाजवाद के शिल्पी-मुख्तार अनीस पृ॰ सं॰-284

70. भारतीय समाजवाद के शिल्पी-मुख्तार अनीस पृ॰ सं॰–286

71. यादों की जुगाली – एस॰एम॰ जोशी पृ॰ सं॰-11

72. भारतीय समाजवाद के शिल्पी-मुख्तार अनीस पृ॰ सं॰–278

73. भारतीय समाजवाद के शिल्पी-मुख्तार अनीस पृ॰ सं॰-279

74. भारतीय समाजवाद के शिल्पी-मुख्तार अनीस पृ॰ सं॰-280–281

75. आत्म कथा मधुलिमये

76. भारतीय समाजवाद के शिल्पी-मुख्तार अनीस पृ॰ सं॰-283

77. भारतीय समाजवाद के शिल्पी-मुख्तार अनीस पृ॰ सं॰-296

78. भारतीय समाजवाद के शिल्पी-मुख्तार अनीस पृ॰ सं॰-295

79. भारतीय समाजवाद के शिल्पी-मुख्तार अनीस पृ॰ सं॰-300

अध्याय – तीन

डॉ. राम मनोहर लोहिया का जीवन परिचय

3.1 डॉ. राम मनोहर लोहिया का जीवन परिचय:

समाजवादी आन्दोलन के आधार स्तम्भ, स्वतंत्रता संग्राम के महान योद्धा, देश की राजनीतिक दिशा को परिवर्तित करने तथा गति देने में कुशल, अपनी धुन के पक्के डॉ. राम मनोहर लोहिया का जन्म 23 मार्च सन 1910 बैसाख शुक्ल 3 (अक्षय तृतीया) को उत्तर प्रदेश के अकबरपुर (अम्बेडकर नगर जिला हो गया है, किन्तु तहसील का नाम अकबरपुर ही है) जिला फैजाबाद (अब 'अयोध्या') में हुआ था। पिता का नाम हीरा लाल लोहिया तथा माता का नाम चन्द्री देवी था। लोहे का कारोबार करने के कारण परिवार के साथ लोहिया शब्द का विशेषण जुड़ गया। वह लगभग ढाई वर्ष के थे कि माता का स्वर्गवास हो गया। उनका पालन पोषण इनकी दादी ने किया। यह परिवार मिर्जापुर से व्यापार के उद्देश्य से फैजाबाद आया था और अकबरपुर में आबाद हो गया। तमसा नदी अकबरपुर को दो भागों में बाँटती है। अकबरपुर और शहजादपुर। लोहिया परिवार शहजादपुर में रहता था। लोहिया की प्रारम्भिक शिक्षा यही टण्डन पाठशाला में हुई। पांचवीं कक्षा में उनका प्रवेश विशेश्वरनाथ विद्यालय में कराया गया। डॉ. लोहिया के पिता हीरालाल लोहिया का रुझान स्वतंत्रता संग्राम की ओर था। व्यापार के उद्देश्य से वह मुम्बई गये तो बालक राम मनोहर को भी साथ लेते गये, जहाँ मारवाड़ी विद्यालय से उन्होंने 1925 में मैट्रिक की परीक्षा उत्तीर्ण की। किन्तु हीरालाल लोहिया को कारोबार के कारण बनारस वापस आना पड़ा। इस प्रकार लोहिया की आगे की शिक्षा वाराणसी में हुई, जहाँ 1927 में उन्होंने काशी विश्वविद्यालय से इण्टर की परीक्षा अच्छे नम्बरों से पास की। विद्यासागर विद्यालय कलकत्ता से बी.ए.

पास किया। राम मनोहर लोहिया का राजनीतिक जीवन कलकत्ता से प्रारम्भ हुआ। इसी नगर में वह राजनीति में सक्रिय हुए।[1]

राम मनोहर लोहिया जिस समय स्नातक के विद्यार्थी थे। देश का राजनीतिक वातावरण उग्र था। 1928-29 में भारत की वास्तविक स्थिति जानने के लिए साइमन साहब की अध्यक्षता में एक कमीशन ब्रिटिश सरकार ने हिन्दुस्तान भेजा था जिसमें कोई हिन्दुस्तानी प्रतिनिधि नहीं था। इसलिए साइमन कमीशन का भारत आने पर उग्र विरोध हुआ। गो बैक साइमन के नारे से सम्पूर्ण देश गुंजायमान हो गया। साइमन कमीशन विरोधी आन्दोलन में लोहिया शामिल हुए थे तथा उन्हें कुछ समय के लिए दण्डित किया गया था। कलकत्ता में अखिल भारतीय विद्यार्थी फेडरेशन के सम्मेलन में लोहिया शरीक हुए थे। इस सम्मेलन में अध्यक्ष पं. जवाहर लाल नेहरू तथा स्वागताध्यक्ष सुभाष चन्द्र बोस थे। इन दोनों राष्ट्रीय विभूतियों के दर्शन लोहिया ने कलकत्ता में किए थे। 1929 में राम मनोहर ने बी.ए. ऑनर्स की परीक्षा उच्च श्रेणी में उत्तीर्ण की। लोहिया उच्च शिक्षा ग्रहण करने के उद्देश्य से तथा अर्थशास्त्र में पी.एच.डी. की डिग्री प्राप्त करने के लिए विदेश जाना चाहते थे किन्तु उनके पिता की आर्थिक स्थिति अच्छी नहीं थी। अत: कुछ धर्मार्थ संस्थाओं की सहायता से वे इंग्लैण्ड जा सके। किन्तु वहां राम मनोहर का मन उचट गया वह एक पराधीन देश के नागरिक है, यह भावना उनके मन को कचोट रही थी। कुछ लोगों ने उन्हें सलाह दी कि यदि वे आधुनिक एवं तार्किक विषयों का अध्ययन करना चाहते हैं, तो उन्हें जर्मनी जाना चाहिए। इस कारण उन्होंने जर्मन की यात्रा की तथा बर्लिन में जाकर रुके। यूरोप में बर्लिन दर्शन शास्त्र का प्रमुख केन्द्र था। मार्क्स ऐजेन्स तथा ही गेल का इसी धरती पर जन्म हुआ था। समाजवादी दर्शन ने सम्पूर्ण विश्व को प्रभावित किया है तथा समता मूलक समाज के निर्माण की कल्पना करने वाले लोगों को समाजवादी दर्शन ने चकाचौंधित कर दिया था। एक समय में विश्व को दो गुटों पूंजीवादी तथा समाजवादी में हमने बंटा हुआ देखा है। समाजवादी विचारधारा का जन्म जर्मन में ही हुआ। यहां कार्ल मार्क्स एवं एंजेल्स ने इस विचारधारा को वैज्ञानिक रूप दिया तथा लेनिन ने इस विचारधारा की नींव पर नये समाज की रचना की। यह समाज शोषण से मुक्त समानता की बुनियाद पर आधारित था।[2]

भारतीय समाजवाद के इतिहास में डॉ. राम मनोहर लोहिया (1910-1967) अपने प्रखर विचारों और लड़ाकू व्यक्तित्व के लिए याद किए जाते हैं। देश की राजनीति में उनकी गणना सबसे जुझारू व्यक्तित्व में की जाती है। पर अपने निर्भय व्यक्तित्व के द्वारा उन्होंने समाजवादी आन्दोलन को गति दी। जहाँ तक भारतीय समाजवादी चिन्तन का प्रश्न है, इस दिशा में आचार्य नरेन्द्र देव और डॉ. लोहिया का श्रेय सबसे अधिक है। राम मनोहर लोहिया का जन्म 1910 में हुआ था और उनके पिता हीरालाल कट्टर देशभक्त थे। लोहिया ने 1928

में “साइमन वापस जाओ’ आन्दोलन में कलकत्ता के विद्यार्थियों की अगुवाई की। 1929 में कलकत्ता से बी.ए. करने के बाद वे जर्मनी गये। जहाँ उन्होंने 1932 में “नमक और सत्याग्रह” नामक शोध प्रबन्ध लिखा और बर्लिन विश्वविद्यालय से डॉक्टरेट प्राप्त की। जर्मनी में लोहिया समाजवादी विचारों के सम्पर्क में आए। विद्वानों ने लिखा है कि “जिन समाजवादियों से वे परिचित थे उनमें जर्मन प्रजातान्त्रिक समाजवादी शूमचर तथा ब्रिटिश समाजवादी ब्रेल्सफोर्ड प्रमुख है। लोहिया के समाजवादी चिन्तन पर आरम्भिक प्रभाव ही गेल और मार्क्स की विचारधारा का है, जो इस समय जर्मनी में बहुत प्रभावी थी। 1933 में भारत लौटकर वे राष्ट्रीय स्वतंत्रता संग्राम में सक्रिय भाग लेने गये इस प्रकार लोहिया के समाजवादी चिन्तन पर आरम्भिक प्रभाव पश्चिम के समाजवादियों का हो सकता है। उसके बाद दूसरा प्रभाव महात्मा गांधी के व्यक्तित्व का है। जो विशेषता यह है कि उन्होंने लिखा है, “यहाँ सबसे बड़ा सवाल यह उठता है कि हिन्दुस्तान का समाजवादी आन्दोलन अपने पैरों पर भी खड़ा हो सकता है या उसे हमेशा दक्षिण या वामपंथी बैसाखियों की जरूरत पड़ती रहेगी।” लोहिया ने अपने चिन्तन के द्वारा भारत और एशिया के लिए एक नया समाजवाद प्राप्त करना चाहा और जो उनके चिन्तन और कर्म दोनों में देखा जा सकता है।[3]

सन् 1942 में कक्षा-4 में पढ़ता था। 9 अगस्त को सुबह एक अजनबी छात्र नेता आजमगढ़ से आया था और सारे प्राइमरी और मिडिल स्कूल के छात्रों को इकट्ठा करके भाषण देने लगा। मैं भी इन श्रोताओं में एक था। उसने क्रान्ति करो या मरो। “गाँधी”, “आजाद”, “इन्कलाब जिन्दाबाद” जेल आदि शब्दों को मिलाकर जो व्याख्या की, उसका मिला-जुला असर यह था कि पूरे छात्रों की जमात पहले पोस्ट ऑफिस की ओर बढ़ी और सारे कागजों को जलाकर रेलवे स्टेशन की ओर चली। वहाँ भी कार्यालय को तहस नहस करके जब छात्र खम्बों पर चढ़कर तार काटने लगे तब तक पुलिस की एक टुकड़ी लाठियां मारती हुई हम लोगों को दौड़ाई। कितनी तेज रफ्तार से भागे और घण्टों तक पलटकर यह देखने का साहस भी नहीं हुआ कि पीछे पुलिस वाले आ रहे हैं या नहीं। लोहिया और जयप्रकाश की सभाओं में उन दिनों असंख्य भीड़ उमड़ती थी और इनके नाम उस समय के नौजवानों के लिए एक प्रकार की किवदन्ती बन गये थे।[4]

भारतीयता लोहिया के आचरण और चिन्तन में बहुत गहरे धंसी हुई थी। चाहें उनकी भाषा, वेषभूषा, रहन-सहन किसी भी पक्ष की देख जाये तो वे पूरी तरह भारतीय थे, उनकी उच्चतम शिक्षा जर्मनी में हुई थी परन्तु उनके आचरण में कहीं भी विदेशी तत्व दिखलाई नहीं पड़ता था। वे धोती-कुर्ता पहनते थे। जाड़ों में एक सदरी या कोट ऊपर से डाल लेते थे। उन्हें कभी भी मिली-जुली भाषा का प्रयोग करते नहीं देखा गया था यद्यपि वे अनेक भाषाएं जानते थे। जर्मनी, अंग्रेजी, बंगला,

मराठी, हिन्दी को वे अच्छी तरह जानते थे लेकिन जब वे हिन्दी भाषा बोलते थे, तो दूसरी भाषाओं का घालमेल नहीं करते थे। उनका यह प्रयास तो अवश्य होता था कि जो शब्द विदेशी भाषाओं में आकर हिन्दी में रच-बस गये हैं, उन्हें प्रयोग करने में संकोच न किया जाय, किन्तु यह उनके लिए स्वीकार्य नहीं था कि अंग्रेजी के सार्वजनिक प्रयोग के द्वारा जनमानस को फिर से पराधीनता की मानसिकता की ओर ढकेला जाय। उन्हें अंग्रेजी भाषा में छपी हुई पुस्तकों या पत्र-पत्रिकाओं से कोई परहेज नहीं था। किन्तु वे सार्वजनिक स्थानों पर अंग्रेजों के प्रयोग को विदेशी दासता की पहचान मानते थे। अपने राजनैतिक जीवन के प्रारम्भिक दौर में उनकी यह भाषा दृष्टि इस सीमा तक साफ नहीं थी। सारे नेतागण अंग्रेजी का प्रयोग निःसंकोच भाव से करते थे। किन्तु आजादी मिलने के पश्चात लोहिया जी की भाषा की दृष्टि क्रमशः साफ होती चली गयी। और वे संकल्पपूर्वक केवल हिन्दी भाषा में ही बोलने और लिखने लगे। उन्हें इस बात का बहुत पछतावा था कि उनके जीवन के अमूल्य बीस वर्ष अंग्रेजी लिखने-पढ़ने में चले गये।

वे लोकसभा के लगभग चार वर्षों तक सदस्य रहे थे किन्तु कभी भी उन्होंने लोकसभा में अंग्रेजी में व्याख्यान नहीं दिया। अंग्रेजी को भारत के सार्वजनिक जीवन से हटाने के लिए उन्होंने एक देशव्यापी "अंग्रेजी हटाओ आन्दोलन" छेड़ा था। जिसके तहत हजारों लोग जेल गये थे। उन्होंने स्वयं हैदराबाद में अपने कुछ साथियों के साथ सड़कों और सार्वजनिक स्थानों से अंग्रेजी के नाम पट्टों को काली स्याही से पोतने का अभिमान चलाया था। बहुतों को उनका यह कदम अपरिपक्व नजर आता था किन्तु वे अपनी निष्ठा में इतने दृढ़ थे कि उन्हें विचलित नहीं किया जा सकता था। उनके आह्वान पर पूरे देश में अंग्रेजी हटाओ सम्मेलन जगह-जगह पर हुए और सत्याग्रह किया गया। स्वयं हैदराबाद में उन्होंने अखिल भारतीय अंग्रेजी हटाओ सम्मेलन किया था जिसका उद्घाटन प्रसिद्ध वैज्ञानिक प्रो. सत्येन बोस ने किया था।

डॉ. लोहिया के चरित्र की यही सबसे बड़ी विशेषता थी कि जो वे सोचते थे वही करते थे और वही बोलते थे। कर्म, चिन्तन और वाणी की यह परिपूर्ण एकता लोहिया को दूसरे राजनीतिज्ञों से अलग करती है। डॉ. लोहिया का देहावसान 12 अक्टूबर 1967 को रात 1.05 मिनट पर हुआ था।[5]

3.2 राजनीति में प्रवेश:

1928-29 बी.ए. विद्यार्थी होने के साथ-साथ डॉ. लोहिया भारतीय राजनीति में सक्रिय भाग लेने लगे थे। वह अखिल भारतीय विद्यार्थी संगठन के सक्रिय कार्यकर्ता

के रूप में प्रतिष्ठित हो चुके थे। 1928 में भारत में अंग्रेजी शासन ने साइमन कमीशन भेजा उसका उद्देश्य इस बात की जांच करना था कि क्या भारत में ऐसा वातावरण है कि वहाँ एक स्वायत्त शासन चल सकेगा। काँग्रेस को ब्रिटिश पार्लियामेंट की यह नीति गलत लगी। पूरे देश में साइमन कमीशन के विरोध में बड़ी तेजी से आन्दोलन चल पड़ा। डॉ. लोहिया ने इस आन्दोलन में सक्रिय भाग लिया। प्रदर्शन संगठन आदि सभी क्षेत्रों में इनका बड़ा सहयोग रहा। साइमन कमीशन के इस आन्दोलन में लोहिया पकड़े तो नहीं गये पर कलकत्ता में काँग्रेसजनों में इनकी एक पहचान बन गयी। विद्यार्थियों और युवाजनों में अग्रणी तो हो ही गये थे। बंगाली विद्यार्थियों में भी बहुत लोकप्रिय हो गये थे। इसी लोकप्रियता के कारण यंग विद्यार्थी संगठन के वह एक सक्रिय कार्यकर्ता भी हो गये।[6]

डॉ. लोहिया के स्वदेश लौटने के पूर्व महात्मा गाँधी नमक सत्याग्रह कर चुके थे। इस उद्देश्य से गांधी जी ने दांडी मार्च किया था। लाखों देशवासियों ने नमक सत्याग्रह में हिस्सा लिया था तथा नमक कानून को तोड़ा था। सरोजनी नायडू के नेतृत्व में धरासणा (गुजरात) में नमक सत्याग्रह किया था। जिसमें लोहिया के पिता हीरालाल लोहिया भी सम्मिलित हुए थे। धरासणा में काँग्रेसी सत्याग्रहियों के साथ पुलिस ने नितान्त बर्बर व्यवहार किया था। सत्याग्रहियों पर पुलिस ने निर्ममता पूर्वक प्रहार किया था। इस लोमहर्षक घटना से सम्पूर्ण विश्व स्तब्ध था। इसकी खबर जर्मनी में भी पहुंच गयी थी जिससे लोहिया विचलित हो उठे थे। जर्मन के समाचार पत्रों ने इस घटना पर उग्र लेख लिखे थे तथा इसे लोकतंत्र के लिए कलंक बताया था। हीरालाल लोहिया ने धरासणा सत्याग्रह की विस्तृत सूचना राम मनोहर लोहिया को भेजी थी। जिससे वह बहुत चिन्तित और दु:खी थे। उसी समय लीग ऑफ नेशंस का जेनेवा में सम्मेलन हो रहा था। जिसमें भारत का प्रतिनिधित्व बीकानेर के महाराजा गंगा सिंह कर रहे थे। डॉ. लोहिया तथा उनके मित्र डॉ. मेमेजिस ने किसी प्रकार दर्शक दीर्घा के पास प्राप्त कर लिए जैसे ही महाराजा बिकानेर ने भाषण में ब्रिटिश शासन का गुणगान करना प्रारम्भ किया दोनों युवकों ने जोरदार सीटी बजाकर उनका प्रतिरोध किया। सभा के अध्यक्ष रोमानिया के टिटेलेल रक्यू थे। उन्होंने दोनों युवकों को देखा तथा मुख पर मुस्कान बिखेरते हुए इन्हें सभा से बाहर करने का आदेश दिया इस प्रकार लोहिया ने पराधीन भारत का सच्चा प्रतिनिधि अपने को सिद्ध किया तथा बीकानेर के राजा के असत्य भाषण का प्रतिरोध किया। यह घटना जर्मनी के मुख्य समाचार पत्रों में प्रकाशित हुई। लोहिया ने भारत की वास्तविक स्थिति पर लीग ऑफ नेशंस में पर्चे वितरित करके अंग्रेजी सत्ता को बेनकाब किया।[7]

3.3 डॉ. लोहिया सांसद के रूप में:

डॉ. लोहिया के लोकसभा में आने के पहले वह (लोहिया के शब्दों में) बच्चों को तहजीब सिखाने की एक पाठशाला थी। नेहरू जी के व्यक्तित्व एवं काँग्रेस की सदस्य संख्या से प्रतिपक्ष आतंकित था। यही कारण था कि 1963 से पूर्व नेहरू सरकार के विरुद्ध लोकसभा में अविश्वास प्रस्ताव तक पेश नहीं हो सका। ऐसा लोहिया के वहां पहुंचने के बाद ही हो सका। श्री नेहरू के आतंक का उदाहरण उस दिन मिला जिस दिन लोहिया लोकसभा में पहुंचे। प्रसोपा के सदस्य श्री हेम बरुआ के एक प्रश्न के उत्तर में पं. नेहरू ने अत्यन्त रूखे ढंग से कहा आप बैठ जाओ इससे अधिक उत्तर नहीं दिया जा सकता। हेम बरुआ तो बैठ गये किन्तु इस अहंकारपूर्ण जवाब से डॉ. लोहिया तिलमिला गये। उन्होंने कहा प्रधानमंत्री नौकर है, सदन मालिक है। नौकर को मालिक को सन्तुष्ट करना होगा। संसदीय जीवन में पहली बार प्रधानमंत्री को ऐसा सुनना पड़ा। अपने मालिक के अपमान से काँग्रेसी सांसद तिलमिला गये। एक शोर उठा वापस लो यह असंसदीय भाषा है। लोहिया ने कहा इस तरह के चपरासी नेहरू ने बहुत पाल लिए हैं, मैं इस झूठ से डरने वाला नहीं। नेहरू ने कहा डॉ. लोहिया सदन में पहली बार आये हैं, उन्हें संसदीय आचरण सीखना होगा। डॉ. लोहिया ने तुरन्त कहा आपको भी जान लेना चाहिए कि आपको अब बदलना होगा। नेहरू का सारा अहंकार चूर-चूर हो गया। समाचार पत्रों ने इस घटना को बहुत महत्व दिया था। अविश्वास प्रस्ताव जिसे आचार्य कृपलानी ने प्रस्तुत किया था पर लोहिया एक घण्टा बोले थे। समय की कमी थी, सदस्यों ने अपना समय देकर लोहिया को विस्तार से बोलने का अवसर दिया था। श्री नेहरू कागज व कलम लेकर लोहिया के भाषण को नोट कर रहे थे। श्री नेहरू की अज्ञानता का उपहास करते हुए लोहिया ने कहा हजारों एकड़ जमीन बेकार पड़ी है जिसे जोत कर खेती लायक बनाया जा सकता है, किन्तु प्रधानमंत्री ने नया नुस्खा दिया है, गमले में खेती करो।

मकान की छत पर खेती करो, सम्पूर्ण सदन हँसी से लोट-पोट हो गया। नेहरू की अज्ञानता पर यह जबरदस्त हमला था। लोहिया ने कहा- प्रधानमंत्री के कुत्ते पर आठ रुपया प्रतिदिन खर्च होता है। जबकि 27 करोड़ लोगों की आमदनी तीन आने रोज है। तो सदन स्तब्ध हो गया। पं. नेहरू ने उत्तर देना चाहा तो लोहिया ने यह कहकर कि खेती और कल कारखाने का ज्ञान आपको बहुत कम है, नेहरू को बिठा दिया। एक बार फिर नेहरू ने जब अपनी बात कहनी चाही तो लोहिया ने कहा जिन अर्थशास्त्री ने आपको नोट दिया है, वह गलत है बहुत पछताओगे आप कहकर नेहरू के सलाहकारों की विद्वता को चुनौती दे डाली। अविश्वास प्रस्ताव पर लोहिया ने ऐतिहासिक भाषण पर पूरा संसद मंत्रमुग्ध था। यहाँ तक कि काँग्रेसी भी प्रसन्न थे। डॉ. लोहिया ने उनकी भावना जान ली थी इसीलिए उन्होंने

कहा मेरे विरोध में और इस सरकार के समर्थन में वह चाहे जितनी तालियां बजाये किन्तु घर जाकर वह कहेंगे लोहिया ने खूब भाषण दिया। उसने हमारे दिल की बात कह दी।[8]

डॉ. लोहिया 1963 में संसद के सदस्य हो गये। दूसरी ओर उनके गैर काँग्रेसवाद उभरकर सामने आया। डॉ. लोहिया को लगा यदि सारी विरोधी पार्टियां तालमेल करके सीटों का बंटवारा करके लड़े, न्यूनतम कार्यक्रम पर समझौता करके गैर काँग्रेसी विरोधी पार्टियां बनाये तो काँग्रेस की बराबर हार हो सकती है। गैर काँग्रेस का बीजारोपण लोहिया के मन में यहीं से प्रारम्भ हुआ।

लेकिन इससे भी ज्यादा महत्वपूर्ण था लोहिया का संसद में प्रवेश करना। लोहिया ने संसद में पहुंचकर अकेले अपने दम पर भारतीय संसद का चरित्र बदल दिया। लोग समझते थे कि डॉ. लोहिया के संसद में पहुंच जाने से संसद के काम में रोड़े ज्यादा अटकेंगे और काम कम होगा, लेकिन अपने अल्पकालिक संसदीय जीवन में संसद ही नहीं अपितु पूरे देश का मन मोह लिया था।[9]

डॉ. राम मनोहर लोहिया ने लोकसभा की परिभाषा देते हुए कहा "जनतंत्र का मतलब है लोकसभा, लोकसभा का अर्थ है बहस और तर्क। बहस का अर्थ है सच्चाई यानी जिस तरह तौलते समय बटखरों का वजन बदलना अपराध है, उसी तरह तर्क के अर्थों को अपनी सुविधा के अनुसार बदलना, स्वीकार करना, झुठलाना, भी अपराध मानना चाहिए। जहाँ सच नहीं है, वहाँ बहस नहीं हो सकती। जहाँ बहस नहीं है, वहाँ लोकसभा नहीं है। जहाँ लोकसभा नहीं है वहाँ जनतंत्र नहीं हो सकता है। इसी प्रकार लोहिया ने लोकसभा की प्रक्रिया और कार्यविधि पर भी कई महत्वपूर्ण बातें कहीं। उन्होंने कहा जनतंत्र के लिए आज्ञाकारिता भी खतरनाक है और अवज्ञा भी। आज देश में जहाँ भय सा है, वहीं आशा बढ़ गयी है और जहाँ आज्ञाकारिता है वहाँ अवज्ञा। "कानून में मात्रा भेद आवश्यक है।"

लोकसभा अध्यक्ष की वास्तविक स्थिति और उसके दायित्व पर बोलते हुए उन्होंने कहा "आप जिस कुर्सी पर बैठे हो वह ठण्डी कुर्सी है। और मैं जिस जगह खड़ा हूँ वह गर्मी की कुर्सी है। हमारा काम है गर्मी के द्वारा देश में शक्ति सृजन करना और आपका काम है इन दोनों कामों के बीच में सन्तुलन रखते हुए किसी तरह से काम को निभाना। संविधान की दीवार को सिकोड़िये मत, बढ़ाने की कोशिश कीजिए। लोहिया ने लोकसभा में सेक्युलरिज़्म पर बोलते हुए कहा - "जिस एक अंग्रेजी शब्द ने हमारा बड़ा नुकसान किया है, वह है सेक्युलरिज़्म। सेक्युलरिज़्म का अर्थ बहुत कम लोग जानते हैं। धर्मनिरपेक्ष जिसे कहते हैं तो वह इसका बड़ा छोटा अर्थ है। सेक्युलरिज़्म का अर्थ है इहलोक वादी।[10]

लोहिया को बचपन से ही राजनीति में भाग लेने की रुचि थी। इस सम्बन्ध में उनके ऊपर पिता श्री हीरालाल का प्रभाव पड़ा। इसके लिए वंशानुगत चरित्र तथा पारिवारिक वातावरण दोनों ही ने प्रेरित किया था। सन् 1918 में हीरालाल इन्हें अहमदाबाद कांग्रेस अधिवेशन में ले गए थे। जहां उन्होंने उस समय के सभी बड़े नेताओं के दर्शन किए। अगस्त सन् 1920 में जब लोकमान्य तिलक की मृत्यु हुई तो इन्होंने स्कूल के विद्यार्थी साथियों को हड़ताल के लिए प्रेरित किया। गांधी जी के आह्वान पर एक वर्ष के लिए पढ़ाई छोड़ दी। सन् 1924 में अपने पिता के साथ गया कांग्रेस सम्मेलन में गए तथा सन् 1926 में गोहाटी कांग्रेस में गए। लोहिया खादी पहनने लगे थे। वह प्रथम गैर बंगाली व्यक्ति थे जिन्होंने बंगाल की राजनीति में प्रमुख स्थान प्राप्त किया था।[11]

बर्लिन में रहकर लोहिया भारतीय राजनीतिक घटनाओं पर दृष्टि रख रहे। शोध सामग्री में भारतीय आंदोलन का अध्ययन किया। सन् 1933 में भारत लौटने के बाद उन्होंने कांग्रेस पार्टी के माध्यम से सक्रिय राजनैतिक जीवन प्रारम्भ किया।

जुलाई सन् 1929 में डॉ. लोहिया उच्च अध्ययन के लिए अग्रवाल सभा कलकत्ता की सहायता से इंग्लैण्ड गए। लोगों का विचार था कि लोहिया यदि लंदन जाकर ऊंची शिक्षा ले आवें तो प्रतिष्ठा अधिक बढ़ेगी पर लोहिया जाना चाहते थे बर्लिन। इसके पीछे उनका तर्क था कि जो देश हमारे देश पर हुकूमत करे, उस देश में शिक्षा लेने से हमारी मानसिक गुलामी बढ़ेगी।

एक दिन इंग्लैण्ड के एक पुस्तकालय में लोहिया बड़ी देर तक किताबों में ही उलझे रहे। तब पुस्तकालय में प्रबंधक ने पूछा कि वे किस विषय की पुस्तक चाहते हैं। इसी बहाने दोनों में बातें होने लगीं। जब प्रबन्धक को पता लगा कि वह नौजवान अभी भी निश्चय नहीं कर पाया है कि कहां पढ़े तो उसने सहज भाव से अपनी राय प्रकट की कि यदि कुछ नया सीखना हो तो इंग्लैण्ड का मोह छोड़ो, और बर्लिन जाओ। वहां विचारों की ताजगी मिलेगी। एक क्षण भी न लगा। लोहिया ने तत्काल निर्णय कर लिया कि वे बर्लिन जायेंगे और तब एक सप्ताह इंग्लैण्ड में काटना उनके लिए कठिन हो गया और वे बर्लिन के लिए रवाना हो गए।[12]

बर्लिन पहुंचकर लोहिया जी ने बर्लिन विश्वविद्यालय में अपना नाम लिखाया। विश्वविद्यालय के नियम के अनुसार लोहिया जी को अपना प्रोफेसर निदेशक चुनना था। लोहिया जी ने तत्कालीन प्रोफेसर बर्नर जोम्बार्ट का नाम प्रख्यात अर्थशास्त्री के रूप में सुन रखा था। लोहिया जी ने बर्नर जोम्बार्ट को अपना प्रोफेसर निदेशक चुना। लोहिया अपने प्रोफेसर के पास गए तथा अंग्रेजी में बात करते रहे। बर्नर जोम्बार्ट ने काफी देर के बाद

कहा कि मैं अंग्रेजी नहीं जानता हूं। लोहिया जी काफी शर्मिन्दा हुए और कहा कि जर्मन भाषा सीखकर आपसे शीघ्र ही मिलूंगा। तीन मास पश्चात् लोहिया जी जर्मन भाषा को सीखकर बर्नर जोम्बार्ट के पास गए। लोहिया जी की अपने काम के प्रति लगन देखकर प्रोफेसर साहब मुग्ध हो गए।

जर्मनी राष्ट्र की कुछ अजीब ही स्थिति थी। आर्थिक दृष्टि से जर्मनी की हालत बहुत खराब थे। विभिन्न विचारों वाले अनेक राजनैतिक गुटों में आपसी झगड़े अपनी चरम सीमा पर थे। जर्मनी की राजनीति प्रतिक्षण बदल रही थी। हिटलर का उदय हो चुका था, और पीड़ित जर्मन कौम पर उसका प्रभाव तेजी से बढ़ता जा रहा था।

इधर इन दिनों अपने देश भारतवर्ष का राजनीतिक वातावरण बहुत गरम था। सन् 1930 की शुरुआत में महात्मा गाँधी की अगुआई में नमक कानून तोड़ा ओर सिविल नाफरमानी (सविनय अवज्ञा) आंदोलन आरम्भ हो गया था। इसी वर्ष 12 मार्च के दिन महात्मा गाँधी ने अपनी प्रसिद्ध डाण्डी यात्रा प्रारंभ की और पूरे 250 मील पैदल चलकर 6 अप्रैल के दिन उन्होंने समुद्र किनारे नमक बनाकर नमक कानून तोड़ा। इसका असर यह हुआ कि पूरे देश में नमक कानून तोड़ा जाने लगा।[13]

हजारों स्थानों पर अंग्रेजी सरकार ने निहत्थे, अहिंसक सत्याग्रहियों पर लाठी चलाई। धारासना नामक स्थान पर महिला सत्याग्रही सरोजिनी नायडू की अगुवाई में सत्याग्रह करने वाले देश सेवकों की तो पुलिस ने इस सीमा तक पिटाई की कि वे बेहोश तक हो गए। इसी धारासना सत्याग्रह के पहले जत्थे पर पुलिस के अत्याचारों को झेलने वाले लोगों में एक प्रमुख सत्याग्रही थे- हीरालाल लोहिया। हीरालाल जी ने देश की समस्त स्थिति तथा धारासना सत्याग्रह का आंखों देखा तथा अनुभव किया वर्णन अपने पुत्र राम मनोहर के पास एक पत्र में विस्तारपूर्वक लिखा।

जर्मनी की तत्कालीन राजनीतिक परिस्थिति की कशमकश उसके बीच रहने वाले एक स्वाभिमानी देशभक्त युवक राम मनोहर लोहिया के मन पर अपने पिता का पत्र पढ़कर क्या-क्या प्रतिक्रियाएं हुई होंगी इसका अन्दाज ही लगाया जा सकता है। सात समुंदर पार एक विदेशी छात्रावास में बैठा युवक, एक भारतीय युवक जो 23 मार्च को लाहौर में भगतसिंह जैसे वीर को फांसी दिए जाने के समाचार से पहले ही क्षुब्ध बैठा था, उसके मन में धारासना काण्ड ने जैसे एकाएक हाहाकार पैदा कर दिया। मन में उमड़ते इस हाहाकार और क्षुब्ध वातावरण की प्रतिक्रिया को तत्काल प्रकट होने का अवसर भी मिल गया।

बर्लिन में बैठे युवक राम मनोहर ने जब यह धोखाधड़ी का वर्णन अखबारों में पढ़ा तो वह इस झूठ को बेनकाब करने को तड़प उठे। तत्काल लोहिया ने निर्णय कर लिया कि लीग

की बैठक के समय सभागृह के भीतर प्रदर्शन किया जाये, पर लीग की बैठक में दर्शक बनकर गैलरी तक जाना भी कोई आसान काम न था। बहुत प्रयत्न करने पर भी सभागृह में जाने का प्रबन्ध न हो सका।

वहीं लोहिया के एक सहपाठी भी थे, गोवा वासी जूलिया मेनेजिस। उन्हें भी लोहिया ने इस अभियान ने अपना साथी बनाया। लीग के दफ्तर में काम करने वाले एक भारतीय का पता चला। उसे अपनी योजना के बारे में कुछ न बताकर लोहिया और मेनेजिस ने लीग की बैठक की कार्यवाही देखने की तीव्र इच्छा प्रकट की। दफ्तर के उस भारतीय बाबू ने किसी प्रकार दोनों के लिए पास की व्यवस्था कर दी। बैठक के समय दोनों साथी चुपचाप सीधे-सादे ढंग से जाकर सभागृह के ऊपरी कक्ष में दर्शकों के स्थान पर बैठ गए। ज्यों ही भारत के प्रतिनिधि महाराजा बीकानेर उठकर बोलने लगे, विश्व के समस्त राष्ट्रों के प्रतिनिधियों को भारत में अंग्रेजी राज की झूठी शान-शौकत का मिथ्या वर्णन सुनाना प्रारंभ किया कि उन्हें रोकने और सभी का ध्यान भंग करने को लोहिया ने तत्काल दर्शक कक्ष से ही सीटी मारी।

'लीग ऑफ नेशंस' की बैठक का सभागृह एक दिलजले भारतीय नौजवान की सीटी से चौंक उठा। यह एक अभूतपूर्व आकस्मिक घटना थी। जहां जिस सभागृह में आलपिन न गिरे, जहां पत्ता भी न खड़के, वहाँ एक व्यक्ति के भाषण में अवरोध व्यक्त करने के लिए इतने साहस के साथ सीटी बजाई जाय, वह एक सचमुच बड़ी गंभीर घटना थी।

स्वाभाविक ही था कि इस घटना का वर्णन भारत के अखबारों में छपता। उतना ही स्वाभाविक यह भी था कि भारतवासियों की दृष्टि विदेश में इस प्रकार निर्भीकता पूर्वक भारत का पक्ष प्रस्तुत करने वाले इस नौजवान की ओर उठती। इस घटना से लोहिया के प्रति समस्त भारत आकर्षित हुआ। इस घटना के दिनों में लोहिया बड़ी उत्तेजित मानसिक स्थिति में रहे। इन्हीं दिनों की एक और घटना है। लोहिया एक दिन मोटर पर सैर को निकले। शहर के बाहर आकर वे मौज मस्ती में सत्तर-अस्सी मील घण्टा की रफ्तार से मोटर चलाने लगे, तभी सामने से आते एक ठेले से टक्कर हो गई। हुआ यों कि दूसरी ओर से आता ठेला बिना रोशनी ही गलत पटरी से आ रहा था। इस ठेले में एक किसान सब्जी भरकर ले जा रहा था, टक्कर लगने से सब्जी तो छितराई ही ठेले में बैठी किसान की मां भी नीचे लुढ़क गई। पर किसी को कोई खास चोट नहीं आई, लेकिन किसान बुरी तरह नाराज हो उठा तथा पुलिस को बुलाने के लिए भी कहा, और कहा कि जब तक पुलिस को न लिवा लाऊँ तब तक तुम्हें यहीं ठहरना होगा और यदि तुम न ठहरे तो मैं तुम्हारा सिर फोड़ दूँगा, बोलो "ठहरे रहोगे या नहीं"।

लोहिया ने निर्भीकतापूर्वक कहा "हां-हां जरूर ठहरूंगा", पर आधे घण्टे से अधिक नहीं। इतना समय तुम्हारे पुलिस बुला लाने को काफी है। "अच्छा ठीक है" कहकर किसान पुलिस बुलाने चला गया। उसके दिमाग में यह बात जाने क्यों नहीं आई कि ठहरने को कहकर भी कोई आदमी भाग भी सकता है, फिर जो भाग जाय, उसका सिर वो कैसे फोड़ेगा।

किसान चला गया। लोहिया खड़े प्रतीक्षा करते रहे। दस मिनट, पन्द्रह मिनट, किसान व पुलिस का कहीं पता नहीं, दूसरे राहगीरों ने कहा कि यों उसकी प्रतीक्षा में रुकना बेवकूफी है, पर लोहिया ने कहा "नहीं मैंने आधे घण्टे तक इंतजार करने को कहा है, उतनी देर तो अवश्य ही रुकूंगा।" और आधे घण्टे बाद किसान अकेला ही लौटा, पुलिस को गालियां देता हुआ आया। आकर उसने लोहिया से कहा "देखा न! शासन व्यवस्था तो बुरी है ही, यह पुलिस तो और ज्यादा निकम्मी है। जब पुलिस की जरूरत नहीं होती तब चारों ओर मण्डराती है, और जनता के व्यक्तिगत जीवन में हस्तक्षेप करती है, और जब भी कभी आवश्यकता होती है, तो खोजे नहीं मिलती। लोहिया ने तत्काल किसान को सहलाया "ठीक कहते हो। यह यहां की नहीं, सारी दुनिया की पुलिस का चरित्र है।" किसान को अपना दर्द बंटा सा लगा। वह प्रसन्न हो गया गया और फिर दोनों में दोस्ती हो गई।

बर्लिन के विद्यार्थियों में पढ़ाई के साथ ही राजनीति में रुचि लेने की आदत थी। इसी वातावरण का असर था कि लोहिया भी बर्लिन में शिक्षा काल में राजनीति से छूटे न रह सके थे। उनकी प्रेरणा से वहां के प्रवासी भारतीय विद्यार्थियों ने एक संस्था बनाई, मध्य-यूरोप हिन्दुस्तानी संघ। लोहिया इस संस्था के मंत्री बने। सम्भवत: भारत के बाहरी प्रवासी मुल्क की वह पहली संस्था थी। जिसने भारतीय राष्ट्रीयता के प्रचार का कार्य किया।

3.4 डॉ. लोहिया मंत्रिमण्डल के सदस्य के रूप में:

डॉ. राम मनोहर लोहिया काँग्रेस राष्ट्र विभाग के मंत्री तथा विदेशी विषयों के अच्छे जानकार थे। 1940 में उन्होंने काँग्रेस को सलाह दी कि वह सत्याग्रह के लिए तैयार हो जाय। उन्होंने कहा जर्मनी के दुश्मन खुद साम्राज्यवादी हैं। और ज्यों-ज्यों लड़ाई जोर पकड़ती जाती है त्यों-त्यों दूसरी शक्तियों के साथ उनकी प्रवीणता भी निश्चित रूप से साम्राज्यवादी ढंग का ही होती जायेगी। दुनिया की जो शक्तियाँ आक्रमण, प्रभुत्व और विदेशी शासन को दूर करने के लिए आतुर हैं, उनको बिना किसी विलम्ब के एक मंच पर एकत्र हो जाना चाहिए।[14]

इसके साथ उन्होंने कहा- 1. सभी कौम आजाद होगी, 2. सब जातियां समान हैं, 3. दूसरे देश में दूसरे देश की सरकार और उसके अधिकारियों की लगी साख और पूँजी रद्द कर दी जायेगी, 4. पूर्ण नि:शस्त्रीकरण। सत्याग्रह करना ब्रिटेन की हाल की हारों का फायदा उठाने का प्रयत्न नहीं है। इसके खिलाफ उन हारों के प्रति और उस ब्रिटेन के प्रति, जो हिटलर को सब तरह से हराने को आतुर है, भारत की जिम्मेदारी बहुत बढ़ा दी है।[15]

इस प्रकार हम देखते हैं कि समाजवादियों के सामने किसी भी शर्त पर देश की स्वतंत्रता मुख्य है। इस नीति से वे कभी विचलित नहीं होते हैं। 1927 में कॉंग्रेस ने कहा था संसार में तभी शान्ति स्थापित हो सकती है जबकि युद्ध के मुख्य कारण नष्ट हो जाय और एक देश का दूसरे देश पर राज्य, शासन और दमन समाप्त हो जाय। भारत साम्राज्यवादी युद्धों में कभी भी भाग नहीं लेगा।[16]

1936 में उन्हें नेहरू जी ने कांग्रेस पार्टी के विदेश विभाग का मंत्री नियुक्त किया था। जहां लोहिया जी ने अत्यंत सराहनीय कार्य किया था। 1942 के पश्चात उनकी नेहरू भक्ति भावना में अंतर आ गया था। उनका आरोप था कि 1942 के आंदोलन के दौरान नेहरू जी ने अंग्रेजों के प्रति भक्ति भावना प्रदर्शित की थी। 1940 में भारत विभाजन की बातचीत के समय उन्होंने देखा कि नेहरू जी किसी भी कीमत पर शासन में जाने की तीव्र इच्छा करने लगे। इसी बात पर लोहिया जी उनके आलोचक बन गए। आजादी के बाद लोहिया जी ने अलग विरोधी दल का गठन करके नेहरू सरकार के प्रमुख कट्टर विरोधी की भूमिका निभाई। स्वतंत्रता के पूर्व अपवादों को छोड़कर लोहिया जी नेहरू के आलोचक रहे हैं। जैसा कि कहा जाता है कि लोहिया जी को नेहरू जी से व्यक्तिगत चिढ़ थी। कई बार लोहिया जी ने स्पष्ट किया था कि यदि नेहरू प्रधानमंत्री जैसे सर्वोच्च पद पर न होते तो नाम लेने की जरूरत नहीं थी।[17]

आर्थिक कसौटी पर सदैव नेहरू सरकार के आलोचक रहे। जहाँ नेहरू ने बड़े उद्योग, आधुनिकीकरण पर जोर दिया वहीं लोहिया जी ने कुटीर एवं लघु उद्योगों पर जोर दिया। उनकी नकल उनके सहकारी तथा शहरों गाँवों के छोटे बड़े नेहरू करते हैं। इस कारण आलोचना अनिवार्य हो जाती है। नेहरू की सिद्धांतहीनता, ठाठ बाट, गोरी दुनिया का आकर्षण और उनकी नकल करने की चाह से लोहिया ने नेहरू के विचारों की आलोचना की। लोहिया मानते थे कि भारत जैसे कृषि प्रधान देश में प्रथम अवस्था जो कि अर्द्ध विकसित अवस्था है, मार्क्स व अन्य सिद्धांतों से व बड़े उद्योगों का विकास संभव नहीं है। यहां पर कृषि पर ही 80 प्रतिशत जनता आश्रित है। कृषि पर आधारित उद्योगों से ही कृषि और देश की उन्नति हो सकती है।

लोहिया जी ने एक बार लोकसभा में स्पष्ट किया था और कहा था कि यदि विचार प्रणाली पर प्रहार करना है तो उसके मुख्य प्रवक्ता और प्रतीक पर हमला करना पड़ता है।

3.5 डॉ. लोहिया विपक्षी नेता के रूप में :

जीवन में लोहिया ने रचनात्मक बहसों और तर्कों से संसद ही का नहीं पूरे देश का मन मोह लिया। भारतीय संसदीय जीवन के अक्षुण्ण 15 वर्षों में पहली बार संसद में सरकार के विरुद्ध अविश्वास का प्रस्ताव 21 अगस्त 1963 को रखा गया। प्रस्ताव केवल एक वाक्य का था - **"यह सदन मंत्री परिषद के प्रति अविश्वास प्रकट करता है"**, इस अविश्वास प्रस्ताव पर बोलते हुए लोहिया ने सरकार की बखिया उधेड़ दी। **उन्होंने कहा, "सैकड़ों परिवार (कुटुम्ब) 25 रुपये माह यानी 60 करोड़ आदमी आठ आने रोज पर अपना जीवन निर्वाह करते हैं, जबकि प्रधानमंत्री के कुत्ते पर आठ रुपये रोज खर्च होते है" उन्होंने कहा, "खेत मजदूर 12 आने रोज कमाता है और प्रधान मंत्री के ऊपर 25 हजार रुपये खर्च होते हैं।'**

डॉ. लोहिया ने जब इन आंकड़ों को संसद में प्रस्तुत किया तो सन्नाटा छा गया। डॉ. लोहिया की तीन आने रोज वाली बात पर सारे के सारे मंत्रियों में खलबली मच गयी। प्रधानमंत्री ने लोहिया के आंकड़ों को गलत बताया तो लोहिया ने चुनौती दे दी कि यदि उनके आंकड़े गलत साबित हो जाएंगे तो वह राजनीति से संन्यास ले लेंगे अन्यथा प्रधानमंत्री को त्याग-पत्र देना होगा। बहस एक हफ्ते तक चली लेकिन लोहिया की विजय हुई।[18]

पहले दिन से लेकर जीवन पर्यन्त जब तक डॉ. लोहिया संसद में रहे वह संसदीय प्रणाली के जितने भी नियम कायदे थे उसका इस्तेमाल करके सरकार को निरन्तर कटघरे में खड़ा रखते रहे। लोहिया ने कई अमूल्य बातें कही। तब उनकी बहसों की आलोचना करते हुए उनके ऊपर दोषारोपण लगाया गया कि संसद में वह ऐसी बातें कहते हैं, जिससे अन्तर्राष्ट्रीय स्तर पर भारत का सिर नीचा होता है तो लोहिया ने कहा "सत्य के प्रकाशित होने से राष्ट्र का सिर नीचा नहीं होता, संसद को तो आइने के समान होना चाहिए। जिसमें राष्ट्र का मानस साफ-साफ चित्रित हो।' इन्हीं संसदीय बहसों में जन आन्दोलन के समर्थन में बोलते हुए उन्होंने ने कहा- जब बाहर की राजनीति और आन्दोलन तीव्र हो जाते हैं। तब संसद का चरित्र भी प्रखर होता है और जब संसद के बाहर की राजनीति और आन्दोलन ठण्डे पड़ जाते हैं तब संसद का रूप निर्जीव होता है"। इन्हीं संसदीय बहसों में सरकार और जनता के रिश्तों पर बहस करते हुए डॉ. लोहिया ने कहा - "मतदाता को चाहिए कि

वह सरकारों को तवे के ऊपर जैसे-रोटी उलटी-पुलटी की जाती है, इसी प्रकार सरकारों को भी उलटती-पलटती रहे ताकि वह यथास्थिति वादी न हो।" इन्हीं संसदीय भाषणों पर बोलते हुए यह भी कहा "जिन्दा कौमें पांच साल तक खामोश नहीं बैठती है। वह या तो सरकारों को शुद्ध करती है या उन्हें हटाती है।"[19]

चीनी आक्रमण पर बोलते हुए डॉ. लोहिया ने कहा "चीन हमारे देश पर हमला किए हुए है। युद्ध है, फिर भी भारत राष्ट्रसंघ में चीन की सदस्यता के लिए पैरवी करता है। कोई लड़का अपनी माँ के बलात्कारी के साथ अपनी माँ की शादी करवाने की इच्छा करें, यह कैसी बात है।"

लोहिया के इस कटु बयान से संसद के लोगों ने हो हल्ला मचाना शुरू किया। लोहिया ने सरकार की दमन नीति, पंचवर्षीय योजना ने सबकी बखिया उधेड़ दी। गुलजारी लाल नन्दा जो उस समय योजना मंत्री थे डॉ. लोहिया की बहस का जवाब देना शुरू किया लेकिन लोहिया ने जब नन्दा की बहस का उत्तर देते हुए कहा - "उत्तर प्रदेश जैसे गरीब प्रदेश का यह दुर्भाग्य है कि मुझ जैसा निकम्मा आदमी और प्रधानमंत्री जैसा अज्ञानी आदमी इस सूबे का प्रतिनिधत्व यहां करते हैं।" भारत की विदेश नीति पर उन्होंने बोलते हुए कहा था कि भारत सरकार शरीर के हिसाब से अमरीका की हो गयी है और मन के हिसाब से रूस की। जब शरीर और मन अलग-अलग हो जाया करते हैं, तो शरीर ज्यादा महत्वपूर्ण रहता है। भारत सरकार को आला सम्मान के साथ अपनी एक नीति ऐसी बनानी चाहिए। जिससे न सिर्फ अरब और इसराइल बल्कि ऐसे जितने इलाके हैं, जिनको साम्राज्यवादियों ने तोड़ा है, उनको जोड़ा जाय।[20]

डॉ. लोहिया ने विश्व बन्धुत्व, सत्याग्रह, सिविल नाफरमानी, विश्व नागरिकता और विश्व चेतना के बारे में भारतीय चेतना का सही रूप प्रस्तुत किया। तीसरी बात थी भारत की विदेश नीति की संकीर्णता और यथार्थवादी दृष्टि की आलोचना। भारत की विदेश नीति पर काफी चर्चाएं हुई और काफी धुन्ध साफ हुई। चौथी महत्वपूर्ण बात यह थी कि यूरोप और पिछड़े देशों के बीच क्या रिश्ते हैं और क्या होने चाहिए और इस बात पर भारत की वास्तविक नीति क्या होनी चाहिए इसको संसार के सामने रखा जाय। पांचवीं बात यह कि आर्मी का और रूस के आणविक हथियारों की होड़ से जो विश्व के सर्वनाश का चित्र प्रस्तुत हो रहा है उससे कैसे-कैसे लड़ा जा सकता है। और गाँधी की नीति को कैसे कार्यान्वित किया जा सकता है। इस पर काफी विचार विमर्श करना जरूरी था।[21]

लोहिया का रास्ता दूसरा था। उन्होंने कभी सरकार या सरकार में रहने वालों से दोस्ती नहीं की। उनका अलगाव जितना सरकार से था। उतना ही सरकार चलाने वालों से। इसी प्रकार उन्होंने कभी अपने में बदलाव का अनुभव नहीं किया। वे एक मात्र समाजवादी थे, जो आरम्भ से मार्क्सवादी नहीं थे। जर्मनी के जिस घटना का उल्लेख हो चुका है उससे स्पष्ट है कि लोहिया कभी भी मार्क्सवादी नहीं थे। मार्क्सवाद का प्रभाव सम्भव है। किन्तु कट्टरता नहीं थी। इसकी खुली स्वीकृति भी नहीं। उन्होंने मार्क्सवाद का प्रभाव स्वीकार किया किन्तु बार-बार आलोचना ही करते रहे। आचार्य जी ने मार्क्सवाद को अपने ढंग से समझा था। जयप्रकाश को कम्युनिस्टों द्वारा उसका कार्यान्वयन गलत लगा था। किन्तु लोहिया जी को उसके चिन्तन में ही कमी लगी थी। उनकी दृष्टि में मार्क्सवाद पिछड़े देशों की मुक्ति नहीं गुलामी का साधन है। भारत का शायद ही कोई समाजवादी होगा जिसने मार्क्स का गाँधी जी के अतिरिक्त और किसी के बारे में सोचा होगा किन्तु लोहिया तो पहले तो मार्क्स और हीगेल के आधार पर इतिहास का निष्कर्ष एक पाते है। मार्क्स एवं हीगेल के फलितार्थ में अन्तर नहीं है। दोनों का मूल परिणाम एक ही है।" अन्य समाजवादियों ने हीगेल को छोड़ दिया था। लोहिया ने मार्क्स को भी छोड़ दिया।[22]

डॉ. राम मनोहर लोहिया की जीवन यात्रा-

जन्म	:	23 मार्च सन 1910, बैशाख शुक्ल 3 (अक्षय तृतीया) अकबरपुर जिला, फैजाबाद, उत्तर प्रदेश
पिता	:	श्री हीरालाल लोहिया
माता	:	चंद्री देवी
खानदान	:	व्यापारी, अनेक पीढियों से लोहे का व्यापर चला आ रहा था। दादाजी के भाई कांग्रेस प्रेमी, पिताजी कांग्रेस के कार्यकर्ता, सविनय अवज्ञा सत्याग्रह आंदोलन (1930-32) में गिरफ्तार ।
प्राथमिक और माध्यमिक शिक्षा	:	अकबरपुर और बंबई में, इसी अवधि में पंडित जवाहरलाल नेहरू के अकबरपुर में अपने घर में नजदीक से दर्शन, बंबई

		में महात्मागांधी के भी नजदीक से दर्शन, 1925 में मैट्रिक परीक्षा उत्तीर्ण।
महाविद्यालयीन शिक्षा	:	काशी और कलकत्ते में, गौहाटी के कांग्रेस अधिवेशन में सहयोग, कलकत्ते में विद्यार्थी संघटन का कार्य अखिल बंगाल विद्यार्थी परिषद, नेहरू अध्यक्ष,राममनोहर विषयनियामक समिति के सदस्य, नेहरू से निकट संपर्क 1929 में बी.ए. (ऑनर्स) प्रथम श्रेणी में उत्तीर्ण ।
उच्च शिक्षा	:	बर्लिग (जर्मनी) के हम्बोल्ट विश्वविद्यालय में 1929 में अर्थशास्त्र में डाक्टरेट की उपाधि के अध्ययन के लिए प्रवेश, स्वतंत्र्यवादी भारतीय विद्यार्थी संघटन में सक्रिय, प्रिटन जिनेवा के लीग आफ नेशन्स के अधिवेशन में ब्रिटिश विरोधी निषेध प्रदर्शन, 1933 में पीएच.डी. उपाधि प्राप्त की और मातृभूमि में लौट आए। जब जर्मनी में थे तभी आजीवन राजनीति के क्षेत्र में काम करने का निर्णय।
1933	:	कलकत्ता के विद्यार्थी जगत में कार्य किया ।[23]
1934	:	कांग्रेस समाजवादी पक्ष की संस्थापना में सहयोग और पक्ष की राष्ट्रीय कार्यकारी समिति पर सदस्य के नाते नियुक्ति।
1934 से 36-37	:	कलकत्ता के विद्यार्थी और मजदूर आंदोलनों में सक्रिय, कांग्रेस सोशलिस्ट' के संपादक।
1936 से 37-39	:	इलाहाबाद में अखिल भारतीय कांग्रेस समिति के विदेश विभाग के प्रमुख के नाते काम। 1937 में केंद्रीय असेंबली के चुनावों में कांग्रेस के उम्मीदवार के नाते यंयन, परंतु चुनाव लडना स्वोकार नहीं किया। उत्तर प्रदेश

		में कांग्रेस के कार्यक्रमों में सहयोग, नेहरू से निकटता और स्नेह।
1936-37 से 1940-41	:	अधिकांशत: कलकत्ता में पक्ष कार्य ।
1937 से 1948	:	गाँधीजी के निकट संपर्क में।
1938-1942	:	द्वितीय महायुद्ध के मसले पर भारत की नीति क्या रहे, इस मुद्दे पर नेहरू के साथ मतभेद । सामूहिक सत्याग्रह के लिए गांधी जी के पास सतत और साग्रह प्रतिपादन।.
मई 1939	:	युद्ध विराम प्रचार के लिए युद्ध पूर्व गिरफ्तारी निर्दोष पाकर मुक्ति।
7 जून 1940	:	युद्ध विरोधी प्रचार के लिए युद्धकाल में दूसरी गिरफ्तारी, दो साल की सजा, और डेढ वर्ष के बाद रिहाई।
8 अगस्त 1942	:	बंबई के प्रसिद्ध भारत छोड़ो-अखिल भरतीय काँग्रेस समिति के अधिवेशन में प्रतिनिधि के नाते उपस्थित, प्रस्ताव पर भाषण ।
9 अगस्त 1942	:	भूमिगत, बंबई और कलकत्ता में कांग्रेस गुप्त रेडियों केंद्रों की स्थापना में नेतृत्व और गुप्त आकाशवाणी केन्द्र से कई भाषण दिए, अनेक भूमिगत पत्रकों और पुस्तिकाओं का लेखन-प्रकाशन–प्रसारण। देशभर में गुप्त संघटनाओं के गठन।
मई 1943	:	ब्रिटिया भारत सरकार के आदेश पर नेपाल सरकार ने नेपाल में लोहिया और जयप्रकाश को गिरफ्तार किया। क्रांतिकारियों के गुप्त दल में मुदत्त किया।
10 मई 1944	:	इक्कीस महीनों को भूमिगत कार्यवाहीयों के बाद बंबई में गिरफ्तारी, पहले लाहौर में, फिर आगरे में स्थानबद्धता। लाहौर के जेल में

		अमानुषिक यंत्रणाऐं। पिताजी का निधन, छुटटी पाकर जेल के बाहर जाने से इनकार, चौबीस महीनों के बाद जून 1946 में रिहाई।
जून 1946	:	कांग्रेस के महामंत्री पद का भार उठाने की नेहरू की विनती, लोहिया का मना करना, सत्तारूढ कांग्रेस नेताओं और कांग्रेस संघटना के पारस्परिक संबंधों को लेकर नेहरू के साथ मतभेद । अन्य मुद्दों पर भी मतभेद होने लगे।
18 जून 1946	:	मडगाँव-गोवा में मनाही-हुक्म को तोड़कर प्रकट सभा, गोवा सत्याग्रह आदोलन का शुभारंभ,गिरफ्तारी और दूसरे दिन रिहाई।
16 अगस्त 1946	:	चटगाँव, पूर्व बंगाल-मुस्लिम लीग के गढ़ में प्रकट सभा, जान से मारने की लीग के गुंडों की धमकी।
29 सितंबर 1946	:	मनाही हुक्म को तोड़कर गोवा में प्रवेश, गिरफ्तारी, नौ दिन के बाद रिहाई।
1946-47	:	लोहिया से प्रेरणा पाकर नेपाल कांग्रेस की स्थापना हुई, नेपाली जनता की मागों का प्रचार करने के लिए दार्जिलिंग में गिरफ्तारी और तुरंत रिहाई।
1946-47	:	विभाजन से पहले और बाद में हिंदू-मुस्लिम दंगों में गांधीजी के साथ कलकत्ता, दिल्ली और कुछ दिनों के लिए नोआखाली में शांति प्रस्थापना के काम में जुटे रहे।
फरवरी 1947	:	कांग्रेस समाजवादी पक्ष में कानपुर अधिवेशन के अध्यक्ष।
जून 1947	:	विभाजन के संबंध में अंतिम निर्णय के लिए आयोजित कांग्रेस वर्किंग कमेटी की बैठक में

		लोहिया और जयप्रकाश आमंत्रित सदस्य के नाते उपस्थित, विभाजन का दोनों ने सख्त विरोध किया।
29 जनवरी 1948	:	गाँधी जी से आखिरी भेंट
30 जनवरी 1948	:	गाँधी जी की हत्या।
मार्च 1948	:	कांग्रेस समाजवादी पक्ष कांग्रेस-त्याग का निर्णय, लोहिया ने कांग्रेस छोड़ दी।
1949	:	उत्तर भारत, की रियासतों की रैयत के संघर्ष का नेतृत्व।
मई 1949	:	दिल्ली में नेपाल दिवस के अवसर पर किए गए प्रदर्शन का नेतृत्व, गिरफ्तारी, स्वाधीन भारत में पहली बार कैद, लगभग डेढ़ महीने के बाद रिहाई।
सितंबर 1949	:	राजनीतिक नेता के नाते पहली बार विदेश यात्रा, स्टॉक होम के आयोजित विश्व सरकार सम्मेलन में उपस्थिति।
जनवरी 1950	:	रीवा (मध्य प्रदेश) के रियासत के संघर्ष में गिरफ्तारी और मुक्ति।
फरवरी 1950	:	हिंद किसान पंचायत के प्रथम अधिवेशन–(रीवा) के अध्यक्ष।
जून 1951	:	कागोहू-कर्नाटक में किसान सत्याग्रह के नेतृत्व के कारण गिरफ्तारी, नौ दिनों के बाद रिहाई।
जुलाई 1951	:	45 दिनों की अवधि की दूसरी बार विदेश यात्रा, फ्रैंकफर्ट (जर्मनी) में आयोजित अंतर्राष्ट्रीय समाजवादी सम्मेलन में भारत के प्रतिनिधि के नाते उपस्थिति, बाद में यूगोस्लाविया, जापान और अमेरिका का दौरा, अमेरिका में आइन्स्टिन से भेंट।

मार्च 1952	:	लोहिया के प्रयत्नों से एशियाई देशों के समाजवादियों का पहला अधिवेशन, एशियाई समाजवादी संघटना स्थापित करने का निर्णय ।
1952	:	पहले सार्वत्रिक चुनाव।
मार्च 1952	:	सार्वत्रिक चुनावों में समाजवादी पक्ष की हार की पृष्ठभूमि पर पचमढ़ी (मध्य प्रदेश) में पक्ष का अधिवेशन लोहिया अध्यक्ष थे।
सितंबर 1952	:	समाजवादी पक्ष और आचार्य कृपलानी के कृषक-मजदूर प्रजा पक्ष का विलीनीकरण और प्रजा समाजवादी पक्ष की स्थापना।
फरवरी 1953	:	कांग्रेस के साथ सहयोग के लिए नेहरू जयप्रकाश भेंट और बातचीत, लोहिया का सहयोग के लिए विरोध ।
जून 1953	:	प्रजा समाजवादी पक्ष का बैतुल (मध्य प्रदेश) में कांग्रेस के साथ सहयोग के प्रश्न पर निर्णय करने के लिए विशेष अधिवेशन ।
दिसंबर 1953	:	इलाहाबाद में प्रजा समाजवादी पक्ष का प्रथम अधिवेशन, पक्ष के महामंत्री पद पर लोहिया का चयन।
जुलाई 1954	:	उत्तर प्रदेश में नहर पानी लगान में वृद्धि के विरोध में प्रजा समाजवादी पक्ष के आंदोलन का नेतृत्व, गिरफ्तारी, सत्याग्रह के प्रचार के लिए अधिकार को प्रस्थापित करने के लिए इलाहबाद उच्च न्यायालय में मामला दायर किया था, लोहिया की जीत, दो महीनों के बाद रिहाई।।
अगस्त 1954	:	मुख्यमंत्री पिले की त्रावणकोर-कोचिन की प्रजा समाजवादी सरकार में नि:शस्त्र नागरिकों पर गोली चलाई थी कुछ लोगों की मौत हुई थी,

		लोहिया ने जेल से ही महामंत्र के नाते पिले सरकार को सुझाव दिया कि वह इस्तीफा दे, परंतु पिले सरकार ने सुझाव नहीं माना, इसलिए लोहिया ने महामंत्री पद से त्याग पत्र दिया।
जनवरी 1955	:	कांग्रेस ने आवडी (तमिलनाडु) अधिवेशन में अपना उद्देश्य समाजवादी समाज रचना घोषित किया, अशोक मेहता की ओर से घोषणा का स्वागत और सहयोग के लिए उत्सुकता प्रदर्शित की गई। अशोक मेहता के प्रस्ताव का लोहिया द्वारा तीव्र विरोध, मधु लिमये ने अशोक मेहता, के विरोध में प्रकट तौर पर अपना मत व्यक्त किया। लिमये का पक्ष सदस्यत्व स्थगित रखा गया, लोहिया ने इसका भी निषेध किया।
अप्रैल 1955	:	मणिपुर आंदोलन के कारण गिरफ्तारी, कुछ दिनों बाद रिहाई।
जून 1955	:	प्रजा समाजवादी पक्ष का आंतरिक कलह अपनी चरम सीमा पर पहुंचा, लोहिया का सदस्यत्व भी रद्द किया गया।
दिसम्बर 1955	:	लोहिया के नेतृत्व में समाजवादी पक्ष की स्थापना, हैदराबाद में अधिवेशन, लोहिया अध्यक्ष थे।
1957	:	दूसरे सार्वत्रिक चुनाव, लोहिया चकिया चंदौली (उत्तर प्रदेश) से लोक सभा के लिए उम्मीदवार थे और चुनाव हार गये थे।
1957	:	जयप्रकाश के नेतृत्व में प्रजा समाजवादी और समाजवादी पक्षों के ऐक्य के लिए प्रयास, लोहिया का भी सहयोग।

नवंबर 1957	:	समाजवादी पक्ष की ओर से अखिल भारतीय स्तर पर सत्याग्रह, लखनऊ में लोहिया की गिरफ्तारी, गैरकानूनी तरीके से हिरासत में बंद किए जाने के विरोध में उच्च न्यायालय में आवेदन, फिर रिहाई।.
नवंबर 1958	:	सीमा प्रदेश पर पाबंदी थी, इसके विरोध में उर्वसीयम (नेफा) सीमा पर सत्याग्रह, गिरफ्तारी और मुक्ति।
नवंबर 1959	:	उर्वसीयम में प्रवेश का पुनः प्रयत्न, पुनः गिरफ्तारी और पुनः रिहाई।
1960	:	कानपुर के सरकारी सर्किट हाउस में रहने के लिए मनाही, इसके विरोध में सत्याग्रह। सौ रूपयों का दंड, भरने से इनकार।
1961	:	विश्व रामायण मेले के आयोजन का प्रयास।
नवंबर-दिसंबर 1961	:	तीसरी बार विदेश यात्रा, अथेन्स (ग्रीस) में आयोजित विश्व शांति परिषद में सहभागी।
1962	:	तीसरी बार सार्वत्रिक चुनाव, फूलपुर (उत्तर प्रदेश) लोकसभा चुनाव क्षेत्र से नेहरू के विरोध में चुनाव लड़ा हार हुई।
1963	:	चीनी आक्रमण के उपरांत भारत-चीन सीमा प्रदेश का दौरा, गिरफ्तारी और मुक्ति ।

उपचुनाव में लोकसभा के फर्रुखाबाद निर्वाचन क्षेत्र से निर्वाचित।

1964	:	चौथी बार दो महीनों के लिए विदेश यात्रा, जैक्सन (मिसीसिपी राज्य अमेरिका) में वांशिक पक्षपात के विरोध में सत्याग्रह।
1965	:	पांचवी बार विदेश यात्रा, मधु लिमये के साथ जर्मनी, रूस और काबुल की यात्रा, सरहदी गांधी से भेंट।

1965	:	कच्छ-पाक सीमा का दौरा।
अगस्त 1965	:	भुखमरी विरोधी आंदोलन में गैरकानूनी गिरफ्तारी, सर्वोच्च न्यायालय की ओर से रिहाई।
जुलाई 1966	:	उत्तर प्रदेश बंद के कांड के सिलसिले में कानपुर गिरफ्तारी।
नवंबर 1966	:	दिल्ली के विद्यार्थियों की हड़ताल के प्रसंग में गिरफ्तारी, सर्वोच्च न्यायालय में गुहार, फिर रिहाई।
1967	:	चौथे सार्वत्रिक चुनाव, काँग्रेस हटाओ, देश बचाओ का नारा कन्नौज (उत्तर प्रदेश) से संसद के लिए विजयी।
29 सितंबर 1967	:	दिल्ली के विलिंग्टन अस्पताल में (वर्तमान राम मनोहर लोहिया अस्पताल) प्रोस्टेटग्लैंड की शल्य क्रिया के लिए पहुंचे।
12 अक्टूबर 1967	:	रात एक बजकर पांच मिनट पर देहावसान, इंदिरा सरकार और परवर्ती जनता सरकार की ओर से नियुक्त जांच समिति के निष्कर्षों के मुताबिक रोगाणुविनाशयक व्यवस्था के न होने तथा डाक्टरों और अधिकारियों की लापरवाही और बेफिक्री के कारण मृत्यु, विद्युतदाहिनी में बिना किसी धार्मिक विधियों के दहन किया गया, संसद में श्रद्धांजलि और दिन का काम काज स्थगित कर दिया गया।[24]

सन्दर्भ ग्रन्थ सूची

क्र० सं०	पुस्तक व लेखक के नाम	पृष्ठ सं०
1.	डॉ. लोहिया अर्थ दर्शन – डॉ. यतीन्द्र नाथ शर्मा	पृ० सं०-1
2.	भारतीय समाजवाद के शिल्पी-मुख्तार अनीस	पृ०सं०-129-130
3.	समाजवाद और जे०पी०-डॉ. अमर ज्योति सिंह	पृ० सं०-113
4.	आचरण की भाषा-डॉ. राममनोहर लोहिया	पृ० सं०-14
5.	आचरण की भाषा-डॉ. राममनोहर लोहिया	पृ० सं०-128
6.	डॉ. राम मनोहर लोहिया लक्ष्मीकान्त वर्मा	पृ० सं०-7
7.	डॉ. राममनोहर लोहिया-इन्दुमति केलकर	
8.	भारतीय समाजवाद के शिल्पी-मुख्तार अनीस	पृ० सं०-159
9.	डॉ. राम मनोहर लोहिया लक्ष्मीकान्त वर्मा	पृ० सं०-62-63
10.	डॉ. राम मनोहर लोहिया लक्ष्मीकान्त वर्मा	पृ० सं०-65
11.	डॉ. लोहिया अर्थ दर्शन – डॉ. यतीन्द्र नाथ शर्मा	पृ० सं०-3
12.	डॉ. लोहिया – ओंकार शरद	पृ० सं०-55
13.	डॉ. लोहिया – ओंकार शरद	पृ० सं०-56
14.	सत्याग्रह	पृ० सं०-824-25
15.	सत्याग्रह	पृ० सं०-826

16. भारत का साम्राज्यवादी आन्दोलन – डॉ. युगेश्वर पृ० सं०-22
17. डॉ. लोहिया का अर्थ दर्शन-इन्दुमति केलकर-भूमिका
18. डॉ. राम मनोहर लोहिया-लक्ष्मीकान्त वर्मा पृ० सं०-63-64
19. डॉ. राम मनोहर लोहिया-लक्ष्मीकान्त वर्मा पृ० सं०-64-65
20. डॉ. राम मनोहर लोहिया लक्ष्मीकान्त वर्मा पृ० सं०-64
21. डॉ. राम मनोहर लोहिया–लक्ष्मीकान्त वर्मा पृ० सं०-69
22. भारत का समाजवादी आन्दोलन – डॉ. युगेश्वर पृ० सं०-155
23. भारतीय समाजवाद के शिल्पी-मुख्तार अनीस पृ० सं०–194
24. भारतीय समाजवाद के शिल्पी-मुख्तार अनीस पृ० सं०-195–200

अध्याय – चार

डॉ. राम मनोहर लोहिया के समाजवादी चिन्तन की पृष्ठभूमि

4.1 डॉ. लोहिया पर अरविन्द घोष का प्रभाव :

महर्षि अरबिन्द घोष का जन्म कलकत्ता में 15 अगस्त 1872 को हुआ और ब्रह्मलीन हुए 5 दिसम्बर 1950 को। दार्जिलिंग के क्रिश्चियन स्कूल में शिक्षा ग्रहण करने के बाद उच्च शिक्षा के लिए अरबिन्द घोष इंग्लैण्ड गये। यहाँ कैम्ब्रिज में आपने गहराई से अध्ययन किया और ग्रीक, लैटिन एवं योरोप की अन्य तीन भाषाओं में मर्मज्ञ बने। लन्दन से ही इन्होंने आई.सी.एस. की सम्माननीय परीक्षा भी पास किया। 1892 में ये स्वदेश लौटे और बड़ौदा तथा कलकत्ता के प्रशासनिक सेवा में समृद्ध हुए। 1893 के वर्ष राष्ट्रीय स्वतन्त्रता के प्राप्ति के लिए यह सक्रिय हुए बम्बई से प्रकाशित होने वाले पत्र (इन्द्रप्रकाश) में मातृभूमि के जागरण हेतु अनेक लेख लिखे। 1906 से 1910 के मध्य महर्षि अरबिन्द स्वतन्त्रता संग्राम में सक्रिय हो गये। सिस्टर निवेदिता के साथ भी इन्होंने काम किया। 1905 में बंगाल विभाजन के विरुद्ध समग्र आन्दोलन भारत का इन्होंने नेतृत्व किया। 1906 में कलकत्ता के काँग्रेस अधिवेशन में वे अग्रिम पंक्ति के क्रान्ति नायक रहे। पूर्ण स्वराज्य की मांग आपने प्रखरता के साथ रखी। यहीं तिलक के साथ राष्ट्रीय पार्टी बनाने पर बल दिया। 1907 में वह जेल गये। मई 1908 से मई 1909 तक पुनः एक वर्ष के लिए अढ़तिस क्रान्तिकारियों के साथ उत्तेजक लेख लिखने के कारण कारागार में बन्दी रहे। 1935 के अलीपुर काण्ड में बन्दी हुए छूटने पर पाण्डिचेरी चले गये और सारा जीवन वहीं रहे। आपकी अनेक रचनाएं प्रकाशित हुई। "दि लाइफ डिवाइन" 1940 में और "सावित्री" महाकाव्य 1950 में छपी। वेद, उपनिषद पुराण, संहिताएं ग्रीक, लैटिन,

डाक्ट्रिन के परिप्रेक्ष्य में एक मौलिक चिन्तक के रूप में महर्षि अरबिन्द एक क्रान्तिदर्शी युग पुरुष थे।[1]

अरबिन्द गांधी के समान सैद्धान्तिक रूप से अहिंसा के पक्षपाती नहीं थे, वे अहिंसा के विरोधी नहीं थे, लेकिन उसे एकमात्र मापदण्ड मानक सिद्धान्त रूप में ग्रहण करने को तत्पर भी नहीं थे, आवश्यकता पड़ने पर वे अहिंसा की अपेक्षा हिंसा को प्राथमिकता देते थे।

हिंसा और क्रान्ति में अरबिन्द के विश्वास के सम्बन्ध में ज्यों-ज्यों पाण्डिचेरी में उनकी आध्यात्मिक साधना का विकास होता गया त्यों-त्यों भारत की स्वतन्त्रता और मानव एकता के अपने लक्ष्य की पूर्ति के लिए आध्यात्मिक शक्ति पर उनकी निर्भरता बढ़ती गयी। अपने जीवन के सन्ध्या काल में वे हिंसा के औचित्य में अपना विश्वास खो चुके थे। आध्यात्मिक और योगशक्ति के स्वामी बनने के उपरान्त अरबिन्द का विश्वास आध्यात्मिक शक्ति पर बढ़ता गया, किन्तु जनसाधारण के लिए उन्होंने हिंसात्मक साधनों और क्रान्तिकारी मार्गो का पूर्ण परित्याग कर देने की कल्पना कभी नहीं की। आवश्यकता पड़ने पर जनता द्वारा राष्ट्रीय स्वाधीनता की प्राप्ति के लिए हिंसात्मक साधनों का प्रयोग करना सम्भवतः उन्होंने उस समय भी अनुचित नहीं समझा जबकि वह योग की चरम सीमा भी पार कर रहे थे।

अरबिन्द ने विश्वास प्रकट किया कि व्यक्ति केवल एक सामाजिक इकाई ही नहीं है, बल्कि अपने आप में एक आत्मा तथा प्राणी है, जिसका अपना अस्तित्व है। व्यक्ति के अस्तित्व को उसके रहन-सहन और प्रगति करने के अधिकार को उपेक्षा की दृष्टि से नहीं देखना चाहिए। इसके सामाजिक कार्यो को मधुमक्खियों के छत्ते या चींटियों की बाम्बी पर आधारित नहीं मानना चाहिए जिसे अपने व्यक्तिगत सत्य और नियमों के साथ ही साथ सामूहिक अस्तित्व के सत्य और नियमों में अपने स्वाभाविक और निश्चित भाग को पूरा करना है।

अरबिन्द ने व्यक्ति को राज्य को नहीं समर्पित किया है। उन्हें यह कभी नहीं अच्छा लगा कि राज्य व्यक्ति पर अपना पूर्ण अधिकार प्रदर्शित करे। अरबिन्द ने व्यक्ति को राज्य से पृथक् एक स्वतन्त्र अस्तित्व प्रदान किया।

अरबिन्द आध्यात्मिक भावना से ओतप्रोत महर्षि थे, अतः उन्होंने यह सन्देश दिया कि व्यक्ति को अपने आध्यात्मिक अस्तित्व के नियमों का पालन करना चाहिए और उन्हीं से निर्देशन लेना चाहिए। राज्य को इस सम्बन्ध में हस्तक्षेप नहीं करना चाहिए। व्यक्ति की आत्मा के विकास और उसके स्वाभाविक उत्थान के लिए यह आवश्यक है कि उसे स्वतन्त्रता मिले। उन्होंने कहा कि "राज्य की सुविधा है और अपेक्षाकृत हमारे सामूहिक विकास की एक महती सुविधा है, जिसे कभी भी स्वयं में साध्य नहीं बनाया जाना चाहिए।"

अरबिन्द ने राज्य की सर्वोच्चता को चुनौती दी। उन्होंने कहा कि राज्य को मानव प्रगति का सर्वोत्तम साधन समझना अतिश्योक्ति पूर्ण है। मनुष्य समुदाय के द्वारा जीवित रहता है, अत: वह उसका विकास स्वयं व्यक्तिगत रूप से या सामूहिक रूप से कर सकता है। राज्य द्वारा नियन्त्रित कार्य समुदाय के सामूहिक हितों के लिए अनुपयुक्त होते हैं और उनके समुदाय के लोगों को सामूहिक कार्यों में अनावश्यक बाधाएँ उत्पन्न होती हैं। अतएव प्रत्येक दृष्टि से यह ठीक है कि राज्य अपना कम से कम हस्तक्षेप करे। राज्य की अनियन्त्रित शक्ति की धारणा को उन्होंने सर्वदा हेय समझा और उन्होंने लिखा, "जब कभी राज्य सहायता करता है, यदि इसकी सहायता का अर्थ अनौचित्यपूर्ण नियन्त्रण नहीं है, तो सकारात्मक रूप से लाभदायक उद्देश्य की प्राप्ति में सहायता करता है"। अरबिन्द ने राज्य के कार्यों का उल्लेख अग्र शब्दों में किया है।[2]

"जब तक राज्य मानव-जीवन और विकास में एक आवश्यक तत्व के रूप में रहता है, राज्य का कार्य सामूहिक कार्य के लिए हर सम्भव सुविधाओं को प्रदान करना है और वास्तव में सम्पूर्ण हानिकारक विनाश तथा संघर्ष को रोकने के लिए बाधाओं को दूर करना है। और प्रत्येक व्यक्ति के आत्मोत्थान एवं उसकी प्रकृति के अनुसार तथा उसकी शक्तियों की सीमा तक सन्तोष के लिए एक उचित और समान अवसर को सुरक्षित करने के लिए दूर करने योग्य अन्याय को मिटाना है। इस सीमा तक आधुनिक समाजवाद का लक्ष्य उचित और ठीक है, परन्तु मानव विकास की स्वतन्त्रता में सारा अनावश्यक हस्तक्षेप उस सीमा तक अनुचित है। सामूहिक कार्य भी अनुचित है, यदि उस सबकी भलाई के स्थान पर यह व्यक्ति को साम्प्रदायिक अहंकार के लिए बलिदान कर देता है, और अधिक पूर्ण विकसित मानवता के फलने-फूलने के लिए आवश्यक स्वतन्त्रता और सूत्रपात को रोकता है।"

अरबिन्द ने 19 वीं शताब्दी में व्यक्तिवाद में भी अहिंसा के दर्शन किये थे। उन्होंने लिखा था, "मानव सहयोग की सम्भावनाओं को मान्यता प्रदान न करना अंग्रेजी उपयोगितावाद की सबसे बड़ी कमजोरी थी और राज्य द्वारा सामूहिक कार्य के लिए उपयोगिता को कठोर नियन्त्रण में बदलने का बहाना 'ट्यूटोनिक सामूहिकवाद' की धारणा की कमजोरी है।" भारतीय राष्ट्रवाद के इतिहास में अरबिन्द का स्थान बहुत महत्वपूर्ण है। राजनीति के क्षेत्र में सक्रिय रूप से वे लगभग चार ही वर्ष तक रहे, किन्तु इतने अल्पकाल में ही उन्होंने राष्ट्रवाद को वह स्वरूप प्रदान किया जो उनका समकालीन अथवा अन्य कोई व्यक्ति प्रदान करने में सर्वथा असमर्थ रहा। प्रारम्भ में वे उग्र राष्ट्रवाद के प्रणेता थे। पाण्डिचेरी आवास-काल में धीरे-धीरे आध्यात्मिक सर्वोच्चता की ओर झुकते चले गये तथा उनका राष्ट्रवाद पूर्ण रूप से आध्यात्मिक धरातल पर प्रतिष्ठित हो गया। वास्तव में दोनों ही अवस्थाओं में

परस्पर घनिष्ठ सम्बन्ध रहा, केवल अन्तर यही था कि द्वितीय अवस्था आगे चलकर पूर्ण रूप से मुखरित हो गयी।

अरबिन्द बंग-भंग के पश्चात् ही राष्ट्रीय आन्दोलन में सक्रिय रूप से कूद पड़े। उन्होंने और उनके साथियों ने ऐसे राष्ट्रवाद की मशाल प्रज्ज्वलित की जो उस राष्ट्रवाद से भिन्न थी जिसकी झांकी हमें काँग्रेस के उदार पन्थियों में देखने को मिलती है। दादाभाई नौरोजी, फिरोजशाह मेहता, गोपालकृष्ण गोखले, सुरेन्द्रनाथ बनर्जी जैसे नेता निस्सन्देह उत्कृष्ट देशभक्त थे, लेकिन उनका राष्ट्रवाद उस अभिनव तथा नवीन राष्ट्रवाद से बहुत निम्न स्तर पर था जिसका प्रसार अरबिन्द तथा उनके अन्य राष्ट्रवादी साथियों ने किया। उदार पन्थियों का राष्ट्रवाद एक बौद्धिक चरित्र लिये हुए था जिसे देशभक्ति की संज्ञा देना अधिक समीचीन होगा। उदारवादी नेता आमूलभूत राष्ट्रवादी नहीं थे। उनमें से अनेक ने देशप्रेम को एक धार्मिक भावना के रूप में ग्रहण नहीं किया था। उनकी प्रेरणा का स्रोत पश्चिम था। वे छोटे-छोटे प्रशासकीय और राजनीतिक सुधारों के लिए संघर्ष करने में ही अपनी देशभक्ति प्रदर्शित करते थे। निस्सन्देह उन्हें भारत से प्रेम था और वे भारत के हित के लिए कष्ट भी सह रहे थे, किन्तु उनकी इच्छा यूरोपीय शिक्षा, यूरोपीय संगठन और सामग्री को लेकर भारत को एक छोटा-सा इंग्लैण्ड बना देने की थी। राष्ट्र में आत्मचेतना उत्पन्न करने की ओर वे उन्मुख नहीं थे। किन्तु इन उदार और नरम नेताओं के विपरीत अरबिन्द और उनके साथियों ने एक अपेक्षाकृत बहुत ऊँचे राष्ट्रवाद की नींव डाली। उन्होंने देशवासियों का स्वाभिमान जगाया उनके पौरुष को जगाया और इनके सामने राष्ट्रीय चेतना का ज्वार उत्पन्न कर दिया जहाँ उदारवादियों ने ब्रिटिश प्रशासन के रूप में राजनीतिक अधिकारों की माँग की वहाँ उग्र राष्ट्रवादियों ने अपने देश की पूर्ण स्वाधीनता की माँग की तथा अपनी जाति के गौरवमय इतिहास को देखा और उस इतिहास को एक बार फिर दोहराने की जनसाधारण को प्रेरणा दी।[3]

अरबिन्द में राष्ट्रवादी विचार इतने गहरे थे कि वहाँ तक अन्य व्यक्ति पहुँचने में असमर्थ रहे। उदारवादियों का राष्ट्रवाद जहाँ केवल आर्थिक कार्यक्रम और कुछ सुधार प्राप्त करने का कार्यक्रम था तथा तिलक और लाजपतराय आदि की राष्ट्रीयता स्वाधीनता के लिए एक राजनीतिक पुकार थी वहाँ अरबिन्द की राष्ट्रीयता, धार्मिक भावना से ओतप्रोत थी। अरबिन्द ने राजनीतिक जीवन का आध्यात्मिक पुनर्निर्माण करना चाहा। राष्ट्रवाद पर अपने विचार व्यक्त करते हुए उन्होंने कहा कि "राष्ट्रवाद केवल राजनीतिक कार्यक्रम नहीं है। राष्ट्रवाद तो एक धर्म है जो ईश्वर के पास से आया है और जिसे लेकर आपको जीवित रहना है।"

इस सम्बन्ध में उन्होंने अपने विचार और भी अधिक स्पष्ट किये है:

"राष्ट्रवाद देश में दैवी एकता को प्राप्त करने की प्रबल महत्वाकांक्षा है। वह एक ऐसी एकता है जिसमें विधिवत् बहुत-से व्यक्तियों की राजनीतिक, सामाजिक और आर्थिक विचार वाली कार्य-भिन्नता होते हुए भी मौलिक रूप से एक है।"

अरबिन्द की विचारधारा में राष्ट्रवाद का सन्देश विशुद्ध धर्म है। अरबिन्द ने राष्ट्रवाद को एक उच्चतर और उत्कृष्टतर धरातल पर प्रतिष्ठित किया तथा भारत को अपने आध्यात्मिक अतीत का ज्ञान कराना चाहा। उन्हें यह देखकर अत्यन्त सन्तोष हुआ कि देशवासियों में अपने अतीत के गौरव के प्रति आस्था जाग्रत होने लगी है और उदारवादियों के यूरोपीयकरण के प्रयत्न अपना वांछित फल नहीं प्राप्त कर सके हैं। अरबिन्द ने कहा, "यदि हम अपना यूरोपीयकरण करने में सफल हो जाते तो हम अपनी आध्यात्मिक क्षमता, अपना बौद्धिक बल, अपनी राष्ट्रीय लचक, और आत्म पुनरुद्धार की शक्ति को सर्वदा के लिए खो बैठते है।" उदारवादियों को राजनीति में ईश्वर के प्रवेश की धारणा से भारी आश्चर्य हुआ होगा, किन्तु अरबिन्द राष्ट्रवाद को एक धर्म के रूप में स्वीकार करने से कभी नहीं हिचकिचाये और देश में सोई हुई आध्यात्मिक शक्तियों को जाग्रत करने में सफल हुए। जनसाधारण को उन्होंने राष्ट्रवाद का आध्यात्मिक स्वरूप बताया। उन्होंने जनता के मन में यह बात बैठा दी कि राष्ट्रवाद उदात्त और दैवी शक्ति का प्रतीक है। राष्ट्रवाद को ईश्वरीय आदेश और प्रेरणा बताकर अरबिन्द ने राष्ट्रवाद में एक नवीन चेतना भर दी। वे लोगों में विश्वास और साहस के गुणों का प्रसार करने में सफल हुए। अरबिन्द ने राष्ट्रवाद को आध्यात्मिक रंग प्रदान किया।

अरबिन्द अपने विचारों के कारण एक महान राष्ट्रवादी के रूप में प्रख्यात हो गये। उन्होंने चार वर्षों की छोटी सी अवधि में ही भारतीय राजनीति के सम्पूर्ण चित्र को ही बदल दिया। उनके प्रयत्नों से सारा बंगाल जागरूक हो उठा और राष्ट्रवादी आन्दोलन का अग्रणी बन गया। बंगाली आध्यात्मिक राष्ट्रवाद का एक सुन्दर और यथार्थ वर्णन अरबिन्द के एक भाषण में भी हमें दिखायी देता है। उपनिषद के दो पक्षों की एक कथा का आधार लेकर अरबिन्द ने बताया।

इस कथा में कहा गया है कि मीठे और कडुवे फलों से लदे एक विशाल वृक्ष पर दो पक्षी बैठे हैं। एक तो पेड़ के अग्र भाग पर बैठा है और दूसरा उसके नीचे की शाखा पर। दूसरा पक्षी जब ऊपर देखता है, तब उसे अपने पंख फैलाकर एक वैभव के आनन्द लेने वाले पक्षी का दर्शन होता है और वह प्रेम से उस पर मोहित हो जाता है। उस समय उनके मन में यह भावना उत्पन्न होती है कि यह वैभवशाली पक्षी कोई गैर नहीं, बल्कि मेरी ही श्रेष्ठतम अन्तरात्मा है। परन्तु जब वह उस वृक्ष के मीठे फलों का स्वाद लेता है, तब उसकी मिठास

पर मुग्ध हो जाता है कि वह अपने प्रियतम प्राण सखा को भूल जाता है। थोड़ी ही देर बाद उस पेड़ के कड़ुवे फल खाने की बारी आती है जिसके कड़ुवे रस से उसकी मोहनी उतर आती है और वह फिर अपने तेज पुंज सहचर को देखने लगता है। यह कथा जीवात्मा और मोक्ष से सम्बन्ध रखती है। यह राष्ट्रीय मोक्ष पर भी उसी तरह घटित होती है। प्रत्येक भारतीय विदेशों की माया के फेर में पड़ गया है और उसका जाल हमारी आत्मा पर फैल गया है। यह माया की, उन विदेशियों के शासन-प्रबन्ध की, विदेशी संस्कृति की, विदेशियों की शक्ति और सामर्थ्य की हमारे शारीरिक, बौद्धिक व नैतिक जीवन पर डाली गयी मानो ये बेड़ियाँ ही थीं। हमारी भी यही धारणा बन गयी कि हम स्वराज्य और राजनीति के योग्य नहीं है। इंग्लैण्ड की ओर से हम एक आदर्श राष्ट्र की दृष्टि से देखने लगे और यह जानने लगे कि वह हमारी मुक्ति करेगा।"

अरबिन्द ने प्रेरणाप्रद शब्दों से भारतीयों में राष्ट्रवाद के दैवी स्वरूप की झांकी भर दी और उसमें विश्वास बिठा दिया कि जब ईश्वरीय शक्ति से व्याप्त सम्पूर्ण राष्ट्र जाग्रत होकर उठ खड़ा होगा, तो कोई भी आपत्ति अथवा बाधा उसकी प्रगति को नहीं रोक सकेगी।

अरबिन्द का राष्ट्रवाद किसी भी रूप में कोई संकुचित राष्ट्रवाद नहीं था। उन्होंने भारत के स्वातंत्र और जागरण पर बल दिया क्योंकि उनकी दृष्टि में भारत का कार्य विश्व का कार्य और ईश्वर का कार्य था। विश्वकल्याण के लिए वे भारत की स्वतन्त्रता आवश्यक समझते थे। भारत की स्वतन्त्रता का अर्थ वे मानवता की सेवा और ईश्वर की इच्छा के पालन से लेते थे। वास्तव में अरबिन्द मानव एकता के शिल्पी थे और उनका राष्ट्रवाद निस्सन्देह रूप में हमें अन्तर-राष्ट्रीयतावाद तथा मानव एकता के आदर्श की ओर ले जाता है। उनका राष्ट्रवाद तुच्छ और संकुचित न होकर सार्वभौमिक था। राष्ट्रवाद तो व्यक्ति के सामाजिक और राजनीतिक विकास में एक अनिवार्य अवस्था थी, अन्यथा अरबिन्द की धारणा थी कि अन्त में एक विश्व संगठन द्वारा मानव एकता स्थापित की जानी चाहिए।[4]

अरबिन्द ने राष्ट्र को एक माता और शक्ति के स्वरूप में माना था, न कि एक भौगोलिक इकाई के रूप में। उन्होंने देशवासियों को इस भारत माता की रक्षा और सेवा सभी प्रकार के कष्टों को सहकर करने की मार्मिक अपील की थी। इसके अतिरिक्त अरबिन्द का राष्ट्रवाद प्राचीनता और आधुनिकता का एक अद्भुत समन्वय था। उन्होंने ऐसे राष्ट्रवादी विचारों का समर्थन नहीं किया जो राष्ट्र की वर्तमान अवस्थाओं के अनुकूल नहीं हो। उन्होंने कहा कि हमें ऐसे राष्ट्रवादी विचारों से हर सूरत में चिपका नहीं रहना चाहिए और उन्हें केवल इसलिए स्वीकार नहीं कर लेना चाहिए कि उनका विकास भारत की धरती पर हुआ है। यदि वे समयानुकूलता के प्रतिकूल हों, तो हमें उन्हें वर्तमान परिस्थितियों के सन्देश में

आवश्यक संशोधन सहित स्वीकार करना चाहिए। लेकिन आधुनिकता को ग्रहण करने और परिवर्तन लाने के लिए तत्पर रहते हुए भी हमें प्राचीन विचारों और संस्कृति का परित्याग नहीं कर देना चाहिए।

अरबिन्द ने अपने राष्ट्रवाद के आध्यात्मिक स्वरूप को भारत की प्राचीन संस्कृति को स्रोतों पर तो आधारित किया ही है, किन्तु साथ ही इस राष्ट्रवाद को अन्ततोगत्वा मानवतावादी स्वरूप दे दिया। उन्होंने कहा कि भारत की आध्यात्मिक, बौद्धिक सामग्री मानव-जाति के मोक्ष के लिए आवश्यक है। भारत शक्तिशाली और आक्रामक शक्ति बनने के लिए प्रयत्नशील नहीं है। वरन् अपने विशाल आध्यात्मिक खजाने को संसार को प्रदान करके तथा मानवता को समानता और एकता के सूत्र में गूंथने व उत्थान करने के लिए प्रयत्नशील रहे है। अरबिन्द के राष्ट्रवाद पर कुछ लोगों ने आरोप लगाये हैं। कतिपय क्षेत्रों में यह आशंका भी व्यक्त की गयी है कि अरबिन्द का राष्ट्रवाद सम्भवत: संकीर्ण हिन्दू राष्ट्रवाद था। किन्तु यदि हम अरबिन्द के हिन्दू राष्ट्र की अवधारणा को भली-भाँति समझ लें तो यह भ्रम दूर हो जायेगा।

अरबिन्द की राष्ट्रीयता का दृष्टिकोण पूर्ण रूप से नवीनता लिये हुए था। उनकी राष्ट्रीयता संकीर्णता पर आधारित नहीं थी, बल्कि उसका व्यापक विश्वव्यापी आधार था। राष्ट्रीयता को उन्होंने सामाजिक विकास और राजनीतिक विकास में एक आवश्यक चरण माना था परन्तु अन्तिम अवस्था में उनका आदर्श मानवीय एकता का था।

उन्होंने स्वयं लिखा है: "अन्तिम परिणाम तो विश्व राज्य है स्वतन्त्र राष्ट्रों का एक ऐसा संघ होना चाहिए जहाँ दासता, बलपूर्वक समानता और अधीनता की भावना समाप्त हो जाय"।

प्रथम महायुद्ध से उत्पन्न संकटों और परिस्थितियों ने विश्व के दार्शनिकों और चिन्तकों को एक ऐसे विश्व-संघ की धारणा की ओर आकृष्ट किया जो सम्पूर्ण मानव-जाति को अपने में एकाकार कर ले। अरबिन्द भी कुछ महान विभूतियों में से थे। उन्होंने अपनी धारणा को "मानव एकता का आदर्श" नामक अपनी कृति में स्पष्ट किया।

अरबिन्द ने मानव-एकता के आदर्श को प्रकृति की योजना का एक अंग माना और दृढ़ विश्वास व्यक्त किया कि आज का यह स्वप्न भविष्य में एक दिन अवश्य ही साकार होकर रहेगा। उन्होंने इस आदर्श को प्रकृति की योजना का अंग इसलिए माना क्योंकि उनकी मान्यता थी कि हम सब एक-दूसरे के घटक हैं तथा एक आन्तरिक और बाह्य आवश्यकता हमें एक-दूसरे के प्रति इतना आकर्षित करती है कि हम स्वयं को क्रमश: परिवार, कबीले और ग्राम जैसे उत्तरोत्तर समूहों में संगठित करने को बाध्य हो जाते हैं। अरबिन्द ने कहा

कि मानव इतिहास इस बात का साक्षी है कि मनुष्य की प्रवृत्ति सर्वदा यही रही है कि वह उत्तरोत्तर बड़ी इकाइयों को निर्माण करे। यही कारण है कि ग्राम अपने आपको राज्यों में और राज्य अपने आपको साम्राज्यों में संगठित करते आये हैं।[5]

अरबिन्द के इस विचार की नवीनता और महत्ता इस बात में निहित है कि उनके पहले अरस्तू ने अथवा उससे भी लगभग दो हजार वर्ष बाद जन्म लेने वाले हीगल ने इस प्रकार का चिन्तन नहीं किया। अरस्तू के समय से पहले मिस्र, बेबीलोन, फारस आदि साम्राज्यों का निर्माण हो चुका था और अरस्तू के जीवनकाल में ही सिकन्दर महान ने एक बड़े साम्राज्य की स्थापना कर ली थी। लेकिन अरस्तू ने अपने नगर राज्य को ही सामाजिक और राजनीतिक संगठन का सर्वोच्च रूप माना। लगभग दो हजार वर्ष बाद हीगल ने भी राष्ट्र राज्य को ही विकास की प्रक्रिया में सामाजिक संगठन का सर्वोच्च और अन्तिम रूप बताया। किन्तु इन सब महान् दार्शनिकों और विचारकों के चिन्तन से अरबिन्द को स्वयं ऊपर उठाया और यह अनुभव किया कि राज्य का विचार अपने आप में अपर्याप्त और अपूर्ण है। वे इसी निष्कर्ष पर पहुँचे कि यदि मानवता का चरम विकास करना है तो हमें राज्य के विचार का अतिक्रमण करना होगा और यह स्वीकार करना होगा कि सम्पूर्ण मानव-जाति एक इकाई है। अरबिन्द ने इस प्रकार हमारे समक्ष मानव-एकता का महान् आदर्श प्रस्तुत किया। उन्होंने यह विचार भी प्रकट किया कि इस महान् आदर्श को हम विश्व-राज्य के निर्माण द्वारा प्राप्त कर सकते हैं अथवा राष्ट्र राज्यों को एक प्रकार के संघ में संगठित करके हम इस आदर्श को साकार बना सकते हैं। अरबिन्द ने इस सम्बन्ध में एक कल्पना भी की। उन्होंने बताया कि हम इसी सम्भावना से इनकार नहीं कर सकते कि भविष्य में एक समय ऐसा आये जब हम एक संयुक्त राज्य यूरोप, एक संयुक्त राज्य एशिया और एक संयुक्त अफ्रीका के दर्शन करें और इन सब राज्यों को संयुक्त करके एक परिसंघ बना लें।

अरबिन्द ने एक स्वतन्त्र विश्व संघ की धारणा प्रकट की कि यह संघ पूर्ण रूप से एक जैसा नहीं हो सकता। स्वयं आत्मनिर्णय के सिद्धान्त पर आधारित इस प्रकार संघ विविधताओं पर आधारित होगा। उन्होंने कहा कि इस प्रकार के विश्व संघ में सामान्य सामंजस्य पूर्ण जीवन के नियम को सर्वोच्चता मिलेगी ताकि मानव-जाति के आदर्श एकीकरण का स्वप्न भली प्रकार पूरा हो सके। इस एकीकरण की व्यवस्था में मानव प्राणियों को स्थान, जाति, संस्कृति, आर्थिक सुविधा आदि के अनुसार अपने-अपने समूह बनाने का अधिकार होगा, लेकिन स्वतन्त्र समूह अपने व्यक्तिगत स्वार्थों या लाभों की पूर्ति में ही नहीं लगे रहेंगे, बल्कि सम्पूर्ण मानव-जाति के हितों को ध्यान में रखते हुए कार्य करेंगे। शक्ति पर आधारित और कृत्रिम समूह को कोई स्थान नहीं होगा।

अरबिन्द ने यह विश्वास प्रकट किया कि यदि हम स्वतन्त्र और स्वाभाविक समूहों के सिद्धान्त को स्वीकार करते हैं और इस प्रकार हमारे आदर्श - एकीकरण की व्यवस्था पूर्ण हो जाती है, तो इस प्रकार के समाज और व्यवस्था में अतिरिक्त संघर्षो और कलहों के लिए कोई स्थान नहीं रहेगा। तब हमारे मानवीय सम्बन्ध मानवीय आधार पर परिपुष्ट होंगे और आज जैसी कटुता का वातावरण नहीं रहेगा। अरबिन्द ने इस प्रकार दूसरे शब्दों में, मनोवैज्ञानिक एकता के सिद्धान्त को सामने रखा क्योंकि मनोवैज्ञानिक एकता स्थापित होने पर भी मानव-जाति का आदर्श एकीकरण सम्भव है। अरबिन्द ने इस बात पर बल दिया कि राष्ट्रवाद के विचार में राजनीतिक एकता उतना अनिवार्य तत्व नहीं है जितना मनोवैज्ञानिक एकता का तत्व। यदि किसी राष्ट्र में मनोवैज्ञानिक एकता है तो उसका कभी विनाश नहीं हो सकता। यदि किसी साम्राज्य में मनोवैज्ञानिकता का प्रभाव उत्पन्न हो जाता है तो जिस सीमा तक एकता का यह प्रभाव विद्यमान होता है, उस सीमा तक वह साम्राज्य भी शक्तिशाली और स्थिर बन जाता है।

अरबिन्द ने स्वतन्त्र विश्व संघ के आदर्श को हमारे सामने रखा और साथ ही उसके मार्ग में आने वाली बाधाओं के प्रति भी चेतावनी दी। इनमें सबसे बड़ी बाधा राष्ट्र राज्य की अतिवादी धारणा थी। अरबिन्द ने राष्ट्र राज्य को सामूहिक अहंवाद की संज्ञा दी। उन्होंने कहा कि यदि हमें स्वतन्त्र विश्व संघ की स्थापना करनी है, तो इस सामूहिक अहंवाद में आवश्यक संशोधन करना ही पड़ेगा। उन्होंने कहा कि मानव जाति के सामने मानवता का आध्यात्मिक धर्म प्रस्तुत करने के लिए हमें राष्ट्र राज्यों को अनुकूल दिशा में परिवर्तित करना होगा। यदि एक बार मानव-जाति में आध्यात्मिक एकता की अनुभूति उत्पन्न हो गयी तो फिर उससे एक ऐसी प्रबल मनोवैज्ञानिक एकता का उदय होगा, जो मानव-जाति के आदर्श-एकीकरण को पूरा कर सकेगी।[6]

4.2 डॉ. लोहिया पर स्वामी विवेकानन्द का प्रभाव :

विवेकानंद को सौंदर्य-भावना अपने कलाप्रेमी अंश से त्रिरासत में मिली थी। वे एक निपुण संगीतकार थे और बचपन में उन्होंने चित्र कला भी सीखी थी। बाद में उन्होंने धर्म के माध्यम से जो राजनीतिक संघर्ष किया, उससे ज्यों-ज्यों उनके व्यक्तित्व का विकास हुआ, त्यों-त्यों सौंदर्य भावना भी विकसित हुई। गद्य के अलावा उन्होंने बंगला, संस्कृत और अंग्रेजी भाषा में कविताएं लिखीं। अमेरिका और इंग्लैंड के विद्वानों और अखबारों ने अंग्रेजी पर उनके अधिकार और विद्वत्ता की बड़ी तारीफ की। लेकिन इस तारीफ के बावजूद उन्होंने अपनी अंग्रेजी पर कभी गर्व नहीं किया। 29 जुलाई, 1897 को वे अल्मोड़ा से स्वामी रामकृष्ण को लिखते है:

"कल यहां पर अंग्रेज लोगों के बीच एक व्याख्यान हुआ, उससे सब लोग अत्यन्त आनंदित हुए हैं। किन्तु उससे पूर्व दिवस हिन्दी में मेरा भाषण हुआ, उससे मैं अत्यन्त अनंदित हूं-मुझे पहले ऐसी धारणा नहीं थी कि हिंदी में भी मैं वक्तव्य दे सकूंगा।" अगले दिन 30 जुलाई को स्वामी अखंडानंद के नाम फिर लिखते हैं, "यहां पर साहबों के बीच मैंने एक अंग्रेजी भाषण तथा भारतीयों के लिए एक भाषण हिंदी में दिया था। हिंदी में यह मेरा प्रथम भाषण था-किन्तु सभी ने बहुत पसंद किया। साहब लोग तो जैसे हैं वैसे हैं, चारों ओर यह सुनाई दिया 'काला आदमी', भाई, बहुत आश्चर्य की बात है।"[7]

विदेशियों की तारीफ का विवेकानंद की दृष्टि में कुछ भी मूल्य नहीं था। वे इस तथ्य को भली-भांति समझते थे कि विदेशी भाषा में चाहे कोई कितनी ही जान खपाये, कितनी ही विद्वत्ता प्राप्त कर ले, उसमें उच्च कोटि की उत्कृष्ट रचना सम्भव नहीं है। मौलिकता और प्रतिभा का विकास अपनी मातृभाषा ही में सम्भव है और हृदयगत भावनाओं की सहज अभिव्यक्ति उसी में सम्भव है।

लार्ड मैकाले द्वारा हम पर अंग्रेजी आरोपित करना हमारी राष्ट्रीयता को नष्ट करने का समझा-सोचा षड्यंत्र है। मद्रास में 'भारत का भविष्य' नाम के अपने भाषण में वे कहते है:

"किसी भी दूसरे देश की अपेक्षा भारत की समस्याएं अधिक जटिल और गुह्यतर हैं। जाति-धर्म, भाषा, शासन प्रणाली-यही एक साथ मिलकर एक राष्ट्र की सृष्टि करते हैं। यदि एक-एक जाति को लेकर हमारे राष्ट्र से तुलना की जाये तो हम देखेंगे कि जिन उपादानों से संसार के दूसरे राष्ट्र संगठित हुए हैं, वे संख्या में यहां के उपादानों से कम हैं। यहां आर्य हैं, द्रविड़ हैं, तातार हैं, तुर्क हैं, मुगल हैं, यूरोपीय हैं- मानो संसार की सभी जातियां इस भूमि में अपना-अपना खून मिला रही हैं। भाषा का यहां एक विचित्र ढंग का जमावड़ा है, आचार-व्यवहारों के संबंध में दो भारतीय जातियों में जितना अंतर है, उतना पूर्वी और यूरोपीय जातियों में नहीं।"[8]

लेकिन भाषाओं के विचित्र जमावड़े और आचार-व्यवहार में अंतर के बावजूद हम एक महान संस्कृति के उत्तराधिकारी हैं। यह संस्कृति ही राष्ट्रीय एकता के लिए सीमेंट का काम करती हैं। यह संस्कृति जिस भाषा में सुरक्षित है, वह संस्कृत है। अतएव हमारे राष्ट्रीय जीवन में संस्कृत का जो महत्व है उसे विवेकानन्द ने समझा और देशवासियों को समझाने का प्रयत्न किया। वह अपने उक्त भाषण में कहते हैं:

'मेरा विचार है, पहले हमारे शास्त्र ग्रंथों में भरे पड़े आध्यात्मिकता के रत्नों को जो कुछ ही मनुष्यों के अधिकार में मठों और अरण्यों में छिपे हुए हैं, बाहर लाना है। जिन लोगों के अधिकार में यह छिपे हुए हैं, केवल उन्हीं से इस ज्ञान का उद्धार करना नहीं, वरन् उससे भी

दृष्टों दुभु दुर्भेय पटिका अर्थात् जिस भाषा में यह सुरक्षित है, उन शताब्दियों के पर्त खाये हुए संस्कृत शब्दों में उन्हें निकालना होगा। तात्पर्य यह है कि मैं उन्हें सबके लिए सुलभ कर देना चाहता हूँ, मैं इन रत्नों को निकाल कर सबकी, भारत के प्रत्येक मनुष्य की, सामान्य सम्पत्ति बनाना चाहता हूं चाहे यह संस्कृत जानता हो या नहीं। इस मार्ग की बहुत बड़ी कठिनाई हमारी गौरवशाली भाषा संस्कृत ही है, यह कठिनाई तब तक दूर नहीं हो सकती, जब तक यदि सम्भव हो तो हमारी जाति के सभी मनुष्य संस्कृत के अच्छे विद्वान न हो जाये। यह कठिनाई तुम्हारी समझ में आ जायेगी, जब मैं कहूंगा कि आजीवन इस संस्कृत भाषा का अध्ययन करने पर भी जब मैं इसकी कोई नई पुस्तक उठाता हूं, तब वह मुझे बिलकुल नई जान पड़ती है। अब सोचो कि जिन लोगों ने कभी विशेष रूप से इस भाषा का अध्ययन करने का समय नहीं पाया, उनके लिए यह भाषा कितनी अधिक क्लिष्ट होगी। अत: मनुष्यों की बोल-चाल की भाषा में उन विचारों की शिक्षा देनी होगी। साथ ही संस्कृत की शिक्षा भी अवश्य होती रहनी चाहिए, क्योंकि संस्कृत शब्दों की ध्वनि मात्र ही से जाति को एक प्रकार का गौरव, शक्ति और बल प्राप्त हो जाता है। महान रामानुज, चैतन्य और कबीर ने भारत की नीची जातियों को उठाने का जो प्रयत्न किया था, उसमें उन महान धर्माचार्यों को अपने ही जीवन काल में अद्भुत सफलता मिली थी। किन्तु फिर उनके बाद उस कार्य का जो शोचनीय परिणाम हुआ।[9]

स्वामी विवेकानन्द का जन्म कलकत्ता में मकर संक्रांति 12 जनवरी 1863 दिन सोमवार प्रात: काल 6:49 मि. में हुआ था। इनका बचपन का नाम नरेन्द्र नाथ घोष था। जुलाई 1902 को 39 वर्ष 5 माह 24 दिन की अवस्था में इनका निर्वाण हुआ। 1871 में एंट्रेंस की परीक्षा पास कर प्रसीडेंसी कालेज, कलकत्ता से 1884 में बी.ए. उत्तीर्ण हुए। फिर कानून की पढ़ाई में प्रवेश लिया। किन्तु अन्तिम वर्ष की परीक्षा में सम्मिलित नहीं हो सके। अध्ययन काल में ही बचपन से नरेन्द्रनाथ ध्यान सिद्ध व्यक्तित्व थे। एक बार ये बचपन में ध्यानस्थ थे। बगल में एक फणिधर नाग आ गया, इन्हें पता नहीं चला और ये अविचलित बैठे रहे ध्यानस्थ। अन्य बच्चों ने शोर किया। पर, इनका ध्यान भंग नहीं हुआ। सत्य की खोज में नरेन्द्रनाथ महर्षि देवेन्द्रनाथ टैगोर, केशवचन्द्र सेन, ब्रह्म समाज, शिवनाथ शास्त्री जैसी विभूतियों के सान्निध्य में रहे। 1882 में नरेन्द्रनाथ घोष श्री रामकृष्ण परमहंस के पास आये। पहली ही दृष्टि में परमहंस जी ने इनके अर्न्तव्यक्तित्व को पहचान लिया। इन्होंने एक संन्यासी गीत गाया जिसे सुनकर परमहंस जी फूट फूटकर रोने लगे थे। गीत का भाव था- हे परदेशी मन। तू अपने देश को भूल गया है। इस परदेश में तू बेघर भटकना छोड़ और अपने देश लौट चल। तेरा प्रिय तेरी प्रतीक्षा में युगों से इन्तजार कर रहा है। परमहंस जी की भावुकता, उनके अशुप्रपात से नरेन्द्र घोष पहले की अपेक्षा अब धीरे-धीरे प्रभावित होने

लगे थे। ईश्वर को तर्क और बुद्धिपरक विज्ञान की कसौटी पर देखने-सुनने की शर्त पूरी हो जाने पर नरेन्द्रनाथ घोष 'विवेकानन्द' हो गये। रामकृष्ण परमहंस ने आध्यात्मिक शक्ति से विवेकानन्द को ओत प्रोत कर दिया। विवेकानन्द भारत भ्रमण पर निकले। हिमालय से होते हुए कन्याकुमारी तक एक संन्यासी के रूप में इन्होंने यात्रा किया। 31 मई 1893 को अमेरिका पहुंचे। हार्वर्ड के प्रोफेसर राइट के प्रयत्नों से शिकागो पहुँच तो गये, पर पत्र कहीं खो दिये। पर ईश्वरनिष्ठ विवेकानन्द अनेक बाधाओं, कष्टों के बाद अंततः शिकागो के विश्व धर्म सम्मेलन को सम्बोधित करने में सफल हो गये। 11 सितम्बर 1893 को स्वामी जी ने इस विश्व सभा का उद्बोधन किया। विश्व धर्मो का मूल ध्येय शांति, प्रेम, एकता घोषित किया। लन्दन-प्रवास के समय मार्गेट नोबल को 'भगिनी निवेदिता' का नामान्तरण देकर राष्ट्रीय सेवा में आपने लगा दिया। विवेकानन्द भारत के नवजागरण के शंखनाद हैं।[10]

विवेकानन्द संयम और दूरदर्शिता के समर्थक तथा परिवर्तन के विषय में उग्रवादी नहीं थे। उनकी मान्यता थी कि सामाजिक बुराइयों की जड़ें गहरी होती हैं जिन्हें एकदम उखाड़ना सम्भव नहीं है और लोगों में असन्तोष भी फैल सकता है। अतः पुरानी दूषित सामाजिक परिपाटियों को विवेकपूर्ण तरीकों से उन कारणों का उन्मूलन करें, जो उन नियमों और बुराइयों के लिए उत्तरदायी हैं। ऐसा करने से प्रथम जो विशिष्ट सामाजिक परिपाटियाँ, जिनसे हम सहमत नहीं हैं, स्वतः धीरे-धीरे मिट जायेंगी एवं दूसरे, भर्त्सना और निन्दा तथा हिंसा के उग्र क्रान्तिकारी उपाय न अपनाने के फलस्वरूप अनावश्यक सामाजिक तनाव उत्पन्न नहीं होगा-इच्छित कार्य बिना शतु-भाव अथवा आपसी संघर्षो को तेज किये बिना स्वतः समय के साथ सम्पन्न हो जायेंगे। इस सम्बन्ध में उन्होंने भारत की समन्वयकारी शक्ति का समर्थन किया और उग्र क्रान्तिकारी परिवर्तनों की अपेक्षा धीमे सुधार का समर्थन किया।[11]

सामाजिक बुराइयों का वर्णन करने के साथ-साथ विवेकानन्द ने समाज को प्रगति की ओर ले जाने वाले साधनों की चर्चा भी की है। इनमें से प्रमुख हैं:

1. सर्वप्रथम उन्होंने प्रगति के लिए आचरण पर विशेष महत्व दिया है। जहाँ सीखने को मिले, सीखना चाहिए। कूपमण्डूक बने रहने की प्रवृत्ति हमें पीछे की ओर धकेलती है और आचरण प्रगति के महान शिखर पर पहुँचाता है।

2. दूसरा उन्होंने आत्मविश्वास को विशेष महत्व दिया है। आत्मविश्वास रखने पर ही व्यक्ति में कुछ करने की क्षमता विकसित होती है और आत्मविश्वासी समाज की समस्त बाधाओं को लाँघकर ऊपर उठता है। उन्होंने कहा- "लोग कहते हैं इस पर विश्वास करो, उस पर विश्वास करो, मैं कहता हूँ-पहले अपने आप पर विश्वास

करो। अपने पर विश्वास करो-सर्वशक्ति तुम में है-इसकी धारणा करो और शक्ति जगाओ-कहो, हम सब कुछ कर सकते है।"

3. तीसरे सुझाव द्वारा विवेकानन्द ने अधिकारों की अपेक्षा कर्तव्यों को अधिक महत्व दिया। विश्व के विभिन्न समूहों और वर्गों के अधिकारों में परस्पर तनाव और संघर्ष चलता रहता है, लेकिन कर्तव्यों पर ध्यान नहीं दिया जाता है। उनके मतानुसार निष्काम कर्तव्यों को करते रहने पर अधिकारों की स्वयं सृष्टि हो जाती है।

4. स्वामी जी सत्य के समर्थक और पुजारी थे। वे केवल सत्य को ही चिरस्थायी मानते थे। उन्होंने 1895 में कुमारी मेरी हेल को लिखा था: "सौन्दर्य और यौवन का नाश होता है, जीवन और धन का नाश होता है, नाम और यश का नाश होता है, पर्वत भी चूर-चूर होकर मिट्टी हो जाते हैं, मित्रता और प्रेम भी नश्वर है। एक मात्र सत्य ही चिरस्थायी है।" उनके अनुसार सत्य पर आग्रह सफलता की कुंजी होती है। उन्होंने कहा- "सतर्क रहो, जो कुछ असत्य है उसे पास न फटकने दो। सत्य पर डटे रहो, बस तभी हम सफल होंगे-शायद थोड़ा अधिक समय लगे, पर सफल हम अवश्य होंगे।"

5. स्वामी ओज और तेजस्विता के पुंज थे, परन्तु मधुर वाणी और प्रेमपूर्ण व्यवहार के समर्थक थे। उनका उपदेश था- "संसार सिद्धान्तों की कुछ परवाह भी नहीं करता। वह मनुष्य को ही मानता है। जो मनुष्य उन्हें प्रिय होगा उसके वचन नहीं सुनेंगे। मनुष्य प्रेम को पहचानता है, चाहे वह किसी भी भाषा में प्रकट हो।" संक्षेप में प्रेम, सहानुभूति और कृतज्ञता-ज्ञापन बातें व्यक्ति को सफलता की ओर बढ़ाती हैं।[12]

स्वामी विवेकानन्द उस श्रेणी के राजनीतिक दार्शनिक नहीं थे जिसमें हम हॉब्स, रूसो, ग्रीन या मार्क्स को समझते हैं क्योंकि उन्होंने इन दार्शनिकों की भाँति राजनीतिक चिन्तन का कोई सम्प्रदाय कायम नहीं किया। उन्होंने राजनीतिक दर्शन के आधारभूत प्रत्ययों का विश्लेषणात्मक अध्ययन नहीं किया और न उन्होंने राजनीतिक प्रक्रिया तथा व्यवहार की प्रेरक शक्तियों की गहराई में बैठने का प्रयत्न किया।

राजनीति में उनका कोई विश्वास न था और न ही उन्होंने किन्हीं राजनीतिक कार्यकलापों में कभी कोई भाग लिया। उन्होंने स्वयं कहा था कि "मैं न राजनीतिक हूँ, न राजनीतिक आन्दोलनकारी। मैं केवल आत्म-तत्व की चिन्ता करता हूँ-जब वह ठीक रहेगा तो सब काम अपने आप ठीक हो जायेंगे। फिर भी उनके भाषणों और विचारों में राजनीति का जो दर्शन मिलता है वह उन्हें पश्चिम के व्यावसायिक राजनीतिक चिन्तकों से कहीं आगे ले जाता है। डॉ. वी.पी. वर्मा के शब्दों में, "किन्तु आधुनिक भारतीय राजनीतिक चिन्तन के इतिहास में उनका स्थान है। इसके दो कारण हैं-प्रथम, उनकी शिक्षाओं तथा व्यक्तित्व का

बंगाल में राष्ट्रवादी आन्दोलन पर गहरा प्रभाव पड़ा। यद्यपि प्रधानत: उन्होंने आध्यात्मिक स्वतन्त्रता की धारणा का ही सन्देश दिया, किन्तु उनके इस सन्देश का अनिवार्य परिणाम यह हुआ कि राजनीतिक आदि अन्य प्रकार की स्वतन्त्रता के विचार भी लोकप्रिय हुए। बंगाल के अनेक आतंकवादियों तथा राष्ट्रवादियों ने उनकी 'संन्यासी का गीत' शीर्षक कविता से स्वतन्त्रता के मूल्य तथा पवित्रता का पाठ सीखा। दूसरे, विवेकानन्द ने हमें भारतीय समाज के विकास के सम्बन्ध में कुछ नये विचार दिए हैं।"[13]

हीगल की भाँति विवेकानन्द का भी विश्वास था कि प्रत्येक राष्ट्र का जीवन किसी एक प्रमुख तत्व की अभिव्यक्ति है। उनकी दृष्टि में धर्म, भारत के इतिहास में महत्वपूर्ण नियामक सिद्धान्त रहा है। विवेकानन्द के शब्दों में, "जिस प्रकार संगीत में एक प्रमुख स्वर होता है, वैसे ही हर राष्ट्र के जीवन में एक प्रधान तत्व हुआ करता है, अन्य सब तत्व उसी में केन्द्रित होते हैं। भारत का तत्व है धर्म"। इसलिए उन्होंने राष्ट्रवाद के एक धार्मिक सिद्धान्त की नींव का निर्माण करने के लिए कार्य किया।

विवेकानन्द ने राष्ट्रवाद के धार्मिक सिद्धान्त का प्रतिपादन इसलिए किया कि वे समझते थे कि आगे चलकर धर्म ही भारत के राष्ट्रीय जीवन का मेरुदण्ड बनेगा। उनका कहना था कि राष्ट्र की भावी महानता का निर्माण उसके अतीत की महत्ता की नींव पर ही किया जा सकता है। अतीत की उपेक्षा करना राष्ट्र के जीवन का ही निषेध करने के समान है। इसलिए भारतीय राष्ट्रवाद का निर्माण अतीत की ऐतिहासिक विरासत की सुदृढ़ नींव पर ही करना होगा।

विवेकानन्द कहा करते थे कि अतीत में भारत की सृजनात्मक प्रतिभा की अभिव्यक्ति मुख्यत: धर्म के क्षेत्र से ही हुई थी। धर्म ने भारत में एकता तथा स्थिरता को बनाये रखने के लिए एक सृजनात्मक शक्ति का काम किया था, यहाँ तक कि जब कभी राजनीतिक सत्ता शिथिल और दुर्बल हो गयी तो धर्म ने उसकी भी पुन: स्थापना में योग दिया। इसलिए विवेकानन्द ने घोषणा की कि राष्ट्रीय जीवन का धार्मिक उपदेशों के आधार पर संगठन किया जाना चाहिए। उनके विचार में धर्म का अर्थ शाश्वत तत्व का साक्षात्कार करना था, वे सामाजिक मतवान्तरों और पुरानी पोंगापन्थी रूढ़ियों को धर्म नहीं मानते थे। वे कहा करते थे कि धर्म की निरन्तर भारतीय जीवन का आधार रहा है, इसलिए सभी सुधार धर्म के माध्यम से ही किये जाने चाहिए। अत: राष्ट्रवाद का आध्यात्मिक अथवा धार्मिक सिद्धान्त राजनीतिक चिन्तन को विवेकानन्द की महत्वपूर्ण देन है। बंकिम की भाँति विवेकानन्द भी भारत को एक आराध्य देवी मानते थे। यह कल्पना कि भारत देवी माता की दृश्यमान विभूति है, बंगाल के राष्ट्रवादियों और क्रान्तिकारियों की प्रेरणा शक्ति बन गयी।

विवेकानन्द हीगल की तरह राष्ट्र की महत्ता के प्रतिपादक थे। उनके अनुसार भारत को अपने अध्यात्म से पश्चिम को विजित करना होगा। उनका कहना था- "एक बार पुनः भारत को विश्व में विजय करना है। उसे पश्चिम की आध्यात्मिक विजय करनी है।"[14]

तत्कालीन राजनीतिक परिस्थितियों में राष्ट्रवाद को विवेकानन्द इसी रूप में प्रस्तुत कर सकते थे। चूँकि वे एक संन्यासी थे इसीलिए राजनीतिक विवादों से दूर रहना चाहते थे और यदि खुलकर राजनीतिक स्वतन्त्रता का समर्थन करते तो ब्रिटिश सरकार उन्हें कारागार में बन्द कर देती जिसका परिणाम यह होता है कि उनकी शक्ति व्यर्थ में नष्ट होती और देशवासियों के धार्मिक और नैतिक पुनरुत्थान का जो काम उन्हें सबसे अधिक प्रिय था उसमें विघ्न पड़ता। विवेकानन्द भारतीय राष्ट्रवाद के सन्देशवाहक थे। जब उन्होंने देशवासियों को कहा- "बंकिम चन्द्र को पढ़ो तथा उनके सनातन धर्म और उनकी देशभक्ति को ग्रहण करो", "जन्मभूमि की सेवा को अपना सबसे बड़ा कर्तव्य समझो। हे वीर! निर्भीक बनो, साहस धारण करो, इस बात पर गर्व करो कि तुम भारतीय हो और गर्व के साथ घोषणा करोः "मैं भारतीय हूँ और प्रत्येक भारतीय मेरा भाई है।" तुम अपनी कमर में लंगोटी बाँधकर गर्व के साथ उच्च स्वर में घोषणा करो- "भारतीय मेरा भाई है, भारतीय मेरा जीवन है, भारत के देवी-देवता मेरे ईश्वर हैं, भारतीय समाज मेरा बाल्यकाल का पालना है, मेरे यौवन का आनन्द उद्यान है, पवित्र स्वर्ग और मेरी वृद्धावस्था की वाराणसी है।" "मेरे बन्धु बोलो भारत की भूमि मेरा परम स्वर्ग है, भारत का कल्याण मेरा कल्याण है।"

विवेकानन्द ने राष्ट्रवाद को एक नये स्वरूप में प्रस्तुत किया, उसे अपनी ही धरती पर, अपने ही पैरों पर खड़े होने की प्रेरणा दी, अन्धे बनकर यूरोपीयकरण से बचने की सीख दी, धर्म में विश्वास और कर्म में लगन का मन्त्र फूँका।

राजनीतिक चिन्तन के क्षेत्र में विवेकानन्द की एक अन्य महत्वपूर्ण देन उनकी स्वतन्त्रता की धारणा है। उनका स्वतन्त्रता विषयक दृष्टिकोण बहुत व्यापक था। उनका कहना था कि सम्पूर्ण विश्व अपनी अनवरत गति के द्वारा मुख्यतः स्वतन्त्रता की ही खोज कर रहा है। उन्होंने कहा- "जीवन सुख और समृद्धि की एकमात्र शर्त- चिन्तन और कार्य में स्वतन्त्रता है। जिस क्षेत्र में यह नहीं है, उस क्षेत्र में मनुष्य जाति और राष्ट्र का पतन होगा।" उन्हीं के शब्दों में, "शारीरिक, मानसिक तथा आध्यात्मिक स्वतन्त्रता की ओर अग्रसर होना तथा दूसरों को उनकी ओर अग्रसर होने में सहायता देना मनुष्य का सबसे बड़ा पुरस्कार है। जो सामाजिक नियम इस स्वतन्त्रता के विकास में बाधा डालते हैं वे हानिकारक हैं और उन्हें शीघ्र नष्ट करने के लिए प्रयत्न करना चाहिए। उन संस्थाओं को प्रोत्साहन दिया जाना चाहिए जिनके द्वारा मनुष्य स्वतन्त्रता के मार्ग पर आगे बढ़ता है।"

विवेकानन्द ने स्वतन्त्रता को मनुष्य का प्राकृतिक अधिकार माना और यह इच्छा व्यक्त की कि समाज के सभी सदस्यों को यह अवसर समान रूप से प्राप्त होना चाहिए। उन्हीं के शब्दों में, "प्राकृतिक अधिकार का अर्थ यह है कि हमें अपने शरीर, बुद्धि और धन का प्रयोग अपनी इच्छानुसार करने दिया जाये और हम दूसरों को कोई हानि नहीं पहुँचाये और समाज के सभी सदस्यों को धन, शिक्षा तथा ज्ञान प्राप्त करने का समान अधिकार हो।" विचार की स्वतन्त्रता के बारे में उन्होंने कहा: "विचार और कर्म की स्वतन्त्रता जीवन, विकास और कल्याण की एकमात्र शर्त है, जहाँ उसका अभाव होता है वहाँ मनुष्य, जाति और राष्ट्र अवश्य अवनति की ओर आता है।" विवेकानन्द के मतानुसार स्वतन्त्रता उपनिषदों का मुख्य सिद्धान्त था, उपनिषद्कारों ने शारीरिक, मानसिक एवं आध्यात्मिक आदि स्वतन्त्रता के सभी पक्षों का डटकर समर्थन किया था।[15]

स्वामीजी ने स्वतन्त्रता के सम्बन्ध में अपने एक जोशीले देशभक्ति पूर्ण और उच्च भावनाएँ उत्पन्न करने वाले व्याख्यान में अपने देश को इस प्रकार सम्बोधित किया था- "हे भारत, क्या तू दूसरों की संस्थाओं की नकल पर निर्भर रहेगा और दूसरे की प्रशंसा पाने के लिए व्यग्र रहेगा और पद के अधिकार के लिए मूढ़, दासता, घृणित नृशंसता में फँसा रहेगा? क्या तू इस प्रकार की निर्लज्ज कायरता से वह स्वतन्त्रता प्राप्त कर सकता है, जिसके योग्य केवल वीर होते हैं? यह न भूल कि तेरा समाज महानता की भ्रान्ति में भूला हुआ है। अपने गिरे हुए गरीब, अज्ञ, भंगी, मेहतर, को न भूल, वे तेरे रक्त-माँस हैं, वे तेरे भाई हैं। हे वीर, साहस कर, गर्वित हो कि तू भारतीय है और बड़े गर्व के साथ यह कह कि मैं भारतीय हूँ और हरेक भारतीय मेरा भाई है, भारत की भूमि मेरे लिये सर्वोच्च स्वर्ग है, भारत की भलाई मेरी भलाई है।"[16]

स्वतन्त्रता के प्रति अपनी गहनतम अनुभूति और देश के प्रति अपनी राजनीतिक आस्था उन्होंने इन शब्दों में व्यक्त की: "विश्वास करो, विश्वास करो, यह आदेश हुआ है, ईश्वर का यह आदेश हुआ है कि भारत उठकर रहेगा, गरीब जनता सुखी होगी और खुशी मनाओ कि ईश्वर ने तुमको इस महान कार्य के लिए चुना है।'

राजनीतिक चिन्तन के क्षेत्र में विवेकानन्द की अन्य महत्वपूर्ण देन शक्ति और निर्भरता का सन्देश है। राजनीतिशास्त्र की शब्दावली में हम इसे प्रतिरोध का सिद्धान्त कह सकते हैं। विवेकानन्द ने भारतवासियों को शक्ति और निर्भयता का सन्देश दिया और उनके हृदय में यह भावना भरने की कोशिश की कि बिना शक्ति के हम अपने अस्तित्व को कायम नहीं रख सकते और न अपने अधिकार की रक्षा करने में ही समर्थ हो सकते हैं। विवेकानन्द ने अप्रत्यक्ष रूप से यह सन्देश दिया कि भारतवासी शक्ति, निर्भीकता और आत्मबल के

आधार पर ही विदेशी सत्ता से लोहा ले सकते हैं। और अपनी राष्ट्रीय स्वाधीनता प्राप्त कर सकते हैं।

उनके शब्दों में, "शक्ति ही धर्म है।" एक अन्य अवसर पर उन्होंने घोषणा की, "मेरे धर्म का सार शक्ति है। जो धर्म हृदय में शक्ति का संचार नहीं करता वह मेरी दृष्टि में धर्म नहीं है शक्ति धर्म से भी बड़ी वस्तु है और शक्ति से बढ़कर कुछ नहीं।" विवेकानन्द ने भारतीयों को ललकारते हुए कहा: "अगर दुनिया में कोई पाप है, तो वह है दुर्बलता, दुर्बलता को दूर करो, दुर्बलता पाप है, दुर्बलता मृत्यु है-अब हमारे देश को जिन वस्तुओं की आवश्यकता है, वे हैं लोहे के पुट्ठे, फौलाद की नाड़ियाँ और ऐसी प्रबल मन:शक्ति जिसको रोका न जा सके।"

विवेकानन्द ने निर्भयता के सिद्धान्त को दार्शनिक वेदान्त के आधार पर उचित ठहराया। उन्होंने बार-बार इस बात को दुहराया कि आत्मा की परम सत है और इसलिए वह सभी प्रकार के सांसारिक प्रलोभनों से परे है। इसलिए वे भारतीय जनता को आत्मा के अपार बल और शक्ति की शिक्षा देना चाहते थे। उनका कहना था कि आत्मा का लक्षण सिंह के समान है, अत: मनुष्य में भी सिंह की सी भावना का विकास हो। उनके विचार में शक्ति के सन्देश का ओजपूर्ण समर्थन करना राष्ट्रीय पुनर्निर्माण का सबसे अच्छा मार्ग था। आत्मबल के आधार पर निर्भर होकर खड़ा होना अत्याचार तथा उत्पीड़न का सर्वोत्तम प्रतिकार था।

विवेकानन्द जब भारतीयों को कमजोर, कायर और आलसी देखते थे तो उनका खून खौल उठता था। "मैं कायरता को घृणा की दृष्टि से देखता हूँ। कायर तथा राजनीतिक मूर्खता के साथ मैं अपना सम्बन्ध नहीं रखना चाहता।" शक्ति और निर्भरता के विषय में उन्होंने देशवासियों को सन्देश दिया: "उत्साह से हृदय भर लो और सब जगत फल जाओ। काम करो, काम करो-पचास सदियाँ तुम्हारी ओर ताक रही हैं-भारत का भविष्य तुम पर निर्भर है। काम करते जाओ।"

विवेकानन्द के अनुसार राष्ट्र व्यक्तियों से ही बनता है, अत: सब व्यक्तियों को अपने में पुरुषत्व, मानव गरिमा तथा सम्मान की भावना आदि श्रेष्ठ गुणों का विकास करना चाहिए। उन्हीं के शब्दों में, "आवश्यकता इस बात की है कि व्यक्ति अपने अहं का देश और राष्ट्र की आत्मा के साथ तादात्म्य कर दे।"

यह सत्य है कि राष्ट्र का एक समुदाय है। किन्तु हम राष्ट्र की अवयवी प्रकृति का कितना ही गुणगान क्यों न करें, वास्तव में व्यक्ति ही राष्ट्रीय ढाँचे के घटक होते हैं, इसलिए जब तक व्यक्ति स्वस्थ नैतिक तथा दयालु नहीं होते तब तक राष्ट्र की महानता तथा समृद्धि की आशा करना व्यर्थ है। अतीत में भारत के राष्ट्रीय जीवन का निर्माण समाज-सेवा तथा

व्यक्ति की मुक्ति के आदर्शों की नींव पर किया गया था। इन श्रेष्ठ आदर्शों को पुन: प्रतिष्ठित करना और शक्तिशाली बनाना है।

आधुनिक विश्व में विभिन्न समूहों तथा वर्गों के अधिकारों के समर्थकों के बीच निरन्तर संघर्ष चल रहा है। फलस्वरूप समाज धीरे-धीरे अधिकारों के परस्पर विरोधी सिद्धान्तों की सफलता के लिए युद्ध का अखाड़ा बनता जा रहा है। किन्तु विवेकानन्द ने कर्तव्यों को महत्व दिया। वे चाहते थे कि सभी व्यक्ति और समूह अपने कर्तव्यों और दायित्वों के पालन में ईमानदार हों। मानव प्राणी का गौरव इस बात में नहीं है कि वह अपने तथा अपने अधिकारों के लिए आग्रह करे, उसकी गरिमा इस बात में है कि वह सार्वभौम शुभ की सिद्धि हेतु अपना उत्सर्ग कर दे। इसलिए यद्यपि विवेकानन्द स्वयं भिक्षु और संन्यासी थे, किन्तु उन्होंने निष्काम भाव से अपना कर्तव्य करने वाले गृहस्थ को सर्वोच्च स्थान दिया।

एक बार विवेकानन्द ने घोषणा की थी: "मैं इसलिए समाजवादी नहीं हूँ कि वह पूर्ण व्यवस्था है, बल्कि इसलिए कि आधी रोटी न कुछ से अच्छी है।" डॉ. वी.पी. वर्मा के अनुसार, विवेकानन्द को दो अर्थों में समाजवादी कहा जा सकता है। प्रथम, इसलिए कि उनमें यह समझने की ऐतिहासिक दृष्टि थी कि भारतीय इतिहास में दो उच्च जातियों-ब्राह्मणों तथा क्षत्रियों का आधिपत्य रहा है। क्षत्रियों ने गरीब जनता का आर्थिक तथा राजनीतिक शोषण किया और ब्राह्मणों ने उसे नवीन तथा जटिल धार्मिक क्रियाकलाप और अनुष्ठानों के बन्धन में जकड़ कर रखा। उन्होंने खुले तौर पर जातिगत उत्पीड़न की भर्त्सना की और आत्म तथा ब्रह्म में आस्था रखने के नाते मनुष्य तथा मनुष्य के बीच सामाजिक बन्धनों को अस्वीकार किया। दूसरे, विवेकानन्द समाजवादी इसलिए थे कि उन्होंने देश के सब निवासियों के लिए 'समान अवसर' के सिद्धान्त का समर्थन किया। उन्होंने लिखा: "यदि प्रकृति में असमानता है, तो भी सबके लिए समान अवसर होना चाहिए-अथवा यदि कुछ को अधिक और कुछ को कम अवसर दिया जाये तो दुर्बलों को सबलों से अधिक अवसर दिया जाना चाहिए। दूसरे शब्दों में ब्राह्मण को शिक्षा की उतनी आवश्यकता नहीं जितनी चाण्डाल को। यदि ब्राह्मण को एक अध्यापक की आवश्यकता है तो चाण्डाल को दस की है, क्योंकि जिसको प्रकृति ने जन्म से सूक्ष्म बुद्धि नहीं दी है, उसे अधिक सहायता दी जानी चाहिए।"[17]

विवेकानन्द की रचनाओं में सामाजिक समानता का जो समर्थन देखने को मिलता है वह प्रबल पुरातनवाद तथा ब्राह्मणों की स्मृतियों में व्याप्त सामाजिक ऊँच-नीच के सिद्धान्त का सबल प्रतिवाद है, उसका सामाजिक समानता का सिद्धान्त तत्वत: समाजवादी है।

किन्तु समाजवाद के लक्ष्य को प्राप्त करने के लिए विवेकानन्द हिंसात्मक सामाजिक क्रान्ति का समर्थन करने के लिए तैयार नहीं थे। मार्क्स एक यथार्थवादी तथा द्वन्द्वात्मक भौतिकवादी था, इसलिए उसने हिंसात्मक सामाजिक क्रान्ति तक का समर्थन किया। इसके विपरीत विवेकानन्द के चिन्तन का मूल आध्यात्मिकता है। उसमें चरित्र की शुद्धता तथा भ्रातृत्व पर अधिक बल दिया गया। उनका चिन्तन न्याय, प्रेम तथा सार्वभौमिक, करुणा के शाश्वत सन्देश का ही पुनः प्रतिपादन है।

विवेकानन्द के अनुसार, मानवीय समाज पर चार वर्ण-ब्राह्मण, क्षत्रिय, वैश्य और शूद्र (मजदूर)-बारी-बारी से राज्य करते हैं। ब्राह्मण पुरोहित ज्ञान के शासन और विज्ञान की प्रगति के लिए है। क्षत्रिय राज्य कूर और अन्यायी होता है और इस काल में कला एवं सामाजिक शिष्टता उन्नति के शिखर पर पहुँच जाती है। उसके बाद वैश्य राज्य आता है। उनमें कुचलने और खून चूसने की मौन शक्ति अत्यन्त भीषण होती है। अन्त में आयेगा मजदूरों का राज्य। उसका लाभ होगा भौतिक सुखों का समान वितरण और उससे हानि होगी सभ्यता का निम्न स्तर पर गिर जाना। साधारण शिक्षा का बहुत प्रचार होगा, परन्तु असामान्य प्रतिभाशाली व्यक्ति कम होते जायेंगे। विवेकानन्द के अनुसार यदि ऐसा राज्य स्थापित करना सम्भव हो जिसमें ब्राह्मण काल का ज्ञान, क्षत्रिय काल की सभ्यता, वैश्य काल का प्रचार-भाव और शूद्र काल की समानता रखी जा सके तो वह आदर्श राज्य होगा।"

विवेकानन्द उग्र राष्ट्रवाद के बजाय अन्तर्राष्ट्रीयतावादी थे। उनकी अन्तर्राष्ट्रीयतावाद और विश्व बन्धुत्व के बारे में शिकागो धर्म संसद के समाप्त होने के बाद कहा गया: "जहाँ अन्य सब प्रतिनिधि अपने-अपने धर्म के ईश्वर की चर्चा करते रहे, वहाँ केवल विवेकानन्द ने ही सबके ईश्वर की बात की। "वे मानव-मानव के भेद को अस्वीकार करते थे। वे हिन्दू धर्म तथा भारत से असीम प्यार करते थे किन्तु अन्य किसी राष्ट्र से उन्हें घृणा नहीं थी। उन्होंने एक बार कहा था: "निःसन्देह मुझे भारत से प्यार है, पर प्रत्येक दिन मेरी दृष्टि अधिक निर्मल होती जाती है। हमारे लिये भारत या इंग्लैण्ड या अमरीका क्या है ? हम तो उस ईश्वर के सेवक हैं जिसे ब्रह्म कहते हैं। जड़ में पानी देने वाला क्या सारे वृक्ष को नहीं सींचता है"।

विवेकानन्द वर्तमान शिक्षा प्रणाली के समर्थक नहीं थे। यह शिक्षा चरित्र का निर्माण नहीं करती है। वास्तव में शिक्षा का लक्ष्य जीवन का निर्माण है, चरित्र का निर्माण है, मानव का निर्माण नकारात्मक बताया जहाँ छात्रों में अपनी संस्कृति के बारे में सीखने को कुछ नहीं मिलता, जहाँ विद्यार्थियों में श्रद्धा का अभाव पनपता है। शिक्षा की आलोचना करते हुए

विवेकानन्द ने कहा: "ऐसा प्रशिक्षण जो नकारात्मक पद्धति पर आधारित हो मृत्यु से भी बुरा है। बच्चा स्कूल ले जाया जाता है और पहली बात सीखता है कि उसका पिता मूर्ख है, दूसरी बात सीखता है कि उसका बाबा पागल है, तीसरी कि उसके सभी शिक्षक पाखण्डी हैं, चौथी कि सभी पवित्र स्थल झूठे हैं। 16 वर्ष का होते-होते वह छात्र निषेधों का एक समूह, अस्थिहीन और जीवनहीन बन जाता है। यही कारण है कि यह शिक्षा एक मौलिक व्यक्ति पैदा कर नहीं सकी है। प्रत्येक व्यक्ति जिसमें मौलिकता है, इस देश में नहीं बल्कि कहीं और पढ़ाया गया है अथवा फिर उसे अन्धविश्वासों से मुक्त होने के लिए अपने देश के पुरातन शिक्षालयों में जाना पड़ा है।"

उन्होंने गुरुकुल पद्धति की शिक्षा को उपयोगी माना जहाँ छात्र-शिक्षक के निकटतम सम्पर्क में रह सकें और उनमें पवित्रता, ज्ञान लिप्सा, धैर्य, विनम्रता, विश्वास तथा आदर की भावना पनप सके। शिक्षा में धार्मिक शिक्षा का समर्थन किया जिससे धर्म-सहिष्णुता उत्पन्न हो सके। आधुनिक ज्ञान के लिए अंग्रेजी के अध्ययन का समर्थन किया।

निष्कर्ष में यह कहा जा सकता है कि उनमें प्रभावशाली व्यक्तित्व और चिन्तन द्वारा देश में जनजागरण और राष्ट्रप्रेम का मन्त्र फूँका और देशवासियों में आत्मविश्वास तथा निर्भयता के मार्ग पर आगे बढ़ाया, दलित-वर्ग को ऊपर उठाने का प्रयास किया। रामकृष्ण मिशन की स्थापना करके उन्होंने राष्ट्रीय जीवन में वेदान्तवाद का प्रचार किया और प्रेम तथा विश्व-बन्धुत्व का सन्देश दिया। वे भारत की आध्यात्मिकता और सांस्कृतिक धरोहर के समर्थक थे तो पश्चिम के वैज्ञानिक और संगठनात्मक कुशलता तथा समाज-सेवा भावना के प्रशंसक थे और उन्होंने दोनों ही बातों के मिश्रण का समर्थन किया। उन्होंने भारतीयों के हृदय पर ही नहीं वरन् विदेशियों के हृदय पर भी छाप छोड़ दी जो समय की गति के साथ शायद ही कभी धूमिल पड़ सके।[18]

4.3 डॉ. लोहिया पर महात्मा गाँधी का प्रभाव :

राम मनोहर लोहिया राष्ट्रीय स्वतंत्रता संग्राम के दौरान गाँधी के निकट सम्पर्क में आये और अन्य समाजवादियों की तरह वे भी गाँधी के व्यक्तित्व से प्रभावित हुए। गाँधी भी लोहिया के प्रति स्नेह भाव रखते थे और जब लोहिया जेल में थे तब 1941 में गाँधी ने कहा "जब तक राम मनोहर लोहिया जेल में है तब तक मैं खामोश नहीं बैठ सकता उनसे ज्यादा बहादुर और सरल आदमी मुझे मालूम नहीं। ओंकार शरद लोहिया और गाँधी के सम्बन्धों का विवेचन करते हुए लिखा है" जब दोनों बात करते तब दोनों ही खूब सतर्क रहते, दोनों जानते थे कि होशियार आदमी से बात कर रहे है। लोहिया गाँधी को भारतीय संस्कृति का प्रतीक मानते है

और राष्ट्रपिता के रूप में उनका आदर करते है। अहिंसा सम्बन्धी उनका सिद्धान्त लोहिया अपने क्रान्ति दर्शन में स्वीकार करते है। गाँधी के अहिंसात्मक सत्याग्रह का उपयोग लोहिया ने सिविल नाफरमानी के अपने सिद्धान्त में किया है, वे लिखते है "सिविल नाफरमानी अथवा अन्याय से शान्ति पूर्वक लड़ना अपने आप में एक कर्तव्य है" लोहिया ने स्वीकार किया है कि गाँधी के व्यक्तित्व का वे आदर करते हैं और यह भी कि गाँधी उन्हें चाहते थे और उनके कई लेखों को उन्होंने "हरिजन" से उद्धत किया था। पर "गाँधी व समाजवाद अपने निबन्ध में लोहिया ने गांधी वाद के अर्न्तविरोधों का भी उल्लेख किया है, उनका विचार है न कि जीवन के भौतिक और आर्थिक आधार की ओर ध्यान नहीं दिया। इस वक्तव्य से पता चलता है कि लोहिया गाँधी वाद को एक आदर्श वादी दर्शन मानते हैं और अपने समाजवादी चिन्तन को यथार्थ के अधिक से अधिक निकट लाना चाहते है। गाँधी की मृत्यु पर लोहिया ने कहा था," उस दिन लगा कि असलियत में मैं पहली बार अनाथ हुआ। देश का सन्तरी सामने मरा पड़ा था और देश के राजा बने लोग आंसू बहा रहे थे।[19]

स्वतंत्रता संग्राम के दौरान लगभग सभी समाजवादियों पर गाँधी के व्यक्तित्व का प्रभाव रहा है यह बात सभी विद्वान स्वीकार करते है। पर काँग्रेस समाजवादी दल के प्रवक्ता होने के नाते लोहिया ने गांधीवाद से आगे बढ़कर जो समाजवाद बनाया वह अधिक यथार्थ जमीन पर स्थित है। गाँधी का सत्याग्रह सिद्धान्त उन्होंने जब सिविल नाफरमानी में इस्तेमाल किया तब वे इस बात को अच्छी तरह जानते थे कि समाजवाद लाने के लिए अधिक कारगर कदम उठाने होंगे। उन्होंने कहा "गाँधी ने हमें वह रास्ता दिखाया जिसके जरिए साधारण लोग भी सुकरात या प्रहलाद जैसे बन सकते हैं वह तकलीफ उठाने का हथियार सिविल नाफरमानी का"।[20]

गाँधी की सविनय अवज्ञा लोहिया के सिविल नाफरमानी आन्दोलन को काफी प्रेरणा देती है यद्यपि लोहिया इसमें भी विश्वास करते हैं कि यदि सामूहिक सत्याग्रह से भी सरकार न माने तो प्रबल जनमत बनाना चाहिए। और इस दिशा में उन्होंने घेराव का सिद्धान्त विकसित किया। लोहिया के समाजवादी चिन्तन में घेराव का कार्यक्रम उनकी लड़ाकू प्रवृत्ति का परिचय देता है। इसीलिए वे गाँधीवादी हृदय परिवर्तन में अधिक विश्वास नहीं करते और अन्याय का विरोध करने की सलाह देते हैं। वे क्रान्तिकरण के लिए जनता क्रान्ति की बात करते हैं और कहते हैं कि "हमें जनता, किसान, मजदूर, विद्यार्थी की राजनीति चलाना है।"[21]

गाँधी चिन्तन की आधार भूमि नैतिक अधिक है और उसमें धर्म के लिए भी स्थान है। पर लोहिया का दृष्टिकोण अधिक बौद्धिक है। और वो इन बातों में अधिक आस्था नहीं रखते। यही कारण है कि जब गाँधी वर्ण व्यवस्था में एकता की बात करते हैं, तब लोहिया "जाति तोड़ो" आन्दोलन चलाते हैं, लोहिया ने सवर्णो पर लाखों आक्रमण किए और वे ऐसे समतावादी समाज की कल्पना करते है, जहाँ जातियों के बन्धन नहीं होंगे। गाँधी ने हरिजनों के लिए बहुत कुछ किया पर लोहिया इस दिशा में निश्चय ही अधिक क्रान्तिकारी है। पिछड़ी जातियों में उन्होंने स्त्रियों को भी सम्मिलित किया और उन्हें वास्तविक क्रान्ति के लिए उकसाया।[22]

लोहिया के समाजवादी चिन्तन में गाँधीवाद के सत्याग्रह सिद्धान्त के अतिरिक्त विकेन्द्रीकरण, विश्व सरकार की कल्पना, ग्रामों की चिन्ता आदि का भी प्रभाव है। इन्दुमति केलकर ने लिखा है कि "गाँधी जी के आध्यात्मिक वारिसों ने तो गाँधीवाद का केवल एक करुणा का बाबू पकड़ा और क्रोध का दूसरा बाबू छोड़ दिया, इससे उनके द्वारा भी गाँधीवाद की रक्षा न हो सकी। लेकिन इनके दगा देने के बाद भी गाँधीवाद जिन्दा रहा। लोहिया ने इसको बचाया। जापान के समाजवादी नेता याशी की होशिनों ने 1957 में ठीक ही कहा था कि लोहिया गाँधीवाद के विकसित उत्तराधिकारी हैं। इस दृष्टि से गाँधी जी बड़े किस्मत वर थे उन्हें लोहिया जैसा सहकारी शिष्य मिला। लोहिया ने गाँधी जी के मूल सिद्धान्तों को जिन्दा रखा, आगे बढ़ाया और नये सिद्धान्तों को जन्म दिया।"[23]

लोहिया की सच्चाई उनकी अहिंसा, उनकी निर्भयता शायद गाँधी ने अपनी तीखी नजर से बहुत अच्छी तरह देख लिया था। इसीलिए लोहिया और गाँधी के बीच कोई पर्दा नहीं रहा। दोनों ने एक दूसरे को पूरी तौर पर अपना लिया और आत्मसात कर लिया। आयु और व्यक्तित्व की दूरियाँ घुल गयीं और आत्मीयता ने अपनी पूरी निर्मलता के साथ दोनों को एक दूसरे से बाँध लिया।

सत्य और अहिंसा और निर्भयता के अतिरिक्त लोहिया का एक और गुण गाँधी के स्वभाव के बहुत निकट का था। लोहिया में परम सादगी थी। कुल मिलाकर उनको एक व्यसन था सिगरेट पीने का। पूछा कि प्रतिदिन कितना सिगरेट पीते हो। लोहिया ने कहा कैप्सटन का एक डिब्बा पी आता हूँ। जिसमें 50 सिगरेट होती है। गाँधी ने कोई स्वास्थ्य सम्बन्धित बात नहीं उठाई किन्तु एक नैतिकता का प्रश्न जरूर उठाया। उन्होंने कहा तुम्हारी अपनी तो कोई आमदनी नहीं है। दोस्तों, मित्रों के बल पर रहते हो। मैं यह मानता हूँ, लेकिन मैं यह नहीं मानता कि वे जनता से

अपने व्यसन का मूल्य भी चुकता करायें 50 सिगरेट दिनभर में दूसरों से पैसा लेकर पीना अनैतिक है। इस घटना का उल्लेख लोहिया ने स्वयं अपनी पुस्तक "मार्क्स गाँधी और सोशलिज्म" में किया है। गाँधी जी के निधन के पश्चात् लोहिया ने सिगरेट पीना छोड़ दिया। लोहिया मूलतः बहुत सरल व्यक्ति थे। सादगी उनके व्यक्तित्व में कूट-कूट कर भरी हुई थी। कुछ कुर्ते और कुछ धोतियां बदन पर बनियान भी नहीं। एक चमड़े का सूटकेस, कुछ किताबें यही तो लोहिया की पूंजी रही। जीवन भर उन्होंने कोई घर नहीं बनाया, परिवार नहीं बनाया। किसी बैंक या डाकघर में कोई खाता नहीं रखा जीवन भर अनिकेतन बने रहे। यह सादगी भी गाँधी के लिए कम प्रिय नहीं थी।

किन्तु आचरण की इस परिधि के बाहर वैचारिक धरातल पर भी लोहिया गाँधी जी से बहुत प्रभावित थे और उन्होंने गाँधी की मूल दृष्टि को अपनी वैचारिक परिकल्पनाओं में अपनाया था। सत्ता और अर्थ का विकेन्द्रीकरण, छोटे-छोटे लघु और ग्रामीण उद्योगों को वरीयता, मनुष्य के व्यक्तित्व का सम्मान, बच्चों की गुलामी से मुक्ति, अन्याय के प्रति सत्याग्रही दृष्टिकोण यह सारी बातें गाँधी की लोहिया को पूर्ण रूप से स्वीकार थी। समाजवादी नेताओं में केवल डॉ. लोहिया ही अकेले थे जिन्होंने मार्क्सवाद की मूल प्रतिज्ञाओं से अपनी असहमति व्यक्त की और गाँधी जी के विचारों के आलोक में अपने समाजवादी दर्शन और दृष्टि को स्वरूपित किया। लोहिया गाँधी के इतने निकट चले गये थे कि गाँधी की पुरानी अनुयायियों की पंक्ति बाहरी पड़ने लगी थी। अपनी मृत्यु के पहले लोहिया गाँधी के इतने निकट थे कि पं. जवाहर लाल नेहरू, सरदार पटेल, मौलाना अब्दुल कलाम आजाद जैसे- पुराने अनुयायी उसके आगे काफी दूरी पर पड़ते थे। लोहिया ने अपनी पुस्तक "भारत विभाजन के दोषी व्यक्ति" में गाँधी के अंतिम दिनों की मनःस्थिति का विस्तार से अंकन किया है। गाँधी किसी भी मूल्य पर भारत विभाजन स्वीकार करने को तैयार नहीं थे किन्तु गाँधी को दरकिनार करके नेहरू, पटेल और मौलाना आजाद जैसे नेताओं ने भारत विभाजन के प्रस्ताव को स्वीकार किया और खंडित आजादी प्राप्त की। गाँधी इस परिस्थिति से पूर्ण रूप से दुखी थे और टूटा हुआ महसूस करते थे। आजादी के बाद देश में जब साम्प्रदायिक उन्माद फैला तो उसने गाँधी को और अधिक क्लेश से भर दिया। उस पूरे यातना के दौर में लोहिया गाँधी के बहुत करीब थे। अपने परवर्ती दिनों में लोहिया ने खुले मन से अपने ऊपर गाँधी जी के प्रभाव को स्वीकार किया है।[24]

डॉ. लोहिया ने गाँधी जी के सिविल नाफरमानी को भी सतत सत्याग्रह के सिद्धान्त के रूप में ग्रहण किया था। गाँधी जी ने तो किन्हीं-किन्हीं अन्याय मूलक कानूनों

को तोड़कर सिविल नाफरमानी का अभियान चलाया था किन्तु डॉ. लोहिया तो यह मानते थे कि जब तक समाज में अन्याय होता रहेगा तब तक इनका प्रतिकर भी सत्याग्रह के द्वारा होते रहना चाहिए। चाहे यह अन्याय व्यक्ति परक हो अथवा सत्ता या समाज द्वारा प्रतिकार हो, उन्होंने अनिवार्य माना। लेकिन डॉ. लोहिया केवल सत्याग्रह को प्रतिपादित करने के विचारक नहीं थे। वे स्वयं जीवन भर शस्त्र के विरुद्ध सत्याग्रह करते रहे न केवल अपने देश के भीतर उन्होंने सत्याग्रह किया और जेल गये बल्कि सुदूर अमेरिका में जाकर रंग भेद के नीति के विरुद्ध सत्याग्रह किया और जेल गये। उनका यह मानना था कि जब तक निरन्तर अन्याय का प्रतिकार नहीं होता रहेगा अन्याय एकत्रित होकर बहुत शक्तिशाली रूप धारण कर लेगा तब अहिंसात्मक तरीके से उसके प्रतिकार में कठिनाई होगी। इसीलिए वे सत्याग्रह को एक स्वस्थ समाज का सदा चलने वाला आचरण मानते थे। अब तक विश्व की सभ्यता के इतिहास को उन्होंने 99 दिन गाय का और एक दिन शेर का इतिहास कहा था।[25]

डॉ. लोहिया को गाँधी जी की यह दृष्टि सम्पूर्ण रूप से ठीक लगी। उनका यह मानना था कि समाज की आर्थिक और राजनीतिक सत्ता केन्द्रित होती गयी तो व्यक्ति की सत्ता क्रमशः नगण्य होती जायेगी और सारी पूंजी और राजनीतिक अधिकार केन्द्र में आकर संयोजित हो जायेगा। लोहिया व्यक्ति को इतना स्वत्वहीन बनाने में विश्वास नहीं करते थे। वे ऐसे केन्द्रीय तन्त्र के पक्षधर नहीं थे जिसके अन्तर्गत सब कुछ सिमट कर एक जगह मुट्ठी में आ जाय। उनकी दृष्टि अत्यन्त प्रजातांत्रिक दृष्टि थी। उन्होंने एक सूत्र बताया था - गौखम्भा राज्य। केन्द्र, राज्य, जिला और गांव इन चार खम्भों पर वे सत्ता और अर्थ का समता मूलक बटवारा चाहते थे।[26]

लोहिया ने बार-बार कहा है कि वह केवल एक ही आदमी से प्रभावित रहे है और वह गाँधी जी है। आधा आदमी जिससे वह प्रभावित थे वह जवाहर लाल नेहरू थे वह भी आजादी के पहले वाले नेहरू। गाँधी के प्रति डॉ. लोहिया का आकर्षण स्वभाविक था क्योंकि गाँधी केवल जीवन-दर्शन के व्याख्याता नहीं थे। वह दर्शन के साथ कर्म को भी जोड़ते थे। गाँधी का दर्शन किताबी नहीं था। वह साक्षात् कर्म से निवृत्त होता था और कर्म की प्रेरणा देता था। कर्म प्रधान के नाते वह मूलतः आचरण की कसौटी पर सिद्धान्त को कसता था। लोहिया को लगता था गाँधी जी चाहे जितने सत्य, अहिंसा और धर्म की नितान्त आध्यात्मिक बातें करे, मूलतः वह अपने लिए भी उन सबको आचरण के स्तर पर ढालते थे। कर्म के स्तर पर साकार करने में विश्वास करते थे।

लोहिया गाँधी की इस अमूर्त आध्यात्मिक चेतना को नकारते नहीं थे। वह उसकी निर्गुण सत्ता को स्वीकार करते थे लेकिन गाँधी की प्रतिभा को वह अद्वितीय इसलिए मानते थे कि वह इस निर्गुण और निराकार सत्य को सगुण साकार रूप देकर वैयक्तिक एवं सामूहिक आचरण में भी दिखा देते थे। सगुण निर्गुण की व्याख्या में तथा समाजवादी दर्शन की व्याख्या में डॉ. लोहिया ने सगुण और निर्गुण दोनों की सत्ता को स्वीकार भी किया है। उन्होंने स्पष्ट रूप से यह कहा भी है कि निर्गुण मूल्यों की सत्ता और सगुण कर्म की सत्ता तभी जीवन्त और गतिशील रह सकती है जब दोनों के बीच आवागमन का संबन्ध रहे। सगुण के मूर्त और निर्गुण के अर्मूत में वह किसी भी प्रकार का द्वंद्व नहीं देखते थे। वह दोनों को एक ही सिक्के के दो पहलू मानते थे सगुण में धार तभी आयेगी जब वह निरन्तर निर्गुणता से सान्निध्य स्थापित किये रहे। यानि मूल निर्गुण भी तभी तेज और प्रखर होगा जब वह निरन्तर सगुणों के सान्निध्य में परिभाषित होता रहे। इसलिए डॉ. लोहिया के चिन्तन में द्वन्द्वात्मक तर्क नहीं है। उनके चिन्तन में दोनों की सत्ता स्वीकार की गयी है।[27]

डॉ. लोहिया गाँधी की इस महानता और दूरदर्शिता के प्रशंसक ही नहीं थे बल्कि इस दिशा में वह गाँधी की अहिंसा और उनके सिविल नाफरमानी को एटमबम जैसे विशाल ध्वंसकारी शस्त्र का एकमात्र अवरोधक भी मानते थे। वह दोनों को आमने-सामने रखकर देखते थे और तब इस निष्कर्ष पर पहुंचते थे कि जितनी तीव्र संभावना एटमबम में संसार को नष्ट कर देने की है, उससे कही अधिक शक्ति गाँधी और सोशलिज्म की भूमिका में हैं। उन्होंने लिखा है – "आज से 15 वर्ष पहले मैंने यूरोप की किसी राजधानी में कहा था कि हमारे युग की दो चीजें हैं- एक एटमबम और दूसरे महात्मा गाँधी। यह दोनों ही एक दूसरे को खत्म होने के पहले ही खत्म कर सकती है।" डॉ. लोहिया इतने बड़े सत्य को अनुभव करने के बाद लिखते हैं, "क्या गाँधी और एटमबम एक दूसरे को पूरी तरह से नष्ट कर सकते हैं? और यदि ऐसा संभव है, तो मुझे एक अन्तर्राष्ट्रीय अहिंसक आन्दोलन का सूत्रपात पहले ही करना चाहिए था।"

डॉ. लोहिया के इस कथन से स्पष्ट हो जाता है कि गाँधी की उनके प्रति कितनी अटूट श्रद्धा थी। एटमबम 'नाम' और 'देहधारी' को तो खत्म करने के साथ अपने को भी खत्म कर सकता है, पर क्या वह उस अहिंसा के सिद्धान्त को खत्म कर पायेगा। जिसमें सृष्टि के पोषण और रक्षण की प्रवृत्ति समानुकूलता के साथ विद्यमान है? क्या वह मनुष्य की सात्विक और नैतिक जिजीविशा को नष्ट करने में समर्थ होगा? युद्ध और हिंसा से घिरे और जकड़े आज के इस आतंकित संसार

की निष्कृति डॉ. लोहिया केवल गाँधी और उनके अहिंसात्मक आन्दोलन में देखते थे। गाँधी ने यद्यपि इस सिद्धान्त का प्रतिपादन एक आध्यात्मिक और नैतिक शक्ति के रूप में किया था। पर डॉ. लोहिया ने उसमें व्यष्टि और समष्टि को शामिल करके राजनैतिक और नैतिक आधार पर संयोजित करने की कोशिश की थी। वह व्यक्ति में ऐसी शक्ति पैदा करना चाहते थे जिससे वह अन्याय का मूक दर्शक बनने या उसके सामने सिर झुकाने के बजाय उससे जूझने और संघर्ष करने की शक्ति पा सके। डॉ. लोहिया ने विश्व के संदर्भ में अहिंसा में इतनी बड़ी शक्ति के दर्शन किये कि उसे संसार के सबसे बड़े घातक अस्त्र परमाणु बम के सामने ला खड़ा किया। गाँधी के सामने भी यह समस्या थी लेकिन लोहिया ही वह व्यक्ति हैं जिससे गाँधी की अहिंसा में उस शक्ति के दर्शन किये जो अपने नैतिक शक्ति के आधार पर समष्टि को संहार से बचाने की क्षमता रखती है। लोहिया ने गाँधी के अहिंसात्मक सिद्धान्त को केवल भारत के संदर्भ तक सीमित नहीं रखा। उन्होंने इसे विश्व स्तर पर एक सिद्धान्त के रूप में प्रस्तुत किया। उन्होंने स्पष्ट शब्दों में कहा कि संसार के सामने दो ही विकल्प हैं पहला तो यह कि वह इन हथियारों का प्रयोग करके अपने और अपने साथ पूरे विश्व का ध्वंस कर दे, दूसरा यह कि अहिंसा के मार्ग को अपनाकर अपनी और संसार दोनों की रक्षा करें। गाँधी की अहिंसा ही वह शक्ति है जो एक संभावित भयानक मानव संहार के आतंक से व्यष्टि और समष्टि दोनों को बचा सकती है। यह वह बिन्दु है जहाँ हमें लगता है कि एक मनस्वी के रूप में डॉ. लोहिया ने गाँधी और उनके अहिंसात्मक आन्दोलन को पूर्णतया विकसित करने का प्रयास किया। उनके आदर्शों में पूरे विश्व की मानवता को अपने में समेट लेने की क्षमता को पहचाना।[28]

गाँधी के दर्शन की जो मार्मिक व्याख्या लोहिया ने 'मार्क्स, गाँधी और सोशलिज्म' में की है, उसमें विश्व के स्तर पर गाँधी की पूरी और सही तस्वीर उभरी है। फिर भी लोहिया अपने को कुजात गाँधी वादी मानते थे, क्योंकि गाँधी की दुहाई देकर गाँधी को यथास्थिति वादी बनाने वाले गाँधी जी को किताबों और कापियों में सीमित करके देखना चाहते थे। लोहिया गाँधी को किताब से मुक्त, आत्मा की आवाज पर चलने वाला मानते थे। इसी प्रकार का एक दूसरा वर्ग था जो सत्याग्रह, सिविल नाफरमानी, असहयोग आन्दोलन को गाँधी के बाद किसी अन्य को प्रयोग में लाने का अधिकारी ही नहीं मानता था। वह यह भूल जाता था कि गाँधी के बाद किसी अन्य को अधिक से अधिकतर प्रखरता के साथ अन्याय के विरुद्ध संघर्ष करने वाला बनाते रहते थे। उन्होंने जो कुछ भी सोचा, समझा, अनुभव

किया उसे कर्म में इसीलिए उतारा ताकि उनके बाद भी अन्यायों के विरुद्ध संघर्ष करने की एक परम्परा बन सके। लेकिन कुछ लोग ऐसे थे और आज भी हैं, जो उन परम्पराओं का गाँधी जी के बाद दफन कर देना चाहते हैं। गाँधी जी के खुले जीवन और विवेकशील चिन्तन के आधार पर किए गये कर्मो को एक सम्प्रदाय की उपासना पद्धति की भांति नियमों और पाखण्डों में बदलकर सम्प्रदाय बनाने में लगे हैं। गाँधी के जीवन और कर्म के साथ शायद इससे बड़ा दूसरा अन्याय नहीं हो सकता कि उन्हें सम्प्रदाय की प्रतिष्ठा के लिए मूर्ति बनाकर पूजा जाए और उनके ऋषित्व को एक चमत्कारिक रूप देकर उसे जड़ बना दिया जाय। ऐसे लोगों की आलोचना और ऐसी मानसिकता की निन्दा तो काफी की जा सकती है लेकिन उसकी कोई आवश्यकता इसलिए नहीं है क्योंकि वे स्वयं अपने को मुख्य धारा से काट कर अपने आप में दिन प्रतिदिन सिकुड़ते जा रहे हैं।[29]

लोहिया जी ने गांधी जी के विचारों से प्रभावित होकर कहा धा कि "मैं गांधीवाद की बड़ी इज्जत करता हूँ, और बुनियादी तौर पर यह मानता हूँ कि नई दुनिया को लाने में गांधीवादी सहायक हो सकता है।" लोहिया जानते थे कि आज के स्वप्न कल के तथ्य होते हैं। स्वप्न देखने की क्षमता गांधी, लोहिया जैसे व्यक्तियों में होती है और ऐसे व्यक्ति सदियों के बाद पैदा होते हैं। गांधी जी और उनके पूर्ववर्ती क्रांतिकारियों ने आजादी का स्वप्न देखा। इसी कारण आज की पीढ़ी आजादी में जी रही है। ऐसे स्वप्न देखने वालों के शिष्य अनुयायी ही उनका कार्य पूरा करने की कोशिश करते हैं। मार्क्स को लेनिन मिले, गांधी को लोहिया मिले। लोहिया का भाग्य भविष्यकाल ही तय करेगा।

सन् 1947 के हिन्दू-मुस्लिम दंगों के समय एक दफा लोहिया ने गांधी जी से कहा मैं चला जाता हूँ मेरे काम के नतीजे नहीं दिखाई दे रहे हैं। तब गांधी जी ने कहा था तुम जा सकते हो, लेकिन जब कभी तुम अपने कार्यो के नतीजे निकालने में सफल हो जाओ तो मुझे कार्ड डाल देना। मैं तुम्हारे पास चला जाऊंगा। लोहिया जी ने लिखा कि "मेरी पीढ़ी के लोगों के लिए गांधी जी कल्पना थे, जवाहर लाल जी कामना, और नेता जी सुभाष कर्म। कल्पना सर्वदा दृष्टा रहेगी तथा विस्तार में उसके अपने कुछ दोष थे, परंतु उसकी कीर्ति मैं आशा करता हूं कि समय के साथ चमकेगी। कामना कड़वी हो गई और कर्म अपूर्ण रहा।

बर्लिन प्रवास की अवधि में भी लोहिया जी गांधी जी के विचारों के समर्थक व प्रशंसक रहे। उनका शोध प्रबन्ध "नमक और सत्याग्रह" इस बात का प्रमाण है कि उन्हें प्रारम्भ से ही महात्मा गांधी जी से प्रेरणा मिलने लगी थी। विदेश में रहकर गांधी-इर्विन समझौते का समर्थन किया। गांधी जी के आलोचकों को मुंहतोड़ उत्तर दिया। उन्होंने गांधी जी के

दरिद्रनारायण व रोटी में भगवान के दर्शन के विचार को भी स्पष्ट किया। गांधी जी के प्रभाव के कारण ही सन् 1939 में पट्टाभिसीतारामैया तथा सुभाषचन्द्र बोस के बीच होने वाली कांग्रेसी अध्यक्ष चुनाव में वे मौन रहे। लोहिया जी गांधी जी के परम भक्त थे।[30]

गांधी जी और लोहिया का जीवन एक निरन्तर कर्मरत जीवन रहा है। गांधी तो कर्म में इतने डूबे हुए व्यक्ति थे कि उन्हें केवल अगला ही कदम दिखता था। डॉ. लोहिया का जीवन भी कर्म की निरन्तरता में ही व्यक्त होता है। इसी कर्म की निरंतरता को वह निरंतर सत्याग्रही के रूप में जीते थे। लोहिया और गांधी में अंतर यह था कि 'अंतर की आवाज' एक रहस्यात्मक आध्यात्मिक बोध लाती है जबकि लोहिया का मनस्वी मन एक कवि की स्वप्निल झांकी की भी झलक देता हैं। गांधी में नैसर्गिकता अवतरित होती थी, लोहिया नैसर्गिकता को अपनी समृद्ध कल्पना से छूते थे, गांधी के जीवन में एक विश्रान्ति का बोध होता है और लोहिया में एक बेचैनी हमेशा उन्हें घेरे रहती है। लोहिया की निरंतरता में एक कर्मठ पुरुषार्थी की अनवरत चेष्टा है।

गांधी के लिए काल की अखण्ड सत्ता का बहुत महत्व है। इसलिए वह समानता को मानते हैं। लेकिन लोहिया की अवधारणा में काल की अखण्ड सत्ता क्षण की इकाई के रूप में व्यक्त होती है। इस क्षण में काल की अखण्ड सनातनता में गांधी भेद नहीं करते, इसलिए यह क्षण एक इकाई के रूप में होते हुए भी अखण्डता का अंश है। लोहिया की दृष्टि में इस प्रवाहमान क्षण की इकाई ही काल की अखण्डता को रूपांतरित करती है। गांधी अन्याय सहन को असत्य का सहयोग देने की बात कहते हैं। लोहिया काल के इस खण्ड में अन्याय का विरोध न करना नैसर्गिक अधिकारों का हनन मानते हैं। गांधी के कर्म में एक ऋषि की करुणा है। एकात्म साक्षात्कार की स्वत: स्फूर्ति चेतना है। लोहिया की करुणा एक मनस्वी मुनि की करुणा है जो समस्त सृष्टि और सम्पूर्ण पंच को भी स्वीकार करके चलती है।

लोहिया ने बार-बार कहा है कि वह केवल एक ही आदमी से प्रभावित रहे हैं और वह गांधी जी हैं। अन्य आदमी जिससे वह प्रभावित थे, वह जवाहरलाल नेहरू थे, वह भी आजादी के पहले वाले नेहरू। गांधी के प्रति डॉ. लोहिया का आकर्षण स्वाभाविक था क्योंकि गांधी केवल जीवन दर्शन के व्याख्याता नहीं थे। वह दर्शन के साथ कर्म को भी जोड़ते थे।[31]

लोहिया इसी विश्व बंधुत्व, विश्व नागरिकता के क्रम में सर्वथा नया रूप देते हैं, विश्व सरकार की उनकी कल्पना में भी मूलत: गांधी के विश्व बंधुत्व का ही भाव प्रकट होता है। शिक्षा के क्षेत्र में भी वह गांधी के बहुत निकट थे। समता विद्यालय के लिए जब उन्होंने न्यास बनाया तो उसके सिद्धांतों में उन्होंने फावड़ा और किताब, हाथ और दिमाग का एक

रिश्ता जोड़ने का आग्रह किया। शारीरिक श्रम और मानसिक अनुशासन दोनों को उन्होंने एक साथ जोड़ने की कोशिश की।[32]

लोहिया ने जाने अनजाने में मार्क्स और गांधी का मिला-जुला आदर्श चुना था, एक तत्ववेत्ता ऋषि जो संत होने का प्रयत्न कर रहा था। स्वातंत्र्योत्तर भारतीय राजनीति के नीतिहीन दलबदल में सिद्धांत नाम की कोई चीज टिक नहीं पा रही थी। एक बार की हताश और उसके साथ बढ़ने वाली अकुलाहट अक्सर लोहिया की पैनी भाषा और उग्र कार्यक्रमों के रूप में प्रकट हुई। दृढ़ता और संकल्प के साथ अपनी बात कहने की इस मजबूरी के कारण ही लोहिया को अतिवादी का आरोप भी झेलना पड़ा, पर अन्ततः लोहिया सामान्यवादी रहे। पूरी उम्र विचारों, नये मौलिक विचारों की खोज यात्रा पर खानाबदोश बंजारों की जिंदगी जीने वाले लोहिया की यह अवश्यंभावी नियति थी। उनके लिए भी किसी भी विचार को स्वीकार करना या नया विचार मठ स्थापित करना, किसी एक स्थान पर अपना घरौंदा बनाना या गृहस्थी बसाने जैसा होता तो उनके स्वधर्म के विरुद्ध इससे बढ़कर शायद ही और कोई बात होती।

लोहिया जी पर गांधी का गहरा प्रभाव था। गांधी जी के सत्याग्रह से जनमत संग्रह हुआ है और दुनिया के सामने अणु या गांधी यही सवाल है। अहिंसा साध्य-साधन विवेक, ग्रामोद्योग, अंग्रेजी और अंग्रेजियत का खात्मा आदि गांधी जी के विचार लोहिया जी ने चौखम्भा राज व्यवस्था, अल्प प्रमाण यंत्र, ठोस नीतियों द्वारा आगे बढ़ाए। लोहिया विचार दर्शन अलग अलग विचारों की कथा नहीं बल्कि एक एक रस, सजीव सम्य दर्श है।

डॉ. लोहिया ने मार्क्सवाद का इनकार केवल केन्द्रीयकरण, हिंसा, तानाशाही, व्यक्तिगत स्वतंत्रता का अभाव, साध्य साधन, विवेकहीनता इत्यादि कारणों से ही किया था। भारत के संदर्भ में उन्हें रोटी के साथ मन के सवाल उतने ही महत्वपूर्ण लगते थे।[34]

महात्मा गाँधी के विचारों से लोहिया बहुत प्रभावित थे, फिर भी गुण दोष को अवश्य ही विचार में रखते थे। गाँधी जी ने उन्हें प्रभावित भी किया और उनके विचारों का मार्गदर्शन भी किया। उन्होंने स्वयं मार्क्स और गाँधी के सम्बन्ध में विचार व्यक्त करते हुए कहा था कि- "मेरा विश्वास है कि गांधीवादी या मार्क्सवादी होना भी मूर्खता है, उसी तरह गाँधी विरोधी या मार्क्स विरोधी होना मूर्खता है। गाँधी और मार्क्स में सीखने के लिए अमूल्य निधियां हैं, लेकिन किसी से सीखना तभी सम्भव है जब कि दायरा व्यक्ति विशेष या युग-विशेष तक ही सीमित नहीं हो।"[35]

गाँधी जी जैसे महामानव के बारे में लोहिया जी का ख्याल क्या था, इस सम्बन्ध में इन्दुमति केलकर लिखती हैं- "सन् 1939 में ही उन्होंने गाँधी को इतिहास का दर्शन करने

वाली अंगुली कहा है। गाँधी की विचार प्रणाली में ट्रस्टी की कल्पना, धर्म सम्बन्धी उनके विचार, ईश्वर निष्ठा या स्त्री पुरुष के सम्बन्ध में उनकी धारणाएं इत्यादि बातें लोहिया ने कभी नहीं मानी। लेकिन इन ऊपरी बातों को छोड़ देने के बाद, मानव जाति के सम्बन्ध में असीम हमदर्दी, न्याय का प्रतिकार करने के लिए प्रवृत्त करने वाला सात्विक क्रोध और मानव जीवन को स्पर्श करने वाली हर चीज के बारे में बुनियादी तरीके से सोचने की प्रवृत्ति आदि बातें लोहिया और गाँधी में एक समान ही मिलती है।"[36]

लोहिया के मत से गाँधी जी हमें दो विचार देते हैं-"एक स्वावलम्बी गांव और दूसरा ग्रामीण गणराज्य या ग्रामीण सरकार का। ये दोनों सिद्धान्त विकेन्द्रीकरण की नीति पर आधारित हैं। स्वावलम्बी गांव इस सिद्धान्त पर कार्य करेंगे कि वे अपनी आवश्यकताओं की चीजों का खुद उत्पादन करेंगे एवं उसमें भी मितव्ययिता करेंगे जिसमें खासकर वैसी मशीनों और तकनीकों का प्रयोग होगा जो चर्खे की तरह की होगी। ग्रामीण सरकार भी एक प्रयोग है प्रथम श्रेणी का जनतंत्र प्राप्त करने के लिए क्योंकि आधुनिक समाज का प्रजातंत्र द्वितीय श्रेणी का है।"[37]

इस प्रकार लोहिया और गाँधी के चिन्तन में कभी भी व्यक्ति निष्ठा का प्रभाव नहीं दिखाई देता है। गाँधी जी ने ट्रस्टीशिप की बातें की। उनका कहना था कि जब तक पैसे वालों को यह नहीं समझ में आ जाता कि सभी लोगों को सामान्य जीवनयापन की सुविधा प्राप्त हो जाये, तब तक संसार का कल्याण सम्भव नहीं। लोहिया ने गाँधी जी के ट्रस्टशिप के सिद्धान्त से सहमति व्यक्त की। लोहिया के अनुसार-"गाँधी जी ने क्या किया? बड़े लोगों का हृदय परिवर्तन। गाँधी जी ने अपनी 60 वर्ष के राजकीय जीवन में शायद छः महीने बिताया होगा नूरबिन साहब और बिड़ला साहब के हृदय परिवर्तन के लिए और साढ़े उनसठ वर्ष बिताये खेत-मजदूर, किसान, दुकानदार, किराना, मास्टर, मध्यवर्ग, विद्यार्थी का दिल बदलने के लिए।"[38]

व्यक्तिगत सम्पत्ति के सम्बन्ध में लोहिया के विचार गाँधी से बहुत अधिक प्रभावित हैं। लोहिया के अनुसार-"बिना दूसरों को नौकर रखे हुए जो व्यक्तिगत सम्पत्ति चल सकती है इसको छोड़कर बाकी सब सम्पत्ति को यथासम्भव, यथाशीघ्र सामूहिक बनाना और समाज में गैर बराबरी को मिटाना या कम से कम अनवरत घटाते रहना। गैर बराबरी सात प्रकार की विशेषतौर से हैं-

1. नर-नारी के बीच गैर बराबरी

2. गरीब-अमीर के बीच गैर बराबरी

3. गुलाम देश और शाही देश के बीच गैर बराबरी

4. जाति के कारण गैर बराबरी

5. गोरे-काले की गैर बराबरी

6. अस्त्रों के कारण गैर बराबरी यानी अस्त्रों का नाश

7. व्यक्ति और समाज या समूह या राज या सरकार उनके आपस के सम्बन्धों की मर्यादा को तोड़ देने के कारण उत्पन्न गैर बराबरी और अन्याय, यह हुई दूसरी बात। तीसरी बात उसी से निकल कर आती है-सत्याग्रह का तरीका। चौथी सारे संसार को एक विश्व लोकसभा, जो कि बालिग वोट के द्वारा चुनी गयी हो- आज वाली नहीं, सरकारों द्वारा बनाई हुई नहीं-और उसके द्वारा जो कोई सरकार बने यह थोड़ा बहुत संसार के काम को सम्भाले।"

एक बार यह पूछे जाने पर कि क्या आप गाँधी जी को पसन्द करते हैं? लोहिया ने उत्तर दिया था कि - 'उन्हीं के कारण मैं राजनीति में आया।' लोहिया के ये वाक्य उन पर गाँधी के प्रभाव को स्पष्ट करते हैं।[39]

4.4 डॉ. राममनोहर लोहिया पर जवाहर लाल नेहरू का प्रभाव :

पं. जवाहर लाल नेहरू को लोहिया कितना मानते थे, जब जवाहर लाल जी की मृत्यु हुई तो लोहिया सुदूर अमेरिका में थे। वहाँ उन्होंने नेहरू की मृत्यु का समाचार जाना। जब वहाँ के अखबार वालों ने उनकी प्रतिक्रिया जाननी चाही हो लोहिया ने कहा आजादी की लड़ाई लड़ने वाले जवाहर लाल नेहरू से मैं बहुत प्रभावित था। वे स्वतंत्रता संग्राम के असाधारण योद्धा थे। किन्तु आजादी मिलने के बाद के प्रधानमंत्री पं. जवाहर लाल नेहरू बन गये। उनका व्यक्तित्व और उनकी नीतियां बहुत ही निराशाजनक रही हैं और एक हद तक राष्ट्र के अधोगति के उत्तरदायी रहे हैं। लोहिया की प्रतिक्रिया का उत्तरार्ध ही भारतीय समाचार पत्रों पर छपा और बहुत से लोगों ने इस बात के लिए लोहिया को कोसा कि वे जवाहर लाल जी के मरने पर भी उन्हें उचित रूप से नहीं ग्रहण कर सके। किन्तु यह तो भारतीय पत्रकारिता की ओछी नीति का प्रतिफल था। स्वयं लोहिया जवाहर लाल जी का कई अर्थो में बहुत सम्मान करते थे और जवाहर लाल जी भी लोहिया की प्रतिभा, ईमानदारी और राष्ट्रभक्ति से बहुत प्रभावित थे।[40]

यह तो एक संयोग की बात थी कि समाजवादी आन्दोलन के कुछ नेताओं के आग्रह के कारण काँग्रेस सोशलिस्ट पार्टी काँग्रेस से बाहर निकल कर सन 1948

में सोशलिस्ट पार्टी के रूप में काम करने लगी। किन्तु काँग्रेस में रहते हुए भी लोहिया मानसिक रूप से जवाहर लाल जी से बहुत दूर होते जा रहे थे। फिर भी जवाहर लाल जी के प्रति उनके मन में कहीं न कहीं एक गहरा लगाव छलकता रहता था। सन 1962 में जब लोहिया ने जवाहर लाल जी के विरुद्ध लोकसभा का चुनाव लड़ने का निर्णय किया तो वे भीतर से बहुत टूट चुके थे। उन्होंने मिर्जापुर के घण्टों लगातार सोचने के पश्चात जवाहर लाल जी के विरुद्ध चुनाव लड़ने का निर्णय किया और निर्णय के पश्चात उन्होंने जवाहर लाल जी को एक पत्र भी लिखा था, जिसमें अपने व्यक्तिगत संकोच का गहरा उल्लेख था। किन्तु लोहिया की यह विशेषता थी कि जहाँ देश के हित का प्रश्न आड़े आ जाता था किसी भी व्यक्तिगत रिश्ते को महत्व दे पाना उनके लिए संभव नहीं था। डॉ. लोहिया की उपस्थिति में ही एक सोशलिस्ट पार्टी के कार्यकर्ता ने जवाहर लाल जी के नेतृत्व पर कोई छींटाकशी की। लोहिया जी का चेहरा तमतमा उठा। उन्होंने कहा कि तुम्हें शोभा नहीं देता कि तुम जवाहर लाल जी के विषय में ऐसी ओछी बातें करते हो। जवाहर लाल जी बहुत बड़े नेता है और उनकी आलोचना करने के लिए तुम्हें अपने को बहुत बड़ा बनाना पड़ेगा। हर जगह मेरी नकल करने की कोशिश मत करो। उस समाजवादी कार्यकर्ता का चेहरा छोटा हो गया।[41]

सन्दर्भ ग्रन्थ सूची

क्र० सं०	पुस्तक व लेखक के नाम	पृष्ठ सं०
1.	भारत के महान कर्णधार-फणीन्द्र नाथ चतुर्वेदी	पृष्ठ सं.-35
2.	भारतीय राजनीतिक विचारक- अरबिन्द घोष-हंसराज रहबर	पृष्ठ सं.-268
3.	भारतीय राजनीतिक विचारक- अरबिन्द घोष-हंसराज रहबर	पृ. सं.-268-269
4.	विश्वनाथ प्रसाद वर्मा बही	पृष्ठ सं.-257
5.	विश्वनाथ प्रसाद वर्मा बही	पृष्ठ सं.-256-257
6.	भारतीय राजनीतिक विचारक-अरबिन्द घोष-हंसराज रहबर	पृ. सं.-272-273
7.	स्वामी विवेकानन्द-	पृष्ठ खण्ड पृ. सं.-63-64
8.	स्वामी विवेकानन्द-पंचम खण्ड	पृ.-180
9.	स्वामी विवेकानन्द - आल इण्डिया एण्ड हर प्रॉब्लम्स	पृ. सं.-102-103
10.	भारत के महान कर्णधार- फणीन्द्र नाथ चतुर्वेदी	
11.	अवस्थी एवं अवस्थी बही	पृष्ठ सं.-96
12.	योद्धा संन्यासी स्वामी विवेकानन्द - हंसराज रहबर	पृष्ठ सं.-197

13. विवेकानन्द पत्रावली भाग-183
14. योद्धा संन्यासी स्वामी विवेकानन्द - हंसराज रहबर पृष्ठ सं.-198
15. योद्धा संन्यासी स्वामी विवेकानन्द - हंसराज रहबर पृष्ठ सं.-199
16. तारा चन्द बही पृष्ठ सं.-363
17. विवेकानन्द पत्रावली पृष्ठ सं.-351
18. योद्धा संन्यासी स्वामी विवेकानन्द - हंसराज रहबर पृ. सं.-202-203
19. समाजवाद और जे.पी.-डॉ. अमर ज्योति सिंह पृष्ठ सं.-118
20. जन का लोहिया अंक पृष्ठ सं.-128
21. लोहिया क्रान्तिकरण पृष्ठ सं.-397
22. लोहिया के विचार-ओंकार शरद पृष्ठ सं.-136
23. जन लोहिया का अंक पृष्ठ सं.-25
24. आचरण की भाषा-डॉ. राम मनोहर लोहिया पृष्ठ सं.-46-47
25. आचरण की भाषा-डॉ. राम मनोहर लोहिया पृ. सं.-126-127
26. आचरण की भाषा-डॉ. राम मनोहर लोहिया पृष्ठ सं.-126
27. समाजावादी दर्शन और डॉ. लोहिया -लक्ष्मीकान्त वर्मा पृ.सं.-25-26
28. समाजावादी दर्शन और डॉ. लोहिया -लक्ष्मीकान्त वर्मा पृ.सं.-27-28
29. समाजावादी दर्शन और डॉ. लोहिया -लक्ष्मीकान्त वर्मा पृ.सं.-45-46
30. डॉ. लोहिया अर्थ दर्शन-इन्दुमति केलकर- भूमिका
31. डॉ. लोहिया अर्थ दर्शन-इन्दुमति केलकर- भूमिका
32. डॉ. लोहिया अर्थ दर्शन-इन्दुमति केलकर- भूमिका
33. मार्क्स गाँधी एण्ड सोशलिज्म- डॉ. राम मनोहर लोहिया पृष्ठ सं.-1

34. डॉ. लोहिया अर्थ दर्शन-डॉ. यतीन्द्र नाथ शर्मा- भूमिका से

35. मार्क्स गाँधी एण्ड सोशलिज्म- डॉ. राम मनोहर लोहिया पृष्ठ सं.-1

36. लोहिया सिद्धान्त और कर्म-इन्दुमति केलकर पृष्ठ सं.-7

37. मार्क्स गाँधी एण्ड सोशलिज्म- डॉ. राम मनोहर लोहिया पृष्ठ सं.-128

38. देश गरमाओ- डॉ. राम मनोहर लोहिया पृष्ठ सं. 68-69

39. समाजवादी आन्दोलन का इतिहास- डॉ. राम मनोहर लोहिया पृष्ठ सं.-112

40. आचरण की भाषा- डॉ. राम मनोहर लोहिया पृष्ठ सं.-50

41. आचरण की भाषा- डॉ. राम मनोहर लोहिया पृष्ठ सं.-49-50

42. आचरण की भाषा- डॉ. राम मनोहर लोहिया पृष्ठ सं.-50

अध्याय – पाँच

डॉ. राम मनोहर लोहिया का समाजवाद

5.1 समाजवाद के सर्मथक :

सोलहवीं शताब्दी के आरम्भ में समाजवादी विचारों का जो विकास इंग्लैण्ड और फ्रान्स में तीव्र गति से हुआ वह कोई स्थायी परिणाम के बिना ही उन्नीसवीं शताब्दी के मध्य में कुछ समय के लिए बंध सा गया। इसके बाद विचारधारा का विकास जर्मनी में बहुत तीव्र गति से हुआ क्योंकि वहाँ के समाज संगठन का ढांचा परम्परावादी व कुलीनतंत्री आधार पर संगठित था। इस विचारधारा के विकास में पूर्व के विचारकों ने काफी सहयोग दिया।

1. जर्मनी में आदर्शवादी दर्शन में जिसके प्रवर्तक कान्त तथा फिकटे थे तथा हिंगेल जो उस समय के सबसे बड़े आदर्शवादी समझे जाते थे। उन्होंने राष्ट्रीय समाजवाद के तत्वों को जन्म दिया। इनके विचारों में गिल्ड समाजवाद के तत्व भी मौजूद थे। किकटे ने एक नवीन आर्थिक योजना प्रस्तुत की कि राज्य को विदेशी व्यापार करना चाहिए तथा समाज संगठन व्यवसाय के आधार पर होना चाहिए।
2. दूसरा कारण मार्क्स का उद्भव, जो कि वास्तव में आधुनिक समाजवाद के जनक समझे जाते है। मार्क्स की विचार धारा को सबसे अधिक "फ्यूरवारव" ने प्रभावित किया।
3. आदर्शवादी विचारधारा उस समय की व्यवस्था की प्रतिक्रिया, मात्र थी जो उस समय समाज में मौजूद थी। यह विचारधारा पूंजीवादी विचारधार के विरूद्ध थी। इसने भी

जर्मन समाजवाद के विकास में सहयोग प्रदान किया। मुख्य रूप से फ्रेज, वान, वोडर तथा एडम मूल ने पूंजीवादी व्यवस्था के दुष्परिणामों के कारणों की ओर संकेत किया।

4. उस समय के आर्थिक अनुसंधानों ने समाजवाद की विचारधारा में महत्वपूर्ण योगदान दिया। वैज्ञानिक कारण जो अपने प्राथमिक रूप में थे, परन्तु उन्हें मान्यता नहीं मिली थी, आर्थिक, नैतिक तथा मनोवैज्ञानिक कारणों का भी समाजवाद के विकास में काफी योगदान रहा।

जर्मनी के समावादी इतिहास में, काल मार्क्स, लैसलीं एवं राबर्ट्स के नाम विशेष रूप में उल्लेखनीय है। लोहिया ने मार्क्सवाद पर सीधा विचार किया, बिना किसी लागलपेट के। उनकी दृष्टि में पूंजीवाद और साम्यवाद रखना होगा। मार्क्सवाद आधुनिक भारी और केन्द्रीकृत मशीनों का समर्थक है। इन्हीं मशीनों ने यूरोप को शक्ति दी है। बाजार खोजने को मजबूर किया है। अधिक और अधिक उत्पादन के लिए अधिक से अधिक कच्चे माल की आवश्यकता है। फिर इससे उत्पादित तैयार माल को खपाने के लिए बाजार चाहिए। बड़ी मशीनें और बड़े उद्योगों ने उत्पादन की मात्रा बहुत अधिक बढ़ा दी।

अब इसके कारण दो प्रकार के बाजारों की आवश्यकता हुई। एक बाजार तो वह है जो बड़ी मशीन के राक्षस का मुंह कच्चे माल से भरें। इतना कच्चा माल मिले कहां? कोई एक देश इतना कच्चा माल नहीं दे सकता है। फिर इनसे तैयार माल की खपत भी होनी चाहिए। तो दूसरा यह कि खपत का बाजार होना चाहिए। इन दो प्रकार के बाजारों की आवश्यकता हर समय होती है। किन्तु केन्द्रीय उत्पादन व्यवस्था ने इसका विस्तार कर दिया। क्योंकि अब उत्पादन की मात्रा बहुत बधिक बढ़ गयी। ऐसी सिथति में दो प्रकार के बाजारों की खोज हुई। जाहिर है कि ये बाजार योरोप में नहीं मिल सकते थे। क्योंकि योरोप के सभी देशों की समस्या यहीं थी। इसके लिए एशिया और अफ्रीका के बाजार खोजे गये।[1]

पद विहीन राजनीति, समाजवादियों और सर्वोदयों की राजनीति की एक महत्वपूर्ण देन रही है। जय प्रकाश, लोहिया एवं आचार्य जी ने कभी पद की लोलुपता नहीं दिखाई। ये सिद्धान्त रूप से भी पद से अलग रहते थे। ये मानते थे कि सरकार से बाहर रहकर भी जन सेवा हो सकती है। जय प्रकाश जी तो प्रायः सरकार के बाहर रहकर ही लोकसेवा को संभव मानते थे। आचार्य जी ने बेझिझक उत्तर प्रदेश विधान सभा से इस्तीफा दे दिया। इसलिए कि वे काँग्रेस से अलग हो गये। चुनाव में उनकी जीत काँग्रेस के टिकट पर हुई थी। आचार्य जी के बाद किसी पार्टी ने

सामूहिक इस्तीफा नहीं दिया। जब कि दल-बदल इतना हुआ कि उसे रोकने के लिए नियम बनाना पड़ा।

विधान सभा का चुनाव दो बार हारने के बाद भी आचार्य जी डिगे नहीं। जवाहर लाल जी ने लोहिया को मंत्री बनने का न्यौता दिया। वे तैयार हो गए किन्तु शर्त यह रखी कि काँग्रेस अध्यक्ष सरकार से बाहर रहेगा। यह बात 1946 की है, बाद में नेहरू जी ने प्रधानमंत्री एवं काँग्रेस पद दोनों अपने पास रखा या अपने किसी चहेते को दिया। फलतः काँग्रेस अध्यक्ष का पद जीरो हो गया। जय प्रकाश के पद न लेने की चर्चा हो चुकी है। विनोबा पद हीन व्यक्ति थे। आचार्य कृपलानी और टण्डन जी ने नेहरू जी के कारण अध्यक्ष पद छोड़ा था। 1955 में जब डॉ. राजेन्द्र प्रसाद ने राष्ट्रपति पद छोड़कर जनता में आने की इच्छा की तो जय प्रकाश ने उनका जोरदार समर्थन किया। जय प्रकाश यह भी कहते हैं कि 60 वर्ष पूरे होने पर राजनेताओं को पद से संन्यास ले लेना चाहिए। अगर नौकरी करने वाले संन्यास ले सकते हैं, तो राजनीतिज्ञ को भी संन्यास ले लेना चाहिए।[2]

अपने जीवन के अन्तिम दिनों में लोहिया कहने लगे थे कि परम्परावादी तथा संघटित समाजवाद "एक मरा हुआ सिद्धांत तथा मरणशील व्यवस्था" है। इसलिए उन्होंने 'नवीन समाजवाद' का नारा लगाया। इस नवीन समाजवाद के लिए उन्होंने छः सूत्रीय योजना का निरूपण किया। आय तथा व्यय के क्षेत्र में अधिकतम समानता के स्तर को उपलब्ध करना आवश्यक है। इसके लिए राष्ट्रीयकरण एक महत्वपूर्ण साधन है, किन्तु वह एक मात्र साधन नहीं है। विश्व में जीवन स्तर ऊंचा करने का प्रयत्न किया जाय। लोहिया ने वयस्क मताधिकार पर आधारित विश्व संसद का समर्थन किया। यह एक जटिल तथा यूरोपियाई सुझाव प्रतीत होता है। लोहिया लोकतांत्रिक, राजनीतिक स्वतंत्रता तथा निजी जीवन की स्वतंत्रता के क्षेत्र में सुरक्षित होने तथा किसी भी सरकार को बलपूर्वक उसमें हस्तक्षेप नहीं करने के पक्षधर थे। उन्होंने सामान्यजनों के अधिकारों तथा प्रतिष्ठा की रक्षा के लिए वैयक्तिक तथा सामूहिक सविनय अवज्ञा की गांधीवादी कार्य-प्रणाली का समर्थन किया। इसका मनोवैज्ञानिक महत्व भी है।

वर्तमान भारतीय समाज के गठन को लेकर डॉ० लोहिया प्रायः दो बातें कहते थे। पहली गठन की और दूसरी गठनहीनता की। भारतीय समाज को वह भारी भरकम और डील-डौल वाला गठनहीन समाज मानते थे। भारतीय समाज की दुर्दशा के कारण वह भारतीय समाज की कृत्रिमता मानते थे। भारतीय समाज में सब कुछ है, लेकिन कालान्तर में सब कुछ विघटित ही नहीं असंगठित है। धर्म की ऊंचाई है, तो इतनी कि जिसकी चाह नहीं पर

कर्म की ढिलाई इतनी है कि वैचारिक ऊंचाई के बावजूद वह लक्ष्य भेद नहीं कर पाता है। सामाजिक व्यवस्था में जाति-पांति, उप जाति आदि में पूरा समाज इतना बंटा है कि कहीं किसी संगठन का आभास नहीं मिलता।

डॉ० लोहिया भारत के समाज में जो परिवर्तन लाना चाहते थे, उसका आधार "कथनी और करनी" में समता लाना था। साथ ही वर्ण व्यवस्था के विरोधी थे। वह उसे भारतीय के ठहराव और पतन का कारण भी मानते थे। गांधी जी के सारे सिद्धान्तों को मानते हुए भी डॉ० लोहिया केवल नैतिक और व्यक्तिगत आधार पर समाज में परिवर्तन नहीं लाना चाहते थे। वह इसके लिए विधि और कानून का सहारा लेना जरूरी समझते थे।[3]

लोहिया ने जिस रूप में समाजवाद को परिभाषित किया है वह सैद्धान्तिक होने के साथ ही प्रासंगिक भी है। लोहिया मात्र वर्ग का नाम लेकर चुप नहीं रहते, वह कुछ और चित्र प्रस्तुत करते हैं। वह वर्ग के साथ जाति को जोड़कर इस परीक्षण के माध्यम से वर्गों के गठन को देखते हैं और सम्पूर्ण समाजवादी आन्दोलन को, भारतीय समाज के गठन के अनिवार्य तथ्यों का भी परीक्षण करते हैं। इस परीक्षण के माध्यम से जब वह वर्ग को हमारे जीवन में जोड़ने की कोशिश करते है, तो पाते है कि समूचे वर्ग की अवधारणा को हमारे समाज की जाति व्यवस्था हजम करके बैठी हुई है।[4]

मानव एक चेतन प्राणी है तथा जागरूकता उसी क्रम में आती है। चेतना चाहे किसी भी स्तर पर आये उसका मूल कारण किसी प्रकार का असन्तोष तथा अपूर्णता का अहसास होता है और इसी एहसास के क्षण से विचार प्रक्रिया प्रारम्भ होती है कि कैसे वह पूर्णता को प्राप्त करें तथा इसी क्रम में उद्देश्यों की खोज शुरू होती है। यही वह समय है जब मानव जीवन का अर्थ तथा इतिहास के माध्यम से अपने उद्देश्यों जैसे प्रश्नों से झुकना शुरू करता है। इसका उत्तर प्राप्त करने के लिए उसने संस्थाएं बनायी व तोड़ी, युद्ध व संधियां की तथा बार-बार ये खोजा कि क्या उन घटनाओं के माध्यम से उसके जीवन का ध्येय पूरा हो सकता है, जो मिलकर इतिहास का क्रम बनाती है।[5]

अपने जीवन के अन्तिम दिनों में लोहिया कहने लगे थे कि परम्परावादी तथा संगठित समाजवाद एक मरा हुआ सिद्धान्त तथा मरणशील व्यवस्था है। इसलिए उन्होंने नवीन समाजवाद का नारा लगाया। इस नवीन समाजवाद के लिए उन्होंने छ: सूत्री योजना का निरूपण किया। आय तथा व्यय के क्षेत्र में अधिकतम समानता के स्तर को उपलब्ध करना अत्यावश्यक है। इसके लिए राष्ट्रीयकरण एक महत्वपूर्ण साधन है। किन्तु वह एक मात्र साधन नहीं है। विश्व में आर्थिक अन्तरनिर्भरता बढ़ती जा रही है जिसके कारण यह आवश्यक हो गया है कि सम्पूर्ण विश्व में जीवन स्तर को ऊँचा करने का प्रयत्न किया

जाय। लोहिया लोकतांत्रिक राजनीतिक स्वतंत्रता के पक्के समर्थक थे। वे चाहते थे कि वाणी की स्वतंत्रता, समुदाय बनाने की स्वतंत्रता तथा निजी जीवन की स्वतंत्रता के क्षेत्र सुरक्षित होने चाहिए और किसी भी सरकार को बलपूर्वक उसमें हस्तक्षेप नहीं करना चाहिए। उन्होंने सामान्य जनों के अधिकारों तथा प्रतिष्ठा की रक्षा के लिए वैयक्तिक तथा सामूहिक सविनय अवज्ञा की गाँधीवादी कार्यप्रणाली का समर्थन किया। इसका मनोवैज्ञानिक महत्व भी है।

5.2 समाजवाद की अवधारणा:

लोहिया भारत के उन विचारकों में हैं, जिन्होंने भारतीय परिस्थितियों को ध्यान में रखते हुए एक नया समाजवादी चिन्तन बनाने का प्रयत्न किया जिसके कुछ प्रमुख आधार हैं। क्रान्तिकरण, सप्त क्रान्तियाँ, चौखम्भा योजना, निजी और सार्वजनिक क्षेत्र, जाति प्रथा उन्मूलन, नारी समस्या, साम्प्रदायिकता आदि अनेक सामाजिक प्रश्नों पर उन्होंने अपने विचार प्रस्तुत किए हैं। समाजवादी लक्ष्य की पूर्ति के लिए उन्होंने केवल भारतीय समस्याओं पर ही विचार नहीं किया बल्कि एशिया और अफ्रीका पर दृष्टि डाली जैसे 'रंग भेद नीति' का विरोध किया। समाजिक प्रश्नों से मिला हुआ लोहिया का वह आर्थिक चिन्तन है जिससे उनकी समाजवादी विचारधारा का पता चलता है। इस दिशा में लोहिया के सोचने का ढंग मौलिक है। दाम बांधों, आय व्यय की सीमा, खर्च पर नियंत्रण आदि उनके विचारों ने आन्दोलन का रूप लिया। इसी तरह उनका "अन्न बांटो" आन्दोलन गरीब जनता के लिए। लोहिया भूमि वितरण की समस्या को गम्भीरता से लेते हैं और गाँधी की तरह छोटे कुटीर उद्योगों को महत्व देते हैं इस सम्बन्ध में उनका विचार है कि आधुनिक युग की तकनीक का उपयोग भी किया जाना चाहिए। उन्होंने लिखा है कि "औद्योगिक सभ्यता के विकास के साथ साथ बड़े कल कारखानों का निर्माण होगा और अधिकांश जनता अपना जीवन स्तर ऊंचा करने की बात सोचेगी। इस प्रकार भारत, अमरीका अथवा रूस यदि गाँधी जी के आर्थिक और प्रशासनिक कार्यक्रम को लागू करने की कोशिश करे, साथ ही भारत एक सभ्यता के निर्माण में सहायक हो सकता है। सम्पूर्ण संसार में और विशेषतया भारत में समाजवाद को यह काम करना है"। लोहिया के समाजवादी चिन्तन के राजनीतिक, सामाजिक, आर्थिक, सांस्कृतिक पक्ष एक दूसरे से जुड़े हुए हैं।[6]

समाजवाद सवाल नहीं है, समाजवाद स्वयं मानव स्वतंत्रता की कुंजी है। समाजवाद ही एक स्वतंत्र, सुखी समाज में सम्पूर्ण स्वतंत्र मनुष्यत्व को प्रतिष्ठित कर सकता है। समाजवाद ही श्रेणी, नैतिकता तथा न्याय के बदले जन प्रधान

नैतिकता तथा सामाजिक न्याय की स्थापना कर सकता है। समाजवाद ही स्वतंत्रता समता और भातृ भाव के आधार पर एक सुन्दर, सबल मानव संस्कृति की सृष्टि कर सकता है। नरेन्द्र देव के लिए संस्कृति जीवन मूल्यों के प्रकाशन का कार्य करती है और इस दृष्टि से वह हमारे लिए बहुत महत्वपूर्ण है। वे व्यर्थ परम्परा पूजन का विरोध करते हैं। प्राचीन संस्कृति के उत्कृष्ट अंशों की रक्षा करते हुए हमको आधुनिक युग के सामाजिक और आध्यात्मिक मूल्यों को अपनाना होगा। वे नवीन जीवन के विकासमान मूल्यों के अपनाने की बात करते हैं और संस्कृति को ऐतिहासिक, सामाजिक संदर्भ में रखकर देखते हैं। उनका कहना है कि "संस्कृतियां जब जीर्ण पड़ जाती हैं तो नयी संस्कृतियों के साथ संघर्ष होने से ही उनका कायाकल्प होता है। सामाजिक विकास की प्रक्रिया में संस्कृति किस प्रकार क्रियाशील रहती है, इसकी ओर नरेन्द्र देव ने संकेत किया है और कहा है कि "संस्कृति मानव मुक्ति का स्वप्न देखती है" वे मार्क्स और रोजा लुक्समवर्ग को उद्धृत करते है। मार्क्स के शब्दों में "सर्वहारा की मुक्ति में ही मानव समाज की मुक्ति सन्निहित है। क्योंकि समाज के समस्त उत्पीड़न सर्वहारा वर्ग में ही केन्द्रित है"। रोजा लुक्समवर्ग के शब्दों में "समाजवाद रोटी की समस्या ही नहीं है, प्रत्युत एक विश्वव्यापी सांस्कृतिक आन्दोलन है।" अपने निबन्धों में बार-बार नवीन संस्कृति के निर्माण की बात करते हैं और यहाँ उनका आशय निश्चय ही एक शोषण रहित समाज से है। संस्कृति की बात करते हुए वे सम्पूर्ण मनुष्यता को अपने सामने रखते हैं और कहते है- 'मानव मात्र की एकता और उसकी सिद्धि के लिए शोषण मुक्त सामाजिक व्यवस्था की आवश्यकता है। इन आदर्शो की भित्ति पर हमें एक नवीन संस्कृति का निर्माण करना है"[7]

समाजवाद शब्द का प्रयोग प्रथम बार सन 1807 ई० में राबर्ट ओवन ने ही किया था। ओवन समाज की इस अवस्था के अर्न्तविरोध से परेशान था कि समाज में उत्पादन के साधन उन्नति कर रहे हैं एवं पूंजी में वृद्धि हो रही है, परन्तु समाज में मजदूरों की दशा अवनति की ओर है। ब्रिटेन में समाजवादी विचारधारा को क्रियात्मक रूप देने वाले वह प्रथम विचारक थे। राबर्ट ओवन एक राजनीतिक विचारक की अपेक्षा सुधारवादी अधिक थे। इंग्लैण्ड के औद्योगिक संस्थानों में सुधार की योजनाएं राबर्ट ने ही प्रस्तुत की थी। वे अपना उद्देश्य सामाजिक अवस्था में परिवर्तन समझते थे। इस समय इंग्लैण्ड के औद्योगिक मजदूर वर्ग की दशा काफी शोचनीय थी तथा उन्होंने श्रमिकों की स्थिति सुधारने के लिए सरकार द्वारा बनाने वाले कानूनों में विशेष सहयोग दिया। सन 1813 तक राबर्ट एक सुधारक

के रूप तक ही सीमित रहे तथा उसी समय उन्होंने “समाज का नया दृष्टिकोण” नामक पुस्तक का सम्पादन किया। परन्तु सन 1817 ई० में उनके विचारों में कुछ उग्रता आने लगी। सबसे पहले संसद में पेश “गरीब सहायक कानून” पर लिखा कि “मजदूरों की निम्न अवस्था का कारण मशीनों द्वारा उनके परिश्रम का मूल्य घटा देना है।’[8]

थामसन क्रिप कुपः

समाजवादी पहले राष्ट्रवादी थे। उनका समाजवाद काल्पनिक विचार न होकर राष्ट्रीय समस्याओं के समाधान की खोज में था। इसीलिए कभी-कभी उन पर राष्ट्रीय समाजवादी होने का आरोप भी लगता था। यह आरोप सच था किन्तु किसी भी देश का समाजवाद अर्न्तराष्ट्रीय नहीं होता है अपने-अपने देशों की समस्याओं के समाधान के सिलसिले में ही समाजवाद की खोज की गयी। समाजवाद के राष्ट्र की अपेक्षा अर्न्तराष्ट्रीय होने का दावा आंशिक सत्य है, जहां तक सभी देशों की समस्याएं एक जैसी हैं वहीं तक समाजवाद अर्न्तराष्ट्रीय है। किन्तु देशों की भिन्नता एवं समस्याओं के अलगाव से वह राष्ट्रीय भी है। कभी कभी तो ऐसा लगता है कि वह मूलतः राष्ट्रीय है। उसका उद्देश्य राष्ट्रीय समस्याओं का अर्न्तराष्ट्रीय समाधान है। कुछ समस्याएं अर्न्तराष्ट्रीय हैं। आधुनिक विज्ञान एवं तकनीकी ने सभी देशों की एक समान समस्याएं पैदा की है। इस दृष्टि से वह अर्न्तराष्ट्रीय है। बावजूद इसके वह राष्ट्रीय है। रूस और चीन की क्रान्तियां क्या अर्न्तराष्ट्रीय हैं? क्या उनके मूल में उनकी राष्ट्रीय समस्याएं नहीं हैं? अगर समाजवाद केवल अर्न्तराष्ट्रीय होता तो उसका सार्वदेशिक प्रसार होता। सर्वत्र एकरूपता होती। जापान जैसे- देश ने समाजवाद को छुआ तक नहीं, किन्तु चीन में समाजवाद मुख्य हेतु बना। इसलिए कि चीन को अपनी समस्या का समाधान समाजवाद में दीखा। जापान में बढ़ते औद्योगीकरण को समाजवाद व्यर्थ लगा।[9]

भारत की आध्यात्मिक परम्परा से लोहिया प्रभावित थे, लेकिन भारतीय उदान्त चिन्तन और कर्म में जो अन्तराल आ गया है, उसे वह समाप्त करना चाहते थे। उनकी आकांक्षा थी कि भारतीय दिमाग की सफाई और उसका शुद्धिकरण किया जाये, ताकि वह सदियों की लगी जंग और धूल-गंदगी से साफ हो जाये और वह ‘परम सत्य’ और ‘लोक सत्य’ के बीच एक व्यवहारिक सम्बन्ध स्थापित कर सके। यदि परम सत्य और लोक सत्य का भारतीय बोध मानस को हो जाये तो रूढ़िवादी जकड़बन्दी से पूरे देश को मुक्ति मिल जाये। इतिहास जो पिछली कई

सदियों से भारतीय मानस की विपन्नता, एकाग्रता और विषमता के कारण नितान्त कलुषित और कलंकित रहा है, उसका भी परिष्कार हो सके। इस परिष्कार से ही भारत का नया भव्य स्वरूप उभर कर सामने आयेगा। इस दिशा में डॉ. लोहिया, गाँधी जी के साथ थे। गाँधी जी भी भारतीय मानस का शुद्धिकरण उन्हीं संदर्भो में करना चाहते थे, जिन संदर्भो में लोहिया चाहते थे। अन्तर केवल इतना था कि लोहिया आधुनिक युग की वैज्ञानिकता के आधार पर यह परिवर्तन लाना चाहते थे, और गाँधी के संकल्प में आध्यात्मिकता के साथ-साथ ईश्वर की इच्छा भी शामिल थी। लोहिया 'परम सत्य' और 'लोक सत्य' की अपेक्षा में विकसित हुई वैज्ञानिकता थे। लोहिया भारतीय समाज की, सांस्कृतिक चेतना की ऊंचाइयों के प्रशंसक थे, उसमें जो रंगीनी है, उल्लास है, सारे विषादों को राम के नाम पर जीने और मरने की क्षमता है, उसे वह भारतीय जीवन का अविभाज्य अंग मानते थे। एक बार जब किसी ने उनसे पूछा था कि क्या आप राम की ऐतिहासिकता को मानते हैं, तो उन्होंने स्पष्ट रूप से कहा था, मेरे मानने या न मानने का प्रश्न ही नहीं उठता। वह ऐतिहासिक हो न हो, यह बात महत्वपूर्ण नहीं है। उसकी मौजूदगी की निरन्तरता महत्वपूर्ण है। राम के ऊपर अपने विचार व्यक्त करते हुए उन्होंने 'मर्यादा' शब्द की जो आत्मपरक व्याख्या की है, वह अद्वितीय है। राम की 'मर्यादा', उनकी अपनी निजी सीमा और 'शील' की व्याख्या में डॉ. लोहिया ने राम के 'लोकत्व' की बड़ी प्रशंसा भी की है। लेकिन राम का जो अन्धानुकरण स्त्रियों के निर्वासन - प्रताड़न के स्तर पर किया जाता है, उसके वे कट्टर विरोधी थे। यह विरोध उन्होंने काफी खुले शब्दों में किया है। उन्होंने कहा है कि राम के नाम पर यह कुकृत्य किया जाना राम के रामत्व की ही हत्या करना है।[10]

डॉ. लोहिया ने एक जगह यह कहा है कि "भारतीय समाज का आधुनिक होना जरूरी है। क्योंकि बिना आधुनिक हुए वह अपनी पारंपरिक चेतना को पुनर्स्थापित नहीं कर सकता। साथ में यह भी कहा था कि "इस प्रक्रिया में भारत को नितान्त नकलबाजी के चक्कर में नहीं पड़ना चाहिए और न आधुनिकता के सतही उपादानों के आधुनिक बनने की कोशिश करनी चाहिए। आधुनिक होने में भी भारत को अपने लोक भाषा और लोक भूषा का परित्याग नहीं करना चाहिए।

भारतीय आध्यात्मिकता की बिना चर्चा किए लोहिया ने भारतीय समाज की जड़ में पुनर्जन्म, काल-चक्र आदि की व्याख्या अपने ढंग से की है। कहा कि, समाज में दलित, पिछड़े और स्त्रियां इस चक्र से सबसे ज्यादा प्रभावित होती हैं।[11]

डॉ. लोहिया मानते थे कि जाति, वर्ण व्यवस्था और सम्पत्ति के मोह ने भारतीय समाज को तोड़कर रख दिया है। सम्पन्नता और दरिद्रता को पुनर्जन्म या भाग्य कर्म पर छोड़ देते हैं।

विदेशी आक्रांताओं के सामने पराजित होने का कारण युद्ध में केवल 10 प्रतिशत उच्च जनता जो शासन में बैठी होती थी, वही भाग लेती, शेष 90 प्रतिशत जनता युद्ध के प्रति उदासीन रहती, क्योंकि उसकी धारणा नियत वाद में निहित थी और नियत वाद की निमित्त थी, उसे दूर करने का प्रयास डॉ. लोहिया ने किया। इन सब कारणों में सामाजिक विसंगतियों का योगदान मानते थे। और यह विसंगतियां, सामाजिक क्षेत्र में, धार्मिक क्षेत्र में और आर्थिक क्षेत्र में मौजूद हैं।

धर्म के स्तर पर उन अन्धविश्वासों और धार्मिक अवधारणाओं को पहचानना होगा। इनके कारण वैयक्तिक स्तर पर व्यक्ति की अस्मिता खण्डित होती है, तो सामूहिक स्तर पर भारतीय समाज के समग्र अस्तित्व का खण्डित होना स्वाभाविक है। धर्म को वैयक्तिक आस्था और सामूहिक अभिव्यक्ति के बीच बढ़ते अन्तर्विरोधों को मिटाने के लिए विशेष प्रयास करने होंगे। सामाजिक स्तर पर भी डॉ. लोहिया 'व्यापक सामाजिकता' पर जोर देते थे। मिलना-जुलना, रहन-सहन, खाना-पीना इन सबसे वह क्रांतिकारी परिवर्तन लाने के लिए सर्वजातीय भोज, अन्तर्जातीय विवाह और तीज-त्यौहारों पर सामूहिक आयोजनों में सबके साथ मिलकर भाग लेने और सामूहिक खान-पान प्रचलित करना चाहते थे।

वस्तुत: भारत में रहकर डॉ. लोहिया ने जिस प्रकार राम, कृष्ण और शिव की व्याख्या की है, वह उनके गहरे चिन्तन की ही अभिव्यक्ति नहीं है, वह सर्वत्र भाव में मर्यादा, उन्मुक्तता और असीमता के गुणात्मक स्वरूप में उनके विश्वास के परिचायक हैं। उन निर्गुण अवधारणाओं को सगुण रूप देना वह जरूरी समझते थे। वह धार्मिक सम्प्रदायों की तो निंदा करते थे, पर धर्म की बुनियादी जिज्ञासा और आध्यात्म तत्व चिन्तन के विरोधी नहीं थे। वह चाहते थे कि ईश्वर धर्म, अध्यात्म तथा दर्शन के निर्गुण, प्रधान क्षेत्रों में मनुष्य का मन व दिमाग खूब रमे, पर सारी रमणीयता के बाद कर्म स्तर पर उसे सगुण साकार भी होना चाहिए। केवल निर्गुण की व्याख्या और वैचारिक उड़ान के वे समर्थक नहीं थे। उनका कहना था कि भारतीय दार्शनिक चिंतन की यही विडम्बना रही है। शंकराचार्य का अद्वैत दर्शन सृष्टि के हर जीव में उसी ब्रह्म की सत्ता की कलात्मक कल्पना तो करता है, पर जीव-जीव के भेद भी पैदा करता है, चतुर्वाणी की अवधारणा में वही उदार दार्शनिक चिंतन, शूद्र को पशु से भी खराब जीवन व्यतीत करने के लिए विवश करता है। डॉ. लोहिया धर्म की इस विडम्बना के कटु आलोचक थे। उन्होंने कहा कि ब्राह्मण और शूद्र से जन्मी सन्तान भी शुद्ध और पवित्र हो सकती है। ठीक उसी तरह शूद्र पिता और ब्राह्मणी

मां से जो सन्तान होगी, वह उतनी ही शुद्ध और पवित्र होगी। शंकर के अद्वैत सिद्धांत के तहत भी वह तर्क ठीक बैठता है, पर कर्म और व्यवहार में ठीक इसके विपरीत आचरण किया जाता है।

धर्म और धर्मनिरपेक्षता को लेकर देश में चल रही निरंतर चिंतन परंपरा सर्वथा डॉ. लोहिया की धर्मनिरपेक्षता की भावना थी, उनके मतानुसार धर्मनिरपेक्षता का धर्म से कुछ भी लेना-देना नहीं है। धर्मनिरपेक्षता का मूल अर्थ है-यह लौकिक है। जब हम कहते हैं कि भारत धर्मनिरपेक्ष है, तो उसका मूल अर्थ है कि भारत इस लौकिक सत्ता में विश्वास करने वाला देश है। धर्मनिरपेक्षता का यह अर्थ कदापि नहीं है कि भारत धर्म के प्रति उदासीन है। इसका मात्र यह अर्थ है कि भारत सरकार लौकिक सत्ता के लिए प्रतिबद्ध है और पारलौकिक के प्रति उसकी कोई प्रतिबद्धता नहीं।

धर्म और राजनीति की परिभाषा भी डॉ. लोहिया ने अलग से की है । धर्म को डॉ. लोहिया सद्भावना और सद्कर्म का स्रोत मानते हैं और राजनीति को वह सद्भावना और सत्कर्म में बाधक तत्वों को समाप्त करने का साधन मानते हैं। उन्होंने धर्म को अच्छा काम करने से जोड़ा है और राजनीति को बुराइयों से लड़ने का साधन माना है। धर्म और राजनीति को कर्म भेद से परिभाषित करके उन्होंने दोनों को जोड़ा है।[12]

मूर्तिभंजक के रूप में उनकी आलोचना की गई। परन्तु उनका विरोध सदैव सैद्धांतिक स्तर पर रहा। टेक्नोलॉजी के बढ़ते प्रभाव को देखते हुए आज भी लोहिया द्वारा जनशक्ति का उपयोग कर, नये भारत के निर्माण का सपना, कल्पना नहीं परंतु एक उपाय रह गया है।

लोहिया यूरोप के मुकाबले बड़ी शक्ति के रूप में इस महान देश को देखना चाहते थे। लोहिया की आर्थिक नीतियां गांधी दर्शन से प्रभावित थी। उन्होंने खपत का आधुनिकीकरण नहीं बल्कि उत्पादन के आधुनिकीकरण पर हमेशा बल दिया। इतिहास में वे एक ऐसे अर्थशास्त्री के रूप में याद किए जाएंगे जिनको अपनी माटी से ही अपने देश के नवनिर्माण का चिंतन और मार्ग खोजना पसंद था।

लोहिया ने अपने विचारों को केवल सूत्र रूप में पेश किया। यदि वे और जीवित रहते तो भविष्य में अपने विचारों को ठोस कार्यक्रम के रूप में पेश करते। अब लोहिया के मूल विचार को मानने वालों का, उनके सहकर्मियों का, कार्यकर्ताओं का और अर्थ विशेषज्ञों का यह जिम्मा है कि लोहिया के सूत्रों की रोशनी में उनके विचारों का अधिक अध्ययन और खोज करें।[13]

डॉ. लोहिया जानते थे कि आज का स्वप्न कल की हकीकत हैं। स्वप्न देखने की क्षमता गांधी, लोहिया जैसे व्यक्तियों में थी। ऐसे व्यक्ति सदियों के बाद पैदा होते हैं। गांधी जी और उनके पूर्ववर्ती क्रांतिकारियों ने आजादी का स्वप्न देखा था। इसी कारण आज की पीढ़ी आजादी में जी रही है। ऐसे स्वप्न देखने वाले के शिष्य और अनुयायी ही उनका कार्य पूरा करते हैं। मार्क्स को लेनिन मिले, गांधी को लोहिया और लोहिया का भाग्य भविष्यकाल तय करेगा।[14]

मार्क्स से उन्होंने समता का सिद्धांत तथा गांधी से सिविल नाफरमानी, विकेन्द्रीकरण, छोटी मशीन की अवधारणाएं तथा साधन साध्य शुचिता आदि के दृष्टिकोण लिए और उन्हें अपने ढंग से परिमार्जित किया।

मार्क्स के अलावा लोहिया ने टवायन्बी, मार्टिल ब्यूबर से लेकर अरस्तू, अफलातून और सुकरात तक के विचारों से अपने को समृद्ध करने में संकोच नहीं किया है। लेकिन इसका यह मतलब नहीं है कि लोहिया केवल सर्वसंग्राहक विचारक थे। जिस तरह मार्क्स ने इंग्लिस्तान के अर्थशास्त्री एडम स्मिथ और रिकार्डो से अतिरिक्त मूल्य की अवधारणा ली, फ्रांस की राज्यक्रांति से वर्ग संघर्ष का प्रसंग लिया और आदर्शवादी जर्मन दार्शनिकों से सोचने विचारने की द्वंद्वात्मक प्रणाली ली और इन सबको एक नये सांचे में ढालकर नितांत मौलिक प्रणाली रच डाली थी। उसी तरह लोहिया ने भी जगह जगह से विचार लेकर उन्हें एक नया रूप दिया है। स्वयं लोहिया भी अपनी इस दृष्टि को दार्शनिक उदारतावाद कहते थे।

भारत में समाजवादी चिन्तन का विकास जिस सन्दर्भ में हुआ वह यूरोपीय समाजवाद के सन्दर्भ से दो बातों में भिन्न था। भारत में समाजवाद का विकास सामाजिक तथा आर्थिक पुनर्निर्माण की एक योजना के रूप में ही नहीं हुआ, बल्कि वह क्रूर विदेशी साम्राज्यवाद के बन्धनों से राजनीतिक मुक्ति की एक विचारधारा के रूप में भी विकसित हुआ। 1900 से 1947 के काल में भारत की मूल समस्या देश की राजनीतिक स्वतंत्रता थी। कोई भी लोकप्रिय दल उसकी उपेक्षा नहीं कर सकता था। दूसरा भारतीय समाजवादी चिन्तन के लिए यह भी आवश्यक था कि वह खेतिहर मजदूरों के उद्धार का भी कोई सिद्धान्त और योजना प्रस्तुत करे। पश्चिमी यूरोप में सामन्तवाद का अठारहवीं शताब्दी तक प्राय: उन्मूलन हो चुका था। किन्तु भारत में सामन्तवाद बीसवीं शताब्दी के मध्य तक फलता फूलता रहा। अत: सामन्ती अभिजात वर्गीय विशेषाधिकारों पर प्रहार करने का जो काम पश्चिम में पूंजीवादी लोकतंत्र और पूंजीवादी उदारवाद के प्रवर्तकों ने किया था वह भारत में समाजवादी विचारकों को करना पड़ा।

5.3 समाजवादियों से मतभेद:

यह प्रसंग इस दृष्टि से महत्वपूर्ण है कि जनतंत्र व समाजवाद जो हमारी राष्ट्रीयता से निकले हैं, जो भारत की राष्ट्रीय शक्ति है, जिनके बिना राष्ट्र शक्तिहीन और निरर्थक हो जाता है, उनकी स्वतंत्र भारत में क्या स्थिति हुई? समाजवाद एवं जनतंत्र की स्थापना और दृढ़ करने में लोगों को कौन कौन सी कठिनाइयां उठानी पड़ी। हमारे जनतान्त्रिक राज्य ने क्या क्या किया? नरेन्द्र देव, लोहिया और जय प्रकाश ये नाम ऐसे नहीं कि किसी को इनकी राष्ट्रीयता में संदेह हो। ये राष्ट्रीय आन्दोलन के मानस नेता थे। इन्हें बड़ों का आशीर्वाद व छोटों का प्यार प्राप्त था। नरेन्द्र काँग्रेस के बड़े नेताओं में एक थे। जय प्रकाश और लोहिया अगस्त क्रान्ति के सेनानी थे। ये अगर गाँधी के सिपाही थे तो करोड़ों के सेनापति भी थे। किन्तु स्वतंत्र भारत में इनका उचित मूल्य नहीं आंका गया। लोहिया, जय प्रकाश और नरेन्द्र देव के मतभेद न मार्क्स को लेकर था, न गाँधी के बारे में। मतभेद हुआ जवाहर लाल जी से। आचार्य जी के घनिष्ठ सम्बन्ध थे। किन्तु दोनों की राजनीति भिन्न थी। सम्बन्धों से राजनीति में अन्तर नहीं आता था। इनके मुकाबले लोहिया जी की दृष्टि तीखी थी।

वे जवाहर लाल जी को भारत की वर्तमान बुराइयों का मूल मानते थे। अगर जवाहर लाल आधुनिक भारत के निर्माता है तो आधुनिक बुराइयों का सेहरा भी उन्हीं के माथे पर बंधेगा। लोहिया जी यही सेहरा जवाहर लाल जी के माथे पर बांध रहे थे। वे उन्हें भ्रष्टाचार की गंगोत्री कहते थे। इसीलिए उन्होंने अपना निशाना नेहरू जी को बनाया। धीरे-धीरे उनमें नेहरू जी के प्रति क्रोध उत्पन्न हो गया। जो नेहरू के प्रति समर्पित थे वे भी उनके क्रोध के पात्र थे। जय प्रकाश जी नेहरू जी के प्रति उदार दृष्टि रखते थे। इसे बिहार की भावुक श्रद्धा भी कहा जा सकता है। आचार्य में श्रद्धा थी। भावुकता नहीं थी। लोहिया में पत्नी विरहित राम का क्रोध था। इसे चाहे तो यह भी कह कह सकते हैं कि आचार्य में अयोध्या के भरत की शान्ति और गद्दी के प्रति वैराग्य था। आचार्य जी ने पार्टी निर्णयानुसार मिली गद्दी छोड़ दी। लोहिया ने विल टू पावर सत्ता की इच्छा की स्पष्ट घोषणा की। लोहिया की उपस्थिति में किसी को हक नहीं है कि वह धरती को वीर विहीन कहे। लोहिया परशुराम को चिढ़ाते से भी है किन्तु स्वयं चिड़चिड़ाते भी हैं। जनक को ललकारते भी हैं किन्तु राम कहां वो धरती मां के चरणों में लगा है, पृथ्वी और पृथ्वी पुत्री में कोई भेद है क्या? इसलिए राम जगत पिता हैं या नहीं सीता जगदम्बा है।[15]

डॉ. लोहिया ने समाजवाद को पश्चिम के समस्त समाजवादियों से पृथक आधार पर व्याख्यायित किया है। उन्होंने भारतीय समाजवाद की भारतीय मान्यताओं के आधार पर व्याख्यायित किया है। उन्होंने भारतीय समाजवाद की भारतीय मान्यताओं के आधार पर स्थापना की है। चाहे वह राज्यों की आन्दोलन प्रधान सैद्धान्तिक विवेचना हो, या वह डान ग्रिफिथ की परिभाषा हो या जार्ज फर्नाडीज का फेवियन समाज हो वह इन सबको यूरोपीय सम्पन्न समाज की मानसिक विलासिता मानते थे। उनके विचार की समता केवल आस्कर जास्सी की परिभाषा से कुछ अंशों में मिलते हैं, वह भी पूर्णतया नहीं। इन समस्त समाजवादी चिन्तकों से लोहिया के मतभेद के तीन प्रमुख कारण हैं। पहला तो यह है कि समाजवाद की अवधारणा में डॉ. लोहिया "आर्थिक और सैद्धान्तिक समता" से अधिक "मानसिक संकल्प" को महत्वपूर्ण मानते थे। डॉ. लोहिया का विश्वास था कि:--

"जब तक लोगों के मनों को एक साथ हिला देने वाली कोई अन्दर से निकलती हुई तड़प नहीं होती, तब तक यह सब काम सफल नहीं हो पाते। वह तड़प अभी है नहीं, वह मन अभी है नहीं, उसको बचाने का काम हमारा पहला काम है'।' इस मन को बनाने के लिए समाज का कोई भी शास्त्र उस समय तक सफल नहीं हो सकता जब तक कि क्रान्तिकारिता उससे नहीं जोड़ी जाती। यहाँ डॉ.लोहिया बाह्य क्रान्तिकारिता की बात न करके मनुष्य के मन की क्रान्तिकारिता पर अधिक बल देते हैं। उनका विश्वास था कि समाजवाद की असफलता का मुख्य कारण यह रहा है कि समाजवादियों ने बाह्य परिवर्तनों पर अधिक बल दिया है और मनुष्य के मन की चिन्ता नहीं की है। मन की चिन्ता करना जरूरी है समाज को बदलने के लिए समाज के मन को बदलना जरूरी है। बाह्य समता या समानता के मन के बदलने के साथ अपने आप ही आ जायेगी। मन की चर्चा करते हुए डॉ. लोहिया का स्पष्ट मत है कि "दिमागी बराबरी के बिना भौतिक बराबरी की नींव बिल्कुल कच्ची रहेगी।" और दिमागी बराबरी का आधार है, मन मनस्वी और ओजस्वी मन, जिसमें भाव बने, राग बने और वह कल्पनायें बने जो मनुष्य को उदात्त बनाकर ऊपर उठा सके। दूसरी महत्वपूर्ण बात जिस पर डॉ. लोहिया की अटूट निष्ठा थी वह "समता की भूख" और 'सम्पन्नता की तुष्टि' की। यानी समता की आकांक्षा और 'संपन्नता की मर्यादा' को जब तक सही अर्थो में नहीं समझा जायेगा तब तक समाजवाद को सफलता नहीं मिलेगी। डॉ. लोहिया ने 'समता' और सम्पन्नता' के साथ 'न्यूनतम और अधिकतम' में आनुपातिक भेद की आवश्यकता पर भी बल

दिया है। उनका कहना था कि राष्ट्रपति और एक झाडू लगाने वाले, इस मर्यादा को वह एक नैतिक आधार देना चाहते थे।"

तीसरा महत्वपूर्ण पक्ष जिस पर डॉ. लोहिया का विशेष आग्रह था। वह था "भ्रष्ट संस्थाओं की समाप्ति" और "नयी मर्यादापूर्ण संस्थाओं का गठन"। उनका मानना था कि जो लोग वर्तमान असमानता और सामाजिक विषमता का कारण मात्र मानव प्रकृति और कृत्रिम विश्व व्यवस्था को मानते हैं। वह अर्ध सत्य कहते है। उनका कहना था कि समाज में कुछ भ्रष्ट और नितान्त निकम्मी संस्थायें हैं, जो सारी प्रगति को रोके खड़ी हैं, जब तक यह राजनीतिक और सामाजिक संस्थाएं रहेंगी तब तक समाज में कोई परिवर्तन सम्भव नहीं हो सकता। इसी सम्बन्ध में भारतीय समाज की ऐसी संस्थाओं की आलोचना करते हुए वे कहते थे:-

"यह देश बड़ा स्थिर देश है, जमा हुआ देश है बदलता नहीं। बदलना चाहता नहीं है।" उनके इस कथन के पीछे जो गुस्सा था वह उन संस्थाओं के प्रति था जो व्यक्ति से लेकर पूरे समाज को जकड़े हुए है। जैसे "जाति व्यवस्था" या वर्ण व्यवस्था या नर नारी के भेद को कायम रखने वाली रूढ़िवादी संस्कार। इसी के बदलाव के लिए वह एक ऐसी राजनीतिक संगठन बनाना चाहते थे, जो कुछ उलट-पुलट करें, जड़ और जंग लगी सामाजिक आर्थिक और राजनैतिक संस्थाओं को तोड़े और नये समाज की स्थापना के लिए नयी संस्था का गठन करे। मनुष्य को उसकी दिमागी जकड़बन्दियों से मुक्त करें। डॉ. लोहिया की यह समाजवादी परिभाषा जिसमें मन को बदलने का संकल्प हो, संस्थाओं को बदलने और उन्हें तोड़कर नये संस्कारों से आविष्ट करने का संकल्प हो, और 'समता' तथा 'सम्पन्नता' के साथ नयी नैतिकता और संभव बराबरी का आधार हो, अन्य समाजवादी अवधारणाओं से भिन्न थी। उसे न तो मार्क्सवादी समाजवाद पचा सकता था, न ही 'फेवियन' समाजवादी इसे स्वीकार कर सकते थे। समाजवाद की अन्य विचारधाराएं चाहे वह 'सिन्डिकलइज्म' हो या 'गिल्डइज्म' हो, या 'क्वीटिज्म' हो या कि 'अराजकतावादी' समाजवाद हो, यह सबके सब लोहिया की चिन्तन पद्धति को स्वीकार करने में असमर्थ थे। इन सबकी धारणा यह थी कि आर्थिक समानता आ जाने पर, राष्ट्रीयकरण कर लेने पर, समाजवाद की स्थापना हो जायेगी। ये इसीलिए मनुष्य के मन की बात, आत्मा की बात, उसकी इच्छा शक्ति की बातें करता ही नहीं। समाजवाद के जितने भी सम्प्रदाय थे वह क्रान्ति और परिवर्तन की बात करते थे। पर वह उस मूलाधार सत्य को करने से कतराते थे। इतने चिन्तकों में से केवल एक ऐसे आधारभूत सत्यों की बात करता था और वह था सी०एल० वेयर। उसके कथन में एक हल्की सी झलक मिलती हैं।

उन्होंने मार्क्सवाद की आलोचना करते हुए कहा था :-

"मार्क्सवाद ने सुन्दर गुलाब की कल्पना तो की, पर गुलाब के वृक्षों के लिए वह जमीन नहीं तैयार की जहाँ वह स्वतः लगा सके और उन स्त्रोतों से जुड़ सके जो उसे रस, रंग, गंध देते हैं। - समाजवादी दर्शन और डॉ. लोहिया - लक्ष्मीकान्त वर्मा।

इस जीवन के अभाव के कारण ही समाजवाद के विभिन्न रूप तो विकसित हुए पर वह टिक नहीं सके, न ही वे कोई क्रान्ति ही कर पाये। जमीन होगी तभी रस, रंग, गंध का भी आविर्भाव होगा और वह जमीन है मनुष्य का मन, उसकी आत्मा, उसकी इच्छा शक्ति। एक तरह से अन्य सब विचारधाराओं से पृथक इच्छाशक्ति। एक तरह से अन्य सब विचारधाराओं से पृथक डॉ. लोहिया ने अपना एक रास्ता बनाया था। वह मानव मन को जनमानस के इन्हीं आधारों पर जगाना चाहते थे।[16]

गांधी जी और लोहिया जी के बीच राष्ट्रीयकरण और ट्रस्टीशिप के सिद्धांतों को लेकर काफी मतभेद थे। गांधी जी के मन में यह था कि अमीरी और गरीबी का भेद ज्यादातर विकृत मन और संस्कार के कारण है। भूमि के स्वामित्व के विषय में गांधी और लोहिया एकमत थे। पर राष्ट्रीयकरण की अपेक्षा आक्षेप और अपरिग्रह के सिद्धांत पर गांधी इस लक्ष्य की सिद्धि चाहते थे और लोहिया इसे राष्ट्रीयकरण के आधार पर करना चाहते थे। लोहिया चाहते थे कि भूमि के वितरण में भी 1:3 के अनुपात का पालन किया जाये। गांधी जी की आर्थिक नीतियों के विषय में भी डॉ. लोहिया एक सकारात्मक रूप के पक्षधर थे। खर्च पर सीमा बांधना और आमदनी के अधिकतम और न्यूनतम सीमा निर्धारण के वह पक्षधर थे। डॉ. लोहिया ग्रामोद्योग, पंचायत, ग्राम स्वायत्तता, विकेन्द्रीकरण, दाम नीति, खर्च पर सीमा, भाव पर नियंत्रण आदि सभी सिद्धांत गांधी के रचनात्मक कार्यक्रमों को पुनर्व्याख्यापित करके राष्ट्रीय स्तर पर लागू करना चाहते थे। उन्होंने जहां गांधी जी के रचनात्मक कार्यक्रमों की पुनर्व्याख्या की वहीं विदेश नीति को भी एक नया संदर्भ दिया है। गांधी की विदेश नीति की आधारशिला विश्व बंधुत्व है।[17]

लोहिया के आर्थिक नियोजन के प्रश्न पर नेहरू जी से तीव्र मतभेद थे। लोहिया का कहना था कि आर्थिक नियोजन तो ठीक है पर उसकी नीतियां गलत हैं। उनका मानना था कि भारतीय नियोजन के अंतर्गत वृहत उद्योगों का प्रतिमान अपनाया गया, जो बहुत खर्चीला था। डॉ. लोहिया ने योजनाओं के वर्तमान प्रतिमान को देश के लिए अनुपयुक्त तथा घातक बताया। उन्होंने कहा था कि "यह भ्रामक धारणा है कि यदि देश का औद्योगीकरण और आधुनिकीकरण होता रहेगा तो यह सब समस्याएं हल हो जायेंगी। सम्पूर्ण एशिया में

यह धारणा है, हिन्दुस्तान में है। उसका परिणाम होगा कि देश की हालत सुधरेगी लेकिन वास्तव में ऐसी हालत नहीं है।

डॉ. लोहिया की यही मान्यता थी कि चूंकि योजना के अंतर्गत हुए औद्योगीकरण का सारा लाभ केवल एक छोटे से वर्ग को हुआ जो उद्योगों के ऊंचे पदों पर था। इन योजनाओं से आर्थिक विषमता बढ़ी है या जिन देशों में सामान्यत: पूंजी की कमी होती है, वहां इस प्रकार का औद्योगीकरण किया जाता है। वहां आर्थिक विषमता, उपभोग में आधुनिकीकरण व दिखावा तथा साधारण जनता में बेरोजगारी फैल जाती है। भारत के संदर्भ में डॉ. लोहिया का मानना है कि भारतीय नियोजन का संचालन आर्थिक नियमों के अंतर्गत न होकर राजनीति से प्रभावित रहा है। योजना आयोग के राजनीतिक लोगों की नियुक्तियां गलत हैं। योग्य तकनीशियनों की नियुक्त करना चाहिए। योजनाओं का निर्धारण प्राथमिकता के आधार पर होना चाहिए। भारत एक कृषि प्रधान देश है, योजनाओं के निर्धारण में इसका ध्यान रखना होगा कि कम पूंजी में अधिक लोगों को रोजगार मिले।[18]

स्वयं लोहिया ने लोकसभा में योजना आयोग के दावे को तर्कों तथा प्रमाणों से झूठा साबित किया था एवं योजना निर्माताओं को मूर्ख विद्वान कहा था।[19]

डॉ. लोहिया और जयप्रकाश दोनों ही मार्क्स से प्रभावित थे। परंतु लोहिया मार्क्स की आलोचना प्रारंभ से करने लगे थे। लोहिया और जयप्रकाश के मतभेद नेहरू सरकार के सहयोग पर हुआ था। जहां तक राजनीतिक विचारों का प्रश्न है, लोहिया भी लोकतंत्रीय समाजवाद, चौखम्भा व्यवस्था, छोटी मशीन, उद्योगों का राष्ट्रीयकरण, उत्पादन के साधनों का वितरण, इन सब प्रश्नों पर लोहिया जी के स्पष्ट विचार हैं। जयप्रकाश जी के विषय में लोहिया जी ने स्वयं कहा था कि "जयप्रकाश अकेले ऐसे व्यक्ति हैं जो देश को गरमा सकते हैं। परंतु नेहरू के प्रभा मण्डल में बहकर सर्वोदय की ओर चले गए। 1974 के काल में यह भविष्यवाणी सत्य सिद्ध हुई है।

मार्क्स और लोहिया में एक मौलिक अन्तर यह है कि "मार्क्स ने सोचा था कि पूंजीवादी सामाजिक व्यवस्था में परिवर्तन क्रान्तिकारी संघर्ष के द्वारा लाया जायेगा। इसके दो खास वर्गों के द्वारा - सर्वहारा एवं व्यापारी मध्यम वर्ग के द्वारा। ऐसी कल्पना उन्होंने इसलिए की थी कि यह संघर्ष अवश्य होगा क्योंकि इस पर नियंत्रण के लिए कुछ किया नहीं जाता था जिससे अमीरी और गरीबी की खाई बढ़ती ही जाती थी जो कि सामयिक आर्थिक संकट के रूप में हमारे सामने आती थी।"

इस प्रकार मार्क्स ने जिस परिवर्तन की बात की उसका आधार क्रान्ति था जबकि लोहिया ने शान्ति के द्वारा परिवर्तन की बात की। मार्क्स ने विभिन्न वर्गों के बीच संघर्ष की बात

की। उन्होंने कहा समाज के विभिन्न वर्ग के लोग स्वयं आपस में संघर्ष करेंगे और फलत: साम्यवाद का उदय होगा किन्तु लोहिया ने क्रान्ति के उस रूप को नहीं माना जो मार्क्स ने बतलाया। बल्कि सप्त क्रान्ति की बात की जिससे कि शान्तिपूर्ण ढंग से ही समाज में परिवर्तन लाया जा सके।[20]

लोहिया कहते हैं कि रूस में मूल समाजवादी भावना को छोड़ दिया गया है। पहले वहां कुछ शुद्ध मार्क्सवादी शिक्षा के आधार पर प्रत्येक से क्षमता के अनुसार तथा प्रत्येक को आवश्यकता के अनुसार, की प्रणाली अपनाई गयी थी। उसमें क्षमता का मूल्यांकन तो हो जाता था लेकिन आवश्यकता निश्चित करने में उलझन उत्पन्न हुई। डॉ. लोहिया के अनुसार 'यहां किन आवश्यकताओं से मन्तव्य है? आत्मा और शरीर की आधारित समान आवश्यकताएं या विभिन्न प्रकार के श्रमिकों की परम्परागत आवश्यकताएं? फिर ये परम्परागत अवश्यकताएं क्या हैं? व्यावहारिक रूप में इसके पालन में कठिनाई आयी। तब फिर वहां समयानुसार मजदूरी वितरण का सिद्धान्त अपनाया गया।[21]

द्वन्द्वात्मक भौतिकवाद के प्रति लोहिया की दृष्टि मार्क्स से भिन्न है। लोहिया कहते हैं कि द्वन्द्वात्मक तर्क अपने आप में अपूर्ण है क्योंकि वह द्वन्द्व और पूरक दृष्टि में भेद करने में असमर्थ है। द्वन्द्व का सिद्धान्त इतना सरल और जड़ है कि उसके माध्यम से केवल 'स्थिर समाज' की व्याख्या की जा सकती है। वह समाज जिसमें मनुष्य क्षण प्रतिक्षण एक जागरूक चेतना और उदात्ता की ओर गतिशील होने की समस्त सम्भावनाओं से ओत प्रोत हो, उसे नितान्त जड़ता के खूंटे से बांधकर नहीं रखा जा सकता। उत्पादन की स्थिर शक्तियों के आधार पर ही मनुष्य की चेतना की व्याख्या करना, मनुष्य और पदार्थ के सम्बन्धों को निर्जीवता से जोड़ना गलत है। द्वन्द्वात्मक भौतिकवाद में समाज को स्वयं गतिशील नहीं माना गया है। उसमें समाज को गति देने वाली चीज उत्पादन क्षमता मानी गयी है। द्वन्द्वात्मक भौतिकवाद में इन उत्पादन शक्तियों द्वारा विभिन्न प्रकार की शक्तियों का उदय होता है। उसके अनुसार मात्र इन्हीं उत्पादन शक्तियों से आर्थिक क्षमताएं बनती हैं लेकिन इन 'आर्थिक शक्तियों' और 'जकड़े हुए समाज' में द्वन्द्व या संघर्ष का जन्म होता है। आर्थिक शक्तियों के कारण ही शोषक और शोषण की स्थिति पैदा होती है। लोहिया के मत से समाज की स्वतंत्र गतिशीलता को न मानकर और उसकी गति को केवल आर्थिक शक्तियों, उत्पादन के साधनों, शोषण और शोषक के द्वन्द्वात्मक सम्बन्धों तक बांध देना समाज की स्वत: स्फूर्त क्षमता को नकारना है। आर्थिक और जैविक प्रेरणाओं से ही समाज का निर्माण नहीं होता इसलिए वह शक्तियां आध्यात्मिक और शुद्ध चेतना के आधार पर विकसित होती है, उनको न स्वीकार करना मनुष्य और समाज की मूल प्रवृत्ति और उसकी समग्रता को नकारना है। इसी नकारने के कारण स्वयं मार्क्स की दृष्टि सीमित और एकांकी

हो जाती है। समाज को गतिशील बनाने वाली शक्तियों की उपेक्षा करने से मार्क्स की सभी भविष्यवाणियां धीरे-धीरे गलत साबित होती जाती है।[22]

इतिहास के मार्क्सवादी दृष्टिकोण की हीगल के दृष्टिकोण से तुलना करने पर लोहिया पाते हैं कि दोनों के इतिहास के अध्ययन का तरीका एक है पर आधार भिन्न हैं। हीगल मार्क्स की ही शैली में आत्मा के विकास पर बल देता है और कहता है कि जैसे-जैसे आत्मा का विकास होता है वैसे-वैसे समाज में अधिक से अधिकतम वैयक्तिक और सामाजिक स्वतंत्रता के एकांगी सिद्धान्तों पर आधारित है। न तो हीगल का आत्मा के विकास का सिद्धान्त पूर्ण है और न ही मार्क्स का भौतिकवादी सिद्धान्त पूर्ण है। परिणाम यह है कि दोनों दो विपरीत माध्यमों से एक ही निष्कर्ष पर पहुंचते हैं और इतिहास की एकांगी व्याख्या करते है।[23]

लोहिया साम्यवादियों की कार्य-पद्धति तथा अन्तिम लक्ष्य की धारणा का कई स्थानों पर खण्डन करते नजर आते हैं। लोहिया कहते हैं कि मार्क्सवाद का अन्तिम लक्ष्य राज्य विहीन समाज का निर्माण करना है, लेकिन इस उद्देश्य को प्राप्त करने के लिए प्रारम्भिक स्तर पर वह स्थापित करता है तानाशाही। क्रान्ति के तुरन्त पश्चात् रूस में इसलिए तानाशाही व्यवस्था की स्थापना की गयी थी, जिससे कि प्रतिक्रियावादी शक्तियां प्रतिक्रान्ति न कर दें। विचार यह था कि क्रान्ति पूरी तरह सफल हो जाने पर तानाशाही सदैव के लिए नहीं रखी जाएगी। मार्क्स और लेनिन दोनों का यही विचार था, दोनों अराजकतावादी व्यवस्था को राजनीति का अन्तिम लक्ष्य मानते हैं। किन्तु आज का मार्क्सवादी अन्तिम लक्ष्य तो अराजकतावाद को मानते हैं, परन्तु यथार्थ में तानाशाही चलाते हैं। यह कुछ अजीब संयोग है। तानाशाही से राज्य विहीन समाज का विकास नहीं होगा, इसलिए सत्ता को कमजोर बनाना जरूरी है, तभी मार्क्सवादी अन्तिम लक्ष्य की प्राप्ति हो सकती है, सत्ता को कमजोर बनाने के लिए उसका विकेन्द्रीयकरण करना पड़ेगा।

जब साम्यवादियों के कार्य और चिंतन में समन्वय था, तब इसका लक्ष्य समानता था, उस समय आशा थी कि वह अपने लक्ष्य को प्राप्त कर लेगा। लेकिन चिन्तन की दार्शनिक उदारता धीरे-धीरे कुण्ठित होती गयी, यही कारण है कि विश्व साम्यवादी आन्दोलन अब विभाजित हो गया है। चीन ने तो अमर्यादित हिंसा को एक सार्वभौम सिद्धान्त के रूप में प्रतिष्ठित करने की कोशिश की है, उसने आक्रामक रूप में अपनी नई दिशा तय की है। वह किसी पूंजीवादी देश की ओर नहीं बढ़ा, बल्कि वह भारत जैसे देश की ओर बढ़ा, जो पूंजीवादी प्रभाव से मुक्त होने के लिए गरीबी के विरुद्ध संघर्ष कर रहा था। जहां तक समानता लाने का प्रश्न है, स्वयं ये देश भी आपस में समानता के स्तर पर नहीं आ पाये, जिनमें साम्यवादी व्यवस्था लागू है।[24]

राम मनोहर लोहिया ने मार्क्सवादियों के इन विचारों का खण्डन किया है। ओम प्रकाश दीपक का कहना है- "मार्क्स ने कहा था कि अब तक का सारा इतिहास वर्ग संघर्ष का इतिहास है। राम मनोहर लोहिया ने इसे संशोधित किया और कहा कि अब तक का सारा इतिहास वर्गों के जातियों ओर जातियों के वर्गों में बदलने का इतिहास है- जमा हुआ वर्ग ही जाति है। लोहिया ने बीसवीं सदी में नात्सीवाद और साम्यवाद को भी कम से कम उसके प्रारम्भिक रूप को-जाति व्यवस्था का ही उदाहरण माना है-उलटा रूप यानी उपलब्धियों की रक्षा के लिए नहीं, निर्माण की सुविधा के लिए वर्गों का जमाव।[25]

लोहिया ने मार्क्सवादियों द्वारा वर्गों की समाप्ति पर बल दिये जाने के कारण आलोचना की। लोहिया ने कहा कि मार्क्स चूंकि भारतीय परिस्थितियों से पूर्णरूपेण अवगत नहीं थे और उनका आन्दोलन कुछ हद तक पश्चिम के देशों में ही सीमित था अत: जितना ध्यान जाति व्यवस्था के उन्मूलन में देना चाहिए था, वह नहीं दिया जा सका। मार्क्सवादियों की धारणा शत प्रतिशत गलत है, कि वर्ग विहीन समाज होने से अस्पृश्यता या जाति प्रथा स्वयं समाप्त हो जायेगी। इसका सही मूल्यांकन करने के लिए जाति को वर्ग से अलग कर देखना होगा और उनका यह सोचना कि वर्ग और जाति दोनों एक है भारतीय परिस्थितियों में गलत है। अत: इसका मूल्यांकन करने के लिए लोहिया ने जाति को वर्ग से अलग करके देखा।[26]

5.4 समाजवाद का भारतीय स्वरूप :

डॉ. मनोहर लोहिया आरम्भ से ही स्वतंत्र चिन्तक थे। उनका इतिहास चक्र इस बात का प्रमाण है। वे सारी समस्या को एक भिन्न धरातल पर देखते हैं। मार्क्सवाद से बंधे न होने के कारण उनमें संशोधक होने के भय का अभाव है। अन्य विचार का यह नेता आत्मरक्षा की दृष्टि से विचार करते है। इनके मुकाबले लोहिया की दृष्टि आक्रामक है, वे मार्क्सवाद से सीधे लोहा लेते हैं अपने को उच्चतर मानकर। वे भारत की ओर से बोलते है। वह भारत जो कभी सभ्यता के चरम पर था। जिसने विश्व को सभ्यता और संस्कृति की शिक्षा दी थी। किन्तु इतिहास चक्र में पड़कर आज पतन की स्थिति में है। लोहिया एक अपराजेय योद्धा है। जो प्राचीन शक्ति से सम्बद्ध है, आज की विरुद्ध स्थितियों में रास्ता खोज रहा है। उसे विश्वास है इतिहास का चक्र घूमेगा। भारत पुनः अपनी प्राचीन गरिमा को प्राप्त करेगा। आज की दुःखद स्थिति के बावजूद किसी प्रकार की हीनता की आवश्यकता नहीं है। "व्हील ऑफ हिस्ट्री" का प्रथम अध्याय का आरम्भ देखिए - 20 वर्ष से भी पहले बर्लिन विश्वविद्यालय के रेस्त्रां के एक टेबल पर इतिहास अध्येता कुछ नेता

बैठे थे। उनमें से कुछ हीगलवादी और कुछ मार्क्सवादी थे। मैंने उनके सामने एक प्रश्न रखा। अपनी महान और परिपक्व सभ्यता के बावजूद भारत कैसे परतंत्र हो गया। एक विदेशी शासन के आधीन हो गया। इनमें से कोई भी उत्तेजित नहीं हुआ। जैसा कि इतिहास के विद्यार्थी से आशा थी। केवल मार्क्सवादी ने एक उत्तर देने की कोशिश की। उसने कहा भारत का बाजार गांव से राष्ट्रीय स्तर तक विकसित नहीं हुआ। बड़ी मात्रा में निस्क्षरण के अभाव में भारत के भूमिहीन मजदूरों की आमदनी पूरी नहीं हुई। उद्योगों के विकास के लिए जिस मुक्त व्यापारिक पूंजी की आवश्यकता थी उसका अभाव था। अन्त में यह की भारत को मेक्सिको आदि की लूट का अवसर नहीं प्राप्त हुआ। यह बात ठीक थी। किन्तु मैंने पूछा की इंग्लैण्ड और पश्चिमी योरोप के देशों ने यह पूंजी कैसे प्राप्त की और भारत क्यों नहीं प्राप्त कर सका? हिगलवादी घटकों ने इतिहास की चेतना की अनुकूलता के अभाव का तर्क देकर मुक्ति पा ली। मतलब यह कि उस समय की इतिहास चेतना भारत के पक्ष में नहीं थी। किन्तु लोहिया इन उत्तरों से सन्तुष्ट नहीं हुए। उन्हें लगा कि मार्क्सवादी का उत्तर बंधा-बंधाया है। प्रत्येक घटना को बाजार और उत्पादन के साधनों की दृष्टि से समझने का उनका व्यंग अपूर्ण है, वैसे ही हीगलवादी भी कोई उचित रास्ता न पाकर इतिहास की आत्मा को दोषी ठहराता है। लोहिया उसे इतिहास चक्र अर्थात् भाग्य चक्र में देखते है। यह लोहिया की भावना का मूल रूप था पुनर्जागरण का समाजवादी स्वरूप।[27]

तदानुसार 17 मई को पटना में सम्मेलन हुआ। इस सम्मेलन में निश्चय किया गया कि समाजवाद में विश्वास करने वाले काँग्रेसी ही सोशलिस्ट पार्टी के सदस्यों को अक्टूबर में बाबू सम्पूर्णानन्द की अध्यक्षता में बम्बई में स्थापना सम्मेलन में बुलाया जाएगा। इस पार्टी का नाम काँग्रेस सोशलिस्ट पार्टी रखा गया है। इसका मतलब यह है कि जो काँग्रेसी नहीं है, राष्ट्रीय आन्दोलन में नहीं है वह सोशलिस्ट नहीं हो सकता है। पूर्ण स्वाधीनता और समाजवादी समाज की स्थापना, इसके दो लक्ष्य निर्धारित हुए। इस सम्मेलन में पार्टी के छः सूत्री कार्यक्रम निश्चित किए-

1. काँग्रेस में रहते हुए इस प्रकार के कार्य करना कि समाजवादी पार्टी के उद्देश्य और कार्यक्रम स्वीकार कराये जा सके।
2. किसान मजदूरों के आर्थिक संघर्षों को तेज करना और जनता के वर्ग संघर्ष की दृढ़ता और स्वतंत्रता तथा समाजवाद की प्राप्ति के उद्देश्य से किसानों और मजदूरों को संगठित करना। जहाँ ऐसे संगठन हो उनमें शामिल होना।

3. युवक संघ, महिला संघ, स्वयं सेवक संघ आदि संगठित करना और उनमें भाग लेना ताकि वे समाजवादी आदर्श और कार्यक्रम के लिए सार्थक बनाये जा सके।
4. साम्राज्यवादी युद्धों का विरोध करना एवं ऐसे संकटों का स्वतंत्रता संग्राम के पक्ष में मजबूती से उपयोग करना।
5. किसी भी स्थिति में ब्रिटिश सरकार से वैधानिक समझौता न करना।
6. सत्तारूढ़ होने पर देश का संविधान बनाने के लिए मजदूरों, किसानों एवं अन्य शोषित वर्गों की स्थानीय समितियों द्वारा चुने गये। इसका केन्द्रीय कार्यालय काशी में रखा गया।[28]

इसे लोग मेरठ थीसिस के नाम से जानते हैं।

7. उत्पादक जनता के हाथों में सम्पूर्ण राज सत्ता देना।
8. देश के आर्थिक जीवन के विकास की योजना और नियंत्रण राज्य के द्वारा होना।
9. मूल और प्रधान उद्योग (जैसे- लोहा, रुई, रेल, जहाज, खान, बागान आदि) के अतिरिक्त बैंकों, बीमा और जनोपयोगी धन्धों का समाजीकरण।
10. विदेशी व्यापार पर राज्य का एकाधिकार।
11. आर्थिक जीवन के जिन भागों का समाजीकरण नहीं हुआ है, उनके उत्पादन, वितरण और महाजनी के लिए सहयोग समितियों का गठन।
12. राजाओं, जमीदारों और सभी शोषक वर्गों को बिना मुआवजा के राजामा हटा देना।
13. जमीन का किसानों के दरम्यान फिर से बँटवारा।
14. राज्य द्वारा सहयोग मूलक और सामूहिक खेती के लिए प्रोत्साहन और अभ्युन्नति के प्रयत्न।
15. कसानों और मजदूरों पर जितना भी कर्ज हो उसको हटाना।
16. राज्य द्वारा हर व्यक्ति को काम देने या निर्वाह किए जाने के अधिकार की स्वीकृति।
17. हर एक को उसकी जरूरत के मुताबिक मिलेगा और हर एक से उसकी योग्यता के मुताबिक काम लिया जायगा। अन्ततः इसी आधार पर जीवनोपयोगी पदार्थों का वितरण और उत्पादन होगा।
18. पेशे के आधार पर हर एक बालिक को मताधिकार।

19. राज्य द्वारा न किसी मजहब या धर्म का समर्थन और न मजहब के दरम्यान भेद-भाव करना और न जाति या सम्प्रदाय के आधार पर किसी प्रकार का भेद करना।

20. राज्य द्वारा स्त्री-पुरुष के दरम्यान किसी तरह का भेद नहीं करना।

21. जिसको हिन्दुस्तान का सार्वजनिक ऋण कहा जाता है उसे रद्द करना।[29]

समाजवादियों ने गांव में बिजली, सड़क, सिंचाई, खाद बीज आदि पर तो ध्यान दिया है। इस पर सरकार का भी ध्यान गया किन्तु सरकार और किसान के बीच जमींदारी थी। उसका उन्मूलन कराकर समाजवादियों ने बिचौलियों को हटाया। अब स्वतंत्र किसान अपनी स्वतंत्र सरकार से सीधे बात करने की स्थिति में आ गया। किन्तु एक महत्वपूर्ण सवाल की ओर भी समाजवादियों का ध्यान गया। अतिरिक्त आय को ही मुनाफा कहते हैं। समाजवादियों ने देखा कि किसान की उत्पादकता में अतिरिक्त आय का स्थान नहीं है और उसे सहायता की आवश्यकता है। कम से कम इतना ही हो कि किसान से किसी प्रकार टैक्स न लिया जाय। सरकार ने माना था कि सवा छः एकड़ तक जोत वाले किसान को खेती से मुनाफा नहीं होता है। अतः समाजवादियों ने नारा दिया - बिना मुनाफा खेती बारी उस लगे लगान नहीं। 1967 में संविद सरकार का लोहिया ने इसे प्रमुख मुद्दा बनाया था। आचार्य जी ने लिखा था यदि सरकार उनकी पूरी लगान माफ करने के लिए तैयार न हो तो भी उसे कम देना चाहिए। आगे कहा गांवों के सम्बन्ध में इतनी अधिक उदासीनता दिखायी गयी है कि जब तक गांवों की स्थिति में कोई उन्नति नहीं होगी। इसे आचार्य जी का ग्राम स्वराज्य कह सकते हैं। कहना है कि गांवों की शक्ति देने की बात गांधी के बाद समाजवादियों ने की।[30]

शहर के विरुद्ध गांव की निर्भरता पर बल का अर्थ समझना होगा। आधुनिक औद्योगिक विकास की प्रक्रिया गांव विरोधी है। वह प्रायः गांवों को खत्म कर रहा है। किन्तु भारत में स्थिति भिन्न है। यह पूर्णतः गांवों का देश है। शहर का कितना भी विकास कर लीजिए भारत की पूरी आजादी गांवों में रहेगी। अभी भी शहरों का पेट फटा जा रहा है। छोटे-छोटे शहरों में रहना चलना कठिन हो गया है। घण्टों मार्ग बाधित हो रहा है। इसके अतिरिक्त आवास, बिजली, पानी, हवा आदि समस्याएं विकराल रूप धारण कर रही हैं। पुराने रोगों को भगाने की कोशिश हो रही है, तो दूसरी ओर रोगों ने प्रत्येक घर में स्थायी अड्डा बना लिया है। सड़कें मौत और दुर्घटनाओं की स्थली है ही, आकाश भी शामिल हो गया है। घर से निकला व्यक्ति सही सलामत लौटेगा इसकी गारण्टी समाप्त हो गयी है।

एक को कभी-कभी डाकू लूट लेते थे। पुनः वे डाकू सक्रिय हैं, उनके अतिरिक्त सवारियां हड्डी पसली का दुश्मन बन गयी हैं, तेज रोशनी से आंखों की रोशनी गायब है। टी०वी० ने नेत्र कैंसर का विकास किया। शोर प्रदूषण से कान के परदे फट रहे हैं। दूषित एवं जहरीली गैसें फेफड़ों को चीरती रक्त बिगाड़ रही हैं। जरा सी गलती में लाखों लोग मर रहे हैं। गैस रिसने का हल्ला सुनकर रोंगटे खड़े हो जाते हैं। खेतों से ही भोजन में जहर भरने लगा है। प्रत्येक व्यक्ति जहर खा रहा है। नदियां स्वयं प्रदूषित हैं। अब उनसे सफाई की आशा समाप्त हो गयी है। पूरा शहर विघटित समाज और विकृत मानसिकता का झुण्ड हो गया है। सबकी पहचान समाप्त हो गयी है। नमक और दियासलाई से लेकर जिन्दगी के हर साधन पर राक्षसी कम्पनियों का अधिकार है। एक प्याली चाय और दन्त मंजन के लिए भी उन पर निर्भर रहना होता है। ऐसे में स्वतंत्रता की बात मखौल बन गयी है। सबका दिल दिमाग पूंजीपतियों के अखबारों ने पैसे लेकर बांध दिया है। उनके अखबार और शिक्षण संस्थान ज्ञान बांट रहे हैं। उनका ज्ञान उनके लिए और उनके द्वारा ज्ञान। सोचना बन्द है। तो उतना ही जितना सोचने की छूट मिली है। मनुष्य परज्ञान का ही पशु हो गया है। परज्ञान के मारे उसके अपने सोचने समझने की शक्ति का नाश कर दिया है। पशु सा दूसरों का दिया भोजन करता है। किसी न किसी रोजगार की गाड़ी या हल से जुतता है। उस पर भी दिन रात चिन्ता कि हमें कोई खरीद लें। मेरे बेटे बेटियों को कोई खरीद नहीं रहा है। जोत नहीं रहा है। मालिक कहां है, कहां रखेंगे इतने पशु? क्या होगा इन पशुओं का? सौ पशु पालने की अपेक्षा एक यंत्र अधिक सुविधा वाला है। काम भी अच्छा और खर्च भी कम। "कभी बाजारों में दास बेचे जाते थे। बेचने के लिए दासों के मेले लगते थे। अब भी मजदूरों की भीड़ इकट्ठी रहती है। ग्राहकों की प्रतीक्षा करती है। कुली चाहिए कुली? एक समान को दस कुली घेरते हैं।"

"एक सवारी को दस रिक्शे वाले पुकारते हैं, यही हाल पूरे समाज का है। वेश्याएं सजधज कर ग्राहकों की प्रतीक्षा करती हैं। पढ़ा-लिखा युवक आवेदन लेकर दफ्तर-दफ्तर घूम रहा है। स्थिति खराब होते हुए भी सज कर जाता है। साहब गंवार न समझे। असुन्दर वेश्या को ग्राहक नहीं पूछता। ढीले ढाले उम्मीदवार पर साहब की नजर नहीं जाती हैं। साक्षात्कार में कपड़े लत्ते भी देखे जाते हैं। चेहरे पर थकान और पैर में धूल तो नहीं लगी है। भूखों रहकर डांट सुनकर, बेरोजगार भी रहकर मुस्करा सकता है, हर प्रश्न के लिए अलग चेहरा बन सकता है या नहीं?" शहर के इस कृत्रिम जीवन के सीन पर गांव की स्वाभाविकता को समाजवादियों

ने पसन्द किया। उसकी दक्षता और बेतरतीब को थोड़ा सुधार कर पंगु बनाने वाली आत्म-निर्भरता को देश दुनिया से जोड़कर उसके खाली दोजख को भरकर। खुले बदन को ढक कर। टिमटिमाते दीपक की बिजली जलाकर। ऋतु परिवर्तन की मार से डरी झोपड़ियों को ईंटों और सीमेन्ट से दुरुस्त कर।[31]

लोहिया की मानव सभ्यता अत्यन्त व्यापक थी वे विश्व बन्धुत्व और विश्व पंचायत का सपना संजोये हुए थे। उनके समाजवाद में केवल किसी देश की सीमा के भीतर समानता का महल नहीं था। वे एक देश द्वारा दूसरे देश के शोषण को उतना ही गर्हित समझते थे। इसीलिए वे दुनिया के विभाजन को सबसे निकृष्ट विभाजन मानते थे जिसमें एक ओर काली दुनिया थी और दूसरी ओर गोरी दुनिया। एक जगह उन्होंने बड़ी ही तल्खी के साथ लिखा है कि संसार ऐसे दो हिस्सों में बंटा हुआ है, जिसमें एक के लिए समृद्धि है, शान्ति है और दूसरे के लिए गरीबी है, दुःख है, शोषण है, भूख है और युद्ध। यह बंटवारा उन्हें बहुत ही क्लेश देता था। वे एक ऐसी दुनिया की कल्पना करते थे जिसमें एक देश से दूसरे देश में बिना परमिट के जाया जा सके।

ऐसी विश्व पंचायत की कल्पना करते थे जो सारी राष्ट्रीय सीमाओं के ऊपर प्रतिष्ठित और सारी दुनिया को एक सूत्र में बराबरी के भाई चारे में बांधती है।

जब वे विश्व बन्धुत्व की बात करते थे तो उनके सामने एक दूसरा युग का शब्द कौंधता था जिसे वे विश्वयारी कहते थे। विश्वयारी उन्हें विश्व बन्धुत्व का प्रतिकूल प्रत्यय लगता था। जहां एक देश का शासक और शोषक से याराना बर्ताव करें और जनता की भावनाओं की कोई चिन्ता न करें। वे जब एक देश के शासक की दूसरे देश के शासक से मित्रता का इस प्रकार रूप देखते थे तो उनका चित्त क्लेश से भर आता था। वे इस बन्धुत्व को जन के धरातल पर चरितार्थ होते देखना चाहते थे। समाजवाद उनकी दृष्टि में एक मानवीय संस्कृति थी और वे प्रजातंत्र को अपनी समाजवादी दृष्टि का एक अभिन्न पक्ष मानते थे।[32]

डॉ. लोहिया ने समाज का गहरा अध्ययन किया था। उनका मत था कि गरीब की गरीबी का एहसास पैसे वाले को नहीं था। खर्च पर सीमा बांधने से अमीर पूंजीपति को जब सीमित आय में ही जीवन निर्वाह करना पड़ेगा तब वह अनुभव कर पायेगा कि दाल, रोटी, नून और तेल के लिए गरीब को कितना संघर्ष करना पड़ता है। उसे वह अवसर नहीं मिलेगा कि मनचाहे दाम देकर वह बाजार से जो चाहे सो ले ले। ऐसी हालत में चीजों के दाम अपने आप गिरेंगे। दाम गिरने से अमीर और गरीब व

दोनों को राहत मिलेगी। इस सम्बन्ध में डॉ. लोहिया ने कहा था "जब बड़े मन्त्रियों के घर नमक, दाल, हल्दी के दामों की फिक्र होने लग जायेगी। तब जाकर दाम गिरेंगे। इससे पहले गिरने वाले नहीं है। तो पहले बड़े लोगों के खर्चे को गिराओ। दाम बांधों, आमदनी की सीमा बांधों और खर्चे गिराओ' उनको आशा थी ऐसा करने से आधारभूत जीवन दृष्टि में परिवर्तन आयेगा।[33]

वह राष्ट्रीय कृत उद्योगों में व्याप्त भ्रष्टाचार को रोकने के लिए चार ठोस कदम उठाना चाहते थे। पहला तो यह कि राष्ट्रीयकरण के साथ-साथ समाजीकरण की प्रक्रिया तेज की जाय। दूसरा विलासिता और अपव्यय की समस्त सम्भावनाओं को सख्ती से रोका जाय। तीसरा भ्रष्ट अधिकारियों को सख्त दण्ड दिए जाय। और चौथा कदम यह कि सामाजिक सम्पत्ति को सामाजिक आधिपत्य में रखा जाय। इसी के साथ सामाजिक सम्पत्ति की आय के बंटवारे के प्रति वह सावधान रहना चाहते थे। उनका मत था कि जब अच्छे लोग सामाजिक सम्पत्ति के संरक्षक बनेंगे तभी उस सामाजिक सम्पत्ति के उचित लाभ का बटवारा हो पायेगा। यदि सामाजिक सम्पत्ति के संरक्षक चरित्रवान और अच्छे लोग नहीं होंगे तो ऐसा नहीं हो पायेगा क्योंकि तब छल, कपट और झूठ के राष्ट्रीयकरण से होने वाला सम्पूर्ण लाभ समाप्त हो जायेगा और एक राष्ट्रीयकृत उद्योगों का नितान्त पतनशील रूप सामने आयेगा।

इन दुःस्वप्नों से बचने के लिए डॉ. लोहिया ने समाजीकरण को लोक पक्षीय बनकर बुनियादी इकाई से केन्द्र तक की क्रम बद्ध श्रृंखला में सफलता के साथ जोड़ने के लिए कुछ अतिरिक्त सावधानियां बरतते रहने पर बल दिया है।

1. नौकरशाही पर नियंत्रण
2. फिजूलखर्ची पर सार्थक रोक
3. अनुत्तरदायित्व पर कठोर दण्ड
4. कुव्यवस्था दूर करने के लिए श्रमिकों की साझेदारी
5. प्रतिभा को विकसित करने का अवसर
6. अवसर को पहचानने की दृष्टि

राष्ट्रीयकरण की समस्या का समाधान केवल सार्वजनिक क्षेत्र से नहीं मिलेगा। इनके लिए बहुत ही दृढ़ नैतिकता और शुचिता प्रधान व्यक्तियों की तलाश करनी पड़ेगी, तभी इसका उचित लाभ मिलेगा।[34]

धार्मिक और सामाजिक स्तर पर जो विसंगतियां हैं, उनका प्रभाव राजनीति पर भी पड़ता है। सदियों से घोर विषमताओं में जीने के कारण समाज कई धड़ों में अलग बंट गया है। भारतीय समाज में अगड़ा वर्ग है, पिछड़ा वर्ग है, सर्वहारा वर्ग है और नितान्त आदिम स्थितियों में जीने वाला वर्ग है। राजनैतिक व सामाजिक एवं आर्थिक समता लाने के लिए जरूरी है कि हम पिछड़े वर्गों पर विशेष ध्यान दें। इनको विशेष अवसर प्रदान किये जावें। इनको इस प्रकार शिक्षित किया जाये कि यह अपने बालिग मत का सही और विवेक के अनुसार इस्तेमाल कर सके।

लेकिन यह तभी सम्भव है जब पूरे समाज में आर्थिक स्तर पर समता स्थापित करने का प्रयास हो। आर्थिक विषमताएं तीन कारणों से पैदा होती हैं, पहली तो सम्पत्ति की विषमता, दूसरी है आय की विषमता और तीसरी है ओहदे और पद की विषमता। इन तीनों विषमताओं का प्रतिफलन एक प्रकार की सरकारी मनसबदारी का रूप ले लेती है और एक वंशानुक्रम के हाथ में सारी राष्ट्रीय पूंजी और शक्ति केन्द्रित हो जाती है। इसलिए आर्थिक विषमताओं को दूर करने के लिए ऐसे उपाय करने होंगे कि अति संचित सम्पत्ति का पुन:वितरण हो, आपको एक निश्चित सीमा में सीमित किया जाये और पद तथा पदवी में इस बात का ध्यान रखा जावे कि वह विरासत का स्थान न ले सके।

भारतीय समाज का विश्लेषण करते हुए डॉ. लोहिया ने भारत की समस्त राजनैतिक पार्टियों को चुनौती भरे शब्दों में सावधान करते हुए कहा कि भारत में केवल उसी राजनैतिक पार्टी का भविष्य है, जो देश में सामाजिक क्रांति की अगुआई करने में समर्थ होगी और ऐसा संगठन बनाएगी जो भारत की राजनीतिक, आर्थिक व्यवस्था को सामाजिक क्रांति का माध्यम बनाये।

डॉ. लोहिया पूंजीपतियों को समाप्त करके वर्गहीन समाज की स्थापना करना चाहते थे। जमींदारों से भूमि छीनना, उनके द्वारा परिपक्व समाजवाद का मुख्य मुद्दा था। व्यक्तिगत जोखिम को समाप्त करके वह एक समाजवादी धरातल पर सामूहिक प्रयास को महत्व देते थे।

लोहिया की इस विचार नीति की समाज व्यवस्था के विश्लेषण के साथ ही साथ मनुष्य के मन पर भी जोर था। वे नया समाज भी बनाना चाहते थे और नया मनुष्य भी, इसलिए वे सामाजिक संस्थाओं को भी बदलना चाहते थे और व्यक्ति के स्तर पर मानसिक, चारित्रिक परिवर्तन भी लाना चाहते थे। इस बहुआयामी विचार दृष्टि में मार्क्स सहित पश्चिम के समाजवादी सोच की प्रमाणित उपलब्धियों के लिए भी स्थान था तो गांधी के सत्य के प्रयोगों को भी सीखने की गुंजाइश थी। किन्तु लोहिया ने अपने को मार्क्स गांधी

तक ही सीमित नहीं रखा था, अतीत के अनुभवों से सीखने की प्रक्रिया में वे प्राचीन भारत के औपनिषद चिंतन तक पहुंचे थे। उन्होंने समसामयिक चिंतक लीवियस ममफोर्ड और इतिहासकार आर्नल्ड ट्वायन्बी के विचारों को बारीकी से पड़ताल की थी। किन्तु यह सब करते हुए लोहिया का प्रयास यही रहा है कि हमारे समय की चुनौतियों, चेतावनियों के समझने और उनका समुचित समाधान देने में सक्षम, समग्र दृष्टि का विकास हो। एक ऐसी दृष्टि जो युग संघर्ष को उनके तमाम अंतर्विरोधों सहित देख सके। संघर्ष के कोलाहल के बीच जो धैर्यपूर्वक तात्कालिक और अंतिम लक्ष्यों को निर्धारित कर सकें और जो इन लक्ष्यों की प्राप्ति के लिए एक साथ कई प्रकार के साधनों की परस्पर पूरक माध्यमों और विभिन्न स्तरों पर क्रियाशीलता का उपभोग करने में समर्थ हों। इसका एक अच्छा उदाहरण लोहिया का सम्पत्ति सम्बन्धी दृष्टिकोण है। एक निष्ठावान समाजवादी चिंतक के रूप में लोहिया व्यक्तिगत सम्पत्ति के संस्था के प्रबल विरोधी थे, इस हद तक कि इन्होंने अपने लिए कोई सम्पत्ति नहीं जुटाई और कोई बैंक खाता नहीं खोला, परंतु अपने पर इतनी कड़ाई से अपरिग्रह का सिद्धांत लागू करने वाले लोहिया ने सम्पत्ति की वास्तविकता या उसके महत्व को अस्वीकार कर दिया। उन्होंने कहा कि समाजवादी समाज बनाने के लिए व्यक्तिगत सम्पत्ति के लिए दायरे में लगातार सीमित करते जाना होगा। "बिना दूसरे को नौकर रखे जो व्यक्तिगत सम्पत्ति चल सकती है, उसके अलावा बाकी सब सम्पत्ति को यथासंभव सामूहिक बनाना और समाज में गैर बराबरी को मिटाना, या कम से कम अनवरत घटाते रहना होगा।"[35]

लोहिया के अभाव में समाजवादी अर्थ विशेषज्ञों को अब उनके विचार सूत्रों के आधार पर कृषि, उद्योग आदि आर्थिक रचना संबंधी सिद्धांतों को निश्चित रूप देने का प्रयास करना चाहिए। इस संदर्भ के खासकर लोहिया की छोटी मशीन योजना का विवरण देना जरूरी है। इसी प्रकार हस्त उद्योग, छोटी मशीनें, बिजली से चलने वाले उद्योग तथा भारी उद्योग के बीच संतुलन की व्याख्या करनी चाहिए और इसी दृष्टि से उन्होंने कहा कि "जहां संभव हो वहां विद्युत चालित अल्प प्रमाण यंत्र का और जहां आवश्यक हो वहां हस्त उद्योग।

स्पष्ट है कि लोहिया जी ने पूंजीवाद और साम्यवाद को एक ही सिक्के के दो पहलू माना था और दोनों विचारधाराएं दो तिहाई कृष्ण वर्गीय दुनिया की समस्याओं को हल करने की दृष्टि से किस तरह निरर्थक हैं, इसका तफसील से निवेदन किया था। दोनों में केन्द्रित उत्पादन व्यवस्था जीवन मानदण्ड में कमी न होने वाली भूख ही दिखाई देती है जो गरीब काली दुनिया में परिवर्तन नहीं कर सकती है।[36]

5.5 समाजवाद व व्यक्तिवाद :

विश्व साहित्य में समाजवाद ही एक ऐसा शब्द है, जिसके सर्वाधिक अर्थ लगाए गए हैं। डॉ. लोहिया ने विदेश प्रवास के दौरान मार्क्स का गहन अध्ययन किया था। विश्व के समाजवादी नेताओं के सम्पर्क में आने के कारण समाजवादी परिस्थितियों का गहन निरीक्षण किया। उस समय संसार में अनेक समाजवादी विचाराधाराएं प्रचलित थीं। हालांकि प्रत्येक का लक्ष्य सामान्य जनता को आवश्यकताओं की पूर्ति करना था। लक्ष्य एक था परंतु साधनों में भिन्नता थी। डॉ. लोहिया ने भारतीय परिवेश के अन्तर्गत अपने समाजवाद को विकसित किया।

प्रत्येक समाजवादी का लक्ष्य वर्गविहीन शोषण मुक्त समाज की स्थापना करना है। डॉ. लोहिया के समाजवाद का अर्थ एकता, समानता एवं सम्पन्नता का विचार है। लोहिया जी के अनुसार समता, समानता के माध्यम से सम्पन्नता, सम्पन्नता के समता मूलक बंटवारों से और अधिक समानता तथा फिर और अधिक सम्पन्नता समाजवाद की कार्यप्रणाली है।[37]

समता डॉ. लोहिया के समाजवाद का दर्शन है। डॉ. लोहिया के अनुसार "समाजवादी का मतलब होता है, जो निजी सम्पत्ति को बढ़ाने के बजाय सामूहिक मूल्य की सम्पत्ति को बढ़ाने की बात सोचे और करे। लोहिया की के अनुसार अधिकाधिक सम्पत्ति का राष्ट्रीयकरण हो, लेकिन साथ में उसमें वृद्धि हो। इसी से आर्थिक समता व वितरण की समानता के आधार पर सभी को लगभग समान भाग प्राप्त होगा। उनके समाजवाद तथा पश्चिम के समाजवाद में अन्तर देखने में कि उन्हीं के शब्दों में एशिया के लिए प्रयुक्त समाजवाद के जनतंत्रीकरण, कम पूंजी के प्रतिष्ठान जैसी छोटी मशीन योजना, समाजीकृत सम्पत्ति तथा अधिकतम प्राप्तक समानता जैसी धारणाओं के आधार पर होनी चाहिए।[38]

उपर्युक्त परिभाषा के अनुसार डॉ. लोहिया का समाजवाद चार लक्ष्य निर्धारित करता है। पहला प्रशासन का जनतंत्रीकरण, दूसरा छोटी मशीन योजना, समाजीकृत सम्पत्ति तथा चौथा अधिकतम सम्भव समानता, जब उनकी पूर्णतया उपलब्धि हो जायेगी, तब समाजवाद का लक्ष्य पूरा होगा।

डॉ. लोहिया का समाजवाद सम्पत्ति के राष्ट्रीयकरण तक ही सीमित नहीं है, बल्कि यह देश के औद्योगिक ढांचे को भी निर्धारित करता है। मार्क्सवादी समाज में इस सम्बन्ध में स्पष्ट अन्तर है। मार्क्सवाद को पूंजीवाद की विकसित उद्योग प्रणाली विरासत में मिलती है। वहां केन्द्रीयकरण व तानाशाही स्वभाव की सरकार होती है। लोहिया के समाजवाद में देश की आवश्यकतानुसार छोटी मशीन योजना वाली उद्योग प्रगाली तथा विकेन्द्रीकरण और जनतंत्र वाली सरकार होती है। इसलिए कहा जाता है कि मार्क्सवादी समाजवाद पूंजीवादी

प्रणाली से बदले हुए समाजवादी देश के लिए है। जबकि डॉ. लोहिया का समाजवाद नवोदित गरीब तथा अभावग्रस्त देशों में लागू होने वाला विचार है।

लोहिया जी की समाजवादी व्यवस्था में समाजीकृत सम्पत्ति का महत्वपूर्ण स्थान है। डॉ. लोहिया के समाजवाद में सामाजिक व्यवस्था तथा सम्पत्ति के ऊपर समान अधिकार रखने के लिए प्रत्येक व्यक्ति को समान अवसर प्रदान करने की घोषणा की गई है। क्योंकि बिना आर्थिक अवसरों की समानता के स्वतंत्रता का कोई अर्थ नहीं होता, और बिना आर्थिक स्वतंत्रता के समानता के अवसरों का कोई मूल्य नहीं होता। इसलिए सम्पत्तियों का सरकारीकरण नहीं बल्कि समाजीकरण होना चाहिए। समाजीकरण का तात्पर्य है कि प्रथम स्तर पर परिवार की आवश्यक आवश्यकताओं को पूरा करने के लिए कुछ सम्पत्ति परिवार के पास छोड़ दी जाये। शेष सम्पत्ति राज्य के पास रहे। सरकारी सम्पत्ति के औद्योगिक तथा अन्य सभी क्षेत्रों में श्रमिकों को उद्योग की व्यवस्था में भाग लेने का अधिकार रहे।[39]

लोहिया जी का समाजवाद पूंजीवाद और मार्क्सवाद का मिश्रण या सुधार नहीं बल्कि इन दोनों से भिन्न एक तीसरी नई व्याख्या है। इससे बदलती हुई परिस्थितियों में मानव कल्पना की भावना पुनर्जीवित होगी। उनका कहना था, कि "समाजवाद उस भूमि को विच्छन्न कर देगा जिस पर पूंजीवाद व मार्क्सवाद खड़े हैं, तथा वह अपनी ओर से आर्थिक लक्ष्यों व सामान्य लक्ष्यों में एकता हासिल करेगा।'[40]

मार्क्स ने दुनिया के मजदूरों की एकता की बात भी की थी किन्तु लोहिया इसमें मजदूरों की श्रेणियां और किस्म देखते हैं। वे कहते हैं कि यद्यपि हजारों मजदूरों के एक स्थान पर सहयोग से काम करने के कारण एक अर्थ में श्रम का समाजीकरण हुआ है किन्तु उनमें एकता नहीं आयी है। वैज्ञानिक और व्यवस्थापक स्वतंत्रता और स्थायी के रूप में भेद हो रहे हैं। इन भेदों और मजदूरी की भिन्नता ने श्रमिक वर्ग की कथित एकता को केवल एक शुभेच्छा में परिवर्तित कर दिया है।

लोहिया दो प्रकार के श्रम, दो प्रकार के श्रम मूल्य और दो प्रकार के अतिरिक्त मूल्य देखते हैं। पश्चिमी दृष्टि में पले मार्क्स इस अलगाव व द्वैत को नहीं देख सके थे। दो प्रकार के श्रम, वेतन और अतिरिक्त मूल्य के कारण पूंजीवाद का अन्तर्विरोध दब गया। साम्राज्यवाद को साथ-साथ चलाने के कारण पूंजीवाद अपने देश के मजदूरों को उच्च वेतन एवं जीवन स्तर देकर संकट से बचता रहा। उसने अपने देश के श्रम को औपनिवेशिक देशों के श्रम शोषण का हिस्सेदार बना लिया। औपनिवेशिक जनता के लिए पूंजीवाद कभी प्रगतिशील नहीं रहा। साम्राज्यवादी पूंजीवाद के कारण पश्चिमी मुल्क जैसे-जैसे समृद्ध हुए

थे, औपनिवेशिक मुल्कों की गरीबी बढ़ती गयी। औपनिवेशिक विरोध ही पश्चिमी पूंजीवाद के लिए खतरा था। पूंजीवाद के साम्राज्यवादी या औपनिवेशिक विकास ने पूंजीवाद का संकट समाप्त कर दिया।

लोहिया का आग्रह रहा है कि एशिया के समाजवादियों को मौलिक चिन्तन तथा अभिक्रम का अभ्यास डालना चाहिए। उन्हें अपनी नीतियां उस सभ्यता के सन्दर्भ में निरूपित करनी है, जो शताब्दियों पुराने निरंकुशतावाद और सामन्तवाद के कूड़े-करकट में से उभरने का प्रयत्न कर रही है। एशियाई राजनीति की दुर्दशा का मुख्य कारण यह है कि उसमें कट्टर धार्मिक विश्वासों और राजनीतिक सोच विचार का मिश्रण पाया जाता है।

सन्दर्भ ग्रन्थ सूची

क्र०सं०	पुस्तक व लेखक के नाम	पृष्ठ सं०
1.	भारत का समाजवादी आन्दोलन-डॉ. युगेश्वर	पृष्ठ सं०-116
2.	भारत का समाजवादी आन्दोलन-डॉ. युगेश्वर	पृष्ठ सं०-143
3.	समाजवादी दर्शन और डॉ. लोहिया-लक्ष्मीकान्त वर्मा	पृष्ठ सं०-73
4.	व्हील आफ हिस्ट्री- डॉ. राम मनोहर लोहिया	पृष्ठ सं०-4
5.	इतिहास चक्र- डॉ. राम मनोहर लोहिया	पृष्ठ सं०-11
6.	मार्क्स गाँधी एण्ड सोशलिज्म-लोहिया	पृष्ठ सं०-136
7.	समाजवाद और जे०पी० -डॉ. अमर ज्योति सिंह	पृष्ठ सं०-107
8.	हिस्ट्री आफ सोशलिज्म	पृष्ठ सं०-60
9.	भारत का समाजवादी आन्दोलन-डॉ. युगेश्वर	
10.	समाजवादी दर्शन और डॉ. लोहिया-लक्ष्मीकान्त वर्मा	पृष्ठ सं०-74
11.	समाजवादी दर्शन और डॉ. लोहिया-लक्ष्मीकान्त वर्मा	पृष्ठ सं०-73
12.	भारत में समाजवाद- डॉ. राम मनोहर लोहिया	पृष्ठ सं०-5
13.	डॉ. लोहिया का अर्थदर्शन-यतीन्द्र नाथ शर्मा-	भूमिका से

14. भारत का समाजवादी आन्दोलन-डॉ. युगेश्वर पृ० सं०-158-159

15. समाजवादी दर्शन और डॉ. लोहिया-लक्ष्मीकान्त वर्मा पृष्ठ सं०-59-61

16. डॉ. लोहिया का अर्थदर्शन-इन्दुमति केलकर- भूमिका से

17. आर्थिक विचारों का इतिहास - पंतरण सेठ पृष्ठ सं० 46

18. डॉ. लोहिया बही पृष्ठ सं०-2

19. लोकसभा में लोहिया खण्ड-4 पृष्ठ सं० 2-3

20. मार्क्स गाँधी एण्ड सोशलिज्म- डॉ. राम मनोहर लोहिया पृष्ठ सं०-100

21. मार्क्स गाँधी एण्ड सोशलिज्म- डॉ. राम मनोहर लोहिया पृष्ठ सं०-89

22. समाजवादी दर्शन और डॉ. लोहिया -लक्ष्मीकान्त वर्मा पृष्ठ सं०-9

23. इतिहास चक्र- डॉ. राम मनोहर लोहिया पृष्ठ सं०-25

24. भारत विभाजन के अपराधी - डॉ. राम मनोहर लोहिया पृष्ठ सं०-7

25. जाति प्रथा समाज विज्ञान-ओम प्रकाश दीपक 1969 पत्रिका

26. लोहिया के विचार - ओंकार शरद पृष्ठ सं०-100

27. भारत का समाजवादी आन्दोलन-डॉ. युगेश्वर पृ०सं०-113-114

28. भारत का समाजवादी आन्दोलन-डॉ. युगेश्वर पृ०सं०-113-114

29. भारत का समाजवादी आन्दोलन-डॉ. युगेश्वर पृ०सं०-12

30. भारत का समाजवादी आन्दोलन-डॉ. युगेश्वर पृ०सं०-23

31. भारत का समाजवादी आन्दोलन-डॉ. युगेश्वर पृ०सं०-138-139

32. आचरण की भाषा-डॉ. राम मनोहर लोहिया पृष्ठ सं०-128

33. समाजवादी दर्शन और डॉ. लोहिया -लक्ष्मीकान्त वर्मा पृ० सं०-136-144
34. समाजवादी दर्शन और डॉ. लोहिया -लक्ष्मीकान्त वर्मा पृ० सं०-144
35. मार्क्स गाँधी एण्ड सोशलिज्म- डॉ. राम मनोहर लोहिया प्रस्तावना
36. डॉ. लोहिया का अर्थदर्शन-यतीन्द्र नाथ शर्मा- भूमिका से
37. क्रान्तिकरण समता विद्यालय प्रकाशन- डॉ. राम मनोहर लोहिया 1973 पृष्ठ सं०-35
38. लोहिया का अर्थदर्शन-यतीन्द्र नाथ शर्मा पृष्ठ सं०-150
39. मार्क्सवादी और समाजवाद- डॉ. राम मनोहर लोहिया पृष्ठ सं०-153
40. डॉ. लोहिया का अर्थदर्शन-यतीन्द्र नाथ शर्मा पृष्ठ सं०-153

अध्याय - छः

डॉ. राम मनोहर लोहिया के आर्थिक विचार

6.1 डॉ. लोहिया वर्ग उन्मूलन:

लोहिया के समाजवादी चिन्तन में जाति प्रथा पर विस्तार से विचार किया गया है। भारतीय सामाजिक ढांचे की इतनी गहराई देखने वाले लोग राजनीति में कम है। उन्होंने इस समस्या का इतिहास के सन्दर्भ में पूरी छानबीन की। वे पहला सवाल यही उठाते हैं कि आखिर भारत में भयंकर जातिवाद क्यों है और यहां वे गांधी की वर्ग व्यवस्था को स्वीकार नहीं करते। वे जाति के गुण को कर्म से सम्बन्ध नहीं मानते और मानते हैं कि वर्ग चलायमान होता है। उसके विपरीत जाति में आमदनी और स्थान बंध सा जाता है तब्दीली नहीं होती। वर्ग में परिवर्तन और संघर्ष चलता रहता है। चलायमान जाति कहीं नहीं मिलती। जाति वाद की ऐतिहासिक पृष्ठ भूमि की लोहिया की सही पकड़ है और वे मानते हैं कि अनेक सुधार वादी आन्दोलनों के बावजूद "द्विजों को छोड़कर सारी जातियां व्यक्तित्व विहीन बना डाली गयी हैं और यही वह दलदल है जो समस्त भारतीय समाज व्यवस्था में व्याप्त है।" वे जाति सम्बन्धी विशेषाधिकार पर आक्रमण करते हैं। वे उच्च वर्ग तीन विशेषाधिकार पर आक्रमण करते हैं।[1]

डॉ. लोहिया उच्च वर्ग के तीन विशेषाधिकारों का उल्लेख करते हैं जाति, सम्पत्ति और भाषा। डॉ. लोहिया का कहना है कि दौलत, बुद्धि, स्थान के हिसाब से जाति के समाज में गिरोह बनते हैं, जिन्हें वर्ग कहते हैं। सवर्णो के विशेषाधिकार पर आक्रमण करना लोहिया हैं समाजवादी चिन्तन का एक बड़ा मुद्दा है। इसके लिए

वे छोटी जातियों को ऊपर उठाने की बात कहते हैं। वे दुःख प्रकट करते हैं कि हिन्दुस्तान की आबादी में ऊंची जाति वाले बीस प्रतिशत से ज्यादा नहीं है। पर देश की नेतागिरी में वे लगभग अस्सी प्रतिशत की जगह ले लेते हैं। लोहिया चीनी जातियों की चुप्पी तोड़ना चाहते हैं क्योंकि उनका विचार है कि "हिन्दुस्तान" में क्रान्ति न होने का सबसे बड़ा एक कारण बताना हो, दर्शन के रूप, में तो वह है, दासता का समन्वय वगैरह। लेकिन एक संस्था या संस्था के रूप, में बताना हो तो वह जाति प्रथा है, वर्ण व्यवस्था है। इसमें कोई शक नहीं है। आर्थिक गैरबराबरी और सामाजिक गैर बराबरी दोनों को मिलाकर हमने देश में जबरदस्त गैरबराबरी पैदा की है कि क्रान्ति हो तो कैसे हो। क्रान्ति वहां हुई जहां तुलनात्मक गैरबराबरी हुआ करती है या कम गैर बराबरी होती है।"[2]

लोहिया जो समाजवाद लाना चाहते हैं उसमें जाति उन्मूलन का प्रमुख आधार है। वे ऐसा मानते हैं कि देश की छोटी जातियों को हर ढंग से सशक्त बनाया जाए तो उच्च वर्ग के विशेषाधिकार खत्म किए जा सकते है और एक नई समाजवादी व्यवस्था स्थापित की जा सकती है। उनका स्पष्ट मत है कि "जो आदमी हिन्दुस्तान की जाति प्रथा को अपने दिमाग में नहीं रखेगा जो कि एक वस्तु स्थिति है, एक खास बात है और हरेक चीज के लिए वह नींव है, वह कभी भी पूंजीवाद समाजवाद के चक्कर को समझ ही नहीं पायेगा।" लोहिया ने "जाति प्रथा" नामक पुस्तक में भारतीय जाति प्रथा के कारणों पर विस्तार से विचार किया और बताया कि भारत वर्ष की जाति प्रथा पर आधारित वर्ग किस प्रकार सारे देश को तोड़ रहे हैं। जातियों के उन्मूलन के माध्यम से उन्होंने वर्ग उन्मूलन की बात की।" जाति हटाओ अथवा जाति तोड़ो आन्दोलन को लोहिया के समता सिद्धान्त का केन्द्र बिन्दु माना जाता है। वे जाति तोड़ो आन्दोलन को व्यापकता देते हुए अन्य समुदायों को भी सम्मिलित करते हैं। औरत, शूद्र, हरिजन, मुसलमान और आदिवासी समाज के इन पांच दबे हुए समुदायों को उनकी योग्यता जैसी भी हो उनका लिहाज किए बिना उन्हें नेतृत्व के स्थानों पर बैठाना इस आन्दोलन का लक्ष्य होगा। जाति का नाश करके ही उन्हें स्वाभिमानी बनाया जा सकता है और यह निःसंदेह आर्थिक उन्नति के साथ-साथ होना चाहिए तभी उन्हें पूर्ण आदमी के लायक और जागरूक जनता बनाया जा सकता है।[3]

डॉ. लोहिया के अनुसार वर्ग उन्मूलन जातियों के रहते समता नहीं आ सकती है। लोहिया रामराज के स्थान पर सीताराम शब्द को अधिक महत्वपूर्ण समझते है। औरतों का महत्व बढ़े, तभी शायद जाति टूटे। वे चाहते थे कि नौकरियों में

शूद्र ब्राह्मण विवाह को महत्व दिया जाय। शूद्रों को ब्राह्मण की नकल से दूर रहना चाहिए। ब्राह्मण की नकल से जाति नहीं टूट सकती है। ब्राह्मण की नकल ब्राह्मणत्व को और मजबूत करती। शूद्रों में मानवीय गरिमा की प्रतिष्ठा आवश्यक है। शूद्र भी मनुष्य है और मनुष्य से बढ़कर कुछ भी नहीं है, इस वाक्य को सदा ध्यान में रखना चाहिए - नहि मानुपात् श्रेष्ठतर हि किंचित। मनुष्य सृष्टि की सबसे महत्वपूर्ण उपलब्धि है, प्राणियों में प्राण है। प्राणों में मनुष्य प्राण है, जीव जगत का मेरुदण्ड है।[4]

लोहिया स्त्री को भी शोषित वर्गो या वर्णो में रखते हैं, यह ठीक है कि स्त्रियां शोषित हैं। किन्तु उनका वर्ग वर्ण आधार नहीं बन सकता। जिन समाजों में वर्ग वर्ण व्यवस्था नहीं है। वहां की स्त्रियां और भी शोषित हैं। यही कारण है कि पाकिस्तान को छोड़कर किसी भी इस्लामी देश तथा योरोप, अमेरिका उच्च शिक्षा के बावजूद महत्व के क्षेत्रों में स्त्रियों का स्थान नहीं है। पाकिस्तान में भी एक स्त्री के प्रधानमंत्री बनने का कारण उसके पिता की हत्या हुई थी। प्रधानमंत्रित्व बेनजीर की अर्जित वस्तु नहीं है। साधारणतः आज भी सभी समाजों में उच्च पद स्त्रियों के लिए नहीं है। उल्टे उन पर ही घर बाहर की जिम्मेदारी लदी है। आर्थिक आत्मनिर्भरता के बावजूद स्त्री आज भी पुरुष या परिवार निर्भर है।[5]

लोहिया ने स्त्री, शूद्र, हरिजन, आदिवासी और पिछड़े मुसलमान का एक नया वर्ग बनाने की कोशिश की। लोहिया ने वर्गीकरण के अनुसार नया वर्ण बनाया। किन्तु यह स्पष्ट है कि इन्हें स्वार्थ एक नहीं है। लोहिया ने इनके पिछड़ेपन को समझा यह महत्वपूर्ण है। राजनेता की बहुत सी मजबूरियों ने उन्हें विस्तार में जाने से बाधित किया। लोहिया की मूल दृष्टि एक व्यापक जागरण की ओर है। लोकतंत्र में मतदाता का जागरण आवश्यक है। सभी को मत देने के अधिकार का कार्यक्रम तभी पूरा होगा। जब कि मतदाता चैतन्य हो। उसे देश दुनिया की जानकारी हो। इसी प्रकार से पिछड़े वर्गो को भी अगर मताधिकार के अधिकार है। तो उन्हें समझदार भी होना होगा। इसीलिए समाजवादी गांव पर जोर देते हैं। यह भी समझते हैं कि केवल अक्षर ज्ञान था। पोथी पढ़-पढ़ ही ज्ञान नहीं होता। किन्तु पोथी ज्ञान आवश्यक है। इसीलिए किसी को भी शिक्षा से वंचित करना अपराध मानते हैं। शिक्षा सबको समान रूप में, समान आधारों पर मिलनी चाहिए। शिक्षा के स्तर में किसी भी प्रकार का भेदभाव नहीं होना चाहिए। प्रतिभाओं को दबाकर कोई भी देश उन्नति नहीं कर सकता है। इसीलिए समाजवादी ग्रामीण समुदाय की शिक्षा पर जोर देते हैं। जय प्रकाश कहते हैं सच्ची ग्रामशाला वही होगी, जिसमें गांव के नन्हे मुन्ने बालकों,

किशोरों, नौजवानों और प्रौढ़ों आदि सबको शिक्षा मिल सकेगी। जय प्रकाश ने स्पष्ट किया। इस शिक्षा का उद्देश्य शहर के शिक्षार्थ उम्मीदवार बनाना नहीं होगा। यह शिक्षा गांवों की आवश्यकता को ध्यान में रखकर दी जायेगी। आत्मनिर्भर गांव की स्थापना की दृष्टि से। जय प्रकाश जी की गांव की कल्पना आत्मनिर्भरता की है कि वह शहर से प्रायः असम्बद्ध दीखता है। लोहिया गांव की शक्ति की बात इस तरह से कहते हैं, जिससे वह आत्मनिर्भर भी रहे। किन्तु मध्य कालीन गांवों के समान राष्ट्रीय समस्याओं के प्रति अनियमित और उदासीन न रहें।[6]

डॉ. लोहिया अपने को कुजात गांधीवादी कहते है। दूसरी ओर समाजवाद को मार्क्सवादी न गांधीवादी कहते हैं। जबकि कुजात शब्द निषेधात्मक नहीं है। जिसका अर्थ है समाज बहिष्कृत, किसी कारण से समाज द्वारा त्यक्त। कारण स्पष्ट है, गांधीवादी के असली उत्तराधिकारी सर्वोदय माने जाते हैं जिसमें जय प्रकाश जी भी शामिल हो गये थे। दूसरे राजनीतिक उत्तराधिकारी श्री जवाहर लाल नेहरू थे। अब डॉ. लोहिया अपने को कुजात कहकर अपने को गांधी से जोड़ते हैं। इसीलिए वहां जाना नहीं चाहते थे, जहां उक्त लोग थे। शायद इसीलिए कि वे दूसरों का प्रभाव भी स्वीकार करते हैं। पूर्ण गांधीवादी नहीं। किन्तु अगर वे गांधी के मूल से ही असहमत है। तो अपने को कुजात कहना उचित नहीं। यह शब्द इस बात का प्रमाण है कि वे अपने को तीव्र रूप से गांधी से जोड़ते हैं। वरना इस शब्द की जरूरत नहीं थी। नरेन्द्र देव की दृष्टि भिन्न है। इसीलिए वे गांधी से पूर्ण सहानुभूति रखकर भी अपने को मार्क्स से जोड़ते है, गांधीवाद से तो बिल्कुल नहीं। यद्यपि वे भी गांधी से बिल्कुल दूर नहीं है। किन्तु बचे गांधीवादी बनने की चिन्ता से बिल्कुल मुक्त है।

इस कुजात शब्द ने डॉ. लोहिया को एक सुविधा दी है। भारत का चिन्तन प्रायः जातिवादी है। जबकि पश्चिमी चिन्तन नस्लवादी है। नस्लवलता है। किन्तु बहुत कम और कठिनाई से। इसीलिए नस्ल बहुत नहीं है। किन्तु जातियां असंख्य है। कैसे बनी ये जातियां? कुजात होने से। कुजातों ने एक जाति बना ली। उनका पेशा बन गया। एक जाति /एक पेशा/एक धन्धा रोजगार। कुजात बढ़ते गये, जातियां बढ़ती गईं। अब लोहिया अगर कुजात गांधीवादी हैं, वो इनका रोजगार भी अन्य गांधीवादियों से अलग होना चाहिए। तभी तो कुजात जाति की सार्थकता होगी। लोहिया ने उस समय के प्रचलित गांधीवादियों से अपने को अलग कर लिया। बिल्कुल अलग। कहां, कैसे देखिए।[7]

डॉ. लोहिया भारत में जो परिवर्तन लाना चाहते थे उसका आधार कथनी और करनी में समता लाना था। वे अपने को 'कुजात गांधीवादी' कहते थे, पर गांधी की सुधार दृष्टि से भिन्न उनकी सोच थी। गांधी जी बुनियादी तौर पर वर्ण व्यवस्था के सैद्धान्तिक अवधारणा पर अपेक्षा नहीं करते थे। वह उसकी भ्रष्ट अवधारणाओं से जो शोषण किए जा रहे थे, उनको दूर करना चाहते थे। लोहिया वर्ण व्यवस्था के ही विरोधी थे लेकिन वह मानवीय आकांक्षाओं के प्रति खुली दृष्टि रखते थे। आधुनिक सभ्यता और उसके बहुत से आधारभूत तत्वों को लेकर पूरे समाज में एक नये परिवर्तन को लाने के लिए वह आधुनिक जीवन की बहुत सी सुविधाओं, आविष्कारों को स्वीकार करते थे। गांधी जी के सारे सिद्धान्तों को मानते हुए भी डॉ. लोहिया केवल नैतिक और आध्यात्मिक आधार पर समाज में परिवर्तन नहीं लाना चाहते थे। उसके लिए वह विधि और कानून का भी सहारा लेना जरूरी समझते थे।[8]

वर्ग संघर्ष के आधार पर सामाजिक परिवर्तन लाने वाले लोगों के सिद्धान्त केवल किताबी होकर रह जाते हैं। व्यवहारिक स्तर पर वर्ग का वह महत्व भारतीय संदर्भो में अप्रासंगिक हो जाता है। डॉ. लोहिया वर्ग संघर्ष को उतना महत्व नहीं देते। उनको भारतीय समाज के विकास में सबसे बड़ा बाधक जातिवाद लगता है जातिवाद के प्रति उनकी दृष्टि बड़ी विश्लेषणात्मक है। उन्हें लगता है कि वर्ग संघर्ष भारतीय समाज में उतनी विषम नहीं है। मूल समस्या तो जाति की है और जाति उन्मूलन की बात इतनी आसान नहीं है। डॉ. लोहिया ने विशेषकर भारत के संदर्भ में इस मर्म को बड़ी गहराई से पकड़ा था। जाति और वर्ग के परस्पर सम्बन्ध की चर्चा करते हुए उन्होंने स्पष्ट सिद्ध किया है कि कैसे वर्ग का रूपान्तरण वर्ग में होता है। डॉ. लोहिया सिद्धान्ततः यह मानते थे कि पश्चिमी यूरोप में वर्ग का आर्थिक आधार है। वहां वर्ग अपनी आर्थिक प्रगति के लिए निरन्तर प्रगतिशील रहा है।[9]

भारत में जाति प्रथा का विश्लेषण करते हुए डॉ. लोहिया ने जातियों को एक आकांक्षाहीन और जड़ वर्ग माना है। यह जातियों हजारों वर्षो से विकृत धर्मान्धता के आधार पर अन्धी यथा स्थितिवादी परम्परा और वंश, कुल की श्रेष्ठता और हीनता के आधार पर विशेष श्रेणियों में विभक्त है। यही श्रेणियां ऊँची, नीची, मध्यम, अन्त्यज के रूप में जातियां बन गयी है। भारत की सारी वर्ग चेतना जाति बन जाति - चेतना बन जाती है। सिद्धान्ततः इन जातियों को फिर वर्ग में बदल जाना चाहिए। किन्तु नितान्त उपेक्षित होने पर भी जाति वर्ग के रूप में बदल ही नहीं पाती। डॉ. लोहिया भारतीय सामाजिक व्यवस्था में बदल ही नहीं पाती। डॉ. लोहिया भारतीय

सामाजिक व्यवस्था में जड़ जाति - चेतना को वर्ग में बदलना चाहते हैं यानी यदि जाति व्यवस्था में किसी प्रकार की आर्थिक और राजनैतिक आकांक्षा भर दी जाय और वह उनके तहत गतिशील हो जाये। तो सारी की सारी जातियां वर्ग में बदल जायेगी। यानी जाति व्यवस्था में किसी प्रकार की आर्थिक और राजनैतिक आकांक्षा पर दी जाय और वह उसके तहत गतिशील हो जाय तो वह वर्ग का रूप ले लेगी। इसी प्रकार पूर्वी यूरोप में जो देश उपनिवेश के रूप में रूस ने बनाये हैं। आज वह सबके उस अछूत की भांति हो गये हैं जिनकी पूंजीवादी या कम्युनिस्ट सत्ता में कोई सक्रिय हिस्सेदारी नहीं है। भागीदार न होने से उन सबकी गतिशीलता समाप्त हो गयी है। आज वह सारे का सारा वर्ग जाति का रूप लेता जा रहा है। इसका सीधा अर्थ यह है कि जब किसी भी देश और जाति के कुछ सक्रिय वर्गो को निष्क्रिय बनाकर मुख्य धारा से वंचित कर दिया जाता है तो वह देश या वर्ग अछूत के समान हो जाता है। यह छूतपन धीरे-धीरे जाति का रूप ले लेता है। डॉ. लोहिया का यह विश्लेषण केवल भारत की जाति व्यवस्था तक सीमित नहीं है। इन नयी प्रकार की जातियों में वर्ग की चेतना समाप्त हो जाती है और निरन्तर आर्थिक ठहराव और अवसर के अभाव में यह जाति का रूप ले लेती है। जाति वर्ग और अछूत पन तीनों जब एक जड़ता की प्रक्रिया में निरन्तर रह लेती है, तो वे उस समाज को भी जड़ बना देती है। इन्हीं आधारों पर डॉ. लोहिया ने इतिहास चक्र में मानव स्थिति और प्रगति के विश्लेषण करते हुए लिखा है।

"जब किसी भी समाज के आन्तरिक संघर्ष असहनीय और अवसर के अभाव में रहते-रहते जड़ हो जाते हैं तब जाति व्यवस्था की ओर वह समाज अग्रसर होता है। इसीलिए अभी भी जातिगत उपलब्धियों को गौरवशाली नहीं मानना चाहिए और न ही उन आधारों पर जातियों के विकास के कार्यक्रम को ढीला करना चाहिए। इसका यह अर्थ नहीं है कि मैं वर्ग उन्मूलन का विरोधी हूँ, पर मैं स्पष्ट देख रहा हूँ कि वर्ग उन्मूलन की प्रक्रिया में किस तरह वर्ग जातियों का रूप लेता जा रहा है। मानव इतिहास अपनी आन्तरिक प्रक्रिया में वर्ग से जाति और जाति से वर्ग के रूप में बदलता रहा है वर्ग जब स्थिर हो जाता है तो जाति का रूप ले लेता है और जाति की जकड़बन्दी जब ढीली होती है, तो वर्ग का रूप ले लेती है। पृ०-79 समाजवादी दर्शन और डॉ. लोहिया।

डॉ. लोहिया का दृढ़मत था कि भारतीय जाति व्यवस्था केवल वर्ण धर्म से नहीं बनी है। उसके पीछे ऐतिहासिक गति की वक्रता भी है। इसलिए केवल वर्ग उन्मूलन का नारा देने से जाति वर्ग में नहीं बदलेगी। इसके लिए जरूरी है कि

भारतीय समाज की संरचना में इन अन्तर्विरोधों का विश्लेषण किया जाय और वर्ग उन्मूलन के पहले जातिगत सामाजिक जकड़ बन्दियों को तोड़ जाय। इन जकड़ बन्दियों के टूटने की प्रक्रिया से ही जाति टूटकर वर्ग का रूप लेगी। और जब जाति टूट कर वर्ग बनने की प्रक्रिया में होगी, तब परिवर्तन के नये बीजों को जन्म भी देगी।[10]

"जाति प्रथा हर उस समाज में विकसित हो सकती है, जिसमें राजनैतिक पार्टी व्यवस्थापक वर्ग (मैनेजेरियल क्लास) और पेशेवर वर्ग सबके सब सुदृढ़ पूर्व निश्चिंत होते हैं और अपनी श्रेष्ठता के बल पर शेष जनता को उनकी अपनी श्रेणियों से निकाल कर आगे आने पर रोक लगा देते है।" भारत में जाति प्रथा के शिखर पर ब्राह्मण, क्षत्रिय और वैश्य अपनी श्रेष्ठता स्थापित करके सुदृढ़ हैं। ब्राह्मण का ज्ञान पर एकाधिपत्य, क्षत्रिय की व्यवस्था पर आधिपत्य प्राप्त है इन तीनों ने मिलकर शेष जनता को अपनी श्रेणी से निकालकर आगे बढ़ने के सभी अवसर बन्द कर दिये हैं। ऐसा करने से ब्राह्मण, क्षत्रिय, वैश्य भी अपने ही बनाये कटघरे में बन्द हो जाते हैं। स्वयं बंधे हो जाने पर अपनी सुरक्षा को दृढ़ बनाने के लिए शेष जनता की प्रतिभा, क्षमता और अवसर सब पर प्रतिबन्ध लगा देते हैं यद्यपि यह प्रक्रिया भारत में हजारों सालों से चली आ रही है, फिर भी यह कहना की विश्व में अन्य समाजों में इस प्रकार के प्रतिबन्ध नहीं थे, गलत है। मानव समाज में यह प्रक्रियाएं टूटती बनती रही हैं। भारत में ही यह अपवाद है कि भारतीय समाज में जाति व्यवस्था जब से बनी तब से आज तक टूटी ही नहीं। धर्म के नाम पर निरन्तर अधिक से अधिकतर जकड़ बन्दी में सिकुड़ती ही चली गयी।[11]

जाति प्रथा के चलते रहने से चार बड़े दोष समाज में आते हैं। पहला दोष तो यही है कि "जाति प्रथा से आपस में सामाजिक आत्मीयता समाप्त हो जाती है। दूसरा यह है "समाज की इकाइयाँ" ही विभक्त हो जाती हैं, तीसरा है सामाजिक "आदान-प्रदान" समाप्त हो जाता है और इन सबका सामूहिक प्रभाव यह होता है कि राष्ट्र की गति अवरुद्ध हो जाती है।" डॉ. लोहिया के जाति-तोड़ों सम्मेलन का लक्ष्य मात्र सम्मेलन में भाषण देना नहीं था और न ही केवल प्रस्ताव पारित करना था। उनका मूल उद्देश्य था कि इन सम्मेलनों में अन्तर्जातीय सहभोज हो, अन्तर्जातीय विवाह हो और ऐसे सामूहिक 'उत्सव सम्मेलन' एवं 'सहकार' हो कि नये समाज के नये संस्कारो में आदान-प्रदान हो। मुझे एक घटना याद आती है कि बहुत बड़े साहित्यिक समारोह का उद्घाटन करने बाबू जगजीवन राम आये थे। शाम को कच्चा भोज अर्थात् दाल, चावल, रोटी के भोज के लिए उन्होंने आग्रह किया। रात को कच्चा भोजन बनाया।

उस सम्मेलन के संयोजक ब्राह्मण थे। वह भोज में नहीं आये। जब भोज समाप्त हो गया तो पान की तश्तरी हाथ में लेकर हाजिर हुए। मैंने देखा बाबू जगजीवन राम के चेहरे पर एक गहरा तनाव था। उस तनाव का मूल भाव यह था कि जाति-प्रथा के विरुद्ध राजनैतिक स्तर पर कोई चाहे जितने ऊँचे पद पर पहुँच जाये सामाजिक व्यवहार में वह आगे नहीं बढ़ सकता। वहां उसकी यही स्थिति बरकरार रहती है, जो जाति-प्रथा व्यवस्था ने स्थापित कर दी है। डॉ. लोहिया इस तरह के भोज के लिए कहते थे और आग्रहपूर्वक इसके आयोजन करवाते थे, तो वह इसी झिझक को सार्वजनिक रूप में समाप्त करना चाहते थे। ज्यादा सफलता न मिलने पर एक बार खीझकर उन्होंने कहा था कि जब तक विवाह का नौकरियों के स्तर पर वरीयता नहीं दी जाएगी तब तक इस देश में जाति प्रथा को नष्ट नहीं किया जा सकेगा। यह सही है कि डॉ. लोहिया की यह प्रतिक्रिया एक आवेश की प्रतिक्रिया है, पर इसके पीछे उनकी मूल भावना यही रही है कि आखिर इस जकड़बन्दी को तोड़ने के लिए और किस उपाय का प्रयोग किया जा सकता है। इसी सामाजिक जकड़बन्दी पर अपनी प्रतिक्रिया उन्होंने 'वशिष्ठ' और 'बाल्मीकि' परम्पराओं की व्याख्या में व्यक्त की है, इस सम्बन्ध में उनका कहना है।[12]

जाति प्रथा का आधार वर्ण व्यवस्था तो है ही साथ ही आर्थिक स्तर पर भी आमदनी के स्रोत भी बांध दिये जाते हैं। भूमिहीन और हरिजन यदि छोटी सी झोपड़ी भी बनाये तो सवर्ण को खटकती है। पहला प्रश्न उठता है, इसके पास पैसा हुआ कहां से। जाति व्यवस्था के मूल में कहीं न कहीं विजय और पराजय की भूमिका भी रही होगी। विजयी अपने को श्रेष्ठ मानता ही है। पराजित हीन हो ही जाता है। यहां सवर्ण और शूद्र, शोषक और शोषित हो जाते हैं। शोषक सारे विकास के स्रोतों को अपने हाथ में करके शोषित को निरीह बना कर छोड़ देता है। शिक्षा उच्च जाति में होती है, जो आर्थिक सम्पन्नता का स्रोत है। सम्पत्ति भी उच्च जाति में है और भाषा भी उनके पास है इसलिए उच्च जाति के हाथ में सभी साधन होते हैं। यह सारे साधन सर्वहारा वर्ग के पास नहीं होते। शिक्षा से वंचित, सम्पत्ति से वंचित और ज्ञान क्षेत्र से निष्कासित। वह विवशता का जीवन बिताने के लिए मजबूर होता है।[13]

इस प्रकार डॉ. लोहिया ने भारतीय समाज की संरचना में उन निर्णायक तत्वों का विश्लेषण किया जो विशेषाधिकार के आधार पर समाज का शोषण कर रहे हैं। इसी के साथ उन वर्गों को रेखांकित किया जो इन विशेषाधिकारों के आधार पर ज्यादा से ज्यादा शक्तिशाली ढंग से समाज का शोषण करते हैं साथ ही उन्होंने

क्रमशः विशेषाधिकार के मात्रा भेद से जो शोषण वर्ग बनते हैं, उन पर प्रकाश डाला और अन्त में उस सर्वहारा वर्ग तक पहचान करायी जो इन दबावों में पिस रहा है।

विशेषाधिकार वाले शोषण वर्ग का वर्गीकरण डॉ. लोहिया ने निम्न प्रकार किया है -

1. **विशेषाधिकार वाला वर्ग सम्पत्ति, जाति और भाषा के आधार पर**
2. **वर्गो का गठन**

    क - नौकर

    ख - उच्च मध्यम वर्ग

    ग - निम्न मध्यम वर्ग

    घ - सर्वहारा वर्ग

भारतीय समाज में व्याप्त विषमताओं के कारणों का विश्लेषण करने के बाद डॉ. लोहिया ने इन विषमताओं को मिटाने के लिए सात नीतियों की घोषणा की।

1. **जाति नीति**
2. **भूमि नीति**
3. **अन्न नीति**
4. **आय नीति**
5. **मूल्य नीति**
6. **राष्ट्रीय श्रम नीति**
7. **भाषा नीति।**[14]

डॉ. लोहिया वर्ग संघर्ष को इतना महत्व नहीं देते थे। उनकी भारतीय समाज के विकास में सबसे बड़ा बाधक जातिवाद लगता है। जिस प्रकार डॉ. लोहिया के सामाजिक और आर्थिक विचार उनकी निजी प्रतिभा से सर्वथा नए तथ्य और सत्य प्रस्तुत करते हैं, ठीक उसी प्रकार उनके राजनैतिक विचार हैं। डॉ. लोहिया किसी भी दर्शन को अंतिम सत्य नहीं मानते, क्योंकि वह प्रत्येक राजनैतिक दर्शन को भौगोलिक व सामाजिक स्थितियों से प्रभावित मानते हैं। जहां पश्चिम के दार्शनिक आज से वर्षो पूर्व रूस को आधुनिक सभ्यता की सबसे छोटी औलाद मानते थे, वहीं डॉ. लोहिया का यह कहना था कि चाहे रूस का मार्क्सवाद हो या अमरीका का पूंजीवाद, दोनों यूरोपीय

संस्कृति और जीवन पद्धति की उपज हैं, वे एक ही सिक्के के पहलू हैं। उनमें मौलिक भेद कुछ भी नहीं है।

लोहिया इस अर्थ में ऐसे राजनैतिक चिन्तक हैं, जो दार्शनिक व्यवहारवाद के समर्थक हैं। वह किसी भी दर्शन के निर्गुण तथा सगुण पक्ष, दोनों की सार्थकता स्वीकार करते हैं और दोनों की सत्ता को अनिवार्य मानते हैं। बिना निर्गुण के सगुण साकार नहीं होगा और बिना सगुण हुए निर्गुण निष्प्राण लगेगा। इसलिए वह सगुण और निर्गुण दोनों के बीच एक आवागमन की स्थिति भी रखना चाहते हैं। साथ ही कर्म और दायित्व के स्तर पर वह सगुण स्वरूप को गति देना आवश्यक समझते हैं।

लोहिया के कुछ आधारभूत मूल्य हैं। वैयक्तिक स्वतंत्रता, वाणी की स्वतंत्रता, आर्थिक व सामाजिक समता, सत्य कर्म और चरित्र की प्रामाणिकता। इन समस्त मूल्यों के दो रूप हैं - पहला सैद्धांतिक यानी अपूर्व निर्गुण, और दूसरा व्यावहारिक यानी साकार सगुण। लोहिया इन दोनों पक्षों को अनिवार्य मानते हुए उन्हें कर्म की कसौटी पर निरंतर कसते रहना चाहते हैं।

डॉ. लोहिया की इतिहास-दृष्टि की सबसे बड़ी विशेषता यह है कि वह एक विश्व नागरिक होने के नाते जहां भौगोलिक और आर्थिक स्थितियों को किसी समाज के उत्थान-पतन से जोड़ते हैं, वहीं वह समूची मानव जाति को एक इकाई मानने के कारण केवल एक भूखण्ड के पतन तक ही अपने को सीमित नहीं मानते। वह पूरी मानवता को इकाई के रूप में भी गतिशील देखते हैं।

डॉ. लोहिया जब राजनैतिक इतिहास की समाजवादी व्याख्या करते हैं, तो मनुष्य समाज और काल तीनों को एक खण्ड इकाई के रूप में लेते हैं। समाज की इकाई व्यक्ति, समूह की इकाई, गांव, काल की इकाई क्षण के समग्र रूप में और गतिशील रूप में भेद नहीं करते। समग्रता जब खण्डित होती है, तभी इतिहास तथा राजनीति में धुन्ध पैदा होती है।

लोहिया जी ने बताया, जब कभी जाति व्यवस्था कमजोर हुई, तब देश ने तरक्की की। महात्मा बुद्ध ने जब कर्मकाण्ड व जाति प्रथा का विरोध किया तो यह व्यवस्था कुछ ढीली पड़ी। तभी गुप्त या मौर्य काल में देश ने विकास किया। मध्य युग में कबीर आदि संतों के प्रयत्न से जाति प्रथा पर प्रहार हुआ, और वह कमजोर हुई तभी शिवाजी व सिक्ख गुरुओं का उदय हुआ था। जब गांधी जी ने निम्न जातियों के उत्थान की बात कही, तभी देश स्वतंत्र हुआ। यह निष्कर्ष डॉ. लोहिया ने भारतीय इतिहास के अध्ययन से निकाले थे।

लोहिया जी ने देखा कि लोगों में सिद्धांत और कर्म का अंतर है। समाज में ढोंग व्याप्त है, लोग कर्मकाण्डी हैं। उन्होंने निर्गुण और सगुण का भेद स्पष्ट किया। लोहिया ने निर्गुण की नए रूप में व्याख्या की तथा निर्गुण तथा सगुण का सुंदर समन्वय किया और उन्होंने बताया कि निर्गुण मन का विचार होता है, जिसका बाह्य रूप सगुण है। उन्होंने कहा हिन्दुस्तान में कथनी और करनी का सम्बन्ध बिल्कुल तोड़ दिया गया है। वह सगुण और निर्गुण को, सिद्धांत और कार्यक्रम को अलग कर देता है, कि हिन्दुस्तानी दिमाग सार्वजनिक विचारों पर, सोचने के लिए कम से कम अभी नाकाबिल हैं।[15]

दर्शन के सम्बन्ध में कहा गया है कि दर्शन अपने वास्तविक रूप में अनवरत विचार करने का प्रयास है। इसमें ईश्वर, सृष्टि, आत्मा, प्रकृति तथा सम्पूर्ण मानव जीवन के सम्बन्ध में विचार किया जाता है। सेलर्स के अनुसार दर्शन उस निरंतर प्रयास को कहते हैं जिसके द्वारा हम अपनी ओर संसार की प्रकृति के क्रमबद्ध ज्ञान द्वारा सूक्ष्म दृष्टि प्राप्त करने की चेष्टा करते हैं।[16]

सिद्धांततः सतही तौर से देखने में ऐसा लगता है कि इसमें किसी विसंगति की गुंजाइश है ही नहीं। किन्तु डॉ. लोहिया ने जिस रूप में समाजवाद को परिभाषित किया है, वह सैद्धांतिक होने के साथ ही प्रासंगिक भी है। डॉ. लोहिया मात्र वर्ग का नाम लेकर चुप नहीं रहते। वह कुछ और चित्र प्रस्तुत करते हैं। वह वर्ग के साथ जाति को छोड़कर इस परीक्षण के माध्यम से वर्गों के गठन को देखते हैं, और सम्पूर्ण समाजवादी आंदोलन को भारतीय समाज के गठन के अनिवार्य तथ्यों का भी परीक्षण करते हैं। इस परीक्षण के माध्यम से जब वह वर्ग को हमारे जीवन से जोड़ने की कोशिश करते हैं, तो पता चलता है कि समूचे वर्ग की अवधारणा को हमारे समाज की जाति व्यवस्था हजम करके बैठी हुई है। इसी तरह आचार्य जी जिस राज्य या समाज को महत्वपूर्ण मानते हैं, उसमें व्यक्ति की स्वतंत्रता और उसके स्वाधीन मन की कोई चर्चा है ही नहीं। डॉ. लोहिया यहां भी राज्य के साथ व्यक्ति की सत्ता को जोड़ना जरूरी समझते हैं। उन्नति के लिए समाज, अवसर की बात भी उन्हें खोखली लगती है। इसलिए वह उन्नति और अवसर को जब दलित और पिछड़े वर्ग के साथ जोड़ते हैं तो विशेष अवसर की मांग तक अनिवार्य शर्त सी लगती है। डॉ. लोहिया पूंजीपतियों के विनाश के पक्षधर हैं। पर पूंजीपति के विनाश के साथ ही वह प्रत्येक व्यक्ति, जीवन और सुरक्षा को भी उसमें जोड़ते हैं। इसी प्रकार जमींदारी उन्मूलन के साथ-साथ वह भूमि वितरण की चर्चा करके प्रत्येक व्यक्ति के पास 6 एकड़ की जमीन की शर्त को जोड़ना जरूरी मानते हैं।[17]

इस कारण वर्ग संघर्ष की भाषा लोहिया जी को प्रिय नहीं थी। भारत में सदियों हजारों सालों से समाज पर जाति प्रथा हावी थी और अभी भी है। यहां की विषमता का कारण

केवल आर्थिक नहीं है। लोहिया ने कई बार कहा था कि भारत का उच्च वर्ग अंग्रेजी शिक्षित है। मुश्किल से दो करोड़ लोग भारत में शासन कर रहे हैं। लोहिया के विचार दर्शन की यही विशेषता है, जब और समाजवादी विचारक समान अवसर की बात कहते थे, केवल लोहिया ने विशेष अवसर की बात कही।[18]

लोहिया जी ईश्वर, धर्म और आत्मा, पूर्व जन्म नहीं मानते थे। उन्होंने जाति प्रथा पर सबसे ज्यादा चोट की। वह अच्छी तरह जानते थे कि ईश्वर, धर्म, पुनर्जन्म आदि के चक्करों में दलित और औरतें ज्यादा पिसती हैं और विषमता की जड़ भी इसी चक्र में है। लोहिया जिन्दा रहते तो इस चक्र को तोड़ने की कोशिश करते रहते। इसलिए उन्होंने बुद्ध की तरह लोक चर्चा अधिक की तथा ईश्वर, धर्म, आत्मा पुनर्जन्म आदि की खोज से बचकर वर्तमान समाज की विषमता अन्याय तथा दुख से मानवता को मुक्त करने के लिए सदैव प्रयत्न किया।[19]

जाति व्यवस्था के उद्‌गम के विषय में लोहिया ने लिखा - "भारत में वर्ण व्यवस्था का उदय कैसे हुआ और क्या समस्त जातियों को जिन्हें जीता गया, जीतकर अलग-अलग वर्णों के रूप में भारतीय वर्ण व्यवस्था में मिला लिया गया, यह भारतीय इतिहासकारों के लिए विवाद का विषय होगा, क्योंकि वे तथ्यों और असलियतों से परिचित नहीं है। पृथ्वी पर के प्रत्येक व्यक्ति का प्रारम्भ का इतिहास रहस्यमय तथा काल्पनिक कथाओं में गुम या छिपा हुआ है। जातियों के इधर उधर जाने, उनके आपसी टकराव और महाद्वीपों में बसने आदि के बारे में बिखरे हुए तथ्यों को इकट्ठा करने में पुरातत्व और साहित्य से सहायता अवश्य मिलती है, पर उसमें भी बहुत कुछ काल्पनिक और अनिश्चित है। मानव इतिहास पर दृष्टि डालते हुए इसे अच्छी तरह याद रखना होगा कि ऐतिहासिक खोजों में अभी बहुत सी असलियतों का पता लगाना है और उनमें बहुत सी ऐसी हैं, जिनका तो पता लग ही नहीं सकता।[20]

लोहिया पहला सवाल यही उठाते हैं कि आखिर भारत में भयंकर जातिवाद क्यों है और यहां से गांधी की वर्ण व्यवस्था को स्वीकार नहीं करते। वे जाति को, गुण को कर्म से सम्बद्ध नहीं मानते, और मानते हैं कि वर्ग चलायमान होता है। उसके विपरीत जाति में आमदनी और स्थापना बंध सा जाता है, यह ढीला नहीं होता। वर्ग में परिवर्तन और संघर्ष चलता रहता है। चलायमान जाति को वर्ग और जड़ वर्ग को जाति कहते हैं। भारत जैसी जड़ जाति कहीं नहीं मिलती।[21]

'जाति और वर्ग' के परस्पर सम्बन्धों की चर्चा करते हुए उन्होंने स्पष्ट किया है कि कैसे 'वर्ग' का रूपान्तरण 'जाति' में, जाति का रूपान्तरण 'वर्ग' में होता है। डॉ. लोहिया

सिद्धान्ततः यह मानते हैं कि पश्चिमी यूरोप में वर्ग का एक आर्थिक आधार है, वहां वर्ग अपनी आर्थिक प्रगति के लिए निरन्तर प्रगतिशील रहा है। किन्तु आज जिस तरह पूरे पश्चिमी यूरोप का संगठित पूंजीवाद वर्ग को जाति में बदलता जा रहा है, यह जाने बिना वर्ग और जाति के स्वरूप को पहचानना कठिन है। लोहिया ने इसका विश्लेषण बहुत ही वैज्ञानिक ढंग से किया है। आज यूरोप का पूंजीपति आर्थिक वेतन की अधिकतम सीमा बांधकर 'वर्ग' को जाति में बदलने की कोशिश कर रहा है। यानी जब विभिन्न वर्गों के मजदूर अपने-अपने वेतनमान पर ठहर जाएंगे तो वह आर्थिक आकांक्षा (जो उन्हें गति देती है) समाप्त हो जायेगी और जब गति समाप्त हो जायेगी, तो विकास की सम्भावना ही नष्ट हो जायेगी। आज यूरोप में यही हो रहा है, वर्ग स्थिर और जड़ हो रहे हैं और यह स्थिरता और जड़ता उन्हें जाति में बदलती जा रही है।

भारत में 'जाति' का विश्लेषण करते हुए लोहिया ने जातियों को एक आकांक्षाहीन और जड़ वर्ग माना है। यह जातियां हजारों वर्षों से विकृत धर्मान्धता के आधार पर अन्धी यथास्थितिवादी परम्परा और वंश कुल की श्रेष्ठता और हीनता के आधार पर विभिन्न श्रेणियों में विभक्त हैं, यही श्रेणियां ऊंची, नीची, मध्यम, अन्त्यज के रूप जातियां बन जाती हैं। भारत की सारी वर्ग चेतना जाति चेतना बन जाती है। सिद्धांततः इन जातियों को फिर वर्ग में बदल जाना चाहिए, किन्तु नितान्त उपेक्षित होने पर भी जाति वर्ग के रूप में बदल ही नहीं पाती। लोहिया भारतीय सामाजिक व्यवस्था में 'जड़ जाति चेतना' को वर्ग में बदलना चाहते हैं। यदि जातियों में किसी प्रकार की आर्थिक और राजनैतिक आकांक्षा भर दी जाये तो सारी की सारी जातियां वर्ग में बदल जायेगी। इसी प्रकार पूर्वी यूरोप में जो देश उपनिवेश के रूप में रूस में बनाये हैं आज वह सब के सब उस अछूत की भांति हो गये है जिनकी पूंजीवादी या कम्युनिस्ट सत्ता में कोई सक्रिय हिस्सेदारी नहीं है, भागीदारी न होने से उन सब की गतिशीलता समाप्त हो गयी है। आज वह सारे का सारा वर्ग जाति का रूप लेता जा रहा है। इसका सीधा अर्थ यह है कि जब किसी भी देश और जाति के कुछ सक्रिय वर्गों के निष्क्रिय बनाकर मुख्य धारा से वंचित कर दिया जाता है तो यह अछूतपन ही धीरे-धीरे जाति का रूप ले लेता है। इस प्रकार जाति का यह तथ्य केवल भारत तक सीमित नहीं है। इन नयी प्रकार की जातियों में वर्ग की चेतना समाप्त हो जाती है और निरन्तर आर्थिक ठहराव और अवसर के अभाव में यह जाति का रूप ले लेती है। जाति, वर्ग और अछूतपन तीनों जब एक जड़ता की प्रक्रिया में निरन्तर रह लेती हैं, तो वे उस समाज को भी जड़ बना देती है। इन्हीं आधारों पर लोहिया ने इतिहास चक्र में मानव और प्रगति का विश्लेषण करते हुए लिखा है- "जब किसी भी समाज के आन्तरिक संघर्ष असहनीय और अवसर के अभाव में रहते - रहते जड़ हो जाते हैं, तब जाति व्यवस्था की ओर वह समाज अग्रसर

होता है, इसलिए कभी भी जातिगत उपलब्धियों को गौरवशाली नहीं मानना चाहिए और न ही इन आधारों पर जातियों के विनाश के कार्यक्रम को ढीला करना चाहिए। इसका यह अर्थ नहीं है कि मैं वर्ग उन्मूलन का विरोधी हूं पर में स्पष्ट देख रहा हूं कि वर्ग उन्मूलन की प्रक्रिया में किस तरह वर्ग, जातियों का रूप लेता जा रहा है। मानव इतिहास अपनी आन्तरिक प्रक्रिया में वर्ग से जाति और जाति से वर्ग के रूप में बदलता रहा है। वर्ग जब स्थिर हो जाता है तो जाति का रूप ले लेता है और जाति की जकड़ बन्दी जब ढीली होती है, तो वर्ग का रूप ले लेती है"।

लोहिया के मत से भारत में केवल वर्ग उन्मूलन का नारा देने से जाति वर्ग में नहीं बदलेंगी। इसके लिए जरूरी है कि भारतीय समाज की संरचना में इन अन्तर्विरोधों का विश्लेषण किया जाये और वर्ग उन्मूलन के पहले जातिगत सामाजिक जकड़ बन्दियों को तोड़ा जाये। इन जकड़ बन्दियों के टूटने की प्रक्रिया में ही जाति टूटकर वर्ग का रूप लेगी और जब जाति टूटेगी तब परिवर्तन के नये बीजों को जन्म भी देगी। किन्तु लोहिया के अनुसार हजारों बरस की जकड़ बन्दी को तोड़ने के लिए समाज के भीतरी ढांचे और बाहरी कलेवर में क्रान्तिकारिता लाने की आवश्यकता थी। इसी उद्देश्य से लोहिया ने 'जाति तोड़ो' और 'जाति हटाओ' आन्दोलन भी चलायें।[22]

6.2 डॉ. लोहिया और आर्थिक विकेन्द्रीकरण :

लोहिया का समाजवाद किताबी नहीं है और वे उसके लिए एक व्यापक कार्यक्रम तैयार करते हैं जिसे अमल में लाया जा सके। कहा जा चुका है कि वे विकेन्द्रीकरण में विश्वास करते हैं क्योंकि उनका विचार है कि सत्ता के केन्द्रीयकरण से तानाशाही बढ़ती है। विकेन्द्रीयकरण में शक्ति जनता तक पहुंचती है और वह अपने को उसका साझेदार समझती है। लोहिया अपने समाजवादी चिन्तन में सर्वहारा वर्ग अधिनायक तंत्र का इसीलिए समर्थन नहीं करते क्योंकि वहाँ शक्ति कुछ लोगों के बीच सिमट कर रह जाती है। शक्ति और सत्ता का विकेन्द्रीकरण प्रजातंत्र व समाजवाद के लिए जरूरी है। इसके माध्यम से जनता में जागृति आती है और वह अपने को समाज का सक्रिय हिस्सा मानती है। लोहिया शिखर राजनीति के विरोधी है। जहां सारी सत्ता कुछ बड़े लोगों में केन्द्रित होकर रह जाती है। चौखम्भा योजना उनके लिए जनता की राजनीति का एक हिस्सा है। वे कहते है कि "हमें नीचे की जनता की किसान, मजदूर, विद्यार्थी की राजनीति चलाना है।" प्रशासन के विकेन्द्रीकरण द्वारा वे जो समाजवाद लाना चाहते है, उसमें वे राज्य को चार प्रमुख इकाइयों में देखते है गांव, मण्डल, प्रान्त और केन्द्र ये चारों इकाइयां आपस में तालमेल बिठाकर जनहित में

कार्य करेंगी जैसे मूल्य नीति केन्द्र निश्चित करेगा पर कृषि मण्डल अथवा ग्राम द्वारा संचालित होगी। 1958 में राष्ट्रीय सम्मेलन में जो प्रस्ताव पारित किया उसमें कहा गया- "समझा जाता है कि मुल्क की समस्याएं चौखम्भा राज्य की स्थापना से ही खुलेगी। इस राज का आधार विकेन्द्रीकरण रहेगा और ज्यादा अधिकारों के कारण राज्य, जिला, ग्राम नगर स्वयं शामिल होगे और हिन्दी भाषियों पर हिन्दी भाषियों के आधिपत्य का भय निर्मूल साबित होगा।'[23]

चौखम्भा योजना लोहिया के समाजवादी चिन्तन के अन्तर्गत इस दृष्टि से महत्वपूर्ण है क्योंकि इसमें गांधीवाद के विकेन्द्रीकरण सिद्धान्त को स्वीकार किया गया है जब तक प्रशासकीय विकेन्द्रीकरण नहीं होता तब जनता का वास्तविक राज्य स्थापित नहीं हो सकता। इस विषय में वे पांच सुझाव रखते हैं-

1. सरकार और योजना का एक चौथाई भाग गाँव, जिला और शहर पंचायतों के माध्यम से हो।
2. पुलिस गाँव, शहर अथवा जिला पंचायतों के आधीन रहे।
3. कलेक्टर का पद समाप्त कर दिया जाय और उसके कार्य को जिले की विभिन्न इकाइयों में बांट दिया जाय जहाँ तक सम्भव हो प्रशासन में नामजदगी के स्थान पर चुनाव की व्यवस्था हो।
4. कृषि उद्योग तथा सम्पत्ति का जो राष्ट्रीयकरण हो उसका प्रशासन जहाँ तक सम्भव हो गॉव शहर या जिला पंचायत को सौंपा जाय।
5. राजनीतिक तथा प्रशासकीय विकेन्द्रीयकरण के साथ-साथ छोटी मशीनों की अधिकतम उपयोग से आर्थिक विकेन्द्रीकरण लाया जाय।

लोहिया ये भी बताते है कि सरकारी कर के रूप में जमा राशि को बराबर हिस्सों में बांटा जाए। गांव या शहर, जिला पंचायत, राज्य और केन्द्र। चौखम्भा राज्य की कल्पना छोटी से छोटी इकाई को महत्व देती है और इस पर गांधीवाद के ग्रामोन्मुख समाजवाद का प्रभाव देखा जा सकता है। चौखम्भा-सम्बन्धी उनकी यह कल्पना उन्हें साम्यवादियों के उस विचार से अलग करती है जहां शक्ति का केन्द्रीयकरण बढ़ता जाता है राजनीतिक, सामाजिक व आर्थिक विकेन्द्रीकरण के माध्यम से लोहिया जनशक्ति को इतना प्रभावशाली बना देना चाहते हैं कि समाजवादी प्रजातंत्र को तानाशाही से किसी प्रकार का खतरा न रहे। "समाजवादी चिन्तन" नामक अपने ग्रन्थ में लोहिया जनता की राजनीति की बात करते हैं और कहते हैं कि किसी

भी सत्ता में गांव की इकाई को सम्मिलित करना होगा। वे प्रशासन को गांव तक ले जाने का आग्रह करते हैं और लिखते हैं कि इस प्रत्यक्ष प्रजातंत्र में जनता स्वयं भाग्य निर्माता होगी।

विकेन्द्रीयकरण से मतलब है, राज सत्ता का बंटवारा। राज सत्ता जब पूरी तरह बंट जाती है, तो वह लोक सत्ता में विलीन हो जाती है, तब राज्य और लोग एक हो जाते हैं। इस दिशा में आगे बढ़ने के लिए राज सत्ता के विकेन्द्रीकरण का कार्यक्रम हम अपने सामने रखते हैं। जब शासन के क्षेत्र अति विशाल या अतिशय छोटे नहीं होंगे, उचित रूप से मर्यादित होगे, तब उन क्षेत्रों में सभी नागरिक एक दूसरे को जानते होंगे। चुनाव खोरी और उम्मीदवारी का बाजार गर्म नहीं हो सकेगी। और आज की औपचारिक लोक सत्ता में जो अर्न्तविरोध है, वह समाप्त हो जायेगा।[24]

लोहिया विकेन्द्रीकृत समाजवाद के समर्थक थे, इसका अर्थ है, छोटी मशीनें, सहकारी श्रम तथा ग्राम शासन। पूंजी के संचय तथा बढ़ती हुई बेकारी को रोकने के लिए लोहिया ने छोटी मशीनों पर आधारित उद्योगों का समर्थन किया।[25]

ग्रामीण सरकार से तात्पर्य है कि वे विकेन्द्रित सरकार की बात करते हैं। लोहिया के चिन्तन में भी विकेन्द्रित अर्थव्यवस्था का महत्वपूर्ण स्थान है और यह विचार शायद महात्मा गाँधी के प्रभाव की ही वजह से लोहिया के चिन्तन का एक महत्वपूर्ण अंग बना। उनकी यह दृढ़ धारणा रही है कि संसार का कल्याण अब बड़े-बड़े कारखानों के द्वारा नहीं अपितु छोटे-छोटे लघु उद्योगों एवं मशीनों के द्वारा प्रगति से ही हो सकता है। लोहिया लघु मशीनों के द्वारा औद्योगीकरण की बात करते हैं।

गाँधी के विचारों को केन्द्र बनाकर लोहिया ने चौखम्भा राज्य की कल्पना की। वे भी गांव को हर मामले में पूर्ण अधिकार देना चाहते थे जिससे कि केन्द्र और राज्य पर निर्भर रहने की प्रवृत्ति समाप्त हो और अपने पैर पर खड़े होकर काम करने की क्षमता गाँव को प्राप्त हो। गांधी के विचारों से प्रभावित होकर लोहिया कहते हैं-

"इस तरह विशिष्ट राष्ट्रीय अवस्था में राज्य की आलोचना की गयी है। आज अन्याय के जहरीले वातावरण समाज को विषाक्त बना रहे हैं उन्हें समाप्त करना आवश्यक है। अपने घर में सभी चीजों का होना आवश्यक है, बम भी क्योंकि यही गांधी और बम की तुलना स्पष्ट हो जाती है। दोनों का लक्ष्य अन्याय की समाप्ति ही है। हालांकि बम दूसरों को तकलीफ में भी डाल सकता है। गांधी जी का तरीका ही न्याय का मार्ग प्रशस्त करता है बम भी अन्याय से लड़ता है।"[26]

लोहिया ने यह दिखाने का प्रयास किया है कि साम्यवादी किस तरह से संघर्ष को बढ़ाते हैं। लोहिया के शब्दों में- "साम्यवादियों का वर्ण संघर्ष अनैतिक एवं हिंसक है क्योंकि वह पूंजीवाद का गलत मूल्यांकन करता है। यह सोचकर कि सभी अच्छे आर्थिक एवं आध्यात्मिक परिणाम आयेंगे, एक बार निजी सम्पत्ति उत्पादन के साधन के रूप में समाप्त कर दी जाये। साम्यवाद इसके लिए सभी गंदे तरीके अपनाने को तैयार है लेकिन यह मान्यता गलत है। पूंजीवादी तकनीक एशिया में चालू करने की साम्यवादी प्रवृत्ति से आर्थिक प्रगति भी यहां सम्भव नहीं। समाजवादी का वर्ग संघर्ष और विकेन्द्रीकृत समाज की तरफ निश्चित रूप से हिंसा की बात सोचना भी परिस्थिति को अत्यन्त गंदा बना देगा। इसको लाने के लिए हिंसा और झूठ का दामन नहीं छोड़ा जाता समाजवाद की कल्पना करना भी व्यर्थ है। लोहिया ने कहा कि वे वैसी परिस्थिति में हिंसा का विरोध करते हैं जबकि सभी लोग सरकार से असंतुष्ट हैं एवं सरकार के कार्य में भी अस्त-व्यस्त हो रहे हैं। तब हमें फिर से यह सोचना होगा कि हमें किस तरह की शासन व्यवस्था चाहिए एवं संसार का कल्याण किस तरह हो सकेगा।[27]

लोहिया ने मार्क्स के पूंजीवादी विकास को सात स्तरों में त्रिभाजित किया है और इन स्तरों को नियमों की संज्ञा दी है। वे इस प्रकार है-

1. पूंजवादी एकत्रीकरण का नियम।
2. पूंजीवादी के समय-समय पर आने वाले संकटों का नियम।
3. पूंजीवाद के केन्द्रीकरण या बड़े पैमाने अथवा एकाधिकारी उत्पादन का नियम।
4. गरीबी बढ़ने और मजदूरों के धनहीन होने का नियम।
5. श्रम के समाजीकरण का नियम।
6. वर्ग संघर्ष व मजदूर वर्ग की तानाशाही को स्थापित करने का नियम।
7. साम्राज्यवादी युद्ध लाने वाले पूंजीवाद के स्थायी संकट और विश्व क्रांति का नियम।[28]

इसमें से 6 नियमों की व्याख्या तो कार्लमार्क्स ने ही की है लेकिन सातवें नियम की व्याख्या लेनिन ने अधिक विस्तार से की है। इन नियमों की व्याख्या लोहिया ने इस प्रकार की है-अतिरिक्त मूल्य जब पूंजीपति के पास एकत्रित होगा तब पहला नियम लागू होगा। जब उत्पादन बढ़ता जायेगा और जन साधारण की आय सीमित रहेगी तो उत्पादन और क्रय शक्ति के अन्तर से औद्योगिक संकट उत्पन्न होगा तब दूसरा नियम लागू होगा। अधिक लाभ के लिए पूंजीपति मशीनों का प्रयोग तथा उत्पादन को अधिक मात्रा में बढ़ाएगा। इस तरह पर सभी उद्योगपतियों ने परस्पर स्पर्धा होगी जिसमें छोटे उद्योगपति समाप्त हो जाएंगे

तब तीसरा नियम लागू होगा। इस स्तर पर कुछ ही केन्द्रों पर पूंजी एकत्रित हो जाने से शेष जनता निर्धन हो जायेगी तब चौथा नियम कार्यशील होगा। गरीब जनता व श्रमिक अधिक समय तक पूंजीवादी शोषण को सहन नहीं करेंगे व क्रुद्ध होकर पूंजीपतियों से संघर्ष के लिए खुलकर मैदान में आ जाएंगे और पूंजीवाद को समाप्त कर देंगे। पूंजीवाद के समाप्त होने पर सर्वहारा की तानाशाही सरकार स्थापित होगी। यह पूंजीवादी विकास का छठा स्तर या नियम है। पूंजीवाद समाप्त होने के पूर्व आन्तरिक संकट को टालने के लिए एक कदम और उठा सकता है। वह अपने अतिरिक्त सामान को बेचने के लिए दूसरे देशों के बाजारों में भी पहुंचने का प्रयत्न करेगा। सभी पूंजीवादी देश ऐसा कर सकते हैं। इस स्थिति में इन साम्राज्यवादी देशों में युद्ध भी हो सकता है। यही पूंजीवादी व्यवस्था का स्थायी संकट होगा। यदि साम्राज्यवादी देश ऐसा करेंगे तो उन्हें नये बाजार नहीं मिलेंगे तथा वे आन्तरिक संकटों में फंसकर समाप्त हो जायेगा। तब सातवां नियम पूरा होगा। पूंजीवाद का अन्त संघर्ष में है और उसका परिणाम सर्वहारा की तानाशाही होगा। कार्लमार्क्स इन नियमों के घटित होने को अनिवार्य मानते हैं। यही उनका ऐतिहासिक नियतिवाद कहा जायेगा।

लोहिया मार्क्स के उपरोक्त नियमों से सहमत नहीं है। इन नियमों की वे जांच करते हैं। उनका कहना था कि "हम देखे कि पूंजीवादी विकास की प्रमुख घटनाएं कहां तक इन नियमों का समर्थन नहीं करती हैं या उनके विरुद्ध जाती हैं।"[29]

डॉ० लोहिया का नियमवार निरीक्षण इस प्रकार है-

1. मार्क्सवादी सिद्धान्त के आने के 70 वर्ष बाद तथा पूंजी के बड़े-बड़े केन्द्र बनने के 25 वर्ष बाद (डॉ. लोहिया ने यह विचार 1942 में दिया था) भी पूंजीवादी देशों में श्रमिक वर्ग अधिक गरीब नहीं हुआ, न भूखों मरने की स्थिति में आया है। दूसरी ओर उसके जीवन स्तर में निरन्तर सुधार ही होता गया है। सर्वहारा धीरे-धीरे मध्यम वर्ग में बदला है और बड़े-बड़े पूंजीवादी देशों में श्रमिकों की हालत बेहतर हुई है।
2. जनता की गरीबी प्रथम महायुद्ध के बाद (एकाधिकारी पूंजीपतियों की स्थापना के 30 वर्ष बाद) पूंजीवादी देशों में थोड़ी सी प्रकट हुई थी परन्तु दूर कर दी गयी। इसके लिए उन देशों में युद्ध सामग्री बनाने वाले उद्योगों के विकास का सहारा लिया गया। वहां गरीबी अधिक नहीं आ पायी तथा कुल मिलाकर श्रमिकों की दशा ठीक रही।
3. उन देशों में गरीबी क्यों नहीं आ पायी, मार्क्सवाद इसका उचित कारण नहीं समझ सका है। इसलिए पूंजीवाद के औद्योगिक संकट के नियम के घटित होने के मार्ग में भी तार्किक दोष आ गये हैं। यह देखा गया है कि यदि उन्नीसवीं सदी में उद्योगों पर संकट

आया भी तो वे नियमित तरीकों से ही दूर कर दिये गये थे। लोहिया के शब्दों में- 'इस (उपरोक्त) तर्क के आधार पर क्या यह सम्भव नहीं है कि पूंजीवाद जिसके लिए कहा गया है कि वह अपने सामान्य संकट से गुजर रहा है, यह फिर अपनी पूर्वावस्था में उसी तरह से ही हो जावे जैसे कि पिछले संकटों को पार करके आ गया था ? तथा साथ ही यह एक देश में समाप्त होता है, तो दूसरे देश में पुनः उत्पन्न हो जाएगा।'[30]

4. बड़े-बड़े उद्योगों और एकाधिकारी पूंजी प्रतिष्ठानों का पूंजीवादी देशों में जन्म तो हुआ है लेकिन छोटे-छोटे पूंजीपति समाप्त नहीं हुए बल्कि बड़े उद्योगों के हिस्सेदारों के रूप में उनकी संख्या बढ़ी ही है। हिस्सेदारों की कम्पनियों ने अनेक एकाधिकारी प्रतिष्ठानों की स्थापना भी की है।

5. श्रम का समाजीकरण अवश्य हुआ है कुछ केन्द्रों पर उनकी संख्या में काफी मात्रा में वृद्धि हुई है लेकिन उनमें एकता नहीं आयी। उनमें कुशल, अकुशल, स्थाई-अस्थाई, स्वतंत्र पेशे वाले या बाबू वर्ग के भेद हो गये हैं, जिससे एकता के स्थान पर विभिन्नता में भी वृद्धि हुई है। उनके आपसी हितों में विरोध तक उत्पन्न हुए हैं।

6. मार्क्सवादी सिद्धान्त में औद्योगिक संकटों की सही व्याख्या नहीं हुई है। अब उनकी अनिवार्यता नहीं रही है। न्यू डील, निर्माण कार्य, दलदल सुखाना, मलेरिया निवारण कार्यक्रम, बड़ी-बड़ी इमारतों का निर्माण तथा स्वास्थ्य सेवाओं के विस्तार आदि कार्यों से औद्योगिक संकट टल गये हैं। मण्डी पर अब व्यापारिक संकटों का प्रभाव भी पहले की अपेक्षा कम पड़ता है।

7. मार्क्सवाद का विश्वास था कि जहां पूंजीवाद उच्च स्तर पर विकास करता हुआ पहुंचेगा वहीं श्रमिक क्रान्ति हो जायेगी। परन्तु इंग्लैण्ड, जर्मनी, फ्रांस और अमेरिका में अभी तक यह घटना नहीं घट पायी, बल्कि जो भी मार्क्सवादी क्रान्तियां हुई, वे उन्हीं देशों में हुई है जहां की अर्थव्यवस्था पिछड़ी हुई थी या जो देश साम्राज्यवाद के कब्जे में पीड़ित थे या जहां सामन्ती शासन था जैसे कि चीन, कोरिया, क्यूबा, रूस या वियतनाम आदि में। इन्हीं उपरोक्त कारणों से लोहिया का कहना था कि "मार्क्सवाद गरीबी में वृद्धि, आकस्मिक वर्ग संघर्ष और विश्व क्रान्ति के सम्बन्ध में सत्य से दूर है।[31]

लोहिया ने प्रगति और उन्नति के लिए विकेन्द्रित अर्थ व्यवस्था की बात की। उनकी यह दृढ़ धारणा रही है कि संसार का कल्याण अब बड़े-बड़े कारखानों के द्वारा नहीं अपितु छोटे-छोटे लघु उद्योगों एवं मशीनों के द्वारा प्रगति से हो सकता है। उत्पादन के सम्बन्धों के विषय में लोहिया कहते हैं कि ये सम्बन्ध केन्द्रीयकरण से नहीं, विकेन्द्रीयकरण से ही स्वस्थ रूप

में पनप सकते हैं। इसी केन्द्रीयकरण से लघु उद्योगों का विकास हो सकता है, कुटीर उद्योगों को प्रोत्साहन मिल सकता है, स्वदेशी आन्दोलन को गरिमा देने से सर्वहारा वर्ग की बेकारी दूर हो सकती है। देशी और स्थानीय प्रतिभाओं को विकसित होने का अवसर मिल सकता है। इन सबसे उनमें ऊंचे दर्जे का स्वाभिमान भी विकसित हो सकता है। केन्द्रीयकरण से अधिनायकवाद ही पनपेगा भले ही हम उसे सर्वहारा वर्ग का अधिनायकवाद कह लें। मूलत: तानाशाही, तानाशाही ही होती है चाहे वह हिटलर, मुसोलिनी की हो या स्टालिन की। इस अधिनायकवाद के तहत हो सकता है सर्वहारा वर्ग की कुछ भौतिक सुविधाएं बढ़ जाएं, उसकी जैविक आवश्यकताओं की कुछ अधिक पूर्ति हो जाये, किन्तु जहां तक वैयक्तिक स्वतंत्रता, स्वाभिमान या उत्कर्ष का प्रश्न है, वह कभी विकसित नहीं हो सकता। यह मानना कि सर्वहारा अधिनायकवाद अस्थायी है और एक दिन इस प्रकार की राजसत्ता अपने आप खत्म हो जायेगी, सर्वथा गलत है। जब एक बार अधिनायकवाद जन्म ले लेगा तब उसके ढांचे की एक कृत्रिम प्रासंगिकता अपने आप बनेगी। वही उसका कवच होगा, उसका विस्तार निरन्तर होगा। वह आसानी से समाप्त नहीं होगा।[32]

लोहिया कहते हैं कि मार्क्स की विचारधारा का मूल्यांकन केवल यूरोपीय परिस्थिति में ठीक है और उनका निर्णय भी जो मार्क्सवादियों ने किया है वह यूरोपीय परिस्थिति में सही है। वह इस तरह का सिद्धान्त हमारे समक्ष प्रस्तुत नहीं करता जो सर्वत्र लागू किया जा सके। इसलिए इस सिद्धान्त में एक कमी रह गयी है कि यह सर्वत्र व्यापक नहीं बन सका, क्योंकि मार्क्स ने केवल यूरोप के आर्थिक एवं सामाजिक चिंतन का ही जिक्र अपने विचारों में किया हैं यह एक क्षेत्र विशेष को अपने चिंतन का आधार मानते हैं और फिर वैसी परिस्थिति में इसे सर्वत्र व्यापक या सर्वत्र लागू करने की बात न केवल अव्यावहारिक बल्कि स्वयं सत्य से परे जाना है। लोहिया कहते हैं- "समाजवाद को एशिया और सम्पूर्ण संसार में अधिक से अधिक सम्भव बराबरी लोगों को दिलानी चाहिए। इसमें भूमि का पुन: वितरण एवं उद्योग धन्धों पर सामाजिक नियंत्रण शामिल होना चाहिए। इसकी राजनीतिक बनावट का प्रारम्भ विकेन्द्रित राज्य से होना चाहिए एवं इसका तकनीकी ढंग यह होना चाहिए कि लघु मशीनों से प्रगति करें। यह समाजवाद लोगों को अच्छा जीवन स्तर प्रदान कर सकता है। तभी वे एक शान्तिप्रिय सभ्यता के विकास में अग्रसर हो सकते हैं एवं अपने लिए कार्य का निर्माण कर सकते हैं। इसके विरुद्ध कठिनाइयां भी हैं। आज केन्द्रीयकरण की प्रवृत्ति बड़े जोरों से पनप रही है, एशिया इस तरह के समाजवाद के अभाव में सभी लोगों की रोटी भी उपलब्ध नहीं करा सकता।"[33]

लोहिया के अनुसार मनुष्य केवल अर्थोपार्जन जीवी प्राणी नहीं है। वह एक स्वप्नदर्शी प्राणी भी है। उसकी आकांक्षाएं भी होती हैं। वह आध्यात्मिक भी है। वह सामाजिक,

सांस्कृतिक चेतना वाला प्राणी है। मनुष्य को आर्थिक तुष्टि मिल भी जाये तो भी वह मात्र एक निष्प्राण जीव की भांति केवल अपनी क्षुधा तृप्ति के लिए ही जीना नहीं पसन्द करेगा। इस दृष्टि से मार्क्स ने अर्थ को प्रधानता देकर इतिहास और मनुष्य की जो व्याख्या की है, वह नितान्त एकांगी है। मार्क्स का यह मानना कि आर्थिक दृष्टि ही उसकी सामाजिक, राजनैतिक और सांस्कृतिक आकांक्षाओं की पूर्ति कर देगा, सर्वथा गलत है। लोहिया मार्क्स के इस संकुचित दृष्टिकोण की आलोचना करते हुए कहते हैं कि मार्क्स अपने विवेचन में केवल आर्थिक समता की ही बात करता है। आर्थिक समता तो सम्पूर्ण समता की भावना का केवल एक अंश मात्र है। सम्पूर्ण समता के चार पक्ष हैं- सहानुभूतिगत, मानसिक एवं आध्यात्मिक तथा भौतिक समता तो उसका केवल एक पक्ष है। लोहिया पूंजीवादी व्यवस्था को मिटाना तो चाहते हैं लेकिन मिटाने के बाद मनुष्य के सामाजिक, राजनैतिक और सांस्कृतिक तथा आध्यात्मिक जीवन की भी चिन्ता करते हैं। वह मनुष्य की इन उदात्त आकांक्षाओं को केवल अर्थ तुष्टि से स्वतः प्राप्त होने वाली नहीं मानते। ये "शक्तियां" और "कल्पनायें" आर्थिक तुष्टि के बाद भी एक सतत नियोजित प्रयास की अपेक्षा रखती है।[34]

लोहिया विकेन्द्रीकृत समाजवाद के समर्थक थे। इसका अर्थ है छोटी मशीनें, सहकारी श्रम तथा ग्राम-शासन। पूंजी के संचय तथा बढ़ती हुई बेकारी को रोकने के लिए लोहिया ने छोटी मशीनों पर आधारित उद्योगों को समर्थन किया।

6.3 डॉ. लोहिया और भूमिका पुनर्वितरण :

लोहिया जानते हैं कि भारत गांव और किसानों का देश है, और उनकी हालत सुधारे बिना किसी भी प्रकार का समाजवाद ला पाना सम्भव नहीं। उन्होंने भूमि के वितरण का जोर दिया और कहा कि जब तक कृषि की उन्नति नहीं की जाती तब तक देश आर्थिक दृष्टि से सम्भव नहीं हो सकता। "समाजवाद की अर्थनीति नामक अपने निबन्ध में उन्होंने लिखा है कि व्यक्तिगत खेती, सामूहिक खेती और तीसरी चीज उद्योग भी, जो गांव के लायक उद्योग हो, जो बनाये जा सके, इन तीनों के समावेश से चीज होगी।" लोहिया चाहते हैं कि परती को खेती योग्य बनाया जाए और गैर खेतिहर मजदूरों में उसे बांट दिया जाय। किसानों को सिंचाई आदि की सारी सुविधाएं दी जाएं ताकि अधिक अन्न उपजाया जा सके। वे कांग्रेस दल की नीतियों पर आक्रमण करते हुए उसे "अकाल की सरकार" कहते हैं। वे कहते है कि बाढ़ और अकाल एक ही सिक्के के दो पहलू हैं। और इससे निपटने के लिए "घेरा डालो आन्दोलन" चलाने की बात करते हैं। उन्होंने अन्न सेना तथा भू सेना बनाकर भूमि सम्बन्धी अपने कार्यक्रम को लागू करने का प्रयत्न किया। इसे हल वाली

सेना कहते हैं, जो परती जमीन पर खेती करेगी। वे भूमि सम्बन्धी अपनी योजना को कार्यान्वित करते हैं। लोहिया का कहना है कि "भोजन लोगों का अधिकार है और भूखे लोगों को भोजन पहुंचाना लूट नहीं कहा जा सकता।" इसी क्रम में उन्होंने कहा कि "भूखों के पेट में अन्न पहुंचाना किसी भी प्रकार का अपराध नहीं है। इन्हें डाकू कहने वाले गद्दी नसीब लोग खुद के साहूकार हैं, यह काम जोरों से चलना चाहिए, खुल्लम-खुल्ला होना चाहिए, मैं कहता हूँ भूखे लोगों को घर के अन्दर नहीं मरना चाहिए।'

लोहिया को किसानों की चिन्ता है और कृषि के लिए सारी सुविधाएं जुटाने की बात करते हुए 1932 के चुनाव घोषणा पत्र में उन्होंने छः सुझाव रखे-

1. अलाभादाय जोतों पर तथा साढ़े छः एकड़ पर कोई भूमि कर न लिया जाए।
2. भूमि का पुनर्वितरण हो ताकि किसी के पास लाभदायक जोत का तिगुने से अधिक न हो।
3. पैदावार का लाभ उसे मिले जो कि जोतता और बोता है।
4. खेतिहर मजदूर के लिए ठीक वेतन मिले जिसमें वह अपनी गुजर बसर कर सके।
5. एक भूमि सेना बनायी जाय।
6. फलों आदि की पैदावार बढ़ायी जाए।

"क्रान्ति के लिए संगठन' नामक अपनी पुस्तक में उन्होंने साफ लिखा है कि जमीन जोतने वाले की हो। उन्होंने बटाई दरों को संगठित करके उन्हें मजबूत करने की बात की है और यहां तक कहा कि किसी भी हालत में फसल मत जाने दो। उन्होंने कृषि के मामले में भारत की पंचवर्षीय योजनाओं का विरोध किया और कहा कि यह लज्जा की बात है हम सारी दुनिया के सामने हमेशा भीख मांगते रहते हैं। उन्होंने एक कार्यक्रम प्रस्तुत किया "एक अन्न सेना, दूसरे बिना नफे की खेती से मालगुजारी माफ, तीसरे अनाज के दामों का ऐसा निर्धारण जो दो फसलों के बीच में एक आना सेर से ज्यादा दाम न चढ़े, चौथा किसानों को कर्जा या उधार अपनी जरूरत की बुनियाद पर दिया जाए न कि अकाल के आधार पर, जरूरत चाहे हो, लेकिन अगर वह वापिस न कर सके तो न दिया जाए। जब स्थिति संकट की हो जाए, वहां मुफ्त लंगर और मुफ्त रसोई सब लोगों को खिलाने पिलाने के लिए किया जाये।[35]

लोहिया भूदान विरोधी नहीं थे। उनकी प्रेरणा से 1989 में लखनऊ में मु० जहीर ने भूदान किया था। लोहिया ने यह जमीन 50 लोगों में बाटी थी। लोहिया ने विनोबा भावे के आन्दोलन का भी समर्थन किया। उनके मानव प्रेम की सराहना की किन्तु उनमें गुस्से का अभाव पाया। मनुष्य जाति के लिए प्रेम और अन्याय के प्रति गुस्सा दोनों को उन्होंने आवश्यक माना। यह मानना ही पड़ेगा कि गुस्सा हिंसा का ही एक रूप है। इसलिए लोग उसकी अभिव्यक्ति को अच्छा मानते हैं। भारत में क्रोध के प्रति काम की प्रेरणा मानी गयी। काम है विषयों के संग का फल। इसीलिए लोहिया विराग शब्द का प्रयोग करते तो अच्छा था। किन्तु उनमें गुस्सा था। इसीलिए शब्द परिष्कार के फेर में नहीं पड़े। पड़ते भी क्यों? गुस्सा है तो न कहने पर लोग समझ तो जाएंगे ही। झूठ-मूठ में उसे कब तक छिपाया जायगा। लोहिया को अन्याय के प्रति गुस्सा था। उन्होंने इसी क्रोध का प्रचार भी किया। इससे तात्कालिक लाभ भी हुआ। क्योंकि क्रोध की भाषा आसानी से समझ में आती है। शान्ति की वही बात आरम्भ में हल्की लगती है। उसे भी समझाना धैर्य एवं कठिन परिश्रम का कार्य है। क्रोध को शान्ति में ढालना कठिन साधना है। बड़ी आग से छोटी आग को व्यर्थ बना देना आसान है। किन्तु किसी भी आग को धीरे-धीरे बुझाना कठिन है। यद्यपि पहली प्रक्रिया से आग और भयानक हो जाती है। क्रोध शायद लोहिया का वैयक्तिक स्वभाव था। वे उस पर विजय न पा सकें। उनके क्रोध दर्शन का प्रभाव संगठन पर पड़ा। संगठन टूटा। उनके बार-बार संभालने पर भी टूटा। टूटने की लम्बी कहानी है। क्रोध दर्शन ने तर्क को तर्क के रूप में लेने की अपेक्षा आक्षेपों में लेना प्रारम्भ कर दिया। आक्षेप द्वारा किसी भी तर्क को खारिज कर देना आसान हो गया। गूढ़ आक्षेपों की सफाई भी कठिन हो गयी दूसरों को समझाने की कोशिश उसे मार्ग से हटाने की कोशिश होने लगी। राज्यसत्ता हत्या और देश निकाला देती है, पार्टियों में लोग अलग हो जाते हैं। दुःखी होकर घर बैठ जाते हैं। कभी-कभी अनिच्छित पार्टी में जाकर अपना अस्तित्व खो देते हैं। जाने के समय का क्षोभ उतरते ही परेशान हो उठते हैं। न चाहने वालों का संग दो एक दिनों बाद ही सालने लगता है। किन्तु लोहिया के इस तर्क से इनकार नहीं किया जा सकता कि राग और प्रेम का रास्ता अन्याय का मूक दर्शक एवं समर्थक हो जाता है। उन्होंने उसी तेवर से कहा - सन्त, जनता और सरकार के बीच में दलाल बने हुए हैं। जनता के प्रखर हमले से वे ढाल बनकर सरकार को बचाते हैं।[36]

6.4 डॉ. लोहिया और समाजीकरण:

डॉ. लोहिया कभी गांव में नहीं रहे। कोई आश्रम नहीं बनाया। मध्य प्रदेश में एक समता विद्यालय खोलना एक स्वप्न ही रह गया। किन्तु लोहिया का सारा जीवन ही गांव था। वे जहां भी रहते थे, इतने सामान्य ढंग से रहते थे कि उन्हें गांव में रहने का बोध हो। अपनी साधारणता के कारण कहा जा सकता है कि लोहिया शहर के गांव में रहते थे। लोहिया की विश्वदृष्टि पर हर समय भारत की गरीबी की छाप है। वे जहां भी रहते थे पश्चिम द्वारा हुए भारत के शोषण से व्याकुल रहते। भारत के दुर्दमनी शोषण की पीड़ा उनके सम्पूर्ण व्यक्तित्व का अंग है। समाजवादियों ने गांव में बिजली, सिंचाई, सड़क, खाद, बीज आदि पर ध्यान तो दिया ही इस पर सरकार का भी ध्यान गया। किन्तु किसान और सरकार के बीच जमींदारी थी। उसका उन्मूलन कराकर समाजवादियों ने बिचौलियों को हटाया। अब स्वतंत्र किसान अपनी स्वतंत्र सरकार से सीधे बात करने की स्थिति में आ गया। किन्तु एक महत्वपूर्ण सवाल की ओर भी समाजवादियों का ध्यान गया। अतिरिक्त आय को ही मुनाफा कहते हैं। समाजवादियों ने देखा कि किसान की उत्पादकता के अतिरिक्त आय का स्थान नहीं है। और अगर उसे अतिरिक्त आय नहीं है तो उसे सहायता की आवश्यकता है कम से कम इतना ही हो कि किसान से किसी प्रकार का टैक्स न लिया जाय। सरकार ने माना था साढ़े छः एकड़ तक जोत वाले किसान को खेती से मुनाफा नहीं होता है। अतः समाजवादियों ने नारा दिया बिना मुनाफा खेती बारी पर लगे लगान नहीं। 1967 में संविद सरकार ने लोहिया का इसे प्रमुख मुद्दा बनाया था। आचार्य जी ने लिखा था, 'यदि सरकार उनकी पूरी लगान माफ करने के लिए तैयार नहीं तो भी उसे बहुत कम कर देना चाहिए। आगे कहा कि गांव के सम्बन्ध में इतनी उदासीनता दिखायी गयी है कि जब तक हम एक नवीन वातावरण उत्पन्न करने के लिए क्रान्तिकारी कदम नहीं उठाते तब तक गांव की स्थिति में कोई उन्नति नहीं होगी। इसे आचार्य जी का ग्राम स्वराज्य कह सकते हैं। गांव को शक्ति देने की बात गांधी के बाद समाजवादियों ने की।[37]

इसी संदर्भ में अन्यत्र उन्होंने कहा है कि जिस समता की भूख समाजवादी विचार धारा में जगना या जगाना जरूरी है, वह जीवन के खण्डित एवं एकांगी चिन्तन से पैदा होगी। उसके लिए एक समग्र दृष्टि होनी जरूरी है तभी वह 'मन' बनेगा जो इच्छा शक्ति को जन्म देगा। इसको स्पष्ट करते हुए डॉ. लोहिया ने कहा कि वामपंथी राष्ट्रीयता या वामपंथी सामाजिकता या उग्रपंथी राजनैतिकता इन पांचों एकांगी समाजवादी दृष्टियों से सामाजिक समता नहीं आयेगी और न जनता की इच्छाशक्ति

बनेगी। वास्तव में इन सबको एक समग्र रूप में लेना पड़ेगा। यह तभी हो सकेगा जब हम पूर्ण समाज को दृष्टि में रखकर सामाजिक 'समता' की ओर अग्रसर होंगे। इस तरह हम पाते हैं कि डॉ. लोहिया की दृष्टि उन सामाजिक विषमताओं पर तीव्रता से पड़ती है, जो पूरे समाज को जकड़े हुए है। जैसे जाति प्रथा की विषमता, अस्पृश्यता का अभिशाप, साम्प्रदायिकता और रंग भेदों से उपजी विषमता आदि। इन समस्याओं के प्रति डॉ. लोहिया का स्पष्ट कथन था कि यह सारे दोष और सारी विषमताएं केवल एकांगी क्रान्ति से नहीं मिटेगी इसके लिए 'मन' में परिवर्तन, बेचैनी और तीव्र इच्छा पैदा करनी होगी, तभी समता की शक्ति, इच्छा शक्ति के रूप में प्रकट होगी ।[38]

लोहिया के अनुसार इतिहास की गति चक्र के सदृश तथा अपरिवर्तनीय होती है। यह धारणा अरस्तू के चक्र-सिद्धांत का स्मरण दिलाती है। इससे इस धारणा का खण्डन होता है कि इतिहास सरल रेखा की भांति आगे बढ़ता रहता है। उस चक्रवत गति के दौरान देश सभ्यता के उच्च शिखर पर पहुंच जाता है, और पतन के गर्भ में डूब भी सकता है तथा पुन: उठ सकता है। इतिहास के चक्र सिद्धांत के प्रवर्तकों में लोहिया, सोरोकिन को स्पेगलर तथा नेथ्रोप से बड़ा मानते हैं।[39]

लोहिया का विश्वास था कि इतिहास में जातियों एवं वर्गों का संघर्ष देखने को मिलता है। जातियों की विशेषता यह होती है कि उनका रूप सुनिश्चित होता है, इसके विपरीत वर्गों की आन्तरिक रचना शिथिल हुआ करती थी। वर्ग तथा जाति के बीच घड़ी के दोलक की सी आन्तरिक क्रिया होती है, यही दोलन क्रिया, इतिहास को गति प्रदान करती है। जातियां गतिहीनता, निष्क्रियता तथा रुढ़िगत अधिकारों की पुरातन शक्तियों का प्रतिनिधित्व करती हैं। वर्ग सामाजिक गतिशीलता की प्रचण्ड शक्तियों के प्रतिनिधि होते हैं। लोहिया के अनुसार अब तक का मानव इतिहास जातियों तथा वर्गों के बीच संघर्ष की धारणा प्रेरितों के सिद्धांत का ही लोकप्रिय रूप है। प्रेरितों के अनुसार इतिहास में संघर्ष लगान-उपजीवी भूस्वामियों के स्वार्थी तथा धनिकों (द्रव्य के स्वामियों) के हितों के बीच हुआ करता है। भूस्वामी अवयकी समूहों की स्थिरता के अवशेष हुआ करते हैं, और धनी लोग 'सम्मिलन के अवशेषों' के प्रतिनिधि होते हैं।[40]

लोहिया का आग्रह रहा है कि एशिया के समाजपंथियों को मौलिक चिंतन तथा अभिक्रम का अभ्यास डालना चाहिए। उन्हें अपनी नीतियां उस सभ्यता के संदर्भ में निरूपित करनी है, जो शताब्दियों पुराने निरंकुशवाद तथा सामन्तवाद के कूड़े करकट से उभरने का प्रयास कर रही हैं। एशियाई राजनीति की दुर्दशा का मुख्य कारण यह है कि उसमें कट्टर

धार्मिक विश्वासों तथा राजनैतिक सोच-विचार का मिश्रण पाया जाता है। इसमें पेथाभिमस तथा साम्प्रदायिकता का विष फैलता है। चूंकि एशियाई देशों की लोकतांत्रिक राजनीति की निश्चित परम्पराओं का अभाव है, इसलिए प्रायः आतंक तथा हत्याएं राजनैतिक कार्यप्रणाली का रूप धारण कर लेती हैं। एशियाई राजनीति तथा समाज की दूसरी दुर्बलता यह है कि नौकरशाहों और उद्योग प्रबन्धकों का नया वर्ग उत्पन्न हो गया है। इन विभिन्न दुर्बलताओं के कारण ऐसे नेताओं का उत्थान निश्चित हो गया है, जो नाटकीय तरीकों से अपने को पदारुढ़ रखने का प्रयत्न करते हैं। इसलिए लोहिया ने ऐसे व्यापक तथा मौलिक सामाजिक दर्शन की आवश्यकता कर बल दिया है, जो एशिया में व्याप्त बीमारियों का उपचार कर सकें।[41]

लोहिया ने चतुर्स्तम्भी (चार स्तम्भों वाले) राज्य की कल्पना की है। इन चतुर्स्तम्भी राज्य के केन्द्रीयकरण तथा विकेन्द्रीकरण की परस्पर विरोधी धारणाओं को समन्वित करने का प्रयत्न किया गया है। इस व्यवस्था के अन्तर्गत गांव, मण्डल (जिला), प्रान्त तथा केन्द्रीय सरकार का महत्व बना रहेगा। उन्हें एक कार्य मूलक संघवाद की व्यवस्था के अन्तर्गत एकीकृत कर दिया जायेगा। कार्यो का सम्पादन उन्हें एकजुटता में बांधकर रहेगा। इस चतुर्स्तम्भी राज्य में जिलाधीश का पद समाप्त कर दिया जायेगा। क्योंकि वह राजनैतिक शक्ति के केन्द्रीयकरण की बदनाम संस्था है। इसके अतिरिक्त मण्डलों, गांवों तथा नगरों की पंचायतें, कल्याणकारी नीतियों तथा कार्यो का उत्तरदायित्व अपने ऊपर ले लेगी।

डॉ. लोहिया ने कहा था कि "मैं राजनीति को धर्म मानकर चलता हूँ। धर्म को राजनीति नहीं।" लोहिया जी में कर्मकाण्ड वाली पाखण्डी धार्मिक रुझान नहीं थी। उन्होंने भारतीय धार्मिक व ऐतिहासिक ग्रंथों का अध्ययन करके कुछ ऐसे निष्कर्ष निकाले थे, जिनका सार्वजनिक रूप में राजनीतिक जीवन में प्रयोग किया जा सका। वह अपने को पौराणिक प्रकार का धार्मिक व्यक्ति नहीं मानते थे।[42]

उनके विचारों पर महाभारत कालीन राजनीतिक चरित्रों तथा घटनाओं का सर्वाधिक प्रभाव था। उनके व्यक्तित्व में महाभारत के सभी प्रमुख पात्रों के गुण एक साथ ही विद्यमान थे। वे भीष्म की तरह कुंवारे, कृष्ण की तरह निस्पृह, अर्जुन की तरह तीरन्दाज, युधिष्ठिर की तरह मर्मज्ञ, विदुर की तरह कठोर सत्यभाषी थे। इन्हीं गुणों के कारण उन्हें पैगम्बर की तरह माना जा सकता है। पैगम्बर के रूप में ही उन्होंने आधुनिक भारत को नई प्रभावपूर्ण दिशा दी। धर्म और राजनीति का घनिष्ठ सम्बन्ध बताते हुए कहा कि "धर्म दीर्घकालीन राजनीति है, और राजनीति अल्पकालीन धर्म, धर्म है अच्छाई का कार्य करना और अच्छाई

की तारीफ करना, और राजनीति है, बुराई से लड़ना और बुराई की निंदा करना। एक ही चीज के दो पहलू हैं।'[43]

सम्पत्ति को सामूहिक बनाने, उसका समाजीकरण करने के साधन के रूप में लोहिया मार्क्सवादियों की तरह सिर्फ राष्ट्रीयकरण पर या मात्र गांधीवादियों की तरह दान ट्रस्टीकरण पर नहीं निर्भर रहना चाहते थे। वे राष्ट्रीयकरण और ट्रस्टीकरण को एक दूसरे का विरोधी साधन मानते के बजाय परस्पर पूरक मानते थे। सम्पत्ति के राष्ट्रीयकरण की बात करते समय भी वे उस पर केन्द्रीय या राज्य सरकार के स्वामित्व की भी बात नहीं करते थे, वे गांव और जिला स्तर पर निर्वाचित सरकारों को सुनिश्चित अधिकार देकर राष्ट्रीयकरण के नाम पर सत्ता के केन्द्रीयकरण के समस्या का भी यथासंभव समाधान करना चाहते थे। सामाजिक संस्था के रूप में सम्पत्ति के समाजीकरण के समर्थक लोहिया ने मनुष्य के मन में सम्पत्ति के लिए गहरी आसक्ति की भी उपेक्षा की, उन्होंने स्वीकार किया कि इस आसक्ति को समाप्त किए बिना समतापूर्ण समाज नहीं बन सकता।

यह आसक्ति मात्र समाजीकरण से ही समाप्त नहीं होगी, इसके लिए प्राचीन उपनिषदकारों की तरह सम्पत्ति का मोह समाप्त करने पर भी बराबर बल देना होगा। इसलिए नया और सच्चा समाजवाद सम्पत्ति सम्बन्धी दृष्टिकोण में भी बहुआयमी होगा। वह एक तरफ तो कायदे ऐसे बनाएगा कि जिसमें सम्पत्ति लोगों की व्यक्तिगत न हो और दूसरी तरफ इस तरह के समाज के ढांचे को बनायेगा, नाटक, किस्से या खेलकूद या दर्शन, किताबें ऐसी चलाएगा और बचपन से ऐसी शिक्षा देगा कि सम्पत्ति का मोह आदमी को न हो।[44]

सन्दर्भ ग्रन्थ सूची

क्र० सं०	पुस्तक व लेखक के नाम	पृष्ठ सं०
1.	भारत, चीन और उत्तरी सीमाएं-लोहिया	पृष्ठ सं०-275
2.	लोहिया-जाति प्रथा	पृष्ठ सं०-46
3.	समाजवाद और जे०पी०-डॉ. अमर ज्योति सिंह	पृष्ठ सं०-130
4.	समाजवाद-डॉ. युगेश्वर	पृष्ठ सं०-110
5.	भारत का समाजवादी आन्दोलन-डॉ. युगेश्वर	पृ०सं०-136
6.	भारत का समाजवादी आन्दोलन-डॉ. युगेश्वर	पृ०सं०-136-137
7.	भारत का समाजवादी आन्दोलन-डॉ. युगेश्वर	पृ०सं०-156
8.	समाजवादी दर्शन और डॉ. लोहिया-श्री लक्ष्मीकान्त वर्मा	पृ०सं०-72
9.	समाजवादी दर्शन और डॉ. लोहिया-श्री लक्ष्मीकान्त वर्मा	पृ०सं०-78
10.	समाजवादी दर्शन और डॉ. लोहिया-श्री लक्ष्मीकान्त वर्मा	पृ०सं०-79-80
11.	समाजवादी दर्शन और डॉ. लोहिया-श्री लक्ष्मीकान्त वर्मा	पृ०सं०-81
12.	समाजवादी दर्शन और डॉ. लोहिया-श्री लक्ष्मीकान्त	

वर्मा पृ०सं०-72

13. समाजवादी दर्शन और डॉ. लोहिया-श्री लक्ष्मीकान्त वर्मा पृ०सं०-124

14. समाजवादी दर्शन और डॉ. लोहिया-श्री लक्ष्मीकान्त वर्मा पृ०सं०-129

15. डॉ. लोहिया का अर्थदर्शन-डॉ. यतीन्द्र नाथ शर्मा पृ०सं०-28

16. शिक्षा सिद्धान्त-ओ०एन० सक्सेना पृ०सं०-278

17. जनवाणी-अप्रैल-1949 पृ०सं०-298

18. बहुभाषायी व्यक्तित्व-रविवार-लोहिया पृ०सं०-3

19. डॉ. लोहिया अर्थदर्शन-डॉ. यतीन्द्र नाथ शर्मा- भूमिका से

20. जाति व्यवस्था-1965-डॉ. राम मनोहर लोहिया पृ०सं०-13

21. लोहिया के विचार-ओंकार शरद पृ०सं०-100

22. व्हील आफ हिस्ट्री-डॉ. राम मनोहर लोहिया पृ०सं०-4

23. मार्क्स गाँधी एण्ड सोशलिज्म-लोहिया पृ०सं०-523

24. समाजवाद और जे०पी०-डॉ. अमर ज्योति

25. स्प्रेमन आफ सोशलिस्ट पार्टी पृ०सं०-10

26. मार्क्स गांधी एण्ड सोशलिज्म -डॉ. राम मनोहर लोहिया पृ०सं०-42

27. ए हिस्ट्री आफ द पी०एस०पी० 1959 हरि किशोर सिंह

28. मार्क्स गाँधी एण्ड सोशलिज्म -डॉ. राम मनोहर लोहिया पृ०सं०-5

29. मार्क्स गाँधी एण्ड सोशलिज्म -डॉ. राम मनोहर लोहिया पृ०सं०-5-6

30. मार्क्स गाँधी एण्ड सोशलिज्म -डॉ. राम मनोहर लोहिया पृ०सं०-7

31. मार्क्स गाँधी एण्ड सोशलिज्म -डॉ. राम मनोहर लोहिया पृ०सं०-9

32. मार्क्स गाँधी एण्ड सोशलिज्म -डॉ. राम मनोहर लोहिया पृ०सं०-21

33. मार्क्स गाँधी एण्ड सोशलिज्म -डॉ. राम मनोहर लोहिया पृ०सं०-27

34. मार्क्स गाँधी एण्ड सोशलिज्म -डॉ. राम मनोहर लोहिया पृ०सं०-30

35. समाजवाद और जे०पी० -डॉ. अमर ज्योति सिंह पृ०सं०-131-132

36. लोहिया सिद्धान्त और कर्म -इन्दुमति केलकर पृ०सं०-409

37. भारत का समाजवादी आन्दोलन -डॉ. युगेश्वर पृष्ठ सं०-126

38. समाजवादी दर्शन और लोहिया-लक्ष्मीकान्त वर्मा पृ०सं०-62

39. इतिहास चक्र-डॉ. राम मनोहर लोहिया पृ०सं०-15

40. एक्ट पेमन आफ सोशलिस्ट पार्टी पृ०सं०-10

41. एक्ट पेमन आफ सोशलिस्ट पार्टी पृ०सं०-10

42. धर्म और एक दृष्टि -डॉ. राम मनोहर लोहिया पृ०सं०-2

43. डॉ. भगवान सिंह की पुस्तक -डॉ. राम मनोहर लोहिया से

44. रविवार-साप्ताहिक-24-30 मार्च 1985 पृ०सं०-40-41-42

अध्याय – सात

डॉ. राम मनोहर लोहिया के समाजवादी विचारों का मूल्यांकन

डॉ. लोहिया में जहाँ अन्याय के खिलाफ विरोध करने का अदम्य साहस था वहीं अपनी गलतियों का एहसास होने पर क्षमा मांगने में भी उन्हें तनिक संकोच या डर नहीं लगता था। बहुत से लोग डॉ. लोहिया को बड़ा जिद्दी व्यक्ति मानते थे। लेकिन डॉ. लोहिया जिद्दी नहीं थे। वह तत्काल हर अन्याय के विरुद्ध संघर्ष करने वाले व्यक्ति थे। अमरीका में उन्होंने रंग भेद की लड़ाई लड़ी। एक ऐसे होटल में जहाँ काले लोगों का प्रवेश निषिद्ध था डॉ. लोहिया ने कुछ मित्रों के साथ प्रवेश किया। होटल मैनेजर से उन्होंने कहा कि मैं इस अमानुषिक कानून को जान बूझकर और पूरे होशोहवास में तोड़ रहा हूँ। पुलिस ने उन्हें बन्दी बना लिया। बाद में वह छोड़ दिए गये। कुछ लोगों ने कहा भी कि डॉ. लोहिया हमेशा सुर्खियों में जिन्दा रहने के लिए यह सब करते हैं। उनके इस तरह कानून तोड़ने से क्या रंगभेद दूर हो जायेगा। किन्तु इस तरह उनकी निन्दा करने वाले यह नहीं समझ पाये कि अन्याय का विरोध हमेशा जीतने के लिए नहीं किया जाता। कभी-कभी हारने के लिए भी अन्याय के विरुद्ध लड़ाई लड़ी जाती है। मूल्य हार जीत का नहीं है, मूल्य है उस नैतिक शक्ति का जो उस अन्याय के खिलाफ आवाज लगाकर उस क्षण के यथार्थ को बेनकाब करने की क्षमता प्रदान करती है और आतताई के दु:साहस को बिना चुनौती दिए नहीं जाने देती।[1]

मई-जून 1942 का महीना था। डॉ. लोहिया ने कहीं लिखा था कि "भारतीय शहरों को बिना पुलिस और फौज के शहर घोषित करना चाहिए।" कॉंग्रेस में लोगों ने लोहिया के इन विचारों को गैर जिम्मेदाराना बताया। उन्होंने यह समझने की कोशिश ही नहीं की कि लोहिया के इस कथन का मतलब क्या है। वास्तव में लोहिया चाहते थे कि गाँधी जी एक

ओर तो अंग्रेजी शासन के खिलाफ सिविल नाफरमानी का आन्दोलन छेड़ें, साथ ही वह विश्व की सरकारों से यह अपील भी करें कि एक शान्ति पूर्ण विश्व के स्तर पर एक विश्व सरकार को गठित करने का संकल्प लें। विश्व नागरिकता से सम्बन्धित विचारों को मुखर बनाये। इस सम्बन्ध में उन्होंने लिखा कि जिन चार तत्वों पर एक शान्ति पूर्ण विश्व नागरिकता स्थापित हो सकती है वह इस प्रकार है-

1. हर देश अपने यहाँ लगी विदेशी पूंजी को जब्त कर लें।
2. किसी भी व्यक्ति को संसार में कहीं भी बसने और आने जाने का अधिकार मिले।
3. दुनिया के सारे देशों को राजनैतिक आजादी दी जाए।
4. हर व्यक्ति को जन्म से ही विश्व नागरिक माना जाये।

गाँधी जी को डॉ. लोहिया के ये विचार बहुत पसन्द थे लेकिन तत्काल उन पर कार्यवाही करने में वह अपने को असमर्थ पा रहे थे। फिर भी डॉ. लोहिया के उन विचारों को उन्होंने "हरिजन" में छापा। उस पर टिप्पणी करते हुए उन्होंने इसका पूर्ण समर्थन भी किया।[2]

डॉ. लोहिया समाजवादी पार्टी के ऐसे सदस्य थे जिन्हें स्वयं समाजवादी लोग पूरी तरह नहीं स्वीकार कर पाते थे। उनके विचारों में गाँधी जी का विश्व बन्धुत्व, समाजवाद के आधारभूत सिद्धान्त, अहिंसा, सिविल नाफरमानी एवं विश्व नागरिकता की बनावटी एक क्रान्तिकारी रूप में वर्तमान था। वह समाजवादी पार्टी की विदेश नीति समिति के अध्यक्ष भी थे। उन्हीं दिनों एक घटना घटी। अमरीका ने कोरिया पर आक्रमण करके उसे उत्तर दक्षिण कोरिया में बांट दिया। जय प्रकाश और अशोक मेहता ने अमरीका के समर्थन में प्रस्ताव रखना चाहा। लोहिया ने विरोध किया। बात टल गयी 1950 के मद्रास सम्मेलन के कुछ पहले यह बहस फिर उठी। लोहिया को जब लगा सम्मेलन में प्रस्ताव रखा जायेगा तो उन्होंने विरोध स्वरूप समाजवादी दल के मद्रास सम्मेलन में न शामिल होने का निश्चय किया। वह जानते थे जय प्रकाश जी का विरोध पार्टी को तोड़ देगा। वह पार्टी में तोड़ फोड़ नहीं करना चाहते थे। इसलिए उन्होंने विदेश नीति के सम्बन्ध में मशविरा और प्रस्ताव तो भेज दिया, खुद शामिल नहीं हुए। यह पहला अवसर था जब लोहिया ने वर्तमान समाजवादी नीति से अपने को अलग किया। इस दुर्घटना से बचत इस अर्थ में हुई कि अमरीका के समर्थन वाला प्रस्ताव सम्मेलन में ही नहीं आया। लोहिया की तीखी प्रक्रिया के डर से ही उस प्रस्ताव पर जोर नहीं डाला किन्तु इसके बावजूद पार्टी में असन्तोष ज्यादा बढ़ा। नरेन्द्र देव आगामी वर्ष के लिए अध्यक्ष चुने गये। उन्होंने लोहिया को समझाया। उन्हें समाजवादी

पार्टी की कार्यकारिणी में भी रखा। आचार्य जी के आग्रह पर लोहिया ने फिर से विदेश नीति अध्यक्ष पद को संभाला था।[3]

बौद्ध साहित्य से सिद्ध होता है कि बुद्ध ने गांधी की अपेक्षा लोगों में अन्दर मन परिवर्तन का भाव अधिक भरा था और लोहिया ने करीब ढाई हजार वर्ष बाद बुद्ध के समान मानवतावादी सिद्धान्त को लेकर उनमें गाँधी के विचारों को सम्मिलित करते हुए सत्य और अहिंसा के रास्तों को अपनाकर अन्याय के विरोध में "सिविल नाफरमानी" के लौह स्तम्भ को गढ़ने की कोशिश की। भारत में गाँधी का उत्तराधिकारी यदि सही मायने में किसी को माना जा सकता है, तो लोहिया को परन्तु! आज यह उत्तराधिकारी भी हमारे बीच नहीं है। इसे भारत का दुर्भाग्य ही कहा जायगा। इस कूर के दैत्य ने भारत माँ के इस लाडले को असमय उससे जुदा कर दिया था।

लोहिया अंग्रेजी के सख्त खिलाफ रहे हैं। उनकी दृष्टि में अंग्रेजी एक खास वर्ग का निर्माण करती है। आजादी के तेरह वर्ष बाद सन 1960 में "अंग्रेजी हटाओ" अभियान के अन्तर्गत लोहिया के समर्थकों ने अपनी विशिष्ट भूमिका का निर्वाह करते हुए अंग्रेजी के विरुद्ध जोरदार आन्दोलन किया। सभी नगर चौराहों में लगी विदेशी शासकों की मूर्तियों पर जोरदार वकालत करते हुए लोहिया ने कहा था कि इन मूर्तियों के स्थान पर - महाराणा प्रताप, शिवाजी, भगत सिंह, चन्द्रशेखर आजाद, सुभाष चन्द्र बोस, रहीम, कबीर, गुरुनानक आदि की मूर्तियाँ स्थापित की जाएं ताकि आने वाली पीढ़ी उनसे प्रेरणा ले सके।

लोहिया हिन्दुस्तान बंटवारे के सख्त विरोधी थे। हिन्दुस्तान का बंटवारा करने वाली विशाल नयी स्कीम को स्वीकार कर सारे हिन्दुस्तान के साथ गद्दारी की है।

इस समय जो वर्ग भेद अपनी पराकाष्ठा में पहुंच गया है उसका समाधान लोहिया का समाजवाद माना जा सकता है। लोहिया के समाजवाद का तात्पर्य है समतावाद से। समतावाद यानि जिसमें सब समान होते हैं, कोई ऊँच-नीच नहीं होता है। समाजवाद के खोखले नारे देने वाली पार्टियाँ अस्तित्वहीन होती जा रही हैं और होती ही जाएंगी। मगर यह कहना समीचीन होगा कि लोहिया के समाजवाद बनाम समाजवाद का सपना शायद अधूरा नहीं रहेगा। लेकिन इस कार्य को पूर्णाहुति केवल नारों से नहीं दी जा सकती। लोहिया के समाजवाद की विचारधारा में खोखलापन नहीं है। व्यक्तिगत स्वार्थ और निजी महत्वकांक्षाओं का अम्बार वहाँ नहीं है। लोहिया का समाजवाद यथार्थ की पृष्ठभूमि पर बिछा हुआ है, उसमें सत्यम, शिवम, सुन्दरम की मूल विचार धारा गंगा के निर्मल व स्वच्छ जल की तरह प्रवाहित है, लेकिन लोहिया के कथित समर्थकों ने भारत में समाजवाद की ऐसी दशा बना दी है कि यह शब्द ही बेमानी हो गया है।

यह सर्वमान्य तथ्य है कि अन्याय को बर्दाश्त करना मानवता के विरुद्ध है। एक बहुत बड़ा जुर्म है। राजनीति भी यही कहती है कि जहाँ कहीं अन्याय हो वहाँ उसका डटकर मुकाबला करो अन्यथा राजनीति के मायने ही क्या है।

स्व. दुष्यन्त कुमार त्यागी की ग़ज़ल का शेर-

दुकानदार तो मेले में जुट गये यारो।

तमाशबीन दुकानें सजा कर बैठ गये।।

डॉ. लोहिया का जन्म 23 मार्च 1910 को उत्तर प्रदेश के फैजाबाद जिले के अन्तर्गत अकबरपुर तहसील में हुआ था। इनके पिता श्री हीरा लाल जी एक व्यवसायी थे। इनके पिता गाँधी जी के परम भक्तों में थे। डॉ. लोहिया की माता का नाम चन्द्री देवी था। वह लगभग ढाई वर्ष के थे कि माता का स्वर्गवास हो गया था। उनका पालन पोषण इनकी दादी ने किया था। प्रारम्भिक शिक्षा अकबरपुर के प्राइमरी स्कूल में मिली। बचपन से अपने पिता जी के साथ ही रहे और उनके जीवन से ही उन्हें राष्ट्र प्रेम की प्रेरणा मिली। गाँधी से वह छोटी सी उम्र से ही मिल चुके थे।[4]

डॉ. लोहिया में प्रारम्भ से ही अदम्य साहस और निर्भीकता थी। विद्यार्थी जीवन में बम्बई के मारवाड़ी महाविद्यालय में लोकमान्य तिलक के निधन पर स्कूल बन्द करवाने में उन्होंने उस छोटी सी आयु में जो साहस दर्शाया था उससे उनके गुरुजन भी प्रभावित थे। यह साहस धैर्य, सत्य और मर्यादा का सघन विवेक लोहिया के चरित्र में हमेशा देखा जा सकता है। यही उनके व्यक्तित्व का वह अंश था जिसके कारण वह गाँधी को संसार के सबसे महान व्यक्ति के रूप में मानते थे। यह गाँधी की सत्य निष्ठा और उनके साहसी व्यक्तित्व का ही परिणाम था कि जिसने लोहिया को ऐसा चरित्र प्रदान किया और समाजवाद को पुन: व्याख्यायित करने की दृष्टि दी। लोहिया की इसी दृष्टि ने गाँधी के चिन्तन का विकास किया।[5]

लोहिया की दूरदृष्टि को यहाँ नजरअन्दाज नहीं किया जा सकता उन्होंने कहा था कि हिन्दू मुसलमान आज एक दूसरे को भले ही जानवरों की तरह काट रहे हो परन्तु उनका भाईचारा खत्म नहीं होगा और अनुभव से यह हमने देखा भी है। जो मुसलमान हिन्दुस्तान में हैं और उसके रिश्तेदार पाकिस्तान में हैं क्या उनकी अपनत्व की भावना कभी समाप्त हो सकती है। ठीक यही हिन्दुओं पर भी लागू होती है जो हिन्दू पाकिस्तान से यहाँ आए और उनके रिश्तेदार आज भी पाकिस्तान में हैं, क्या वे भी भूल सकेंगे अथवा पाकिस्तान को भूल गये हैं? आज भी उनमें कोशिश है। एक असम्भव बात को जबरन सम्भव बना देने से यथार्थ को ठुकराया नहीं जा सकता।

यदि कुछ गहराई से इसे समझा जाए तो स्पष्ट हो जाएगा कि साम्प्रदायिकता का कारण न हिन्दू है न मुसलमान। इसका उद्भव तो निश्चित रूप से वही शर्त है जो अंग्रेजों ने भारत को आजाद करने से पहले लगायी थी। इस समय नेहरू जी सम्भवत: सर्वाधिक लालायित थे सत्तासीन होने के लिए। उन्हें तो भारत का प्रथम प्रधानमंत्री बनने का गौरव प्राप्त करना था। काश नेहरू जी ने उस समय थोड़ी सी भी दूरदर्शिता का परिचय दिया होता तथा सत्तासीन होने का बलापन जाहिर न किया होता तो बाद के वर्षों में देश साम्प्रदायिकता की आग में न झुलसा होता।

मैं एक बात यहां और कहना चाहूँगा जब नेहरू जी बंटवारे के उस समय हो रहे नरसंहार की दवा मान बैठे थे तब उन्होंने पाकिस्तान से सभी हिन्दुओं को भारत क्यों नहीं बुला लिया और हिन्दुस्तान से सभी मुसलमानों को पाकिस्तान क्यों नहीं भेज दिया? परन्तु आज जो हालात देश के हो गये हैं, उन्हें देखकर यही कहना पड़ता है कि यह उनकी एक भयंकर भूल थी।

डॉ. लोहिया का विचार था कि किसी भी देश में क्रान्तिकारी परिवर्तन के लिए विद्यार्थियों और किसानों की भूमिका सर्वाधिक महत्वपूर्ण होती है। खासकर कृषि प्रधान देश में। भारत में अब शासन सत्ता में जो कुछ भी कभी परिवर्तन हुआ है आजादी से पहले और आजादी के बाद भी, उसमें विद्यार्थियों और किसानों का अविस्मरणीय योगदान रहा है। डॉ. लोहिया ने इस यथार्थ को अंगीकार करने में लेशमात्र भी संकोच नहीं किया बल्कि उन्होंने इस यथार्थ को फलीभूत करने के लिए विद्यार्थियों और किसानों में चेतना जागृत की और नये प्राण फूंके।[6]

उनके बचपन में ही उन्हें गाँधी जी के निकट आने का अवसर मिला था स्वाभाविक ही था कि इनके चिन्तन में गाँधी जी के विचारों का गहरा प्रभाव है। अहिंसा के प्रति डॉ. लोहिया की आस्था, सिविल नाफरमानी, सत्याग्रह के व्यापक प्रयोग में उनका विश्वास, रचनात्मक कार्यक्रमों में इनकी निष्ठा, विकेंद्रीकरण के आधार पर देश की राजनीति और अर्थनीति में सुधार लाने का उनका संकल्प, गाँधी जी की वैचारिक विरासत का प्रमाण है।

डॉ. लोहिया ने अपने समाजवादी दर्शन की व्याख्या में नितान्त समसामयिकता और दूरगामी भविष्य दोनों को एक साथ देखने और समझने की दृष्टि प्रदान की है। डॉ. लोहिया की समाजवादी दृष्टि इस अर्थ में पूर्ण और समग्रतावादी थी। इसलिए वह पूरी मानव जाति के सुख, दु:ख के साथ भारत के सुख-दु:ख को जोड़कर देखते थे। यह लक्षण तो अन्य चिन्तकों में भी मिलता है लेकिन उनके पास व्यापक विश्व बन्धुत्व की वह दृष्टि नहीं है जो गाँधी जी और डॉ. लोहिया के पास थी। डॉ. लोहिया की इसी दृष्टि से सप्त क्रान्ति की

बात निकलती है। इसी चिन्तन प्रक्रिया से विश्व नागरिकता तथा विश्व सरकार की भावना पोषित होती है। उन्हीं भावनाओं के आधार पर वह भारत के प्रत्येक संघर्ष में विश्व को एक अंग मानकर चलाते थे। उनका लक्ष्य और उसके कार्यक्रम स्पष्ट होते थे। उनके प्रति उनकी प्रतिबद्धता जीवन की अन्तिम सांस तक बनी रही। आदर्श को बांझपन से मुक्त करके उसे व्यवहारिक रूप प्रदान करने के लिए सारा देश उनका ऋणी रहेगा।

आज की राजनैतिक उथल-पुथल में लोहिया जी की प्रासंगिकता सर्वाधिक है क्योंकि उनका स्वदेशी मन जिस कर्तव्यबोध से बंधा था, उसमें सत्ता मोह की अपेक्षा जनशक्ति और जन इच्छाशक्ति को संगठित करने के प्रति विशेष आग्रह है। उनके कार्यक्रमों में सप्त क्रान्ति के अलावा भू सेना और अन्न सेना बनाने की बात है, दाम बढ़ाने की बात है, अंग्रेजी हटाने की बात है। आमदनी और खर्च पर सीमा लगाने की बात है। जोर बनाने पर है, हटाने पर है, लगाने पर है।[7]

1. यह बात 1962 की है चुनाव में हारकर डॉ. लोहिया इलाहाबाद आये थे। सहसा उन्होंने चित्रकूट की यात्रा की बात कहीं और कुछ बुद्धिजीवियों के साथ चित्रकूट चल पड़े। राजापुर में तुलसीदास के मन्दिर पहुँचे। वहाँ अयोध्या काण्ड की हस्तलिखित प्रतिलिपि थी, उन्होंने देखी। वह कहानी भी सुनी कि तुलसीदास का विवाह यमुना पार के गाँव में हुआ था। रत्ना की प्रेमगाथा भी सुनी। काफी रस लेते रहे। यमुना को वह राग और रस वाली नदी मानते थे। सरयू को मर्यादा की और गंगा को भक्ति की। उन्हें लगा यमुना के किनारे तुलसीदास में रस तो रहा ही होगा। वह यह भी मानते थे कि तुलसीदास एकमात्र ऐसे कवि हैं जो नारी को आदर देना जानते थे। वह नारी पीड़ा के भी सहभागी थे। वह तुलसीदास को बहुत बड़ा कवि मानते थे।[8]
2. स्फटिक शिला पर खड़े होकर डॉ. लोहिया काफी देर तक दक्षिण की ओर देखते रहे फिर चुपचाप नीचे उतर आए। बोले-सरयू के तट पर जन्मे राम ने यहीं से खड़े होकर दक्षिण की ओर देखा होगा और लंका विजय की भावना से ओत प्रोत हुए होंगे। मैं भी सरयू के तट पर जन्मा हूँ, नाम रामचन्द्र तो नहीं पर राम तो मेरे नाम के साथ जुड़ा है। स्फटिक शिला पर खड़े होकर मैं भी उस अनुभव का साक्षात्कार करना चाहता था जो उस समय राम को हुआ होगा। किसी ने पूछा-आपको क्या अनुभव हुआ ? वह बोले मुझे लगा लंका और दिल्ली दोनों ही दक्षिण में है। दिल्ली को भी जीता जा सकता है।[9]

इन घटनाओं और तिथियों के माध्यम से उनके व्यक्तित्व को आँकने की कोशिश इतिहास चक्र का सत्य हो सकता है पर इतिहास सत्य से अधिक मनुष्य का भाव सत्य है। "इन्टरवल ड्यूरिंग पॉलिटिक्स" और इतिहास चक्र में डॉ. लोहिया ने इतिहास की मुर्दा तिथियों से कहीं

आधिक बल भावपक्ष पर दिया है। डॉ. लोहिया ने कहा था "राम का जन्म हुआ था या नहीं यह महत्वपूर्ण प्रश्न नहीं है, महत्वपूर्ण पक्ष यह है कि राम का नाम लेकर करोड़ों लोग जीते हैं। अपने सुख में उनको भागीदार बनाते हैं। दु:ख में भी उसी के सहारे जीते हैं।" राम का यह भाव सत्य इतिहास के साथ से ज्यादा मूल्यवान है। डॉ. लोहिया इसी विश्वास के साथ जीते थे। वह इतिहास में भी पुरुषार्थ के साथ उसकी जिजीविषा के रेखांकित करते थे। डॉ. लोहिया की वास्तविक जीवनी उनकी इसी लिखी विषय जिजीविषा में है। उस भाव पक्ष में है जिसके लिए वह निरन्तर अपनी आखिरी सांस तक संघर्षरत थे।[10]

अकबरपुर की पढ़ाई खत्म करने के बाद वह पिता के साथ बम्बई चले गये। 1920 में मारवाड़ी विद्यालय बम्बई से उन्होंने मैट्रिक की परीक्षा प्रथम श्रेणी में पास की। इण्टर की परीक्षा वाराणसी काशी विश्वविद्यालय से दी, यहाँ वह तृतीय श्रेणी में पास हुए। उन दिनों इतिहास का प्रश्न पत्र 150 अंकों का होता था। 100 अंक के प्रश्न ब्रिटिश इतिहास के होते थे और केवल 50 अंक भारतीय इतिहास के। डॉ. लोहिया ने भारतीय इतिहास के प्रश्नों को काफी मन लगाकर किया। लेकिन रुचि न होने के कारण ब्रिटिश इतिहास के प्रश्नों पर ध्यान नहीं दिया। इसी कारण इतने कम अंक इन्हें मिले कि डिवीजन बिगड़ गयी।[11]

युवक किसी भी समाज के भविष्य की आधारशिला हैं। जनतांत्रिक समाजवादी क्रांति के लिये उन्हें अन्तिम काल में इतिहास की घटनाओं में परिचित कराना होगा। 1914 ई. में और 1939 ई. के दो-दो विश्व महायुद्ध लोकतंत्र के नाम पर जनता का समर्थन लेकर लड़े गये। उनमें लोकतंत्र का नारा देकर लड़ने वाली शक्तियों की विजय हुई किन्तु प्रत्येक बार विजय प्राप्त के बाद जनता के साथ विश्वासघात किया गया और लोकतंत्र के नाम पर जनता का समर्थन लेकर पूँजीवाद अपना शिकंजा और तेजी से कसता गया।

लोकतंत्र का आश्चर्यजनक आकर्षण है। उसके बिना जन समर्थन असम्भव है इसलिए भविष्य के निर्माणकर्ता युवकों को लोकतंत्र के मर्म को समझना अत्यन्त आवश्यक है। लोकतंत्र सिद्धान्त और व्यवहार की मिली-जुली जीवन प्रणाली है। इसमें व्यक्ति के सम्पूर्ण विकास, उसके व्यक्तित्व का निर्माण और व्यक्ति की मर्यादा की सुरक्षा तो निहित रहती ही है। उसके साथ ही व्यक्तियों का समूह समाज के सम्वेत विकास और उसके समृद्धि में व्यक्ति के सहयोग की सहभागिता को अवश्यंभावी मानता है। और इस प्रकार व्यक्ति और समष्टि का तारतम्य स्थापित करना लोकतांत्रिक प्रक्रिया के लिए अत्यन्त आवश्यक है। इस लोकतांत्रिक प्रक्रिया के प्रति युवक समुदाय को सतर्क और ज्ञानवान होना वर्तमान समाज के उज्ज्वल भविष्य हेतु अत्यन्त आवश्यक है। हम व्यक्ति के असीमित स्वतंत्रता की उस सीमा का ज्ञान अवश्य रखे, जहाँ पर हमारी व्यक्तिगत स्वतंत्रता समाज की सम्वेत

स्वतंत्रता को आघात नहीं पहुँचाती हो और जहाँ पर व्यक्ति की स्वतंत्रता और मर्यादा समाज की स्वतंत्रता और मर्यादा को क्षति पहुँचाने का कारण बनती है, वहीं पर उसे विराम देने की कला से युवक समुदाय को ज्ञानवान होना पड़ेगा। युवकों में नये समाज रचना के हेतु अदम्य शक्ति निहित है। उसका उत्साह अभूतपूर्व है। यदि उज्ज्वल चमत्कारी भविष्य के निर्माण वाले लक्ष्य के प्रति ज्ञानवान हो जाते हैं, तो ज्ञानवान युवक समुदाय नवयुवक के अनुरूप नये समाज के लिए हमें युवकों का प्रशिक्षण करना होगा। चरित्रवान, ज्ञानवान युवकों का निर्माण कोई साधारण बात नहीं है, आज का पूंजीवादी समाज जिस त्रासदी में उन्हें ग्रसित किए जा रहा है। जनतांत्रिक समाजवाद में राजनैतिक, आर्थिक और सामाजिक शोषण की समाप्ति के रहस्य का उद्घाटन यदि युवकों के हृदय में हो जाए तो वे अपना शक्ति और साहस के बल पर इस मृतप्राय हो रहें पूंजीवाद के केंचुल को उतार फेंकने के वाहक बन सकते हैं।[12]

भारत जैसे विशाल देशों में यदि प्रत्येक क्षेत्र में उपरोक्त शैली को अपनाकर चरित्रवान और ज्ञानवान युवकों के निर्माण का कार्य उसी प्रकार प्रारम्भ किया जाय जिस प्रकार स्वतंत्रता संग्राम के लिए विभिन्न विद्यापीठों की स्थापना करके किया गया था। तो समाजवादी क्रांति और उसके स्थायित्व के हेतु वाहन बने युवक समाज में एक आश्चर्यजनक आकर्षण के केन्द्र बन सकते हैं और पूंजीवाद से त्रस्त सर्वहारा उनके सहयोग में तुरन्त अभिष्ट क्रांति के लिए खड़ा हो जायेगा। लोकतांत्रिक समाजवादी क्रांति के लिए पृष्ठभूमि के रूप में हमें सर्वसाधारण की अनिवार्य जनशिक्षा के दायित्व का निर्वाह करना होगा। राष्ट्र के प्रत्येक व्यक्ति को जनशिक्षा के माध्यम से शिक्षित करना हमारा राष्ट्रीय कर्तव्य है।

आज के पूंजीवादी समाज में आज के कर्णधार दृष्टि की दिशाहीनता के कारण पूंजीपतियों के प्रबंधक, मैनेजर और सलाहकार का दायित्व निभा रहे हैं। उनके द्वारा पूंजीवाद से नियंत्रित चुनाव का खिलौना लोकतंत्र का लाली-पाप बनकर रहा गया है।[13]

इस देश ने अंग्रेजी साम्राज्यवाद की शक्तिशाली जंजीर को तोड़कर अपने को मुक्त करने का शौर्य निकट अतीत में दिखलाया है। हमारे देश की सांस्कृतिक शक्ति आश्चर्यजनक है। अतीतकाल में हमारी इस सांस्कृतिक एकता को तोड़ने के प्राय: सभी प्रयास विफल हो चुके हैं। जनशिक्षा के माध्यम से हमें अपने देश के लोगों को वर्तमान व्यवस्था की दुर्गति से त्राण पाने के लिए व्यवहारपरक पद्धति से हमें सम्पादित करना होगा।

ऐसी स्थिति के विकल्प के लिए हमें समाजवाद के संबंध में सोचना कल्याणकारी हो जाता है। पूर्व में कहा जा चुका है कि समाजवाद "एक सम्पूर्ण जीवन दर्शन है, एक नवीन सांस्कृतिक आन्दोलन है" भारत में बहुजन हिताय जिस सामाजिक दर्शन का उद्घोष तथागत

बुद्ध ने किया है, उसी सूत्र को आगे बढ़ाते हुए काल मार्क्स ने समाजवाद की सोच को प्रस्तुत किया और पुनः भारत में गांधी, नरेन्द्र देव और जय प्रकाश नारायण, डॉ. लोहिया ने समाज में नैतिक मूल्यों की पूर्णता जीवन के नष्ट न होने वाले सत्य और ईमानदारी को प्रस्थापित करके नवीन चिंतन उपस्थित किया है।[14]

खुले बाजार, स्वतंत्र प्रतिस्पर्धा, पूंजी के आधार पर, पूंजी का उत्पादन, श्रम का शोषण, सुविधा सम्पन्न वर्ग द्वारा असुविधा में बड़े हुए लोगों का शोषण न केवल अनैतिक आचरण को जन्म देता है बल्कि हिंसा को उत्पन्न कर युद्ध में परिणित करता है। हिंसा और युद्ध पूंजीवाद समाज की अनिवार्य परिस्थितियां हैं। वर्तमान समय में उपस्थित समस्याओं का समाधान हिंसा और युद्ध से कभी भी सम्भव नहीं है।[15]

आज नये नेतृत्व की आवश्यकता है। समाजवाद ही यह नया नेतृत्व प्रदान कर सकता है। जनता के विस्तृत तथा व्यापक हित के आधार पर निर्मित यह सम्पूर्ण सामाजिक सिद्धान्त ही हमारा पथ प्रदर्शन कर सकता है। जन साधारण तथा जन क्रान्ति की रीति ही समाज के समुचित विकास का साधन बन सकती है।

समाजवादी आन्दोलनों को मार्क्स से अलावा डॉ. राम मनोहर लोहिया की सबसे बड़ी देन है। उन्होंने भारत के समाजवादी आन्दोलनों को स्पष्टता, वैचारिक दृढ़ता और प्रखरता दी। उनमें एक गहरी मानवीय सम्वेदना थी। इसी कारण उन्होंने निहत्थी भीड़ पर गोली चलाने का विरोध किया। लोहिया के एक मानवी वक्तव्य ने सम्पूर्ण समाजवादी आन्दोलन में भूचाल ला दिया। डॉ. लोहिया को बाहर व्यापक समर्थन मिला। किन्तु सत्ता से चिपके लोगों ने भारी विरोध किया।

डॉ. राम मनोहर लोहिया ने अनेक आन्दोलनों को प्रमुखता दी। इन आंदोलनों के विस्तार ने राष्ट्रीय भारत की एक नवीन भूमिका तैयार की। ये सभी आन्दोलन स्वतन्त्रता कालीन थे। इस बार समय की धूल पड़ गयी थी। उदाहरण के लिए अंग्रेजी भाषा का विरोध नहीं था। भारत की सभी भाषाएं अंग्रेजी द्वारा अवरुद्ध हैं। अतः अंग्रेजी हटाने का अर्थ है, सभी भारतीय भाषाओं का विकास। लोहिया का अंग्रेजी हटाओ, अंग्रेज हटाओ का पर्याय था। भारतीय अंग्रेजी शासन ने अंग्रेजों की मूर्तियां स्थापित की थीं, यह मूर्तियां भारत की दासता को व्यक्त करती थीं। यह भारत भूमि का अत्यन्त काला पक्ष था। लोहिया ने आन्दोलन कर अधिकांश जगहों से ये मूर्तियां हटवायी।

समाजवाद का सवाल केवल रोटी का सवाल नहीं है। समाजवाद मानव स्वतन्त्रता की कुंजी है। समाजवाद ही एक स्वतन्त्र सुखी समाज में सम्पूर्ण स्वतन्त्र मनुष्यत्व को प्रतिष्ठित कर सकता है। समाजवाद ही श्रेणी नैतिकता तथा न्याय के बदले जनप्रधान तथा सामाजिक

न्याय की स्थापना कर सकता है। समाजवाद ही स्वतन्त्रता, समता और मातृभाव के आधार पर एक सुन्दर, सबल मानव संस्कृति की सृष्टि कर सकता है।

ऐसी सभ्यता तथा संस्कृति की स्थापना उत्पादन के साधनों पर सामाजिक स्वामित्व स्थापित करते ही नहीं हो जाएगी। इसके लिए पुनर्निर्माण का कार्य ही समुचित रीति से करना होगा। मानव प्रतिष्ठा की रक्षा के लिए नागरिक स्वतन्त्रता तथा उत्तरदायित्व, पूर्ण प्रजातान्त्रिक राजनीति की व्यवस्था की आवश्यकता होगी। सुन्दर और सम्पूर्ण मनुष्यत्व की सृष्टि तभी हो सकती है, जब साधन भी सुन्दर हो, मानवोचित हो। उद्देश्य और साधन परस्पर सम्बद्ध तथा परस्पर निर्भर होते हैं। दोनों का अपना अलग-अलग महत्व है। समाज के दीर्घ कालीन अनुभव तथा समुचित ज्ञान का निरादर अनुचित होगा। इसके विपरीत पुराने आदर्शों और प्राचीन संस्कृति का अध्ययन आवश्यक है। हमारी नवीन संस्कृति के निर्माण में इनका बहुत बड़ा हाथ होगा।

समाजवादी पार्टी की विधिवत स्थापना सन 1934 में हुई। इसी वर्ष समाजवादियों ने अपना पहला अखिल भारतीय अधिवेशन पटना में बुलाया जिसके अध्यक्ष नरेन्द्र देव थे। समाजवाद के संगठनात्मक विकास का यह प्रस्थान-बिन्दु इसके पहले 1931 में बिहार में, 1932-33 में नासिक के केन्द्रीय कारागार में, 1933-34 में उत्तर प्रदेश और महाराष्ट्र में छोटे-छोटे समाजवादी गुट स्थापित हो चुके थे। इन्हीं को मिलाकर एक केन्द्रीय दल बनाया गया।

डॉ. राम मनोहर लोहिया पर जमकर लिखा गया है। समाजवादी पार्टी में वह एक धधकते हुए ज्वालामुखी थे। उनके विचारों में अद्भुत मौलिकता थी। कृष्ण और द्रौपदी पर लिखकर वे नये सांस्कृतिक प्रश्न उठाते हैं, इतिहास चक्र पर नये सिरे से विचार करते हैं। आन्दोलन का रक्त उनकी धमनियों में निरन्तर प्रवाहित होता रहता था। वे आचार्य नरेन्द्र देव व महात्मा गाँधी के प्रिय थे। आरम्भ में नेहरू से भी उनकी बनती थी, पर बाद में कांग्रेस की सत्ता लोलुपता की वजह से मनमुटाव हो गया। लेकिन इस मनमुटाव ने उन्हें अप्रतिम सांसद बना दिया। लोहिया अकेले व्यक्ति थे जिसके इर्द गिर्द बुद्धिजीवियों और साहित्यकारों की एक जमात जुट गयी। रघुवीर सहाय, सर्वेश्वर दयाल सक्सेना, धर्मवीर भारती जैसे उच्च कोटि के कवि और विजय देव नारायण शाही जैसे मौलिक विचारक लोहिया वादी थे। साहित्यकारों का सम्मान करना कोई लोहिया से सीखे।

लोहिया की संसद में उपस्थित एक ऐतिहासिक घटना के रूप में सदैव स्मरण की जाती रहेगी। इसके पहले लोहिया के शब्दों में वह बच्चों को पढ़ाने की पाठशाला थी। नेहरू का आतंक छाया हुआ था। इस आतंकवाद की राम नामी उतार कर लोहिया ने नेहरू

को बेनकाब कर दिया। अविश्वास का प्रस्ताव तक पेश करने की हिम्मत नहीं होती थी। लोहिया संसद में ईंट का जवाब पत्थर से देते थे। नेहरू के अज्ञान का भण्डाफोड़ करते हुए उन्होंने एक बात कही थी, "हजारों एकड़ जमीन बेकार पड़ी है, जिसे जोतकर खेती लायक बनाया जा सकता है, किन्तु प्रधानमंत्री जी ने नया नुस्खा दिया है गमले में खेती करें, मकान की छत पर खेती करे" सदन हँसी से लोट-पोट हो गया था।

संसद में तीन आना व पन्द्रह आना को लेकर लोहिया और नेहरू में जो बहस हुई वह संसद के इतिहास में एक यादगार बन गयी। लोहिया का कहना था सामान्य जन की रोज की औसत आमदनी तीन आना है जबकि नेहरू को बताया गया था कि 15 आने है। लोहिया ने व्यंग करते हुए कहा कि आपके अर्थशास्त्री का नोट गलत है, इस पर संसद में गम्भीर बहस हुई। लोहिया के आंकड़ों के आगे नेहरू को मात खानी पड़ी थी।

आज के राजनैतिक माहौल में डॉ. राम मनोहर लोहिया को याद करना वैसे है जैसे भीड़ भरे माहौल में कोई अलग बात करना। लेकिन यह भी सत्य है कि भीड़तंत्र जब लगातार बढ़ रहा हो तो इसके अलावा चारा ही क्या रह जाता हैं। डॉ. लोहिया आखिरी राजनीतिज्ञ थे जिन्होंने देश की राजनीतिक, आर्थिक और सांस्कृतिक दशा के बारे में बुनियादी सवाल उठाए और यथा स्थिति को बार-बार चुनौती दी। इसमें संदेह नहीं है कि लोकतंत्र, राजनीति, शिक्षा-व्यवस्था आदि में बदलाव इन्हीं के विचारों के कारण हुआ है।

लोहिया जब लोकसभा में गए तो वहीं उन्होंने एक ऐतिहासिक बहस छेड़ी कि हमारे यहां 20 करोड़ लोग (1964 के अनुसार) ऐसे हैं जो तीन आना रोज में अपना गुजारा कर रहे हैं। जबकि गरीब देश के प्रधानमंत्री पर रोजाना 26 हजार रुपये खर्च हो रहे हैं। विभिन्न पंचवर्षीय योजनाओं के कारण विषमता की यह संस्कृति विकसित हो रही थी। योजनाओं के बारे में लोहिया का साफ साफ कहना था कि वह हर साल कुछ हजार या लाख लोगों को अमीर बनाने का कार्य कर रहे हैं तथा बाकी जनता को और भी गरीब बना रही है।[16]

आज लोहिया नहीं हैं और न बेचैनी का यह माहौल ही है। दुनिया भर में लगता है एक क्रांतिकारी उभार आया हुआ है। लोकतंत्र और समाजवाद दोनों के आंदोलन को धक्का लगा है तथा आणविक विनाश का खतरा अलग से मण्डरा रहा है। भारत में भी बदलाव की राजनीति न केवल बासी हो चुकी है बल्कि सर्व सत्तावादी चुनौती उपभोक्तावाद के साथ मिलकर और गहरी हुई है। दो क्रांतिकारी युगों के बीच और शायद थकावट और अवसाद का एक ऐसा अन्तर आज है, जिसमें चारों ओर सन्नाटा है। लेकिन इस भुतहा स्थिति में भी देश का जनमानस शांत नहीं है और नेतृत्व के अभाव के बावजूद उसे जहां और जो भी औजार सुलभ हैं, उन्हीं से जहां तहां अन्याय के खिलाफ लड़ रहा है, बेहतर

जीवन की भूख हर कहीं देखी जा सकती है और आज भले ही वह कोई सार्थक दिशा नहीं ले पा रही है, लेकिन जब भी लेगा वह अपने को गांधी और लोहिया की परंपरा से ही जोड़ेगी। उसकी लड़ाई के तरीके बेशक नये होंगे, शायद नारे भी कुछ दूसरे हों, लेकिन उसे प्रेरणा उसी वैचारिक धाती से मिलेगी, जो गांधी और लोहिया हमारे लिए छोड़ गए हैं। क्योंकि इनके बगैर स्वतंत्र, उदार, समतावादी और भविष्योन्मुख भारत की कल्पना नहीं की जा सकती। स्वतंत्र भारत के इतिहास में विलक्षण व्यक्तित्व रहा है राम मनोहर लोहिया का। विचारक और आन्दोलनकारी, राजनीतिज्ञ और सामाजिक क्रांतिकारी व विद्रोही और परम्परा शोधक का। प्राय: अन्तर्विरोधी रहे हैं और साम्यवाद विरोधी भी। समाजवादी भी रहे है और गांधी के व्याख्याकार भी। अधिनायक विरोधी, लोहिया लोकतंत्र के प्रबल समर्थक भी रहे हैं और संसदीय लोकतंत्र की सीमाओं के प्रखर आलोचक भी। दार्शनिक दृष्टि के उदारवादी लोहिया ने अक्सर उग्रवादी कार्यक्रम अपनाए। समूची मनुष्य जाति के प्रति व्यापक संवेदना के साथ भारतीय समाज और स्थिति की बुनियादी और तात्कालिक जरूरतों को सक्रिय बोध, सामाजिक राजनीतिक प्रक्रिया के पैने विश्लेषण के साथ, जीवन के सांस्कृतिक पहलुओं के गहन अध्ययन से मिलकर बना था लोहिया का अद्भुत किंतु व्यक्तियों के अतिशय प्रशंसा या उग्र विरोध का भाव। इसीलिए अपने अनुयायियों के लिए मसीहा सरीखे रहे हैं, तो विरोधी के लिए कमोबेश खलनायक जैसे।[17]

वर्तमान में लोहिया जी के विचारों का भले ही मूल्यांकन न हुआ हो, लेकिन आने वाला युग उनके क्रांतिकारी व नई सभ्यता के विचारों को अवश्य ही रुचि से सुनेगा व अध्ययन करेगा और उन्हें नई सभ्यता का अग्रदूत मानेगा। इसमें कोई संदेह नहीं है कि आगे चलकर लोहिया जी इतिहास में अपना निर्विवाद स्थान प्राप्त करके रहेंगे। आचार्य कृपलानी का कथन कितना सटीक है कि "जब मैं कहता हूं डॉ. लोहिया के व्यक्तित्व में बिखराव था तो मैं कोई अन्याय नहीं कर रहा हूं। यदि वह अपने दर्शन को सभी को मनवाने के लिए अपने जीवन में सरलता लाते, यदि वह अपने तर्क की अपेक्षा किसी को समझा बुझाकर स्वीकार करवाते तो उनके दिए हुए विचार इतने महत्वपूर्ण तथा व्यापक हैं कि उन्हें अपने जीवन में भारी सफलता मिली होती और वे एक महान इतिहास पुरुष बन गए होते।"

समय बीतने के साथ उनकी कथित बुराइयां भी समाप्त होंगी। लोग उनकी कमियों को भुलाएंगे तब उनके दिए हुए विचार रह जायेंगे, जिन्हें लोग निश्चित रूप से मानेंगे और उसके अनुसार कार्य करेंगे।

लोहिया उन चन्द महापुरुषों में से हैं जिन्होंने अपने अनुयायियों को विचार और कर्म का एक खास ढंग सिखाया। मूल में जाकर सोचने का तरीका सिखाया। विचार के अनुसार

आचार की शिक्षा दी। समाज को सबसे उपेक्षित और कमज़ोर इन्सान को केन्द्र बिन्दु मानकर "करुणा और कठोरता" के साथ राजनीति चलाने का मार्ग बताया।[18]

उन्होंने कहा कि व्यक्ति की कथनी और करनी में अन्तर न हो। खर्चीले और पब्लिक स्कूलों का बहिष्कार, मानवचलित रिक्शों पर नहीं बैठना, निजी खर्च और आमदनी पर 1500/- रुपये की सीमा, यात्रा, खाना, कपड़ा, रहन-सहन में समाज के सबसे गरीब लोगों की सम्भव बराबरी, व्यक्तिगत जीवन में भी धार्मिक विधियों और समारोहों, रूढ़ियों का त्याग, शारीरिक श्रम का सम्मान आदि विषयों को लेकर समाजवादियों के लिए और समाजवादी संगठनों के लिए आचार संहिता दी।[19]

डॉ. लोहिया एक मौलिक समाजवादी थे। उनके लिए कोई व्यक्ति या युग उतना महत्वपूर्ण नहीं था जितना कि सत्य के खोज की प्रवृत्ति महत्वपूर्ण थी। इस सत्यान्वेषी प्रवृत्ति ने ही उन्हें चिंतन की परंपरागत रूढ़ियों से बंधने नहीं दिया। वह कहते भी थे कि "मुझे गांधीवादी या मार्क्सवादी कहलाना जितना हास्यास्पद मालूम पड़ता है, उतना ही हास्यास्पद गांधी विरोध और मार्क्स विरोधी कहलाना भी। गांधी और मार्क्स के पास अमूल्य विचार संपदा है, जिससे बहुत कुछ सीखा जा सकता है, पर यह तभी संभव है जब हमारे सोच का ढंग किसी युग या व्यक्ति पर आधारित न हो।"

वर्तमान में लोहिया का यह दुर्भाग्य ही कहा जायेगा कि परिवर्तन की जिस राजनीति को लेकर उन्होंने इस देश में आगे बढ़ाने की कोशिश की वह राजनीति असफल रही। अच्छे से अच्छा विचार भी जब तक ताकत के साथ नहीं जुड़ता उसे स्वीकृति मिलनी तो दूर रही उसकी सार्थकता के बारे में भी लोग संदिग्ध हो उठते हैं। ये शंकाएं तब तक नहीं मिटाई जा सकतीं जब तक लोहिया की परिवर्तनवादी राजनीति को किसी दृढ़ संगठन का आधार नहीं मिलता। पर यह काम तभी संभव है, जब लोहिया के विचार, लोगों की नजरों से ओझल न हों।

भारतीय समाज में परिवर्तन के बारे में लोहिया के विचार सामयिक रूप से महत्वपूर्ण है। लोहिया मानते थे कि वर्गीय ध्रुवीकरण के रास्ते में भारतीय वर्ण व्यवस्था सबसे बड़ी बाधा है।

भारत में कम्युनिस्ट इसीलिए असफल रहे कि वे सामाजिक परिवर्तन के संदर्भ में वर्ण और जाति के महत्व को ठीक ढंग से नहीं समझ सके। लेकिन लोहिया जाति संघर्ष नहीं चाहते थे बल्कि जाति व्यवस्था का नाश चाहते थे और इसके लिए गरीब सवर्णों और गरीब पिछड़ों का एका चाहते थे। लोहिया के विशेष अवसर की बात उन्हें प्रसिद्ध सामाजिक विचारक दयानन्द सरस्वती, ईश्वरचंद्र विद्यासागर तथा स्वामी विवेकानन्द जैसे

भारतीय नव जागरण के विचारकों की परम्परा में अगली कड़ी के रूप में डॉ. लोहिया को रखती है।

लोहिया अकेले समाजवादी थे जिन्होंने आर्थिक विषमता को जातिगत विषमता से जोड़ा, दोनों को एक माना। लोहिया मन को भी, सम्पत्ति के धन के पर्याय के रूप में देखते हैं। उनकी इस दृष्टि ने समाजवादी आन्दोलन को एक विशिष्ट रूप दिया। दोनों को बदलना होगा। धन का केन्द्र भी और मन का केन्द्र भी। धन का तो बंटवारा सरकार करेगी, समाज करेगा किन्तु मन का बंटवारा कौन करेगा? लोहिया इसी मन को बदलना चाहते हैं, मन बदले बिना धन का स्थानान्तरण भी सम्भव नहीं।

एक समाजवादी बुद्धिजीवी के रूप में राम मनोहर लोहिया ने सूक्ष्म चिन्तन और मनन किया था। उन्होंने समाजवादी चिन्तन की समस्याओं को एशियाई दृष्टिकोण से देखने का प्रयास किया। वे कोई पंथवादी नहीं थे। उन्होंने कर्म और चिन्तन के द्वारा मनुष्य के व्यक्तित्व के विकास की समस्या को सदैव ध्यान में रखा।

इस प्रकार लोहिया की यात्रा समाजवाद से समाजवाद तक है। हां, समाजवाद में वर्णवाद को जोड़कर उन्होंने एक नया काम किया। उन्होंने कर्तव्य की अपेक्षा अधिकार पर अधिक बल दिया।

सन्दर्भ ग्रन्थ सूची

क्र० सं०	पुस्तक व लेखक के नाम	पृष्ठ सं०
1.	डॉ. राम मनोहर लोहिया-लक्ष्मीकान्त वर्मा	पृ. सं.-1
2.	डॉ. राम मनोहर लोहिया-लक्ष्मीकान्त वर्मा	पृ. सं.-24-25
3.	डॉ. राम मनोहर लोहिया-लक्ष्मीकान्त वर्मा	पृ. सं.-40-41
4.	डॉ. राम मनोहर लोहिया-लक्ष्मीकान्त वर्मा	पृ. सं.-5
5.	डॉ. राम मनोहर लोहिया-लक्ष्मीकान्त वर्मा	पृ. सं.-11
6.	डॉ. राम मनोहर लोहिया-लक्ष्मीकान्त वर्मा	पृ. सं.-81
7.	डॉ. राम मनोहर लोहिया-लक्ष्मीकान्त वर्मा	भूमिका
8.	डॉ. राम मनोहर लोहिया-लक्ष्मीकान्त वर्मा	पृ. सं.-2
9.	डॉ. राम मनोहर लोहिया-लक्ष्मीकान्त वर्मा	पृ. सं.-2-3
10.	डॉ. राम मनोहर लोहिया-लक्ष्मीकान्त वर्मा	पृ. सं.-4
11.	डॉ. राम मनोहर लोहिया-लक्ष्मीकान्त वर्मा	पृ. सं.-6
12.	समाजवाद और जे.पी.-डॉ. अमर ज्योति	पृ. सं.-302-303
13.	समाजवाद और जे.पी.-डॉ. अमर ज्योति	पृ. सं.-304
14.	समाजवाद और जे.पी.-डॉ. अमर ज्योति	पृ. सं.-307
15.	समाजवाद और जे.पी.-डॉ. अमर ज्योति	पृ. सं.-308

16. रविवार 24-30 मार्च 1985 पृ. सं.-48

17. रविवार 24-30 मार्च 1985 पृ. सं.-51

18. जनता-दिल्ली - 12/12/1965 पृ. सं.-3-16

19. लोकसभा में लोहिया-समता विद्यालय प्रकाशन

सन्दर्भ ग्रन्थ सूची

प्राथमिक स्त्रोत

1. अवधूत लोहिया - राजेन्द्र मोहन भटनागर
2. सम्पूर्ण वांङ्‌मय प्रकाशन विभाग भारत सरकार - सुभाष चन्द्र बोस
3. समाजवादी दर्शन और डॉ. लोहिया - लक्ष्मी कान्त वर्म
4. डॉ. राम मनोहर लोहिया - लक्ष्मी कान्त वर्मा
5. डॉ. राम मनोहर लोहिया- राम राय कमल
6. आचरण की भाषा - डॉ. राम मनोहर लोहिया- रामराय कमल
7. कारण और निदान - चौ. चरण सिंह
8. सोशलिस्ट थाट व मॉर्डन इण्डिया - अखिलेन्द्र प्रसाद राय
9. भारत का समाजवादी आन्दोलन - डॉ. युगेश्वर
10. विद्यापीठ - हीरक जयंती अंक
11. समाजवाद और जे.पी. - डॉ. अमर ज्योति सिंह
12. युग और विचार - आचार्य नरेन्द्र देव
13. जन्मशती ग्रन्थ - आचार्य नरेन्द्र देव
14. आत्म कथा मधुलिमये
15. राम मनोहर लोहिया - इन्दुमति केलकर

16. भारत का समाजवादी आन्दोलन - डॉ. युगेश्वर

17. लोहिया के विचार - ओंकार शरद

18. भारत के महान कर्णधार - फणीन्द्र नाथ चतुर्वेदी

19. भारतीय राजनीति का विचार - अरबिन्द घोष - हंसराज रहबर

20. योद्धा संन्यासी विवेकानन्द- हंसराज रहवर

21. टुवडर्स फ्रीडम - पं. जवाहर लाल नेहरू

22. विश्व इतिहास की झलक - पं. जवाहर लाल नेहरू

23. राष्ट्रीयता और समाजवाद - आचार्य नरेन्द्र देव

24. आचार्य नरेन्द्र देव - जगदीश चन्द्र दीक्षित

25. यादों की जुगाली - एस.एम. जोशी

26. डॉ. लोहिया का अर्थदर्शन - डॉ. यतीन्द्र नाथ शर्मा

27. डॉ. लोहिया - ओंकार शरद

28. लोहिया सिद्धान्त और कर्म - इन्दुमति केलकर

29. मार्क्स गाँधी एण्ड सोशलिज्म - राम मनोहर लोहिया

30. व्हील आफ हिस्ट्री - राम मनोहर लोहिया

31. भारत, चीन और उत्तरी सीमाएं - लोहिया

32. जाति प्रथा - लोहिया

33. धर्म और एक दृष्टि - राम मनोहर लोहिया

34. आर्थिक विचारों का इतिहास - पंतराव सेठ

अपना परिचय
कुछ अपने सम्बन्ध में

नाम	:	डॉ. राजीव कुमार अवस्थी, एडवोकेट
माता-पिता का नाम	:	श्रीमती सुखरानी (कमला) पत्नी स्व. चन्द्रिका प्रसाद अवस्थी
दादी-बाबा का नाम	:	स्व. राजरानी अवस्थी पत्नी स्व. महावीर प्रसाद अवस्थी
बड़े भाई-भाभी का नाम	:	श्रीमती कुसुम पत्नी रामजी, श्रीमती ऊषा पत्नी श्यामजी
छोटे भाई-बहू का नाम	:	श्रीमती महिमा (मीनू) पत्नी संजीव
बहन-बहनोई का नाम	:	स्व. सुशीला पत्नी रवि शंकर मिश्रा (रतहरा-रीवा), श्रीमती सुधरा (प्रीती) पत्नी राजेश त्रिवेदी
परबुआ-फुफा का नाम	:	स्व. शिवरानी पत्नी स्व. माधव प्रसाद
बड़ी अम्मा-दादा का नाम	:	स्व. गिरजा देवी पत्नी अम्बिका प्रसाद
चचेरी भाभी-भाई का नाम	:	श्रीमती ममता पत्नी श्रीनारायन
नाना-नानी का नाम	:	स्व. महदेई (भूरी) पत्नी स्व. राजा तिवारी
धर्म पत्नी	:	श्रीमती प्रज्ञा अवस्थी
सास-ससुर का नाम	:	श्रीमती शकुन्तला (शकुन) पत्नी कैलाश नारायण त्रिवेदी (फत्तेपुर-84)

परसास-ससुर का नाम	:	स्व. कुंआरा पत्नी स्व. लक्ष्मी नारायण त्रिवेदी
परनाना-नानी का नाम	:	स्व. कृष्णा पत्नी स्व. मथुरा प्रसाद मिश्र शास्त्री (सफीपुर)
जन्मतिथि	:	04.01.1975 माह पूष
जन्मभूमि (पैतृक निवास)	:	ग्राम व पोस्ट कौंह, विकास खण्ड अमौली, तहसील बिन्दकी, जिला फतेहपुर (उ.प्र.)
वर्तमान पता	:	म. नं. -175/15, कल्याणी देवी, सिविल लाइन्स, सिटी गार्डन गेस्ट हाउस के सामने मार्ग पर जनपद-उन्नाव (उ.प्र.) पिन नं.-209801
मोबाइल नम्बर	:	9415594425
ई-मेल	:	drrajeevkumarawasthi@gmail.com
शैक्षिक योग्यता	:	एम. ए. (राजनीति शास्त्र) एल.एल.बी., बी.लिब, पी.एच.डी. राजनीति शास्त्र, डिप्लोमा राइटिंग वर्क
अन्य योग्यता (शैक्षणिक कार्य)	:	अध्यापन हरिवंशराय बच्चन डिग्री कालेज ललऊखेडा, जनपद उन्नाव व चौधरी खजान सिंह डिग्री कालेज लोक नगर, उन्नाव व ओ.पी.जे.एस. यूनीवर्सिटी चूरू, राजस्थान।
अभिरुचि	:	समाज सेवा, स्वाध्याय, अध्यापन, सत्संग व महापुरुषों का जीवन परिचय सुनना।
कृत कार्य	:	सचिव महावीर चन्द्र सुख सेवा संस्थान नरेन्द्र नगर, उन्नाव व पूर्व महामंत्री छात्र संघ डी. एस. एन. डिग्री कालेज, उन्नाव व पूर्व उपाध्यक्ष सेन्ट्रल बार उन्नाव।
व्यवसाय	:	विधि व्यवसाय विशेष लोक अभियोजक पाक्सो एक्ट अधि. फौजदारी

प्रकाशित लेख	:	भारत की लोकप्रिय पत्रिकाओं व समाचार में प्रकाशित
मासिक पत्रिका	:	राष्ट्र धर्म, चौ. खजान सिंह स्मृति ग्रन्थ, ज्ञानरश्मि, डी.वी.डी.टी. इण्टर कालेज, उन्नाव ग्रन्थायन, उजाला मासिक पत्रिका, विचार सरजि शोध पत्रिका, स्मारिका (रा.सि.पेंशनर्स) परिषद उ.प्र. लोकदृष्टि पत्रिका उन्नाव सेन्ट्रल बार, उन्नाव

स्मारिक बाबू लीलाधर अस्ठाया, अनामिका पत्रिका डी.एस.एन कालेज, उन्नाव व उन्नाव महोत्सव तथा प्रताप प्रसून।

भवदीय

डॉ. राजीव कुमार अवस्थी (एडवोकेट)

विशेष शासकीय अधि. पाक्सो कोर्ट.

उन्नाव